テキスト 建築計画

川﨑寧史 ｜ 山田あすか　編著
Yasushi KAWASAKI　Asuka YAMADA

伊藤俊介＋岩田伸一郎＋遠藤新＋岡本和彦＋倉斗綾子
Shunsuke ITOH　Shinichiro IWATA　Arata ENDO　Kazuhiko OKAMOTO　Ryoko KURAKAZU

小林健一＋佐藤将之＋蜂谷俊雄＋平尾和洋＋山本直彦　著
Kenichi KOBAYASHI　Masayuki SATO　Toshio HACHIYA　Kazuhiro HIRAO　Naohiko YAMAMOTO

Textbook of Architectural Planning based on Human Activities

学芸出版社

はじめに

　これからの建築計画に際しては，「安全」や「快適」「合理性」といった空間性能の前提として，その建物を使うであろう人々の活動を捉えなおすことが重要だと考える．なぜなら，現代に生きる人々の年齢別構成や家族の概念，ライフスタイルや社会価値は大きな変化の途上にあり，これに対する"建築のありよう"をもう一度位置づけなおす必要が出てきたからである．そして，「建築計画」という枠組みのなかで，これを伝える方法や表現もまた変わらなければならないと考えた．それでは，これからの建物をよりよく計画するにはどのような知識や視点が必要だろうか．本書はそうした疑問に対して，これまでの建築計画の教科書の多くとは若干違った切り口で答えようとしている．

　その一つの答えは，"活動フレーム"という説明概念の提唱である．"活動フレーム"とは，人が活動する様子をその周囲の状況を含めてとらえ，そこに生じている建築空間と人との関係を解釈することで，計画のありかたを考えようという提案である．そして，建築空間とはこの活動フレームの受け皿となる空間（場）の総体として位置づけることにした．この概念を整理するにあたっては，これからの建築計画分野に責任を負う中堅・若手の研究者や教育者，設計者が熱心な意見交換を行い，多様な立場からの考えを収斂するかたちで活動フレームという説明軸にたどり着いた．第1章にはこれらの考えかたが詳細に説明されている．

　本書でのもう一つの答えは，章と節の構成である．2章から8章まではさまざまな建築に対する具体的な計画説明を行っているが，この部分は，いわゆる建築種別ごとに説明をしている従来の多くの教科書と比べ，紙面体裁や説明手順が大きく異なる．各節の冒頭には建築空間で行われるさまざまな活動を大きな写真イメージとして掲載し，続く本文では「活動フレームに対応した場」として，これらの活動フレームが展開するための場のありかたを写真イメージと活動フレームを併用して説明している．さらに，「場と空間の組み立てかた」として，活動の総体が円滑に実現するために場と空間どうしがどのような関係にあればよいか，その組み立てかた（全体計画）について説明している．最後に「建築類型への適用」として，こうした活動フレームや活動の総体（活動フレーム群）が既往の建築種別の枠組みではどのように制度づけられているかといった内容について，歴史的経緯や今後のありようなども含めて説明している．このような方針で編集・執筆した結果，意図したわけではないが，従来の多くの教科書とは全く逆の説明手順となった．文末には建築事例を紹介しているが，これは本文を理解するに最も適した事例の掲載としており，本文中の説明にも積極的に引用されている．また設計資料としての活用も視野にいれ，設計事務所や関係各所のご協力をいただき，できるだけ鮮明な図面の掲載を心がけた．

　なお，それぞれの建築が持つ多義性や多様性についてできるだけ説明していくことを共通の方針とし，それらの積極的な記述は執筆者の専門的な判断に委ねている．本文中のコラムや傍注には，執筆者が特筆したいテーマや語句の説明を記述した．この部分には専門家としての執筆者の強いメッセージが込められており，建築計画・設計に関する"専門への扉"が隠されているといっても過言ではない．例えばその建築の魅力や最新の課題，あるいは計画・設計へのアドバイスなどのトピックが多彩に記されているので，この部分も是非一読していただきたい．なお，2〜8章については少子高齢化の現代を前提として，高齢者やこどもの活動をテーマにした建築に多くの紙面を割いている点も本書の特徴として付け加えておく．

　9章と10章についても従来の教科書には例を見ない内容構成としている．9章は都市空間と建築の関係について説明しているが，ここでは建築空間から拡がっていく活動の受け皿として，外部空

間の計画方法を説明している．つまり建築の内部と外部を連続する活動という視点でとらえ，その観点から外部空間のありかたや具体的な計画方法を説明している．続く10章は計画の基礎知識の確認として位置づけた．この章では，1〜9章にある関連事項との対応を双方の注釈で明示することで，基礎知識がさまざまな建築の場面と関連づけて理解できるよう，また読者の必要に応じて適宜参照できるように工夫している．

　本書は当初，初学者を対象とした内容レベルに設定されていたが，最終的にはその域を十分超えた出来上がりとなった．これは，限られた紙面に建築計画の魅力や奥深さをできるだけ盛り込みたいという執筆者の熱い思いがあったからに他ならない．このようにして生まれた本書が，建築計画や設計を学ぶ学生の一助となるならば，執筆者一同これにかわる喜びはない．

　最後に，本書の企画・執筆にあたって適切かつ貴重なご意見をいただきました工学院大学の山下哲郎教授に深く感謝申し上げます．また建築取材，図面提供，図版作成，掲載許可などについて多くのみなさまにご協力をいただきました．この場をかりまして深く感謝の意を表する次第であります．

平成22年1月

執筆者を代表して
川﨑　寧史
山田あすか

もくじ

はじめに 3 ／ 凡例 12

第1章 建築を計画する 13

1・1 人間・集団の活動と建築 —— 14

1・1・1 建築計画と活動 —— 14
人と建築／活動の想定／活動を分析的に見ること

1・1・2 活動フレームによる活動の記述 —— 14
活動フレームの考えかた／記述された活動フレームの応用／活動フレームによる計画

1・1・3 活動フレームを描いてみよう —— 16
活動フレームの表現／活動する人の属性(誰が・誰と)／活動の目的(なぜ)／活動の内容(いつ，どのように，何を)／活動場所(どこで)—分解と再構築

1・2 計画すること・計画学を学ぶこと —— 18

1・2・1 計画の位置づけ —— 18
建築計画の定義／活動の受け皿としての空間

1・2・2 専門としての計画を学ぶ —— 19
建築計画学／実践にとっての計画学

1・2・3 計画に対するあらたなニーズ —— 21
計画学の留意点／使い手が関わる空間へのニーズ

1・2・4 計画と意匠・デザインの関係 —— 23
設計・意匠(design)の定義／空間フレーミング・形態の多様性／活動とデザインの接点

❖1 1970年代のオランダ構造主義 —— 25
❖2 ディスプログラミングの作品 —— 25
図版出典・関連文献 —— 26

第2章 住まう 27

2・1 独立住宅 —— 28

2・1・1 活動フレーム —— 28

2・1・2 活動フレームに対応した場 —— 28
団らんする・くつろぐ／場を「設える」／一人になる・寝る／調理する・食べる／しまう：収納空間

2・1・3 場と空間の組み立てかた —— 31
平面計画／断面計画／配置計画

2・1・4 建築類型への適用 —— 33
伝統的な住まいと家族／モダンリビングから公私室分離型へ／公私室分離型以外の独立住宅のかたち／住まいの広がり

❖1 現代住宅が喪失したもてなす場 —— 29

2・2 集合住宅 —— 38

2・2・1 活動フレーム —— 38

2・2・2 活動フレームに対応した場 —— 38
寝る・食べる／部屋を「設える」／くつろぐ／アプローチ空間で「知り合う」／住戸内と住戸外が互いに「見守る」関係・「アクセスの向き」と「生活の向き」

2・2・3　場と空間の組み立てかた──41
　　　　　　住棟計画／団地計画
　　　2・2・4　建築類型への適用──43

　　事例1　パブリック—セミパブリック—プライベートの段階構成型，
　　　　　　正面型アクセスを持った公共住宅の模範解答(熊本県営竜蛇平団地)──45
　　事例2　パブリック—プライベート—セミプライベート(コモン)の闘論的な構成(熊本県営保田窪第一団地)──45
　　図版出典・参考文献・関連文献──46

第3章　老いて住まう────47

3・1　高齢者入居施設──48

　　3・1・1　活動フレーム──48
　　3・1・2　活動フレームに対応した場──48
　　　　　　食べる・居合わせる／調理する・家事をする／くつろぐ・一人になる／排泄する／入浴する・整容する／寝る・
　　　　　　くつろぐ：場所としての個室／ぶらぶらする／安全な外部環境／訪問者のための場／介護・看護スタッフが
　　　　　　「休憩する・作業をする」
　　3・1・3　場と空間の組み立てかた──51
　　　　　　生活単位と介護単位／生活単位内の空間構成／複数の生活単位を持つ施設の空間構成
　　3・1・4　建築類型への適用──53
　　　　　　高齢者施設の体系／高齢者施設計画の歴史的経緯

　　事例1　新築のグループホーム(こもれびの家)──54
　　事例2　民家改修によるグループホーム(グループホームさんさん)──54
　　事例3　ユニットの独立性を高めた特別養護老人ホーム(真寿園)──55
　　事例4　連続したユニットをもつ特別養護老人ホーム(けま喜楽苑)──55

　　❖1　高齢者の姿と環境デザインの原則──50
　　❖2　共用空間の空間構成──52

3・2　高齢者通所施設──56

　　3・2・1　活動フレーム──56
　　3・2・2　活動フレームに対応した場──57
　　　　　　調理する・食べる／入浴する／つくる・歌う・習う：趣味活動の場／運動する：大規模活動の場／話す・関わる・
　　　　　　集まる／排泄する／過ごす
　　3・2・3　場と空間の組み立てかた──58
　　　　　　配置，地域とのつながり／空間の規模／多様性を保障する空間構成
　　3・2・4　建築類型への適用──59
　　　　　　高齢者通所施設の体系／歴史的経緯

　　事例1　特別養護老人ホームに併設されたデイサービスセンター(せんねん村)──60
　　事例2　古民家改修による宅老所(いいせ新宅)──61

　　❖1　在宅高齢者が抱える困難と支援──56
　　❖2　空間構成と生活展開──58
　　❖3　認知症の程度と滞在場所──58
　　図版出典・参考文献・関連文献──62

第4章　学ぶ・遊ぶ────63

4・1　就学前乳幼児施設──64

　　4・1・1　活動フレーム──64
　　4・1・2　活動フレームに対応した場──65
　　　　　　食べる／寝る・休む／排泄する／遊ぶ
　　4・1・3　場と空間の組み立てかた──67

　　　　対象とするこどもと滞在時間／年齢段階が異なるこどもへの配慮／場どうしの関係—保育室の計画／場どうしの関係—施設全体の計画

4・1・4　建築類型への適用——69
　　　　建築種別と生活の流れ／就学前乳幼児施設の歴史的経緯

- 事例1　年齢ごとの室ではなく活動の場を設定している認定こども園（こどものもり）——70
- 事例2　半屋外空間が充実したアクセシビリティのある幼稚園（あんず幼稚園）——70
- 事例3　園内全体が見渡せる保育所（すぐり保育園）——71
- 事例4　ゆったりとしている北欧の就学前保育施設（バーブローデン・フォーシュコーラ）——71

- ❖1　こどもの環境デザインの基本——64
- ❖2　コーナーの計画——66
- ❖3　こどもの施設での1日の生活——69
- ❖4　1日の園児数の変化——69

4・2　学校（小学校・中学校・高等学校）——72

4・2・1　活動フレーム——72
　　　　カリキュラム（教科）活動と非カリキュラム（生活）活動／活動集団

4・2・2　活動フレームに対応した場——73
　　　　一斉授業：受動的学習／調べる・試す・まとめる：能動的学習／つくる・育てる・採る／集まる・発表する／歌う・踊る・演じる・遊ぶ／食べる／働く

4・2・3　場と空間の組み立てかた——77
　　　　活動をどのようにまとめるか？／全体計画・機能のまとめかた／必要諸室を考える／「多様な活動」に対応する

4・2・4　建築類型への適用——79

◎学校建築のクラシック
- 事例1　高低分離の計画（吹田市立青山台小学校）——80
- 事例2　クラスター型ユニットの教科教室型学校（目黒区立第一中学校）——81

◎学校計画の展開
- 事例3　教科センター方式の学校（目黒区立目黒中央中学校）——82
- 事例4　空間をつくり込んだユニット（世田谷区立桜丘小学校）——83
- 事例5　ウッドデッキに囲まれた戸建教室ユニット（育英学院サレジオ小学校）——83
- 事例6　ホールを中心としたユニット構成（横浜市立本町小学校）——83
- 事例7　南側に多目的なスペースを持つユニット（名古屋市立ほのか小学校）——83

◎新しい計画のテーマ
- 事例8　少子化による学校リニューアル（横浜市立吉田中学校）——84
- 事例9　校舎増築による小中一貫校校舎（郡山市立湖南小中学校）——84
- 事例10　多種類の施設を複合したまちづくり拠点（京都市立京都御池中学校）——85
- 事例11　図書館・公民館と複合した小学校（志木市立志木小学校・いろは遊学館）——85

- ❖1　学校の施設体系と基本用語——75
- ❖2　たたずむ（活動でない活動）——76
- ❖3　学校の運営方式——80
- ❖4　ユニットプラン——82

図版出典・参考文献・関連文献——86

第5章　集う・親しむ——87

5・1　こどものための地域施設（児童館・学童保育所・子育て支援施設）——88

5・1・1　活動フレーム——88

5・1・2　活動フレームに対応した場——88
　　　　集まる／さわる・投げる・使う：玩具遊び／這う・走る・登る・跳ぶ：身体を使って遊ぶ／つくる／読む・読み聞かせをする／食べる／排泄する／居る・話す：こどもたちの自由な滞在

5・1・3　場と空間の組み立てかた——91

5・1・4　建築類型への適用——91

こどものための地域施設の体系／歴史的経緯と展望

　　事例1　動静スペースのメリハリがある子育て支援施設(0123吉祥寺)——92
　　事例2　コミュニティセンターと一体になった児童館(トムハウス)——93
　　事例3　自然豊かな湖畔に立地する大型児童館(びわ湖こどもの国)——93

　　❖1　トイレ——90
　　❖2　年齢段階による活動場所の設定——90

5・2　コミュニティ施設——94

　　5・2・1　活動フレーム——94
　　5・2・2　活動フレームに対応した場——94
　　　　集まる／学ぶ・励む・運動する／休む・親しむ・交わる・佇む・居る／貸す・借りる
　　5・2・3　場と空間の組み立てかた——96
　　　　利用者像の想定／空間構成
　　5・2・4　建築類型への適用——97
　　　　コミュニティ施設の体系／「コミュニティ施設」の歴史的経緯

　　事例1　[複合・ターミナル型]オフィス・商業施設・市立図書館・公民館による複合駅前ビル
　　　　　　　　　　　　　　　　　　　　　　　　　　(ベルブ永山 多摩ニュータウン)——98
　　事例2　[複合・近隣型]ケアプラザとコミュニティ施設の複合施設(横浜市篠原地区センター)——99
　　事例3　[単独・近隣型]民家改修による小規模な集会施設(吉祥寺東コミュニティセンター)——99

　　❖1　配置計画・立地計画——95

5・3　研修・保養施設——100

　　5・3・1　活動フレーム——100
　　5・3・2　活動フレームに対応した場——100
　　　　入館する／くつろぐ・休憩する／修める・集まる・ともに学ぶ／食べる・親しむ／入浴する・養う／泊まる・養う・親しむ／楽しむ・遊ぶ・憩う／自然に触れる・修める・養う／管理・運営する
　　5・3・3　場と空間の組み立てかた——102
　　　　立地条件／部門とこれを構成する諸室／配置形式
　　5・3・4　建築類型への適用——104
　　　　研修・保養施設の体系

　　事例1　高原に建つ大学の研修施設(金沢工業大学池の平セミナーハウス)——105
　　事例2　国定公園にある民間企業労働組合の研修・保養施設(I&Iランド)——105

　　❖1　宿泊室の規模と構造計画——104
　　図版出典・参考文献・関連文献——106

第6章　知る・観る・聴く ——107

6・1　図書館——108

　　6・1・1　活動フレーム——108
　　6・1・2　活動フレームに対応した場——108
　　　　入館する／軽読書する・閲覧する・立ち寄る／図書を探す・読む／児童書を読む・お話を聴く／情報検索する・相談する／視聴する／集う／管理・運営する／利用サービスする／図書・資料を整理する／図書や資料を収納する／移動サービスをする
　　6・1・3　場と空間の組み立てかた——111
　　　　主階(メインフロアー)／出納方式／部門とこれを構成する諸室／部門配置と動線計画
　　6・1・4　建築類型への適用——113
　　　　日本の近代的図書館／図書館の体系

　　事例1　ランドスケープと一体にデザインされた庭園図書館(福井県立図書館・文書館)——115
　　事例2　公共施設のプログラムを再構築したメディアセンター(せんだいメディアテーク)——116

- ❖ 1　出納方式——113
- ❖ 2　書庫の配置形式と拡張性——114
- ❖ 3　建築デザインの特徴と魅力——117
- ❖ 4　計画・設計へのアドバイス——117

6・2　博物館・美術館——118

6・2・1　活動フレーム——118

6・2・2　活動フレームに対応した場——118
接近する・入館する／観る／集まる／調べる・閲覧する／憩う・楽しむ／管理・運営する／調査・研究する／収蔵する／収蔵に関連する作業の場

6・2・3　場と空間の組み立てかた——121
企画と展示／敷地や周辺環境の特性／部門構成／部門を構成する諸室／展示室の配置形式

6・2・4　建築類型への適用——122
博物館・美術館の歴史／博物館・美術館の体系／建築デザインの特徴と魅力

事例1　アプローチを中心とした明快な施設配置の博物館（島根県立古代出雲歴史博物館）——124
事例2　まちに開かれた公園のような美術館（金沢21世紀美術館）——125

- ❖ 1　展示室の配置形式——123
- ❖ 2　計画・設計へのアドバイス——123

6・3　劇場・ホール——126

6・3・1　活動フレーム——126

6・3・2　活動フレームに対応した場——126
ホール建築のさまざまな形式／接近する・入館する／休憩する・交歓する／観賞する／練習する／憩う・楽しむ／演じる／準備する・待機する／練習する／搬入・組み立て・収納する／打ち合わせをする・人やものの出入を管理する／施設を管理・運営する／機械室

6・3・3　場と空間の組み立てかた——131
立地条件／部門構成とゾーニング・動線計画／部門を構成する諸室

6・3・4　建築類型への適用——132
劇場の歴史／劇場・ホールの体系／建築デザインの特徴と魅力

事例1　演劇・音楽・講演などさまざまな演目に対応する多目的ホール（三原市芸術文化センター）——134
事例2　式典・講演・国際会議などに対応する集会系専用ホール（富山国際会議場）——135

- ❖ 1　複数の演目に対応できる多目的ホール——133
- ❖ 2　計画・設計へのアドバイス——133

図版出典・参考文献——136

第7章　働く・利用する　137

7・1　オフィスビル——138

7・1・1　活動フレーム——138

7・1・2　活動フレームに対応した場——138
働く／集まる・話し合う／くつろぐ・休息する／商談する・接客する／迎える・案内する／調べる／移動する

7・1・3　場と空間の組み立てかた——142
周辺環境への配慮／配置計画／部門構成／平面計画

7・1・4　建築類型への適用——144
オフィス建築の歴史／これからの時代に求められるオフィスビル

事例1　コミュニケーションとアメーニティを重視したオフィス環境（鹿島建設KIビル）——146
事例2　地球環境時代のサステナブル・オフィスビル（竹中工務店東京本店）——147

- ❖ 1　空間単位とレイアウト——140
- ❖ 2　コアタイプとレンタブル比——141
- ❖ 3　オフィスビルの種類——142

❖ 4 ファサードデザインとペリメータゾーンの熱負荷制御── 143
❖ 5 ライフサイクル評価と耐用計画── 144
❖ 6 計画・設計へのアドバイス── 145

7・2 庁舎── 148

7・2・1 活動フレーム── 148
7・2・2 活動フレームに対応した場── 148
来庁する・集まる／利用する・相談する／働く・提供する／審議する・議論する／憩う・くつろぐ
7・2・3 場と空間の組み立てかた── 151
立地／配置計画／部門構成
7・2・4 建築類型への適用── 153
庁舎建築の歴史／これからの時代に求められる庁舎

事例 1　地場産のブロックが生み出す風土に根付いた伝統的デザイン(名護市庁舎)── 155
事例 2　公園と一体化した庁舎(福生市庁舎)── 156
事例 3　地域複合施設の核としての区役所(戸畑区役所)── 157

❖ 1 庁舎の種類── 150
❖ 2 「住民参加型」による庁舎建設── 151
❖ 3 地球環境問題への積極的な取り組み── 152
❖ 4 持続可能な庁舎── 153
❖ 5 計画・設計へのアドバイス── 154
図版出典── 158

第8章　診る・治す── 159

8・1　クリニック── 160

8・1・1 活動フレーム── 160
8・1・2 活動フレームに対応した場── 160
診る：スタッフと患者のインタラクションの場／看る：患者にとって生活のすべての場／観る：点滴など安静の場／採る・録る・撮る：医療機器があふれる場／待つ：人によっては最も長時間過ごす場／相談する：高度なプライバシーが要求される場／保存する：絶えずものが増え続ける場／訪ねる：建物を越える診療の場
8・1・3 場と空間の組み立てかた── 164
ウラとオモテ：スタッフと患者の分離／待合室の重要性：クリニックを構成する空間の要／クリニックの集合：連携の必要性
8・1・4 建築類型への適用── 165
住宅か, 公共建築か／病院に組み込まれるクリニック

事例 1　郊外に建つクリニック(八木クリニック)── 166
事例 2　地域施設に併設されたクリニック(ひらたタウンセンター)── 167

8・2　病院── 168

8・2・1 活動フレーム── 168
8・2・2 活動フレームに対応した場── 169
診察する・検査する・治療する／療養する：病室, 病棟／予防する・学習する
8・2・3 場と空間の組み立てかた── 173
部門間のつながり／成長と変化への対応

事例 1　複数の行政地域をカバーする地域医療施設の中核(公立阿伎留医療センター)── 174

❖ 1 病院における「役割」(人々の活動を規定する要因)── 168
❖ 2 病棟内の所要室構成── 170
❖ 3 病棟の種類と配慮するべきポイント── 172
❖ 4 医療を支える検査・治療機器── 174
図版出典・参考文献・関連文献── 176

第9章 外部空間を計画する ……… 177

9・1 建築と都市空間 —— 178

9・1・1 活動フレームの広がりと都市空間 —— 178
建築に関連する都市空間／建築に関連しない都市空間

9・1・2 建築に関連する都市空間での場のつくりかた —— 180
ゾーンの計画／経路の計画／外構の計画

9・1・3 建築に関連しない都市空間での場のつくりかた —— 185
建物と空地の関係／隣接する建物群と空地の関係／分散する建物群と空地の関係

事例1　施設群をつなぐ都市空間（ゲートウェイ・スポーツ施設開発 周辺広場）—— 188
事例2　居間のような都市空間（COREDO 日本橋アネックス広場リニューアル）—— 189

❖1　ゾーン／経路／外構 —— 180
❖2　フレーム効果／借景 —— 182

図版出典・参考文献・関連文献 —— 190

第10章 計画の基礎と手順 ……… 191

10・1 人間の行動特性 —— 192

10・1・1 はじめに —— 192

10・1・2 人間の行動特性 —— 192
パーソナルスペース／人間どうしの距離（相互距離）／いすのかたちと滞在／アフォーダンス／物理的環境と心理的環境／居方（場面としてとらえる）／ウェイファインディングデザイン／その他の行動特性

10・2 計画の基礎 —— 196

10・2・1 寸法・規模 —— 196
寸法／規模

10・2・2 利便・動線 —— 199
機能性を重視した室配置／動線計画

10・2・3 快適・健康 —— 200
明るさ／音の大きさと騒音／換気と防湿／有害物質と健康被害

10・2・4 安全・防災 —— 202
防火対策／避難計画

10・2・5 弱者・高齢者 —— 202
バリアフリーの実施／バリアフリーの法的規制

10・2・6 環境・建築 —— 203
持続可能性／ライフサイクル／用途変更（コンバージョン）

10・2・7 都市・建築 —— 204
良好な都市形成に対する建築の規制／住区の計画

❖20世紀の三巨匠とその建築（現代建築の計画・設計に影響を与えた思想と作品）—— 207

10・3 計画・設計の手順 —— 208

10・3・1 計画・設計のプロセス —— 208
計画アプローチによるバリエーション／フィードバックとスパイラル

10・3・2 プロセスモデルの例 —— 209
実務タイプのプロセスモデル／思考タイプのプロセスモデル

10・3・3 具体的な作業の流れ —— 210
各種調査・データの収集／設計条件の設定・建築プログラミング／機能図・動線図／部門とゾーニング／施設配置計画（敷地利用計画）／平面計画・断面計画

図版出典・参考文献・関連文献 —— 214

索引　215
著者略歴　220

凡例

- 他章に関連図版がある場合は，できるかぎり⇨で参照を示した．
  - 例）⇨ p.40，図 2・2-7　……本書 p.40 の図 2・2-7 を参照
  - 例）⇨ p.192，10・1「人間の行動特性」　……本書 p.192 の 10・1 節を参照
- 図版出典については，引用させていただいた図版も含めて，紙面の都合上，各章末に「図版出典」としてまとめた．また，執筆にあたり参考にさせていただいたものを「参考文献」とし，また，さらに学びたい人に向けて「関連文献」もあわせて掲載した．
- 本文の注釈は，番号を付して傍注とした．また，＊印は，関連する用語の解説を行っている．

第1章 建築を計画する

1・1 人間・集団の活動と建築
1・2 計画すること・計画学を学ぶこと

人間・集団の活動と建築　　　　　　　　　　　　　　　　1・1

1・1・1　建築計画と活動

● 1　人と建築

人は，建築物を見る．使う．建築に滞在する．ときには，建築物を通過する．建築物は，人間との関わりを通して，はじめて意味を持つ．建築計画とは，その建物を使う人の視点に立って建築と人との関わりをデザインする過程や手法，そしてその成果だといえる．

● 2　活動の想定

建物を使う人の視点に立った計画をするため，その建物がどのように使われるか，どんな活動が起こるかをイメージする．このとき建物の計画者は，"このような人が・このようなことをして過ごす建物である"と想定する．そしてその想定にもとづいて，その活動が実現するには物理的な建築のかたちやそれによってつくられる空間がどのようにあればいいかを考える．これが計画・設計である．

● 3　活動を分析的に見ること

それでは，どうしたら具体的に活動をイメージできるだろう．まず，同種の建物を見に行く，あるいは，設計資料を読み込むことは必須である（⇨p19，1・2・2「専門としての計画を学ぶ」）．

しかし例えば「カフェ」の計画では，単にカフェとしての目的を達するだけでは魅力ある計画にならない．実際のカフェで行われているのは，飲む・食べるという活動だけではない．おしゃべりや携帯メール，人待ち，ゲーム，勉強など，カフェという建物類型から想定できる活動だけではなく，利用者の主体的な利用目的の設定による活動や，空間をきっかけとした活動が多様に展開しており，またそのような建物／空間を人は魅力的だと感じる．こうした建物を計画するためには，その建物のなかでどんな活動が起こるのかを建物の類型にとらわれずに想定することが必要である．また，さまざまな活動の場面を，誰が・誰と・なぜ・いつ・どのように・どこで，

といった視点で丁寧に読み解き，分析・解釈した上で蓄積すると，計画・設計に"使える"素材とできる（図1・1-1）．

1・1・2　活動フレームによる活動の記述

● 1　活動フレームの考えかた

本書では，建物での人の活動を周囲の状況まで含めて分析・記述する「活動フレーム」による計画のアプローチを提案している．活動フレームとは，ある活動が発生・展開しているとき，その周囲の状況を含んで切り取った「場面」である．それは観察者が「周囲の状況と人の活動との関わり」をどのように読み解いたかを示す場面であり，たとえるならば写真家があるメッセージをもって世界から切り出した，一つの情景である（図1・1-2）．

切り出されたフレームは，ときに都市レベルでのマクロな視点を持ち，またときには計画する建築物総体での活動を概観し，あるいは建築の内部空間での一場面を記述する．なべて建築の計画にはこうした大小のさまざまな視点での検討が必要であり，活動フレームの概念は，その段階的な視点を提供する（図1・1-3）．

● 2　記述された活動フレームの応用

総体としての活動フレームは，個々の建物によって異なる．建築の設計では地域や周囲の条件を丁寧に読み解いて反映させることが

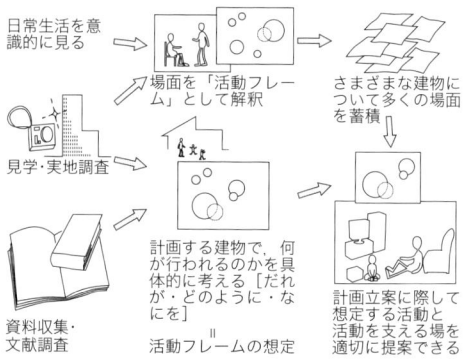

図1・1-1　活動フレームの概念による計画的視点での学びのイメージ

重要であり，厳密には，全く同じ活動フレームは存在しない．しかし，個々の建物のなかでの人の活動を見てみると（フォーカスを絞って，小さな視点で活動フレームを記述すると），建築種別を超えて共通する，人と建築（の部位）との関係が見える．それはある種の法則ともいえ（⇒p.192, 10・1「人間の行動特性」），人と建築の関係をとらえて解釈した小さな活動フレームは，人間の活動という視点からの計画・設計の素材として，他の建物や他の建物種別の計画にも応用できる．

● 3　活動フレームによる計画

建築を計画するという作業は，狭義にはその建物の目的，すなわちコンセプトを練り，実際に建つ物理的な存在としての建築物のデザインへとつなげる作業である．およそこの世に存在する建築物は，建物の目的や制度上の枠組みによって「建築種別」に分類され，「所要室」を規定されている．だが，建物種別や所要室による区別は，その建物や空間で実際に起こる活動の別とは必ずしも連動しない．美術館を設計する，展示室を設ける，といった言葉の段階で止まっていては，デザインに結びつかない．「どのような」美術品を，「どのような」空間体験のなかで「人がどのように見る」展示室なのかを想定してはじめて，建物の姿を考えられる．

例えば，カフェのある美術館と，ギャラリーのあるカフェ（図1・1-4, 図1・1-5）．呼び名と建築種別は異なるが，「鑑賞する」「くつろぐ」「飲む・食べる」「管理する」といった活動は同じである．ただし，建物総体としての活動フレームに占める個々の活動の重要度は異なるし，例えば「鑑賞する」活動フレームの詳細も，じっくり／さっと，座って／歩きながら，など異なるかもしれない．

このように，同種の建築物でも計画のコンセプトによって実現させようとする活動フレームは異なる．それぞれの活動フレームでどの活動を重視するのかによって，活動フレームはそれぞれ固有の目的を持つ．それは，いわば活動面から見た設計のコンセプトである．

活動フレームによる活動の分析的な解釈と想定は，建物種別を超えたデザインアプローチであり，活動フレームにもとづく計画は，人間の活動を軸に設計コンセプトを考えることだともいえる．建物で行われる活動を想定することは難しく，だからこそ価値がある．想定が設計者のひとりよがりにならないよう，今ある建物空間での活動の様子を分析的にとらえて丁寧に解釈しながら活動と空間の関係を理解し，蓄積していく姿勢が必要である．その上で，単なる建物種別や室名ではなく，

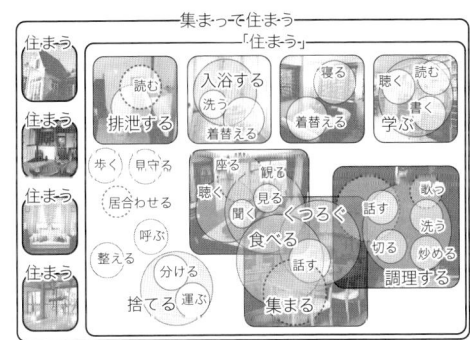

図1・1-3　小さな活動フレーム，大きな活動フレーム

図1・1-2　活動フレームとしての解釈　あるコミュニティカフェの例

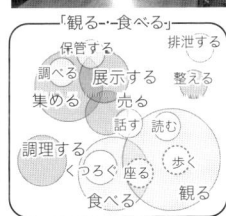

図1・1-4　「カフェのある美術館」の活動フレーム例　　図1・1-5　「ギャラリーのあるカフェ」の活動フレーム例

そこで実現させたい活動を具体的に想定して計画・設計することで，使う人にとってより優れたコンセプトや計画を立てられる．

1・1・3　活動フレームを描いてみよう

● 1　活動フレームの表現

図1・1-6は，活動フレームの表現を示す図である．「活動」は，意志的な行為の集合である[1]．意志的な行為は動詞で記述できるため，「活動」は動詞の集合として表せ，活動自身も動詞で表現できる．動詞を用いると，実際の活動場面をイメージしやすい．例えば「居間」という用語ではなく「団らんする」「話す」「集まる」「関わる」場所だと考えると，そのための場所をデザインする手がかりを得やすい．

活動フレームは，一つないし複数の活動によって組み立てられる[2]．また，実際の活動場面を思い起こすと，ほとんど無意識に"してしまう"行為や，意識的な活動に付随して結果的に起こる活動もある．活動フレームにある「すきま」は，こうした無目的の行為や付随的な活動の余地を示している．また，例えば「集まって・話す」の「集まる」が該当するような，意識的な活動に付随する，あるいは修飾する活動を区別して示している[3]．

あらかじめ想定する活動以外にも多様な活動や行為を誘発し，受容する余地を持つことは，多数の人の利用や，時代を超えた利用に耐えうる建築の条件であろう．活動フレームの表現に倣い，計画・設計時にこうした「余地」を念頭に置く姿勢を身につけてほしい．

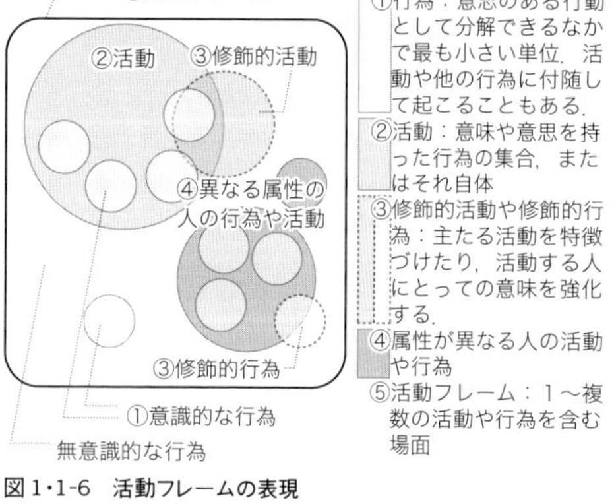

活動フレームとして解釈する際には，表1・1-1のような視点を持つと，具体的な理解とイメージができる．

● 2　活動する人の属性（誰が・誰と）

例えば図1・1-4の美術館の例では，美術館スタッフの「研究する，保存する」，来館者の「観る」という，属性が異なる人々の活動が混在する．先に，主たる活動と，主たる活動に付随して生じる活動や行為があると述べたが，活動する人の属性によって，主たる活動は異なる．総体としての活動フレームは，この立場の異なる人々それぞれの活動どうしの関係をとらえるものでなければならない．

これら異なる属性の人々の活動が交錯する活動フレームがある．例えば学校では，"教員が「教える」，学生が「教わる」"活動フレームが該当する．病院では"医師が「診察する」，看護師が「看護する」，患者が「診察される」"活動フレームを想像しよう．ここで，する／されるの関係を述べたが，「診察される」という動詞を用いると，実際に活動する人の意思や活動の詳細がイメージしにくいことに気付いただろうか．受動詞の「教わる」よりも，「学ぶ」と自動詞でイメージすると，さまざまな学習の場面が思い浮かぶ．複数の属性の人が混在する活動フレームでは，自動詞／受動詞の一方的な関係ではなく，いずれも自動詞で考えるとよい．病院なら，「待つ，移動する，受診する，見舞う」など，患者・付添者の具体的な活動としてイメージすると，活動フレームに存在するさまざまな人々の活動が生き生きと想定しやすい．するとがぜん，建築空間のイメージや設計がしやすくなる．

また，活動する人（誰が）は一人であるとは限らず，人数単位（誰と）を丁寧に考えるとよい．一人で座る場所と，二人で座る場所は，

1) 活動と行為：例えば，学ぶ（活動）＝読む＋書く＋聞く＋話す＋調べる＋描く＋考える＋体験する，などの行為の集合である．調理する（活動）＝取り出す＋洗う＋切る＋炒める＋煮る＋盛りつける，などの行為の集合である．

2) 活動フレームと活動：ある建物のなかでは，「活動」が複数存在することが常である．例えば，住まう（活動フレーム）は，「料理する」「くつろぐ」「観る」「遊ぶ」「飲む」「食べる」「寝る」「会話する」「入浴する」「排泄する」などの活動と行為からなると解釈できる．
　活動フレームは，①大きな視点ではその建物のなかで行われる，または行われると想定する活動・行為群の総称である．また，②小さな視点では，ある部屋やコーナーなど建物の部分における場面のなかで行われる，または行われると想定する活動・行為群を指す．

3) もちろん，活動フレームによっては，「集まる」こと自体が意志を持った，意味ある活動にあたることもある．

図1・1-6　活動フレームの表現

（図中の凡例）
①活動フレーム
②活動
③修飾的活動
④異なる属性の人の行為や活動
③修飾的行為
①意識的な行為
無意識的な行為

①行為：意志のある行動として分解できるなかで最も小さい単位．活動や他の行為に付随して起こることもある．
②活動：意味や意思を持った行為の集合，またはそれ自体
③修飾的活動や修飾的行為：主たる活動を特徴づけたり，活動する人にとっての意味を強化する．
④属性が異なる人の活動や行為
⑤活動フレーム：1～複数の活動や行為を含む場面

表1・1-1　活動フレームとして解釈するための要素

誰が	主体条件
誰と	活動単位（個人，家族，集団）
なぜ	活動の目的（生活，生産，文化，地域）
いつ	時間的変化（昼夜），継続時間
どのように	姿勢，様態，心理
何を	活動内容
どこで	活動場所，設え，建築的要素

自ずとそのありかたが異なる（⇨ p.192, 10·1「人間の行動特性」）．

● 3　活動の目的（なぜ）

活動フレームの目的として，活動の優先順位を考えよう．例えば地域図書館と広域参考図書館は，図書を「収蔵する，研究する，貸し出す，閲覧する，貸りる」という活動（機能）は同じだが，活動フレーム全体での各活動の割合が異なる（図1·1-7, 8）．地域図書館では「貸し出す，閲覧する」の割合が大きく，広域参考図書館では「収蔵する，研究する」の割合が大きい[4]．このような活動の優先順位や活動割合の差異，すなわち活動フレームの目的の結果として，各部門の大きさや部門どうしの関係，アプローチのとりかたなどの建物のかたちの計画や設計が生まれる．

● 4　活動の内容（いつ，どのように，何を）

どんな姿勢で，どれくらいの時間，何をして過ごすのか？を想定する．一つの活動フレームは，複数の動詞で表現されることが多いだろう．例えば「座って」「集い」，「話し」ながら，「食べる」などである．このとき，この活動フレームの目的が「集まる」ことなのか，「食べる」ことなのかという優先順位がはっきりしていると，計画がしやすい．また，とくに意識されない活動や行為もある．「集まる」という目的的活動のもと，とくに意識せずに「座る」のか，"ゆったりと"座る」ことも意識的行為なのかの違いは，例えばいすの数やかたちに表れてくるだろう（⇨ p.192, 10·1「人間の行動特性」）．

● 5　活動場所（どこで）—分解と再構築

上記のように，活動を具体的に考える過程で動詞を挙げ，活動をより小さな活動や行為に分割することで，計画する建物での人々の活動，すなわち建物の使われかたをイメージできる．それは目的ではなく手段であり，分析的に考えること自体に意味がある．

分析してとらえた活動を「どこで」実現させるかの検討が計画の最終段階である．建物内のスペースをどうとり，どんな家具を置き，外部空間や他の内部空間とどのような関係をとると，想定した活動が成り立つだろうか．具体的な活動を把握し，優先順位をつけ，活動どうしの関係を整理する．これにもとづいて小さな単位の活動に強弱をつけ，関連する活動を適切に関係づけながら組み上げることが計画である．あえて分けるならば，さらに建築物としてのかたちを精査していく作業が，具体的な設計である．

これについては次節で詳しく説明する．

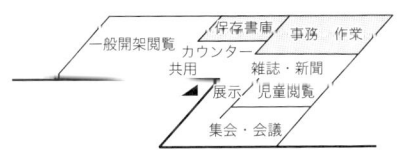

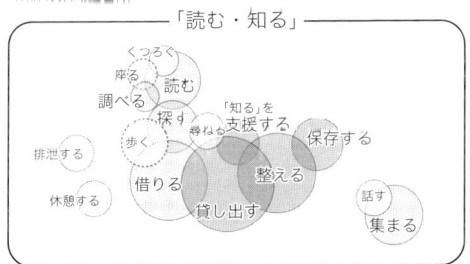

図1·1-7　「地域図書館」フロア・ダイアグラムと活動フレーム例

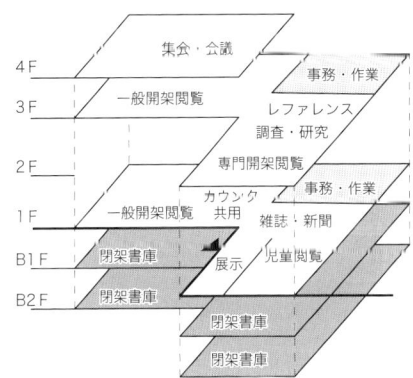

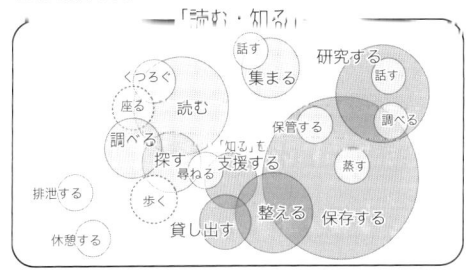

図1·1-8　「広域参考図書館」フロア・ダイアグラムと活動フレーム例

計画すること・計画学を学ぶこと　1・2

1・2・1　計画の位置づけ

● 1　建築計画の定義

まず，建築計画の位置づけに触れてみよう．建築大辞典[1]を開くと，「建築計画」という言葉について三つの定義を確認することができる[2]．まず第一に，「都市計画＝都市を計画すること」に対して，「建築を計画すること」が，建築計画と位置づけられる．第二に，建物を計画する場合でも，「設備や構造」といった技術的な対象領域に対して，「空間一般」を対象とした計画行為を建築計画とよぶ．そして第三に，「人間生活・行動・意識と空間の対応関係」に着目して，建築を計画するアプローチが，狭義の建築計画と定義づけられる．

つまり，最初の二つの定義では，「都市と建築」「設備・構造と空間」という計画対象領域の差別化のために，建築計画という言葉が用いられているのに対して，第3の定義では，人間の「行動や意識」といった建物利用者の立場を考慮し，計画を進めていく考えかたが，「建築計画」の名の下に示されているのである．さらに学問的な体系としての建築計画学は，空間に対する使い手の反応を分析的にとらえ，空間のありようを適正な方向に誘導していく，という考えかたにたつことが多い．

● 2　活動の受け皿としての空間

▶ 1　受け皿としての空間

以上を踏まえ，本書における建築計画の位置づけは図1・2-1に示すようなものである．以下にその考えかたを確認していこう．

本章第1節で触れたように，建物の計画では，個人または集団によって，その建物のなかに想定される「活動と行為」がある．こうした諸活動に対して，計画されできあがった建物は「活動の受け皿としての空間」を提供している．

▶ 2　空間の性能

さらに，それぞれの活動に対応した空間には，その活動のために発揮すべき「性能」が存在する．空間性能[3]には，主として，「機能性（利便性・快適性）」，「安全性」，「耐久性」，「経済性」が挙げられることが多い（図1・2-2）．

たとえば大学の講義という「活動」を例に考えてみると，

○「学生一人ひとりに何cm×何cmのスペースがあれば使いやすいか（動作寸法＝利便性）」
○「何人収容できる教室にするのか（規模＝利便性）」（⇨ p.198，図10・2-12）
○「後方の学生でも黒板が見やすいよう天井にモニタを設置したり，視覚資料提示のために機械作動式の暗幕を設置したほうがよいのではないか（設備＝利便性）」
○「机の上の照度はどれくらい必要か（明るさ＝快適性）」（⇨ p.200，図10・2-17）
○「講義終了後の速やかな入退出や火災時の逃げやすさを考慮して，出入口を前方と後方に分散配置すべきではないか（動線・避難計画＝安全性）」（⇨ p.202，10・2・4「避難計画」）

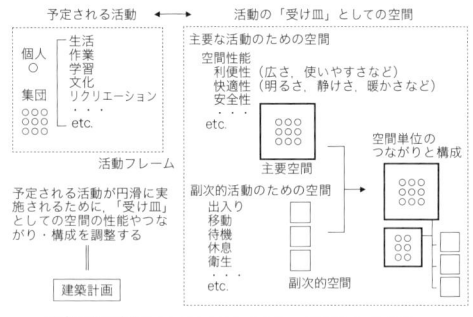

図1・2-1　本書における建築計画の位置づけ

利便性	動作やゆとりの計画 室の大きさ（規模）やかたち 設備とその配置 動線計画
快適性	温熱環境：気温，湿度，気流，輻射熱 明るさ 騒音と振動
安全性	火災：出火・延焼防止対策，排煙 避難計画 日常災害：転倒，転落防止など 防犯
耐久性	耐用年数 変化への対応，ライフサイクル
経済性	建設費，維持管理費など

図1・2-2　空間の性能

---

1) 「建築大辞典」彰国社，1993
2) 「建築計画」＝①都市計画に対し，単体または群の建物を計画すること．②建物の計画のなかで設備計画・構造計画に対して空間の計画を扱う分野．③人間の生活・行動・意識と空間との対応関係を基にして建築を計画するアプローチ（建築大辞典）．
3) 機能性（利便性・快適性），安全性，動作寸法，明るさ，動線・避難計画，省エネルギー性能等はp.196，10・2「計画の基礎」で説明する．
4) 規模計画：①建築空間，施設，設備などの大きさ，容量，個数などに関する計画，例えば便器の個数，エレベーターの台数，病院の待合室や公衆浴場の大きさなどは，利用者数，利用時間の分布と想定待ち時間や施設利用率などから決定される．②地域施設の規模については，地域住民の要求を把握し，関連施設の分布や交通網の整備状況などを考慮して決定される．実際の計画では経営・管理・運営の条件で決定される場合もある（⇨ p.198，10・2・1「規模」）．
5) 持続可能性・サスティナビリティ sustainability：自然資源消費や環境汚染が適正に管理され，経済活動や福祉の水準が長期的に持続可能なことをいう（⇨ p.203，10・2・6「持続可能性」）．
6) リノベーション（renovation）：既存の建築物の一部または全部について，主要構造を著しく改変しない範囲でつくり替えること．
コンバージョン（conversion）：転用・転換・転化の意．①既存の建築物の用途を変更して，別の用途にすること（用途変更）により，建物を再生，活用する手法．②老朽化などによりテナント確保が容易でないオフィスビルに設備などの改良を施し用途転換すること（⇨ p.204，10・2・6「用途変更（コンバージョン）」）．
7) ライフサイクル：家族の発展段階における循環的な時期区分，結婚・出生・成長・死亡など，家

族がどの時期にあるかによって住宅の設計計画は影響をうけ、また賃貸住宅では時期別の住み替えが考慮される場合がある（⇨ p.203, 10・2・6「ライフサイクル」）．

8) 岡田光正・柏原士郎・森田孝夫・鈴木克彦『（新版）建築計画I』鹿島出版会，2002, pp.119-153

9) 単位 (unit)：構成・組み立ての単位部品

10) 建物で行われる活動の目的要求に対して、空間がそれを満足させる、という考えかたは、一般的に「機能主義的アプローチ」と呼ばれる．室名には講義室・事務室などの目的・機能を示すものと、校長室・職員室など組織的立場を示すものの二つがある．

11) 構成：組み立ててつくり上げること．組み立て、構造．

12) 設計 (planning and design)：①建造物その他の工作物を製作するため、その材料・構造・規模・形態・配置・性能・費用などについて計画し、これを図面その他に表示すること．②建築士法では「その者の責任において設計図書を作成すること」と定義し、建築士でなければ設計してはならない建築物について規定している．（建築大辞典）

13) 施工：工事を実施すること．

14) POE (post occupancy evaluation)：施設利用者による施設の評価を科学的に把握する方法

などをはじめ、数多くの条件を検討しなければならない．とくに利用者の行為と量に応じて適切な寸法・面積・容積・数量などを計画することを「規模計画」[4] と呼び、設計条件を決める時の基本的な検討項目となっている．

また近年では「持続可能性」[5] や「省エネルギー性能」などへの需要が高まりつつあることから、

○「建物を長持ちさせるためにどうすればよいか（耐用年数＝耐久性）」
○「将来の活動の変化にどう備えるべきか（変化への対応、リノベーション、コンバージョン[6] やライフサイクル[7]＝耐久性）」
○「日照・通風の調節や設備効率をいかに上げるか（維持管理費の節約＝経済性）」（⇨ p.200, 10・2・3「快適・健康」）

なども重要な視点となっている[8]．

▶ 3 空間単位のつながりと構成

以上のように、計画行為は、まず活動（利用状況）を想定し、そのために一定の性能をもった空間の単位（ユニット）[9] を整理することからはじまるのが一般的である．しかし、こうした個々の空間単位を明快にイメージできたとしても、それだけでは建物とはならない．

たとえば住宅では、食べる・料理する・寝るなど複数の活動が存在し、それら各活動に応じて、室名（食堂・台所・寝室・居間など）をもった空間単位が複数想定され[10]、それらが組み合わされることで一つの建物がかたちづくられる．このように建物の計画・設計では、複数の空間単位を整理した上で、最終的に空間単位間のつながりや構成[11] を決めていく作業が一般的に必要となる（図1・2-3）．

以上を踏まえ建物の計画の流れを、「活動」→「受け皿としての空間単位」→「空間単位の持つ性能」→「空間単位のつながりと構成」と設定してみよう．本書で考える建築計画の位置づけを、『予定されている活動が円滑に実施されるために、「受け皿」としての空間の性能やつながり・構成を調整すること』と定義するのは、こうした計画初期段階の思考手順の基本パターンと対応している．

1・2・2 専門としての計画を学ぶ

● 1 建築計画学

▶ 1 使われかた研究の成果

建物は、計画・設計の段階であらかじめ想定された「活動」と「空間」の対応関係にもとづいて、構成・設計[12]・施工[13] され、そののち実際に使われるようになる．しかし、使われはじめたのち、計画当初に想定していた「活動⇔空間」の対応やそのつながりが、必ずしも完璧に機能するとは限らない．

そもそも意識をも含めた人間の活動は、時間的要因や社会的状況に影響をうけながら日々刻々と変化している．同じように、使い手の空間に対する要求や、これに応える技術も変わってゆく．生活様式の変化も同様であり、集合住宅（⇨ p.38, 2・2「集合住宅」）などでは、住まい手の生活水準・ライフサイクルが変わると、結果的に空間性能そのものを見直さねばならない場合もある．

こうした状況に対して、よりよい建物の計画・実現のために有効な手掛りが、「使われかた研究」「住まいかた研究」や「使用後評価・

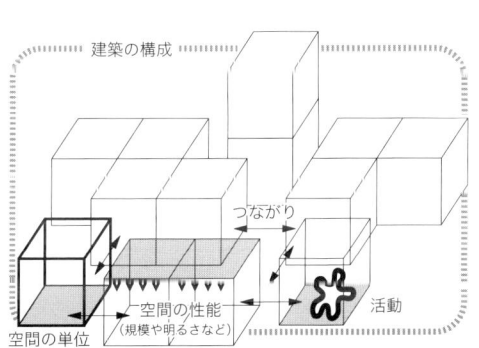

図1・2-3 空間単位のつながりと構成

図1・2-4 単位の組み合わせを模型で検討する

入居後評価＝POE[14]」といった調査・研究と，そこで得られた最新の資料や知識である．

「使われかた研究」は，できあがった建物が人々によってどのように使われているかを調べ，調査結果の分析と考察を通して，今後の計画のありかたを論じるというスタンスにたち，わが国では西山夘三や吉武泰水らが中心となって，1940年代以降に学術的研究が本格的にはじめられた（建築計画学の先駆）．その結果，現在では集合住宅・学校・病院・図書館などの「各種建築（施設と呼ばれる場合もある）」を中心に，『建築設計資料集成』（図1・2-5）など図版豊富な資料が体系化されている．

▶ 2　計画資料から学ぶ

計画に際して，どのような建物がよいか考える人（設計者やクライアント[15]）は，ともすれば個人的な経験や感覚に照らして物事を判断しがちである．しかし，それが単なる思い込みや感覚に偏っていないという保証はなく，仮に設計条件[16]があらかじめ与えられた場合でも，条件の相反などでイメージどおりのものができないことが起こる．

こうした事態を避けるためには，十分なキャリアと実績をもった設計者を別にすると，具体的な計画作業に入る前に，建築計画学が提供する資料の収集と学習・検討を行うことが望ましい．

建築計画学には，個人的な発想にゆだねられていた計画上の決定を，より客観性の高い，誰にでも理解できる根拠に変えようとする目標がある（決定根拠の客観性）．経験や勘でなく，客観的・実証的・合理的根拠にもとづいて人々の住みかたや使いかたを把握し，問題点を抽出し，それを改善して次の計画に生かしていくことが計画学の基本的な考えかたである（需要と問題点の把握）[17]．

また，使い手の顔が見える個人住宅を別にすると，商業施設をはじめ，公共性の高い図書館や美術館・庁舎などでは，利用者が必ずしも特定できない場合が多い．計画学で蓄積された知見を利用すると，「具体的に誰が来るか？（実際の利用者）」が特定できなくとも，「どんな人が来るか？（抽象化された利用者像）」についてはおよそ予想がつく．想定される利用者像とその一般的な使われかた，すなわち「活動のイメージ」や使い手の要求の把握を，計画に先立って設計者サイドで行うためには，調査・分析データは格好の情報源となる．

● 2　実践にとっての計画学

▶ 1　デザインのための支援材料

デザイン思考にとって，建築計画学の知見は，①「どのような建築をつくるか？」という方針・理念や規範・カノン[18]への手掛り，②それを実現するために参照される知識・指標・データ，③事例の意義すなわち一定の評価を得た事例を研究し，その「使われかたを参照すること」，以上三つの側面で活用することができる．また，こうしたデザインのための支援材料という意義にくわえて，④設計者の養成，すなわち設計事務所における著名な建築家や，経験豊かな設計者によって従来行われてきた徒弟的な習練の相当部分を，合理的・客観的に学習可能にするもの，としての役割をあわせもっている．

15）施主・クライアント client：建設関係では工事の注文主または発注者を指す業界の慣用語．「建築主」ともいう．

16）⇨ p.211, 10・3・3「設計条件の設定・建築プログラミング」

17）長澤泰編著『建築計画』市ヶ谷出版社，2005, pp. 10-12

18）カノン：規範，標準の意
規範：①判断・評価・行為などの拠り所としての法則，Criterion，②従うべき基準・手本・法則，Example, model．

図1・2-5　計画資料の例　（左）建築思潮研究所編『建築設計資料6 保養・研修・野外教育施設』建築資料研究社，1984　（右）日本建築学会編『建築設計資料集成7 文化』丸善，1981）

図1・2-6　計画前に資料を読み込む

19) 独善 (self-conceited)：自分だけがよく、正しいと思っていること。ひとりよがり。

20) 機能 (function)：①ものの働き、用、目的のある働き。〈対義〉形態。②美学で、建築工芸などがその用途のために果たす役目。
機能主義 functionalism：建築・工芸・デザインでは、その形態を機能との密接な関係において決定しようとする立場をいう。グリーノウの「美は機能の約束である」、サリヴァンの「かたちは機能に従う」などが有名。この思想が近代建築や近代デザインの展開のベースとなった。

21) ファジー (fuzzy)：ぼやけたの意。

22) コンテクスト (context)：①文脈、前後の関係、②事件などの脈絡。

23)「社会が要請するさまざまなアクティビティを建築種別に分類し、必要とされる機能をさらに細分化して諸室の規模、配列の仕方などを決定する。機能主義が一般化されている。この建築の構成手法は、内容としての機能と、器としての空間のあいだの関係を定義づけることで、建築の社会的責務を果たしていこうとする考えかたである。両者の関係は、日本では建築計画学として定着していったように、さまざまな社会的・文化的制度によって固定化されていく宿命にある。」矢代眞己・田所辰之助・濱嵜良実『20世紀の空間デザイン』彰国社, 2003, p.192

24) 施設 (facilities)：ある目的のために建物・設備をつくること。その建物・設備。

▶ 2　現地に出向こう

計画学資料を収集・学習・分析したのち、既存事例の使われかたを参照するために、実際の建物に出向くことは有効な作業である（図1·2-7）．参考になりそうな建物を訪問し、活動を観察し、使い手に長所・短所をヒアリングすることで、現状と問題点が整理できる．さらにこうした作業が、新しい発想やインスピレーションのきっかけを与えてくれる．そして実物を見ることで得た実感こそが、提案を他者に説明する際の大きな裏づけや自信となる．

1·2·3　計画に対するあらたなニーズ

このように優れた計画学の知識を学ぶことは、独善性[19]を廃し、客観性を確保するための大切な構えである．自分勝手に「今までにない図書館のアイデアを思いついた」と満足しても、よくよく調べてみるとすでに実践されていたのでは意味がない．提案時に「今までの図書館がAであるのに対して、この計画ではBという特徴があり、それにはこんな長所と短所がある」と説明できなければ、計画・設計案の新規性も第三者には伝わりにくい．

● 1　計画学の留意点

一方で、計画学にもいくつかの留意点がある．以下に確認しておこう．

▶ 1　機能主義的な一面

「機能」とは「目的をもったものの働き」と定義される[20]．もし「君はなぜ入学にいくのか？」と問われて、「講義を聴くため」と答えたとしよう．この場合「講義を聴く」ことは、大学における「活動」であると同時に、あなたが意識するしないに関わらず、大学にいく「目的」ともなっている．

極端な喩えとして、「講義を聴く」という目的行動を設定し、この目的にそって「機能」するだけの建物を想定するなら、講義室のみからなる大学を設計すればよい．機能主義的思考の一例である．

しかし、実際の大学には多様な活動があり、複雑に計画されている．また、使い手としての人間が、目的行動のみを行っていないことも自明である．校庭に寝転び、流れる雲を見上げてぼんやりする行動に、果たして目的はあるだろうか．

「活動⇔空間」の対応関係を、目的行動と性能面のみに注目して厳密に規定するあまり、そのあいだを取り持つ人間の曖昧さやファジー[21]な特性が無視されてしまった場合、計画された建物は機能的ではあっても、人間の「行動や意識」に正しく対応したものとはならない．すでに述べたように、人間の行動や意識は、社会的・経験的コンテクスト[22]に依存しながら、刻々と変化しているからである．「機能する」ことを過度に固定的にとらえてしまうと、「活動⇔空間」の想定図式が建物の可能性を制限することには注意が必要である．

これまで日本の建築計画学に対して、機能主義的傾向を指摘する意見が一部存在した[23]．そこでは「目的行動をできるだけ細分化することで、計画学が機能⇔空間の対応関係を精緻化してきた点」が指摘されている．さらに、「活動⇔空間」のつながりが、社会的・文化的制度として「固定化」されることが指摘されている．次にこの点をみよう．

▶ 2　制度の担い手としての施設

明快な目的をもった「施設」[24]は、利用者から見れば、「目的行動と建物のセット」としてのわかりやすさをもっている．例えば、「病院」（⇒p.168, 8·2「病院」）という言葉をきいて何を連想するだろうか．建物は「白くて四角い建物に、赤十字がついている」、行動は「受付で保険証を出す→待合室で待つ→診察室で診てもらう→薬をもらい支払いして帰る」、

図1·2-7　類似施設の見学

こうしたコメントに異議をはさむ人は少ない．我々は建物に「病院らしい空間イメージ」を，行動に「病院らしい出来事」を，共通して思い描くことが可能である．

行動様式や規範が，社会秩序を維持するために組織化されたものを「制度（institution）」[25]とよぶ．慣習や伝統・法律などはこの例である．先の病院の連想の場合，イメージも出来事も，人々の間で共有され暗黙の前提となっている時点で，社会的に「制度化」されているといえるだろう．

戦後日本の病院・学校などの公共施設では，目的行動・空間のセットが，ある程度制度化される傾向があった．小学校（⇨ p.72，4・2「学校（小学校・中学校・高等学校）」）の校舎とカリキュラムが，全国どこのまちでもそう変わらない状況などがその例である．

こうして制度化された施設の「型」は，「建築種別」（ビルディングタイプ）とも呼ばれる．ビルディングタイプの考えかたは，戦後復興期から成熟期への変容過程において重要な役割を果たしてきた．現在でも，安定的な型としての施設が「社会的機能」の維持にとって重要な要素であることは変わっていない．

ただし人間の創造行為の根本価値を見失わないという意味で，計画者に求められるのは，従来のビルディングタイプや社会制度を一切疑わない態度とは距離をおくことである．また厳密に計画の対象には，大別して①安定した社会制度および「型」を持つ施設（病院・図書館・劇場など）と，②利用者が環境を構築していく建築（住居・高齢者施設・児童施設など）の二つの側面があり，本書で説明する施設も両者を含んでいる．さらに現代社会では，ライフスタイルや社会制度そのものの変化にともなって，制度化された施設においても利用者による環境構築が重要な計画テーマとなってきていることに留意する必要がある．

▶3 役割行動と規範性

施設では，制度的に与えられた目的・役割が，使い手の意識や行動を大きく規定する．例えば，治療のために病院を訪れた人が，医者の前でタバコをふかす行動は普通ではあり得ない．この場合，「治療を受ける」という目的をもった患者は，その役割を意識して，病院では「患者らしく」振舞うのであり，こうした人間の行動を「役割行動」とよぶ．

一方，制度化された施設の管理者は，使い手に対して，役割行動つまり「らしく振舞うこと」を要求し，固定化する場合がある．公共施設の「交流ホール」が実際にはほとんど使われていないのに，建物管理者が「交流」という目的にあった行動・所作を要求するあまり，他の活動を禁ずるケースなどは顕著な例である．使われていないスペースを，必要・場合に応じてこどもの遊び場などとして開放する可能性を，制限してしまった状態ともいえる．機能的な予条件や室名といった計画の持つ規範性が，結果的に実際の使われかたの広がりや，使い手の意識を制約することには留意が必要である．

● 2 使い手が関わる空間へのニーズ

以上を踏まえ，計画にとって重要なのは，人間が媒介する以上，「活動⇔空間」の対応関係に唯一の正解などない，というしなやかな態度であろう．また，制度化された先入観や機能・室名が，人間の意識・活動・使いかたを知らず知らずのうちに制約してしまうリスク（規範性）に対する，自覚的な姿勢である．近年の建築計画理論には，以下の提案がある．

> 「計画の実践においては，環境をつくることを，生活の枠組みを提供しながらも生活を誘導し制御する手段ではなく，利用者が自分の環境を構築していく手がかりと考えることが重要になる…つまり，建物で行われる生活までは計画できないことを認め，あくまでオープンエンドな問いかけとして物理的環境を提示する」

25）制度（institution）：社会的行動様式・社会的規範などが，一定の組織的形態をとったもの．慣習・伝統・因習・規則・法律やさまざまな社会的仕組みなど，社会の秩序を維持する機能をはたす．

図1・2-8　病院のイメージの例

26) 長澤泰，伊藤俊介，岡本和彦『建築地理学—新しい建築計画の試み』東京大学出版会，2007，p.70,167

27) 狭義の建築設計は，建物の計画のうち，構造設計や設備設計・造園設計・家具設計などの分野を除いた設計の分野とも定義される．またその過程は「基本設計⇒実施設計」に分類される（⇨p.209, 10・3・2「プロセスモデルの例」）．

28) 空間（space）：①空いている所，すきま，②わが国では，伝統的にはものとものとの間の何も知覚されない広がり

29) ヴォイド（void）：①空隙のこと，空隙率のこと，ある物体において，その見掛けの全容積に対する空隙容積の割合

30) 森田慶一『建築論』東海大学出版会，1978，pp.20-44

31) ソリッド（solid）：①固体，固形体，②立体

32) 瀬尾文彰『20世紀建築の空間』彰国社，2000，p.35，p.152

33) ユクスキュル／クリサート著，日高敏隆ほか訳『生物から見た世界』岩波書店，2005

「完璧に計画しない態度，すなわち利用者の構築環境へのかかわり，環境の改変能力への期待」[26]

以上のように，人間と建物（環境）の関係性を調整的にとらえる，あるいは，建物によって人間をコントロールするのではなく，人間が建物と関わりつつ，必要に応じてセッティングを変えていくようなニーズが生まれつつある．

こうした背景を意識して，本書では「活動フレーム」という利用者の行動環境を示し，これに対応した空間のありかたを説明の主軸とした．

1・2・4　計画と意匠・デザインの関係

● 1　設計・意匠（design）の定義

「建築計画」という言葉には，すでに述べたように，「都市に対して建築」「構造・設備に対して空間の計画」という広範で包括的な意味が含まれていた（⇨p.18, 1・2・1「建築計画の定義」）．

これと混同されがちなのが「建築設計（architectural design）」という言葉であるが，この定義は「実在していない建築物を立案し，図面などに表現すること（建築士法第2条第4項）」となる[27]．つまり計画という言葉に比べて，図面を描くということに主眼があると考えればよい．一方「意匠・デザイン（design）」という言葉は，元来が「工夫・趣向を凝らす」ことを指しており，計画と同じく広範・包括的意味をもっている．

● 2　空間フレーミング・形態の多様性

▶ 1　意匠・デザインの存在基盤

建築が，絵画や彫刻などの芸術，あるいは他の実用的な道具類と比較して明確に区別されるポイントは，建築が内側に「空間」[28]というヴォイド（空虚）[29]をもっており，主な実用性がそのヴォイドによって充足されているという点にある[30]．

例えば，金槌という道具の，「釘をうつ」という機能は，先端のメタルヘッドという物質的・具体的な「もの」によって直接的に実現されている．これに対して，建築の「さまざまな諸活動を包容する」という必然的実用性は，壁や床といった，空間をフレーミング（枠組み）する「ものや固体（ソリッド[31]）」の存在を前提として，最終的には，「ヴォイドとしての内部空間」によって第一義的に担保されている（図1・2-9）．

このように建築の場合，必然的に「用」を担うのはまず空間であって，固体としてのモノではない．このために「形態⇔活動・機能」との関係には，十分大きな振幅が許されるという事情がある[32]．仮に活動に応じて一定の空間性能を想定し計画するとしても，第一義的な実用性を空間が保証してくれるので，壁や床・天井といった物質的なモノ，すなわちデザイン対象物のありかたには，さまざまな様態が考えうるのである（空間フレーミングの多様性）．建築において，意匠・デザイン的創意が展開される存在基盤を以上の点に見ることができるだろう．

▶ 2　機能と形態の関係における多様性

「形態は機能に従う」という建築家サリヴァンの言葉は，20世紀近代建築・インターナショナルスタイルの時代に一定の規範性をもっていた．しかし現代の一般的認識として，機能と形態の間に必然的な関連性を見い出すことは難しいとされている．

生物学者ヤーコブ・フォン・ユクスキュルが提唱した環境世界説によると，かたちは環境と主体の相互作用から生成したのであって，ただ機能に従って決まった訳ではない[33]．例えば，タンポポは「種子を遠くまで飛ばす」という目的（機能性）のために，パラシュート型の形態システムを採用している．これに対して，カエデは同じ目的であるにも関わらず，

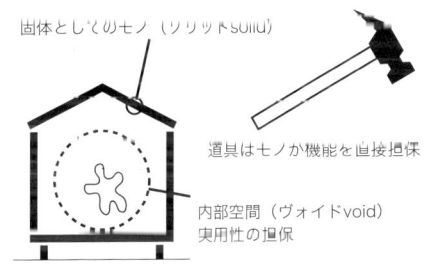

図1・2-9　空間（ヴォイド）と物体（ソリッド）

ヘリコプター型の形態をとる（図1・2-10）．このように，かつて機能的世界のモデルと見なされた自然界においても，目的とする働き＝機能が同じであるにも関わらず，その形態システムが全く違う例が数多く存在する．

同様に，機能に対する近代建築の巨匠たちの態度もさまざまであった．建築家ミース・ファン・デル・ローエ（⇨ p.207）は，機能を一切問わないことによって，常に同じ形態システムを採用し続けた（図1・2-11）．これとは逆に，図1・2-8の病院を設計したアルヴァ・アールトーは，機能とコンテクストの異なる村役場の設計にあたって，全く違う形態と素材を採用した（図1・2-12）．このように機能と形態の関係のとらえかたは一様ではない．

● 3　活動とデザインの接点

▶ 1　空間のルーズさとディスプログラミング [34]

このように空間を扱う建築デザインは，実用性や機能を超えた次元で，多様な可能性を孕んでいる．こうした「空間のルーズさ」の側面が，すでに述べた「調整的・可変的な新しい計画ニーズ」と一致した場合，活動とデザインの接点が生まれるといえるだろう．

1980年代のヨーロッパでは，大規模な都市再開発プロジェクトにおいて，都市的な活動の配列を積極的にデザインに取り込む建築家たちが登場した．その代表がベルナール・チュミである．チュミの「機能と空間の対応関係を，よりルーズで可変的なものに変換すれば，そこに建築のあらたな可能性を切り開くことができる」という考えかたは，「クロスプログラミング」「ディスプログラミング」という言葉として有名である [35]．

▶ 2　人間の特性への視座

建築家ル・コルビュジエ（⇨ p.207）は，「人間は建築を地上170cmの高さにある目で認識する」ことを繰り返し述べた [36]．これは，人間の身体的空間体験や意識を考慮しつつデザインを行うことの重要性を述べたものである．

一方，近年の計画学や環境行動学・人間工学領域では，人間の特性（認知や行動）に関する研究が盛んになってきた．また，建築意匠・美学領域では，プロポーション・比例・スケール感覚などに関する古来からの規範がある [37]．以上に共通するのは，人間の行動パターンや視覚認知のメカニズムなどを知ることによって，空間を体験する人の視点にたった建築づくりを行おうという姿勢である．

以上の点より，そこに想定される建物の使い手，すなわち人間そのものへの眼差しという基本的事項を，計画とデザインの接点として今一度指摘しておきたい．計画・設計は，空間単位の構成や活動を，操作的対象として客観的にとらえる側面がある（外からの眼差し）．しかしそれと同時に，建築を体験する人間に感情移入し（内からの眼差し），空間のたたずまいや使い勝手などをイメージすることによって，自らの計画の良し悪しを評価・検討する

34）参考文献：小嶋一浩編著『アクティビティを設計せよ！』彰国社，2000　平尾和洋＋末包伸吾編著『テキスト建築意匠』学芸出版社，2006，pp.36-37, 48-49

35）クロスプログラミング：所与の用途とは違う用途で空間を使うこと．ディスプログラミング：いろいろな用途を内包させること．これらの言葉は，「空間がプロポーション・比例や系のとらえかたの答えに対する意識の反応などを誘発するイヴェントが重要」あるいは「建築とは空間・イヴェント・動きが組み合わされたもの」と考える立場を示している．
http://page.freett.com/archireview/archi/tsumi_i.html

36）ル・コルビュジエ著，吉阪隆正訳『建築をめざして』鹿島出版会，1967，pp.137-154

37）参考文献：小林盛太『建築美を科学する』彰国社，1991

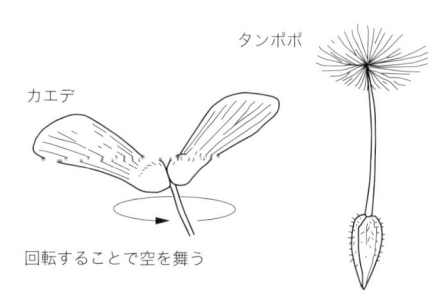

図1・2-10　同じ機能でも形態が異なる例

図1・2-11　ファンズワース邸　⇨ p.207

図1・2-12　セイナッツァロ村役場

ことが，デザイン行為には不可避的に含まれているのである．

❖1 1970年代のオランダ構造主義

「使い手が関わる空間」というコンセプトにたってつくられた建築の先例に，1970年代オランダ構造主義の建築家たちの作品がある．ここではヘルマン・ヘルツベルハーの著書『都市と建築のパブリックスペース』の第2部「空間をつくること，つくり込み過ぎないで残しておくこと」でとりあげられた事例を紹介しておこう．

図左は，集合住宅の庭先の計画において，設計者は区境を明示するデザインだけを行った結果，入居後の住民たちが独自のやりかたで手をくわえ居住環境を整備している事例である．図右は，「気をそそるもの」「心誘う形態」という設計コンセプトによってコンクリートブロックにあらかじめあけられた穴が，使い手の老人やこどもたちによって植木鉢や収納台として活用された例である．ヘルツベルハーの建築には，空間の使いかたを自ら発見しつくり出すことで，利用者が建物への愛情をはぐくむことを期待する，という計画意図がある．

「変化しえること自体が，常に最も重要であり，それが個々の形態の意味づけである…．こうした変化に耐えるために，形態は無限の解釈を許容するものでなければならない．…目的に合う解釈や，使い勝手を誘発する刺激を…与えなければならない．（ヘルマン・ヘルツベルハー，森島清太訳『都市と建築のパブリックスペース』鹿島出版会，1995, pp.150-160）」というヘルツベルハーの言葉は，空間をつくることから使うことへの視点の展開を促すものであり，時間の経過とともに建築が変化・熟成するプロセス（建築の可変性・時間性）を考慮する立場ととらえることができる．

ヘルマン・ヘルツベルハーの作品

❖2 ディスプログラミングの作品

ディスプログラミングのコンセプトにたった建築家の作品には，チュミやレム・コールハースらによる，ラ・ヴィレット公園（1983年）・フランス国立図書館（1989年）のコンペ案が代表的である．これらは，二つ以上の異質な機能を併置して，使い手の偶発的な空間経験をつくり出し，まるで都市広場のにぎわいのような状態をつくり出そうとする試みと解釈されている．

ベルナール・チュミの宣言文は次のとおりである．「建築では，その空間自身よりもその空間で繰り広げられるイヴェントのほうが常に存在感にあふれていた．…機能は形態に従うものではなく，また形態は機能に従うものではない．…もしショックがこれ以上ファサードとロビーの配列や併置を操作することでは生まれてこないのであれば，ファサードの背後で生じる空間におけるイヴェントの併置により生まれてくるかもしれない．…コンセプトと経験，空間と用途，構造と表面的なイメージ…建築はこれらのカテゴリーを分類することを放棄すべきであり，その代わりにそれらを，プログラムと空間との間の今までにない組み合わせのなかに融合すべきである．クロスプログラミング，トランスプログラミング，ディスプログラミングというこれらのコンセプトは，要素のずれや相互の混用…である．(a＋u1994年3月号別冊「バーナード・チュミ1983-1993」pp. 114-115)」

「空間よりもイヴェントの方が存在感にあふれている」という言葉に，空間デザインに対する活動イメージの重要性が端的に示されているといえるだろう．

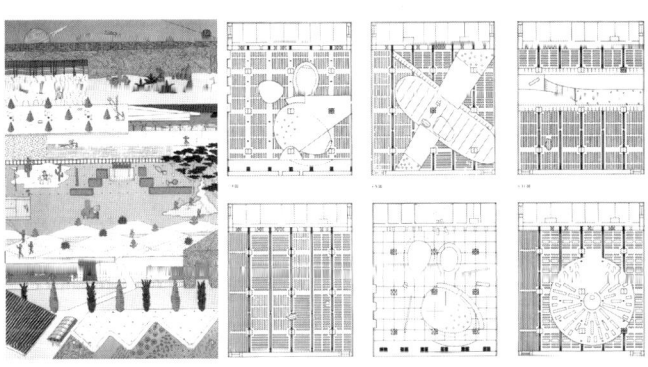

図版出典

● 1-1
図1・1-1　山田あすか
図1・1-2　山田あすか，写真提供：佐藤栄治（国立保健医療科学院）
図1・1-3　山田あすか
図1・1-4　山田あすか，写真提供：川﨑寧史
図1・1-5　山田あすか，写真提供：山田正志（東海大学）
図1・1-6　山田あすか
図1・1-7　川﨑寧史，山田あすか
図1・1-8　川﨑寧史，山田あすか
表1・1-1　山田あすか

● 1-2
図1・2-1～3　平尾和洋
図1・2-4　VIDZ／ヴィズ建築設計事務所
図1・2-5　（左）建築思潮研究所編『建築設計資料6 保養・研修・野外教育施設』建築資料研究社，1984，（右）日本建築学会編『建築設計資料集成7 文化』丸善，1981
図1・2-6, 7　VIDZ／ヴィズ建築設計事務所
図1・2-8　Peter GOSSEL et al, *Architecture in the 20th Century*, 1990, p.187
図1・2-9, 10　平尾和洋
図1・2-11　Peter GOSSEL et al, *Architecture in the 20th Century*, 1990, p.226
図1・2-12　Peter GOSSEL et al, *Architecture in the 20th Century*, 1990, p.241
❖1　ヘルマン・ヘルツベルハー著，森島清太訳『都市と建築のパブリックスペース』鹿島出版会，1995, pp.153-160
❖2　*EL Croquis53+79, oma/rem koolhaas 1987-1998*

関連文献

▶岡田光正他『建築計画1』鹿島出版会，2002
▶岡田光正他『建築計画2』鹿島出版会，2002
▶長澤泰他『建築計画』市ヶ谷出版社，2005
▶長澤泰他『建築地理学　新しい建築計画の試み』東京大学出版会，2007
▶ジョン・ラング『建築理論の創造』鹿島出版会，1992

第2章 住まう

2・1 独立住宅
2・2 集合住宅

団らんする　　　　しまう　　　調理する・食べる
設える　　　　一人になる　　　調理する・食べる

独立住宅　　　　　　　　　　　　　2・1

2・1・1 活動フレーム

　独立住宅（戸建住宅）は，設計課題として最初に取り組むものの一つである．身近で考えやすい一方で，家族のありかたとは何か，住宅のなかで行われるべき人間の行為とは何かなどと問い直すと，あるべき住宅の姿を描くのはとたんに難しくなる．設計は住宅にはじまり住宅に終わると言われるゆえんである．

　そうした住宅計画の深さを念頭におきつつも，まず本節では，「団らんする」「くつろぐ」「一人になる」「食べる」「寝る」といった住空間における基本的な人間の行為や活動から，住宅を見直してみる．また，住宅の大きな特徴は，他の建物と異なって使用者＝管理者という図式が成立する点にある．つまり，自らの住まいを「設える」ことができる．

　本節では，こうした基本的な各行為のありかたを考えた上で，それらが組み合わされバランスして成立する住宅の全体構成について考えてみる．

2・1・2 活動フレームに対応した場

● 1　団らんする・くつろぐ

　居間は，家族の団らんが行われたり，友人などの客を迎えて集いの場となる．居間でのくつろいだゆるやかな集いは，1.5mと3mの二種類の輪の広がり内で行われるという指摘がある（⇨p.193，図10・1-5）[1]．1.5mの輪は，E・ホールの言う「個体距離[2]」に近い．居間において食卓やこたつに座っての会話は，この輪のなかで行われる．一方で3mの輪は，「社会距離」にあたる．居間のなかで応接セットを使っての団らんや接客は，この輪のスケールを使って行われる．これ以上離れると会話がしにくくなる上限の距離であり，多人数の集いであれば会話に参加したり，しなかったりすることを選択することができる．

　つまり，着座する家具配置は，まず3m四方程度に納まるように計画する．この範囲にくわえて，最低限，一人が通るための通過動線などのスペースを含んで計画すると，居間の広さは最小で8畳程度は必要になる．

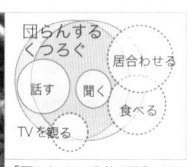

図2・1-1 「団らんする・くつろぐ」活動フレーム

1) 高橋鷹志・長澤泰・西出和彦編『シリーズ〈人間と空間〉1 環境と空間』朝倉書店，1997，pp.65-68

2) E・ホールは，人と人との距離（パーソナルスペース）を，①密接距離（45cm以内），②個体距離（45〜120cm），③社会距離（120〜360cm），④公衆距離（360cm以上）の四つに分類した．E・ホール著，日高敏隆ほか訳『かくれた次元』みすず書房，1970，pp.160-181（⇨p.192，10・1・2「人間どうしの距離（相互距離）」）

3) 古賀紀江ほか「家具配置からみた住宅の公的空間の考察」日本建築学会大会学術講演梗概集, 建築計画分冊, 1992, pp.969-970

4) ソシオペタルおよびソシオフーガルは, Osmond (1957) によって提示された概念. ガウディのグエル公園に設えられた蛇行したベンチは, 対面と交反の両者の向きの組み合わせになっている. ソシオペタルとソシオフーガルを両立している点が面白い (⇨ p.193, 10・1・2「いすのかたちと滞在」).

5) 宮脇檀住宅塾『目を養い手を練れ』彰国社, 2003, p.88

● 2　場を「設える」

　LDK（⇨ pp.31-32）などにおいて, 居間まわりの家具の配置関係にはいくつかのパターンがあり, 着座する人間の関係に重要な違いを与えることに注意する[3]. LDKの代表的な二つの家具である応接セットと食事テーブルの関係を示したのが図2・1-3である.

　二つの家具に座った人どうしの視線の軸が交わるものがソシオペタル型, 交わらないものがソシオフーガル型と言われる[4]. わが国の近年の住まいでは, 着座した家具からの視線がソシオフーガル型に配置されるのが一般的という報告もある. つまりLDKが二つの家具によって分離されている状態である. こ

れに対して, LDK全体がゆるやかな団らんのかたちをとるようにするには, 例えば, 主な家具の配置を, 1.5mの輪でのソシオフーガル型（会話をするが, 直接に顔を向き合わせるわけではない）, 3mの輪でのソシオペタル型（顔は見合うことができるが会話をするためではない）にするなどといった, 気配を感じているような設えかたが適切な可能性もあるだろう.

　また, 家族共用の場所に個人の居場所をつくるために個人のもの（クッションやいすなど）を置くことも, 広さが許せば, 選択可能な着座関係などをつくり出すのに非常に有効である. 建築家の設計した住宅のなかには, 他の居室の大きさを切りつめながら, 家のなかの広場のような, できるだけ広いリビングルームを設けたものもある. 図2・1-4に示したスケッチ[5]には, たくさんの家具が置かれて, 対面したりしなかったりする自由で楽しげな様子が読み取れる.

● 3　一人になる・寝る

　いわゆる個室と呼ばれる部屋である. 個室

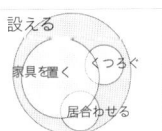

図2・1-2　「設える」活動フレーム

一人用のソファを居間に置いたり, 全体照明だけでなく部分照明を置くことは, 家族が居合わせるなかに個人の居場所をつくる一つの方法になる.

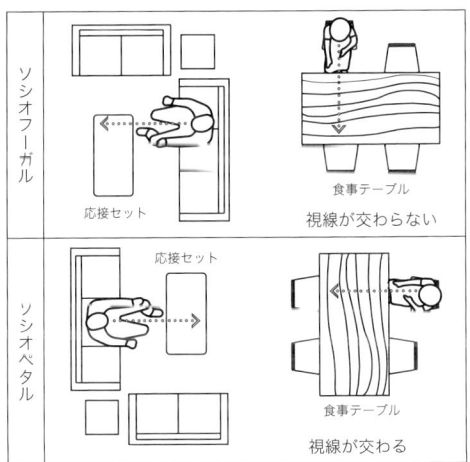

図2・1-3　応接セットと食事テーブルの配置関係

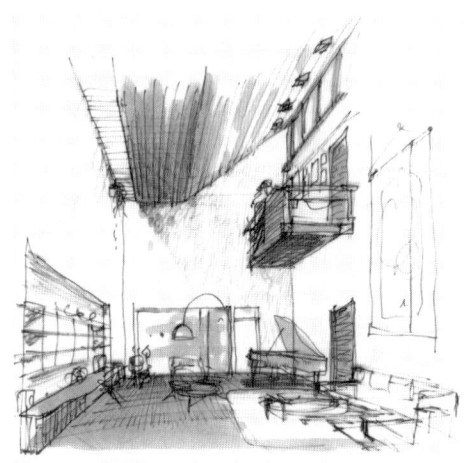

図2・1-4　藤岡邸インテリアスケッチ（宮脇檀）

❖ 1　現代住宅が喪失したもてなす場

　伝統的な日本の住まいは, 座敷などオモテの部屋を持っており, 正式な客はここでもてなすものであった. しかし, こうしたオモテが, 民主主義時代を迎えた戦後に, 封建的で旧態依然としたものとして排除された. そしてウチの部屋であった家族の部屋が, 中廊下型住宅の続き間の一部として, それまでの住まいの北側の位置から南側に移された. これが「茶の間」の出現である. やがて茶の間はリビングルーム（居間）に取って代わられることになる.

　以上のような居間の成立過程を見れば, 居間はどちらかといえば, オモテというよりウチの部屋である. これは, 日本の住まいが閉鎖化した大きな原因となった.

一方で, 戸建住宅で, しばしば玄関付近に畳の一室を設ける要求があるのは, 生活の場としてのウチとしても, もてなす場としてのオモテとしても, 畳の部屋は簡単に家具や寝具を動かして転用しやすいからであろう.

には，夫婦の主寝室とこども室がある．個室は，中廊下型住宅[6]の出現によって成立した．中廊下型住宅において，住宅内に廊下という移動専用空間が成立するまで，各部屋は通り抜けの通路でもあった．各部屋は，プライバシーの点からは完全な個室になることはできなかったのである．

夫婦の主寝室は，住宅のなかで最もプライバシーが要求される部屋である．わが国ではこどもが幼児期にある間は，夫婦だけでなくこどもも同寝することが多いため，主寝室は余裕のある広さで計画されるのが望ましい．また，高齢になると寝室は，就寝するだけでなく日常生活の一部が営める居間の役割を果たす必要もある．この意味でも単にベッドやふとんを置く以上の広さを確保することが望ましい（⇒ p.48, 3・1「高齢者入居施設」）．

主寝室はプライバシーを保つために，こども室とは，なるべく距離を取って計画する．それが不可能な場合は，間に収納空間などをはさんで遮音性を高くすることが重要である．

こども室は，第一に寝室である．こどもが成長してもこれは変わらない．また，幼児期から小学生までは，遊び場の機能が必要だが，中学・高校生になると落ち着いた勉強部屋として機能することが重要になる．広さは一人部屋では 4 ～ 6 畳，二人部屋では 7 ～ 10 畳程度あるとよい．二人部屋の場合，当初は部屋を仕切らず，広く遊べるスペースを確保する考えかたもある．こどもが集中して勉強をはじめる時期になれば，間仕切りや本棚等の家具をくわえ，二つの部屋に分割するのである．こうすればこども室の性格の変化に対応することが可能になる．ただし扉については，あらかじめ二か所設けておく必要があることに注意したい[7]．

● 4　調理する・食べる

近年のキッチンの形式は，ダイニングに面して開いたオープンキッチン[8]が多くなっている．調理をしながら家族とコミュニケーションをとりたいという要望にもとづいている．オープンキッチンの多くはダイニングに対面するカウンター側に流しを，後ろの壁側にレンジを設ける．これは，壁側のほうがレンジの煙や熱を簡単に外に逃がせるという技術的な理由が大きい．しかし，調理作業を考えれば，流しを使うのは食材の水洗いと食器洗い，つまり，調理前後の下ごしらえと後かたづけである．調理の中心は火を使う作業であり，レンジがダイニングに面して設けられるべきである．流しを後ろ側に持ってくることで，生ゴミや汚れた調理器具がダイニングから見えにくくなる利点もある（図 2・1-7）[9]．

ダイニングを朝食を食べる場所として使う場合には，朝食の準備時には自然光が入るように計画することが望ましい．

● 5　しまう：収納空間

住宅では，延床面積の 10% 程度の収納空間を確保するのが望ましい．主寝室の収納や押入は，季節によるふとんや衣服の入れ替えな

[6] 中廊下型住宅の成立過程は，次の文献に詳しい．在塚礼子「近代化の過程－中廊下型住宅」鈴木成文編著『住まいを読む－現代日本住居論』所収，建築資料研究社，1999, pp.73-84

[7] 建築家宮脇檀は，最小限の個室としてのこども室という考えかたをとった．受験を控えたような年頃のこどもの勉強部屋としてこども室は必要だが，宮脇は，「こども部屋は 4 畳で十分」といい，意図的に不十分な大きさで設計した．その分，リビングルームを広くし家族の交流を図るのである．宮脇檀建築研究室『宮脇檀の住宅設計テキスト』丸善，1993, pp.102-105

[8]「オープンキッチン」とは，ダイニングとキッチンが連続しているが分かれた場所になっている一般的な構成に対して，キッチンがダイニングに開かれたもののこと．

[9] この場合，レンジフードがダイニングに面して設置される必要がある．宮脇檀住宅設計塾『目を養い手を練れ』彰国社，2003, pp.90-93

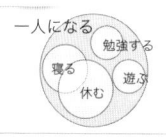

図 2・1-5　「一人になる」活動フレーム

個室は，自立した個人を形成するために不可欠とされてきた．しかし戦前まで日本の住宅に個室は無かった．では皆，自立していなかったのか!?

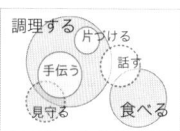

図 2・1-6　「調理する・食べる」活動フレーム

調理の合間に家族と話したりこどもの世話をするなど，調理・食事にはさまざまな活動が付随する．準備や後片づけなど生活習慣のしつけの場でもある．

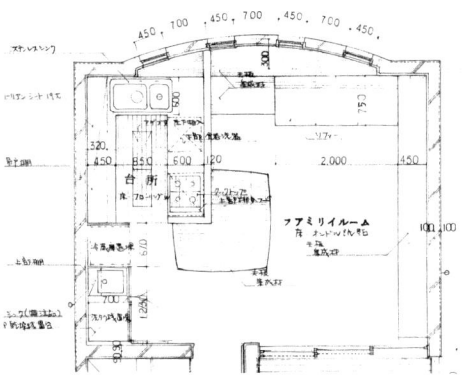

図 2・1-7　オープンキッチンの例　（「Choi Box」のファミリールーム，宮脇檀）

10) 池辺陽『すまい』岩波婦人叢書, 1954, pp.49-57

どを考えて, 寝室面積の20%程度を確保する必要がある. 収納空間の奥行は, 90cmを基準に計画されることが多い. これはふとんの収納に必要な寸法である. これは寝室の収納に適した寸法である一方で, 細かな物品の収納には深すぎる場合が多いことに注意したい.

ウォークインクロゼットは, 部屋の壁面に設けられる収納より, クロゼット内の動線空間が余分に必要なため面積的な余裕が必要である. 主寝室内に設けられれば, 夫婦間でも着替えの姿を隠すことができる.

つくりつけの家具を設ける場合は, 家族構成の変化にともなう室用途の変化に対応できるかどうか, あらかじめよく検討する.

2・1・3 場と空間の組み立てかた

● 1 平面計画

▶ 1 動線計画

合理的な平面計画は, 適切な動線計画にもとづいていることが必要である. 図10・2-15 (⇨ p.199) は, クラインの動線図と呼ばれ, 合理的・科学的に平面計画を行うために日本に紹介されたものである. 伝統的プラン (上) では, 平面中央のホールまわりで, 家事の動線, 公室 (居間, 食事室) の動線, 私室 (寝室, こども室, 浴室, 便所) の動線が交錯している. 合理的な平面計画 (下) では, 各々の動線は短く, 交錯しないよう整理されている.

とくに家事動線については, 台所と勝手口の間にユーティリティを設けるなどして, 能率的に家事作業がこなせるような動線を考える. また近年では, 高齢者の部屋を考える必要もある. その計画にあたっては, 一階に配置して, 便所・浴室・洗面所などと短い動線で結ばれていることが重要である.

効率的な動線計画は, 床面積を節約することにも大きく役立つ

▶ 2 居間の位置

公室と私室の動線を整理する場合に, 平面計画内での居間の位置に注意が必要である. 図2・1-9に示したように, 住宅平面の中央に位置する居間を「ホール式」居間と呼ぶことがある. 私室から便所・浴室への動線が, 居間を横断しているため, 居間は落ち着きが無くなる. これに対して, 居間を平面計画上, 動線上の端部に配置したものを「袋式」居間と呼ぶ場合がある. 横断する動線が無いので落ち着いた居間になるだけでなく, 居間の出入り口が取り付く面以外の3面は自由に壁や開口部を設けることができる利点もある[10].

▶ 3 居間・ダイニング・キッチンの関係

ダイニング (D) は, キッチン (K) との結びつきが強いが, 家族が集まる場所としては, 居間 (L) との関係も重要である. LとKは,

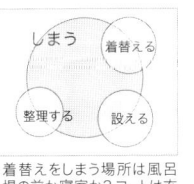

図2・1-8 「しまう」活動フレーム

図2・1-9 ホール式居間(上)と袋式居間(下)

表2・1-1 リビング・ダイニング・キッチンの組み合わせかた

①L＋DK (ダイニングキッチン型)	
DKダイニングキッチン ＋ L居間	○料理や配膳の効率がよい ○台所仕事を手伝いやすい ×キッチンが見えてしまう ×落ち着いた食事場所になりにくい

②LD＋K (リビングダイニング型)	
Kキッチン ＋ LDリビングダイニング	○キッチンを隠すことができる ○LDは空間的な広がりを感じられる ○LDが和室の場合は狭くても可能 ×洋室のLDは食卓とソファーのスペースが必要

③LDK (リビングダイニングキッチン型)	
LDKリビングダイニングキッチン	○さまざまなコミュニケーションを行える ○狭小住宅では, 面積を節約できる ×十分な収納無しには, 生活が雑然とする

Dを通して直接，間接につながっている．

L, D, Kをすべて独立した空間とする場合もあるが，この場合は，独立住居としてはかなり大きな規模になる．現実的には，次のようにDはL, Kのいずれか，あるいは両方とあわされる場合が一般的である．

① L＋DK（ダイニングキッチン型）
② LD＋K（リビングダイニング型）
③ LDK（リビングダイニングキッチン型）

表2・1-1に示したように，それぞれの長所，短所をよく理解し，住宅の規模や生活スタイルにあわせて計画する必要がある．例えば，L＋DKを採用した場合には，調理などの作業動線が短縮できる．居間の独立性も保ちやすくなる．

● 2　断面計画

▶ 1　床高

床高に変化をつけることによって，空間的には連続させながら，部屋の用途を分けることが可能になる．町家の居室部分と家事空間としての通り庭（土間）がよい例である．

ただし，現在，バリアフリーの観点からは，高齢者あるいは障碍者（⇒p.48, 傍注1）の行動の妨げとなる床面の段差は望ましくないとされる[11]．浴室やトイレは，従来は床の水洗いのために外側の脱衣所などから，一段下げた床を設けていたが，近年は段差を無くす場合が増えてきた．浴室内の出入り口側に，グレーチングなどの排水溝を設けると段差の解消と水仕舞に有効である．

また，法規上，居室の床高は地面から450mm以上の高さに設ける必要がある（⇒p.201, 図10・2-21）．床下をコンクリートべた基礎にするなどして，地面からの湿気を防ぐようにすれば，それ以下あるいはべた基礎の上に仕上げをして床面を設けることも可能である（建築基準法施行令第22条）．

▶ 2　天井高

建築基準法上は，居室の天井高は最低2.1m以上あればよい．洋室ではいす座，和室では床座を基本とすれば，着座高さの違いから，和室の天井は洋室より低くなる．和室の場合，4畳半なら天井高は2,130mm（7尺1寸），8畳で2,440mm（8.15尺）程度が伝統的によいとされている[12]．いす座の場合は，和室より300mm程度，天井を高くすることが望ましい．

このように生活様式や居室の広さ・用途によって，適切な天井高は異なる．ミュラー邸[13]では，広い居間は高く，小さな寝室は低く，食事室はその中間の天井高になっている．各室を異なる高さの天井高として，リズミカルな空間構成が実現されている（図2・1-10）．

階高は，天井高に天井のふところ（天井面と上階の床面の間）を足したものになる．木造住宅の場合，大梁のせいを含むふところ断面は，450mm程度必要である．木造住宅の階高は，最低2,700mm以上は必要である．

● 3　配置計画

▶ 1　採光と通風・換気

敷地内に住宅を配置する場合，採光条件をよくするためには，南面する部屋が多いほうがよい．それには東西軸に長い間口を持つ建物配置が有利である．夏期の通風について考えた場合も，一般的な南風に対して建物の南北方向の奥行が浅いほど，建物内を風が通り抜けやすい．

住宅の規模が，ある程度以上に大きくなると北側に居室をとらなければならない場合もでてくる．すると，東西軸配置では南面する部屋と北面する部屋で採光条件が著しく変わることになり，バランスが悪くなる．聴竹居は，夏を旨とする日本の住宅の伝統的な技法

11）バリアフリーの考えかたはわが国ではハートビル法の施行によって確立された．必要があれば車いすが通れるように廊下の幅を確保したり，出入り口は，内部で人が倒れたときに開閉が困難な内開きを避けて，引き戸か外開きにするなどの考えかたである（⇒p.202, 10・2・5「弱者・高齢者」）．

12）天井高＝5.75 尺×（0.3尺×部屋の畳数）長尾勝馬・渋谷五郎『日本建築・上巻』学芸出版社，1963

13）ミュラー邸：アドルフ・ロースの代表的な住宅作品の一つ．1930年建築．ミュラー邸で実現された三次元空間にさまざまな室を連続させていく空間構成は「ラウムプラン」として知られる．

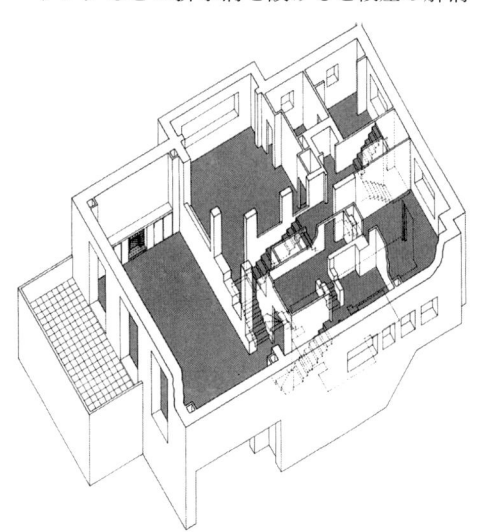

図2・1-10　ミュラー邸アクソメ図　（アドルフ・ロース）

14) 道路斜線制限：前面道路の反対側の境界線からの距離×勾配．ただし，道路から一定の距離（適用距離）以上離れた部分は，道路斜線の制限がなくなる（⇨p.205，図10・2-33）．

15) 北側斜線制限：北側にある隣地の日照確保に配慮するためのもの．第一種・第二種低層住居専用地域あるいは第一種・第二種中高層住居専用地域のみに適用される．隣地境界線上で，前者では5m以上，後者では10m以上の高さで適用される．

16) ただし，窓が無い部屋でも自然採光の得られる部屋と随時開放できる襖や障子などの間仕切りで連続していれば1室とみなし採光面積を合算できる（建築基準法第28条）．マンション居間奥の和室がこの例．開口部のうち採光に有効な部分は，隣地境界線からの距離によって定められている（建築基準法施行令20条）（⇨p.200，図10・2-16）．

17) 小玉祐一郎「住まいの中の自然—パッシブデザインのすすめ」丸善，2008，p.81

18) 中根千枝『適応の条件　日本的連続の思考』講談社現代新書，1972，pp.95-101

19) E・モース著，上田篤訳『日本の住まい』鹿島出版会，1979，p.34

を科学的に見直したわが国の環境住宅の先駆けである．南北軸に沿って建物を配置し，各室の採光のバランスがとられている．また，床下からの冷気の導入，室内からの廃熱など幾多の工夫がされている（図2・1-11）．

密集した市街地では，裏庭（地面）と表通り（アスファルト）の温度差が空気の対流を促すという考えかたもある（図2・1-12）．

住宅の外壁面の位置は，建物の周辺環境に対する圧迫感を減らすために，建築基準法で規定された道路斜線制限[14]や北側斜線制限[15]，また建築協定がある場所では壁面後退距離によって規制されることがある．さらに民法上では隣地境界線から外壁は50cm以上後退しなければならないと規定されている（民法第234条，236条）．

▶ 2　開口部の計画

採光について有効な各居室の窓の大きさは，住宅の場合，居室の床面積の1/7以上の大きさを確保する必要がある[16]．屋根面に設けた窓（トップライト）は，通常の垂直な壁面内の開口部有効面積の3倍として換算される．

換気については，居室の床面積の1/20以上の有効開口面積が必要である（⇨p.201，10・2・3「換気と防湿」）．採光上，有効な窓をはめ殺しとした場合は，この基準を守る必要がある．

開口部と並んで，庇も日射のコントロールに重要な役割を果たす．庇の出の長さは，窓の縦寸法と関係が深い．南向きであれば，庇の出は窓の縦寸法の1/5あれば，夏至の日に室内に日射が入らない[17]．

2・1・4　建築類型への適用

● 1　伝統的な住まいと家族

社会人類学者の中根千枝は，日本の伝統的な住まいにおける家族成員と部屋の関係を，イギリス，インド・イタリアを比較して述べている．イギリスの住まいでは，個人の生活に重要性が置かれ，個室が明確に存在し，ときおり他の家族成員との接触が公室で行われる．インド・イタリアでは，中庭や公室などの共通の場が，ソトにも開かれて重要な場となる．家族成員は一日の大半をそこで過ごす．就寝など必要に応じて個室に戻る生活様式である．これに対して武家住宅を源流に持つ日本の伝統的な戸建住宅では，部屋は，個人によってではなく家族全体の生活に必要な機能によって分けられる．弱い仕切りしか持たず家全体が共通の場を形成するが，ソトに対しては閉鎖的である（図2・1-13）[18]．

同様の視点からE・モースは，日本人は壁によってではなく礼節によってプライバシーを守っていると指摘した[19]．

● 2　モダンリビングから公私室分離型へ

日本の住まいは，近代化の過程で家族のありかたの変化とともに，上の伝統的な住まいのありかたから姿を変えてきた．

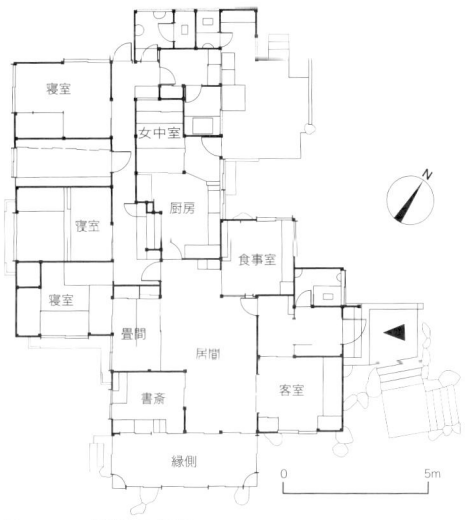

図2・1-11　聴竹居平面図

図2・1-12　欅ハウス断面図　　（花田勝敬）

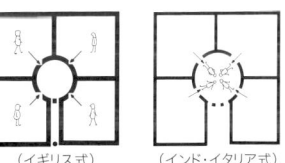

図2・1-13　家族成員の配置と動きかた　（中根千枝）

日本の住まいにおける個室は，大正デモクラシーの時代に，中廊下型住宅の成立によって出現した．そして第二次世界大戦後に，封建的であるとして住まいから伝統的な続き間が排除されたのを機に，壁に囲まれた個室が個人を確立するために必要と考えられるようになった．高度成長期を迎えて核家族が世帯構成の主流となったときに，生活行為が混在する従来の茶の間ではなく，家族が集う専用の公室としての居間を持つ生活スタイルが成立した．主婦の誕生を背景として家事労働を合理的に行えることも目指された．こうした機能的な生活の実現は，モダンリビングとして標榜される．その大きな特徴は次のようである[20]．

① いす座が積極的に取り入れられる．
② 洋風リビングルームを持つ．
③ 明確な公私分離のゾーニングをとる．

こうして成立した公私室分離型の住まいが，さらなる核家族化の進行・経済発展を背景として，商品化住宅・建売住宅として高度成長期以降のあらゆる住宅市場に取り入れられていく．その結果，広く普及し，定式化されたのが，いわゆるnLDK型（nは個室の数を表す）の間取りである．現在の我々が目にする住宅の典型的な姿は，こうした経緯によって形成された．

以下では，大きく見て個室と居間を中心とした公室から成る公私室分離型の現代住宅の平面構成について，いくつかの代表的なパターンを挙げて，特徴を見てみよう．

▶ 1 コア型住居

便所・浴室・洗面所などの水回りを，独立住宅の平面中央の設備コアのなかに納めた全体計画である．水回りや電気・ガス調理器具などをコアの内外まわりに集約することによって建設費をコストダウンできること，水回りへのアクセスが集約され廊下の面積が減ること，外周部を窓として開放しやすくなることなどが主なメリットである（図2・1-14）．

「ファンズワース邸（ミース）」（⇨p.207）や「ガラスの家（ジョンソン）」などアメリカの近代住宅の影響を大きく受けている．日本では増沢洵の「コア型住宅」や池辺陽の「ナンバー住宅」がよく知られる．池辺はコア型住宅の平面計画の根拠として「住居の基本組織図」を示している（図2・1-15）[21]．

これらの住宅が平屋であることに注意したい．コアへの採光・通風が屋根を通してできる平屋であることが，コア型の全体計画が成立する基本的な条件である．コア型住宅は2階建てが主流になるにつれて消滅していった事情がある．

▶ 2 コートハウス型

歴史都市の町家のように密集した都市環境下や砂漠の住まいのように周辺環境が厳しい場所で外界との関わりをいったん遮断し，坪庭・中庭を核として居住空間を構成するかたちである[22]．

とくに都市環境下では，隣り合う住居の界壁[23]が共有されるなどして，密集地で土地を

20) 長澤泰編著『建築計画』市ヶ谷出版社，2005，pp.64-65
21) 池辺陽『すまい』岩波婦人叢書，1954，p.36
22) 西澤文隆『コート・ハウス論―その親密なる空間』相模書房，1974，pp.6-7において次のように述べる．「砂漠のなかに点在する壁で囲まれた民家」は，「自然の熱風の驚異に対し壁で防ぎ止め，自らの囲いのなかにオアシスを見い出そうとする人間の想いへの努力であろうか」また，「エーゲ文明，ギリシャ・ローマ文明にもコート・ハウス的都市形態は発達した」．
23) 長屋，連続住宅，共同住宅などの各住戸間を区切る壁．「戸境壁（こざかいかべ）」ということもある．Party wall（建築大辞典）．

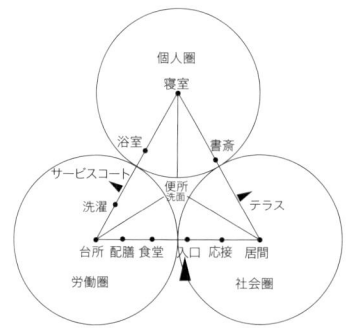

図2・1-15 池辺陽による「住居の基本組織図」

図2・1-14 コア型平面の独立住宅 （「住宅No.28」池辺陽）

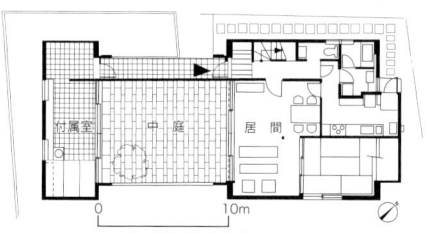

図2・1-16 コートハウス型の独立住宅 （「まつかわぼっくす」宮脇檀）

24) 黒澤隆『個室群住居—崩壊する近代家族と建築的課題』住まいの図書出版局, 1997

有効利用する特徴がある．また，部屋に居ながらにして，自分の家の姿を中庭を通して見ることができる面白みがある（図2・1-16）．

▶3 分離並列型

住宅を居室空間とサービス空間とに「分離」して「並列」させて配置する計画手法である．居間や個室など基本的にすべての居室を南側に，台所などの水回りやユーティリティを北側に配置するのが基本である．中廊下型住宅の現代型とも考えられる（図2・1-17）．

郊外住宅地に並ぶ戸建の建売住宅や商品化住宅において，とくに意識されることも無いほど一般的な平面計画として定着してきた．

● 3 公私室分離型以外の独立住宅のかたち

▶1 一室型

終戦直後の住宅難のなかでは，狭小住宅を設計する多く建築家の試みがあった．増沢洵「9坪ハウス」，清家清「私の家」が代表的な例である（図2・1-18）．

全体計画という視点からは，日本型のオープンプランと位置づけられる．広く普及・実現した公室と私室を明確に分離する考えに対する反論として，生活空間を細かく切り分けない平面計画である．廊下を持たず，動線空間を生活空間の広がりとしても利用できることは狭い面積を有効に生かせる．

個室＝近代化と考えられた当時には，必ずしも望ましい平面形式とは考えられなかった．しかし，現在の住まいは，やや行き過ぎた個室化が進んだ状況ととらえれば，家族間の交流を促す意味で，再考の余地もあるだろう．

▶2 個室群住居

公私室分離型やnLDK型の定着後ほどなくして，建築家の提示する独立住宅には，公私室を機能的に使い分ける核家族とは異なる姿の家族を想定した住まいが現れはじめた．住宅というハコとそのなかの家族の実態がずれているという認識が生まれたのである．

nLDK型が社会の最小単位を核家族とするのに対して，個室を単位とした住まいは，社会の最小限単位を個人に置く．そのさきがけとなったのが，黒澤隆による一連の個室群住居（図2・1-19）の提案である[24]．70年代当時はこの住居は受け入れられなかった．

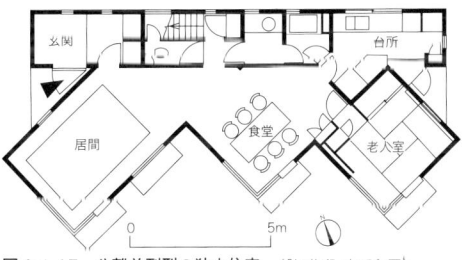

図2・1-17　分離並列型の独立住宅　（「松葉邸」山下和正）

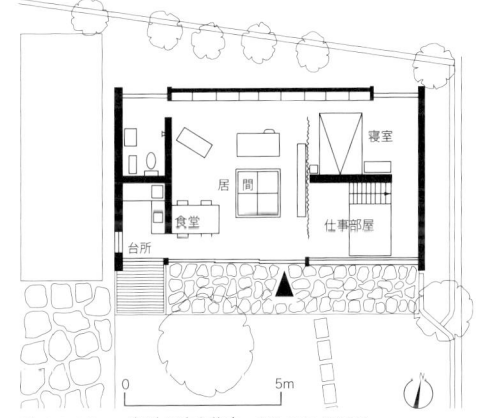

図2・1-18　一室型の独立住宅　（「私の家」清家清）

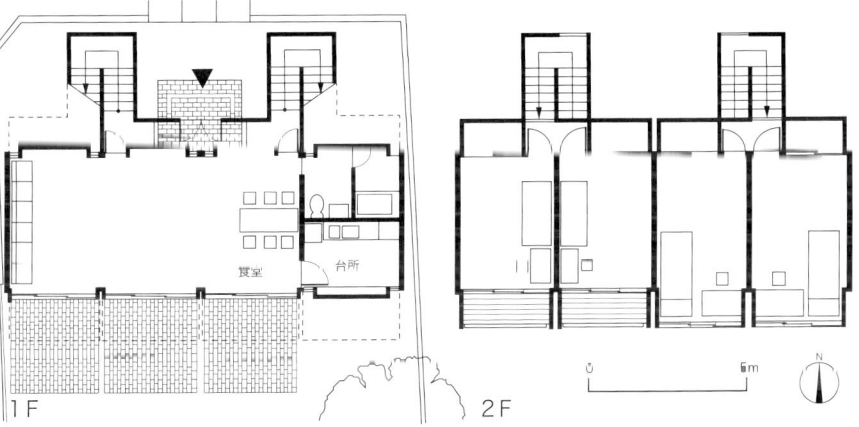

図2・1-19　個室群住居　（「山崎邸」黒澤隆）

しかし90年代以降になると，個人（プライベート）・家族（セミプライベート）・社会（パブリック）というそれまでの段階構成論を否定する住宅が再び現れた．実験住宅NEXT21における「自立家族の家（シーラカンス）」，「岡山の住宅（山本理顕）」では，個人が社会と直接結びついたかたちが，住宅平面として実現されている（図2・1-20）[25]．

▶ 3　続き間型

個室がすべて独立した部屋として成立するためには，各室の完全な分離を可能にする廊下の存在が不可欠である．個室を成立させるのに不可欠の廊下を無くして，異なる生活スタイルを模索することも考えられる．

「練馬の住宅（長谷川逸子）」は，住み慣れた旧家の平面計画を新築にあたって移植することによって，廊下を持たない続き間の計画になっている．他人は読み取れないが，この間取りには施主の旧家時代の生活が写し取られている．nLDKでは失うことになる住まいの意味が残されているのである（図2・1-21）．

HOPE計画[26]は，地域性を生かした公共住宅計画を目指したものである．「上平村立楽雪住宅（三井所清典）」などに，続き間をとり入れた計画事例がある．

▶ 4　非分節型

「H（青木淳）」は，老夫婦二人のための住宅である．青木は，老夫婦の生活には行動の間に明確な分かれ目がなく，さまざまな生活行為がつながりながら行われていることを観察した．こうした生活の様子が，「動線体」と呼ばれる廊下とも部屋とも解釈できる未分化の空間ボリュームとして建築化されている（図2・1-22）[27]．

▶ 5　狭小型

分離並列型は，1970年代頃までの平均的な住宅プランとして有効であった．しかし，住宅地の過密化，敷地の狭小化が進むと居室空間前の庭が十分にとれなくなる．従来の一階に公室，二階に私室という配置関係を，採光条件を考えて逆転した「二階リビング型」は狭小な敷地における一つの解答である．

台所など家事労働を積極的なスタイルで生活のなかに位置づけ，独立した居間を設けずに床面積を小さくすることもできる．キッチンとダイニングルームを融合させて，やや広めのDKを「ファミリルーム」として利用する．つまり，狭小住宅において食卓を団らんの中心とする計画である．

25）山本理顕『[新編]住居論』平凡社ライブラリー，2004, pp.51-59 「岡山の住宅」については，同書 pp.46-50

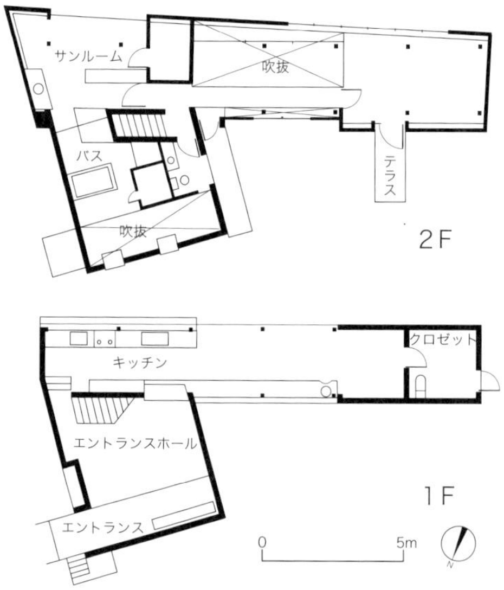

26）HOPE計画：Housing of Proper Environmentの略．昭和58年度にはじまった建設省（現国土交通省）の住宅政策，「地域固有の環境を具備した住まいづくり」運動として，住宅政策の未来の「希望」の意味を込め名付けられた．

27）青木淳『原っぱと遊園地』王国社，2004, pp.85-104, pp.136-140

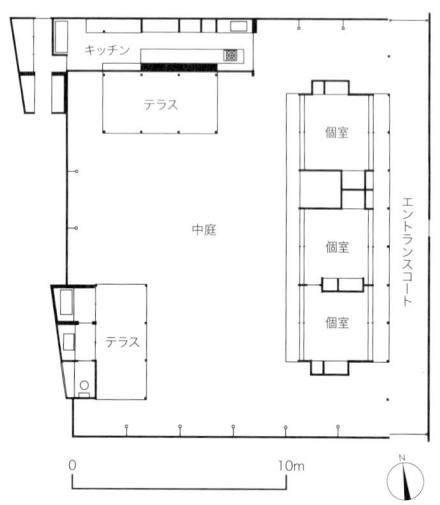

図2・1-20　岡山の住宅（山本理顕）

図2・1-21　練馬の住宅（長谷川逸子）

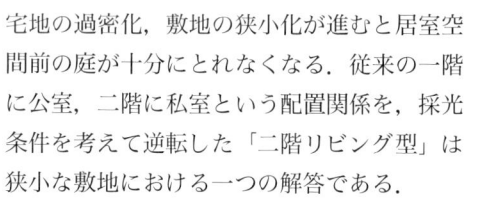

図2・1-22　H　（青木淳）

28) 塚本由晴『「小さな家」の気づき』王国社，2003，pp.76-87

● 4 住まいの広がり

最後に，独立住宅と隣家や敷地との関わりを考えてみよう．

▶ 1 歴史都市と独立住宅

歴史都市における伝統的な密集市街地では，住まいは単独で存在するだけでなく，近隣と密接に連担する関係にある．

京町家の通り庭は，平面構成上，東西通りに面して建つ場合は東側に，南北通りに面して建つ場合は南側にあるのが一般的である．通りから見ると，室部分の出格子窓と通り庭の玄関が家ごとに交互に反復されて，町並みに小気味よいリズムを創出している．室部分と通り庭が繰り返し現れる町並みの連続平面を見れば，室部分は両側を通り庭に囲まれるので，各戸のプライバシーが上手く保たれると見ることもできる（図2・1-23）．

水の都であるイタリア・ベネチアは運河に囲まれた地区単位を持つ．地区の広場を囲む住宅は，中庭を持っている．最も建物の密度の高いところでは，中庭が隣どうしの住宅であわせて設けられていることに注目すべきである．一戸では小さな中庭が，より快適な通風・採光を得るために各戸を超えて連担し，大きなヴォイド（⇨ p.23, 傍注 29）をつくっている（図2・1-24）．

こうした住宅平面の「型（形式）」は，歴史都市が形成された時間のなかで，無意識的に共有されて受け継がれてきたことに大きな意味がある．伝統的な住まいは，比較的シンプルな物理的な型として存続することによって，時代ごとの住まいかたを受け入れてきた．

▶ 2 都市郊外と独立住宅

東京の山の手の住まいは，武家屋敷を源にしている．緑や庭にめぐまれていて，京町家の中庭型に対して，外庭型と呼ぶこともできる．都市郊外における独立住宅は，こうした姿をモデルとしながらも，多くは南側に庭を持つ「分離並列型」の画一的な建売住宅に収斂されてきた．

これに対して「アニハウス（塚本由晴）」では，敷地の中心に住宅が建てられている．北側の境界線から離れることによって分離並列型の平面を回避している．各階はワンルームで下から，寝室，居間（＋キッチン），勉強室が積み上げられている．一階を半層分だけ地下に埋めているので，二階の居間は地面より半階分高い．地面レベルの車庫に駐車した車によって居間からの眺望が防がれてしまうのを避けるためである．郊外住宅地における独立住宅の「建ちかた」に一石を投じる事例である（図2・1-25）[28]．

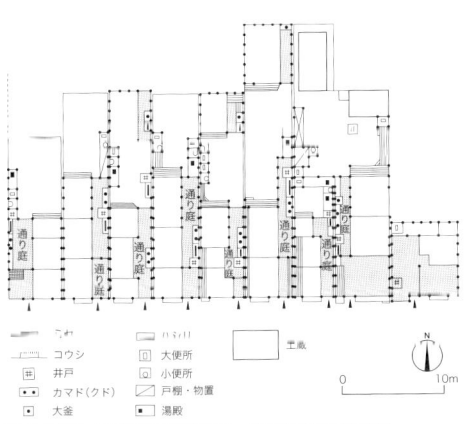

図2・1-23 京町家の連続平面 （指物屋町連続平面図）

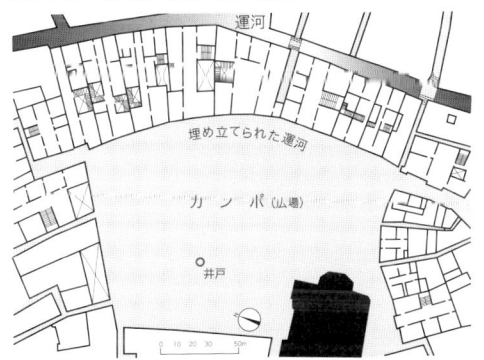

図2・1-24 ベネチアのサンポーロ広場に建つ住宅連続平面

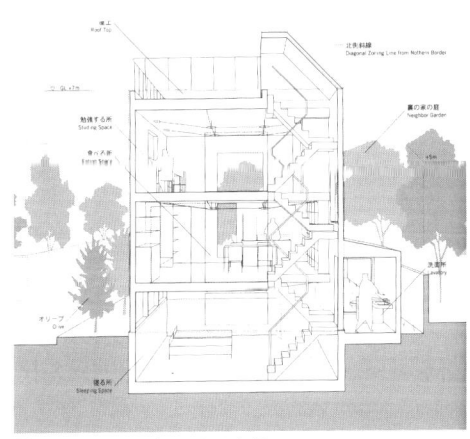

図2・1-25 アニハウス （塚本由晴）

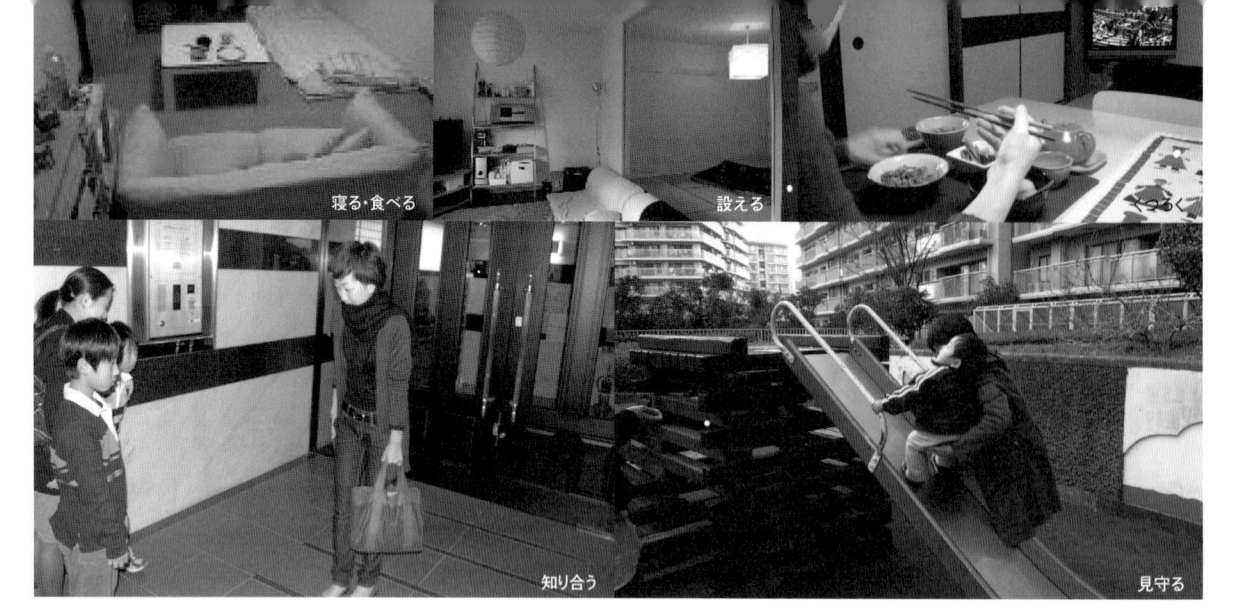

集合住宅　　　　　　　　　　　　　　　　　　　　　　　2・2

2・2・1　活動フレーム

　現在につながる集合住宅の計画は，第二次大戦の戦災復興期から高度成長期にかけて日本の集合住宅のありかたを確立してきた初期の公共住宅にはじまった．手狭な住戸面積ではさまざまな生活行為が錯綜しがちなため，生活と空間の関係を秩序立てる住戸内の計画が必要であった．まずは，「寝る」，「食べる」といった基本的な生活行為のための空間計画が考えられた．

　高度成長を経て1970年を過ぎるとすでに戦後の住宅不足は解消された．公共住宅でも3LDK程度の余裕を持った住戸面積が確保されると，次に住戸内の「設え」の可変計画を試みつつも，次第に計画の重点は共用空間や外部空間に移っていった．居住者どうしが「知り合ったり」，「見守ったり」するコミュニティの関係が，集合住宅計画の中心テーマとして取り組まれるようになったのである．

　ここでは，住戸内部の計画から団地全体の計画へと展開していった集合住宅の空間計画の主題の移り変わりを踏まえて説明する．集合住宅計画においては，大きく以下の3段階の計画段階があることを最初に念頭に置いてもらいたい．

①住戸計画：基本的な生活行為を秩序立てるための間取りの計画．
②住棟計画：住戸部分（占有空間）と住棟内の共用空間（廊下や階段など）の関係の計画．
③団地計画：住棟間の配置関係，グルーピングの規模，住棟と外部空間の関係の計画．

　この3段階は，住戸計画・住棟計画・団地計画，の順に扱う規模が大きくなり，プライベート・セミパブリック・パブリックといった段階的な空間構成（段階構成論）によって相互に関係していることに注意したい．

2・2・2　活動フレームに対応した場

● 1　寝る・食べる

　寝る場所については，「食寝分離」と「分離就寝」という二つの大きな原則がある．

　「食べる」場と「寝る」場は，どんなに小さい家の暮らしでも分けようとすることが知られている．これが「食寝分離」[1]の要求である．

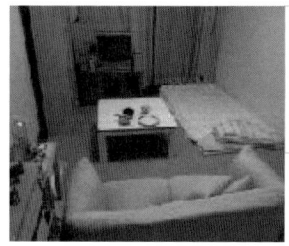

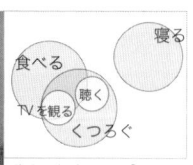

図2・2-1　「寝る・食べる」活動フレーム

狭小の住宅でも，「食べる」場と「寝る」場は分離する．二部屋に分けられない場合でも，寝具の上で食事は取らない傾向にある．

1) 食寝分離：戦前は庶民住宅が貧困であったため，一室が食事空間にも寝室にも使われることが多く，生活上不便であるだけでなく，保健上，精神衛生上も問題であった．1942年西山夘三がこの問題を指摘し，住宅に対する最低の質的レベルの一つとして，この食寝分離を唱えた（建築大辞典）．

2) 分離就寝：住宅における就寝形式の一つ．夫婦とこども，成人の男女などが，寝室を別々に分けて就寝する形式．集中就寝や混寝に対する語．「就寝分離」ともいう（建築大辞典）．また一つの寝室で寝ていた家族が，複数の寝室に寝るようになるので「寝室の分解」ということもある．

3) 51C型の計画当時は，「食事室兼用台所」と呼ばれた．

4) 設えは，「室礼（しつらい）」とも書く．元来は，寝殿造り住宅の一室の空間のなかを，行事などに応じて，御簾，障子，几帳，畳などの調度を用いて相応しく飾ることをいった．

5) 規定型：公共住宅では，従来，住みかた調査を基礎として，望ましい生活像を規定し，その生活を導くための標準的な平面型を設定する手法が取られた．これを規定型といった．

また，こどもが成長するにつれ，親子が別々の部屋で就寝するようになるのが自然である．狭小な住まいでも，必要に応じて家族が「分離就寝」[2]できる必要がある．

戦災復興期の公共住宅の代表的なものに，DK（ダイニングキッチン）[3]の誕生で知られる標準設計 51C 型がある（図 2·2-2）．いわゆる 2DK の原型となったが，その床面積は 35㎡ 程しかなかった．住生活の近代化を進めるために，狭い面積の中でいかに食寝分離と分離就寝を実現するかが工夫された．DK は，食寝分離のために台所と一体化しながらも独立した食事場所を確保しようと考案されたものである．また，51C 型では，畳敷きの二室が襖による伝統的な続き間でなく，間仕切り壁になっている．二室を明確に分けて分離就寝を促すためである．

● 2　部屋を「設える」[4]

あらかじめ設計・計画段階で居住者が決まっていない集合住宅では，居住者が長期に渡って住み続けられるために，入居後に個人の好みや生活スタイルに合わせて住まいを個性化できることが重要である．また，私たちの人生には，結婚・出産・こどもの成長と独立・高齢化といった家族構成の変化がある．ライフサイクルへの対応を考えることも必要である（⇨ p.203）．以下は，間取りを中心に住戸の設えの変化を取り入れた計画の例である．

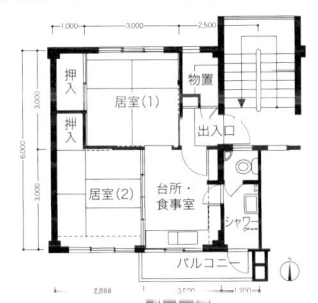

図 2·2-2　51C 型平面図

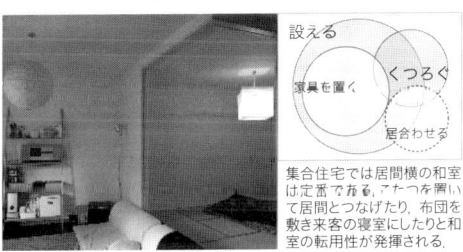

図 2·2-3　「設える」活動フレーム

▶順応型住宅計画

高度経済成長期の公共住宅では，生活水準の向上と住要求の多様化を背景にして標準設計（「規定型」[5]）では対応しきれない居住者層の要求に対応した「順応型」と呼ばれる住戸が計画された．その内容は，①固定部分（窓・出入口，便所・浴室・洗面所・台所設備）の配置位置と②可変間仕切の方式が，大きく二つの課題である．固定部分の住戸内での配置には，(a) 一体型，(b) 二分割型，(c) 分節型，(d) 居間固定型が，考え出された．図 2·2-4 は二分割型の例である．可変間仕切には，戸棚など天井までの高さを持つ収納家具が採用された．簡単に自立して，素人でも模様替えができるからである．最初の固定部分の配置が，可変間仕切の配置に大きく影響するため，生活と空間の対応を無理なく促すように固定部分の位置を決めることが重要である．

国外にも似た考え方がある．オランダの建築家ヘルツベルハーは，住まい手が自ら建物に手を加えられるように，つくり手はあらかじめ「つくり込みすぎないこと」が大事だと述べる（⇨ p.25, コラム❖1）．ディアホーン集合住宅では，階段室と設備コア以外の機能はあらかじめ決められていない．スキップしながら連続する各階は同じような広さを持つ．どのフロアを何の室に利用するかは居住者に委ねられている（図 2·2-5）．

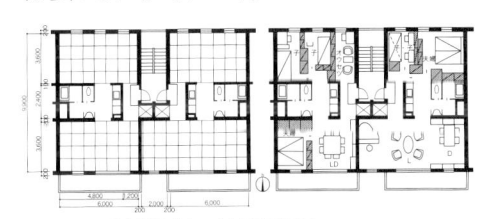

図 2·2-4　順応型住宅（二分割型）平面図

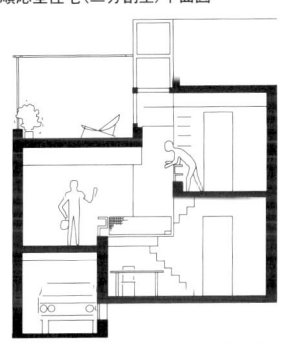

図 2·2-5　ディアホーン集合住宅断面図

2·2　集合住宅

● 3　くつろぐ

▶ 1　リビング

　リビングを独立した部屋とすれば，家族がくつろぐだけでなく，接客の場にも使用しやすくなる．しかし，独立住宅と比較して，一般に住戸面積が狭い集合住宅では，リビングを独立して設けにくく，ダイニングやキッチンと一体化する例が多い[6]．

　日常の食事や調理は，家族内のコミュニケーションにも大きな役割を果たす．ダイニングやキッチンと一体化したリビングは，必然的に食事と団らんが一体化したくつろぎや，家族の一体感を大切にする日常生活重視のスタイルと深く結びつくことになる．

▶ 2　デュアルリビング

　くつろぐ場としてのリビングが，接客の場としての機能を失ってしまった問題[7]を解決するために考え出されたのがデュアルリビング（二公室型）である（図2・2-7）．

　接客空間を居間から分離し，夫婦寝室に隣接して設けたのがフォーマルリビングである．一方で，DKをベースにしたファミリールームは，食事と団らんを一本化した利用が考えられている．日常生活の中心となる部屋であり，こども室と連続し，散らかされても大丈夫なように考えられている．ただし，二つの居間を設けるためには，住戸面積が100㎡程度の余裕が必要である．この設えかたは，ベルコリーヌ南大沢で実現されている（図2・2-8）．

● 4　アプローチ空間で「知り合う」

　一般に，集合住宅に住む居住者どうしは，階段室，廊下など各住戸へのアプローチを共用することをきっかけに知り合いになる傾向が強い．例えば，都心部に高密度で建てられる高層集合住宅では，エレベーターホールへのアクセスを共用する住戸どうしが顔見知りになりやすいことが知られている．

　中低層の集合住宅の場合，住民どうしが知り合いコミュニケーションする可能性を高めるためには，階段室を通常の折り返し型でなく，一直線型にする方法がある．折り返し型の場合，自分の住む階より上の階段の様子を知ることは希で，上下階が分離しやすい．一直線型にすれば各階の住戸前の踊り場から階段室全体が見え，居住者が階段室全体を共用空間として身近に感じやすくなる．「水戸六番池住宅（現代計画研究所）」が最も早い事例として知られている（図2・2-16内）[8]．

　アプローチ空間から見える住戸前にプライベートな庭や半戸外空間を設けると居住者間のコミュニケーションがさらに促される．庭木の世話などは，アプローチ空間の単なる通過に比べて室外での滞在時間が圧倒的に長く，何気なく室外に出るきっかけとしても利用しやすいからである[9]．

● 5　住戸内と住戸外が互いに「見守る」関係・「アクセスの向き」と「生活の向き」

　集合住宅では，居住者が互いに気配を感じてそれとなく見守りあうことによって安心して暮らせることは重要である．

　そのためには，アプローチ空間から住戸の玄関へ向く方向を「アクセスの向き」，リビングやダイニングから室外を眺める方向を「生活の向き」として，この二つの向きを上手く組み合わせることが必要である．図2・2-11に示した，①背面型，②正面型，③両面型の

---

6) リビング，ダイニング，キッチンの一体化あるいは分離パターンについては，表2・2-1（⇒ p.31）を参照のこと．

7) 座敷などオモテの部屋を戦後のわが国の住宅が失っていった事情については，2・1 独立住宅（⇒ p.29，コラム❖1）を参照のこと．

8) 小林秀樹『集住のなわばり学』彰国社，1992，pp.191-193

9) ヤン・ゲール著，北原理雄訳『屋外空間の生活とデザイン』鹿島出版会，1990，pp.224-240

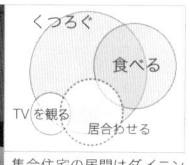

図2・2-6　「くつろぐ」活動フレーム

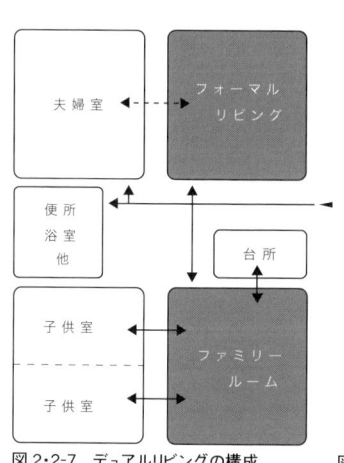

図2・2-7　デュアルリビングの構成

図2・2-8　ベルコリーヌ南大沢平面図（102㎡）

大きく3種類に分けて考えられる．

①背面型は，一般的な片廊下型のマンションに多いが，「生活の向き」と「アクセスの向き」とが一方通行で，住戸内部の様子は，他の住戸の居住者にはわからない．

②正面型は，二つの向きが住戸の同側で互いに見合う関係にある．「生活の向き」の視線の先には，自ら通る中庭や共用廊下が見えている．住戸前の共用空間を住戸内の居住者が身近に感じやすく，共用空間側からも住戸内部の気配が感じられやすい．

③両面型は，リビングは南側，ダイニングは北側というように住戸両側に生活の向きを向け，正面型の特徴をあわせ持つ．

つまり，住戸内から住戸外の様子を見守ったり，住戸外から住戸内の気配を感じるためには，正面型や両面型の計画が有効である．

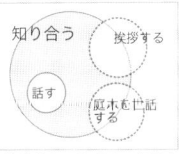

図2・2-9　「知り合う」活動フレーム

図2・2-10　「見守る」活動フレーム

一方で，住戸内のプライバシーの確保が問題になる．図2・2-12（右図）に示した葛西クリーンタウンの計画は，正面型の一つであるリビングアクセス型である．住戸が近隣のまとまりを得るために有効な計画手法である．リビング前を通過する共用廊下の床面を下げて，リビングのプライバシーが過度に侵害されないような断面計画が考えられている．

2・2・3　場と空間の組み立てかた

● 1　住棟計画

▶ 1　住棟形式（アクセスタイプ）

表2・2-1にアクセスタイプの違いによる住棟形式の種類を示した．計画にあたって注意すべき要点は以下のようである

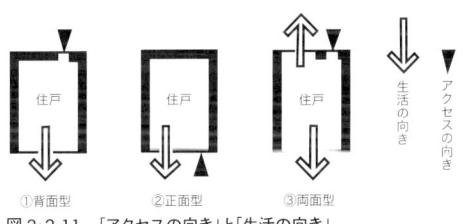

図2・2-11　「アクセスの向き」と「生活の向き」

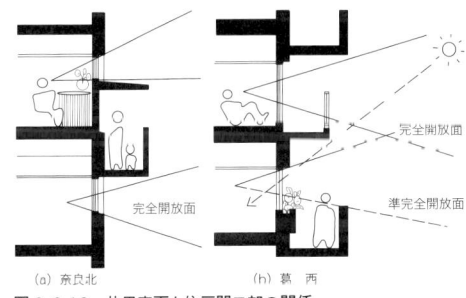

図2・2-12　共用廊下と住戸開口部の関係
奈良北団地（左）と葛西クリーンタウン（右）

表2・2-1　住棟形式（アクセスタイプ）の種類と空間的特徴

	階段室型	片廊下型	中廊下型	ツインコリダー型	スキップフロア型	集中型
アクセスタイプ						
利点	住戸の南北両側に開口を取って通風・採光できる　北側に窓を設けてもプライバシーに優れる　階段室を共有する居住者で交流が生まれやすい	エレベーターを効率的に設置できる	片廊下型の2倍の密度で住戸が設けられる	市街地再開発に適する	廊下階以外は南北両側に開口が取りやすい　メゾネットの住戸と相性がいい　階段室型と片廊下型の長所を複合	高密度に高層化しやすい
欠点	改築の際に階段室ごとにエレベーターを設けるのは費用的に困難	階段室型と比べてプライバシーに劣る　片廊下に面して窓を設けにくい	外気に接する開口が一面に限られる　北側だけの開口を持つ住戸を避けるために南北軸に配置	ツインコリダー間の吹き抜けが息苦しい　低層部のツインコリダー間が暗い	廊下階以外は住戸への動線が長い	廊下や階段だけで分散した避難路が確保しにくい

住棟形式としては，階段室型と片廊下型が基本である．階段室型は，住戸の南北両側から通風と採光を取ることができる．また，北側に窓を設けても片廊下型と違って直接に覗きこまれる心配がなくプライバシーに優れる．逆に片廊下型は，階段室型と比べてプライバシーに劣るが，エレベーターを少ない数で効率的に稼働させることが可能である．

エレベーター停止階を2〜3階ごととし，階段室型の居住性の良さと片廊下型のエレベーターの経済性の両方の特徴を組み合わせたものがスキップフロア型である．

中廊下型は，片廊下と比べてほぼ2倍の密度で住戸を集合させることができるが，外気に向かう採光や通風ができる開口部が一面に限られるなど，生活を行う上では欠点が多い．北側だけしか開口部を持つことができない住戸ができるのを避けるために，中廊下は南北軸に沿って配置される．中廊下型の通風上の欠点を補うために，発展型として考え出されたのが，ツインコリダー型である．中廊下型とツインコリダー型は，市街地再開発を行う際に，狭い敷地に高い住戸密度で集合住宅を建設するために出現した[10]．

集中型（ホール型）は，基準階平面がコンパクトにまとまり高密度に高層化しやすい．しかし，避難路がホールまわりに集中してしまい，分散した安全な避難路を計画しにくい．そのため建設されなかった一時期があったが，近年は都心部の再開発にともなう高層タワー型の民間分譲マンション建設の隆盛とともに再び見られる．

▶ 2　住戸断面・住棟断面の計画

住戸断面の計画では，まず，1戸が何層にまたがるかということを決める必要がある．

表 2・2-2　住戸の断面計画：スキップとメゾネット

	断面形	事例
スキップ		アトリエ5：ハーレンの集合住宅
メゾネット		ル・コルビュジエ：ユニテ・ダビダシオン

1層ならフラット，2層以上ならメゾネットと呼ぶ．メゾネットは，住戸内に階段や吹き抜けを設けて変化のある空間を生み出すことができる，各階に共用通路が必要無くなるため完全な開口部をとれる階が増えるなどの利点があるが，小さな規模の住戸には向かない．

住戸内で床高が半層ずれるものをスキップといい，空間的には連続しながら部屋を区分したい場合に用いられる．スキップは斜面住宅の断面計画にも適している（表2・2-2）．

バルコニーや共用廊下の位置と住戸断面の関係をあわせて計画すると，よりよい開口部を考えることができる．図2・2-12 (a) は，共用片廊下をスキップ片廊下としフラットやメゾネットと組み合わせたもので，よりプライバシーに配慮した開口部ができる．

● 2　団地計画

▶ 1　隣棟間隔と方位

東西軸配置の場合，冬至の午前9時から午後3時の間に，主な居室に4時間の日照が得られるように住棟間の距離が決められる．この冬至4時間日照を確保するためには，住棟の高さH，隣棟間隔Lとすれば，東京や大阪では$L = 1.7 \times H$とすればよい．

一般に真南に対し30°程度以下の住棟の向きのふれは生活にほとんど影響がない．また，西日に対して適当な日除けを考慮すれば，真南から45°程度までのふれは許容される．

▶ 2　住棟の階数

一般的に1〜3階建てを低層，4〜5階建てを中層，6階以上を高層に区分する．

低層のもののうち，各住戸が専用庭のある土地の上に立つかたちを接地型，接地型に専用の屋上テラスを持つ上階住戸を重ねたかたちを準接地型という（図2・2-13）．テラスハウスは，接地型の一種で専用庭を持つが，いわゆる長屋型で連続した住戸形式のものを指す．タウンハウス[11]と呼ばれる形式も低層で複数の住棟がまとめられることが多い．しかし，その計画の主眼は専用庭は最小限にして，残りの宅地をまとめて敷地内に共用の施設や中庭を確保することにある（図2・2-14）．

中層までエレベーターを設置しないが，

---

10) 1960年代には，公共の手によって多くの郊外住宅地（ニュータウン）が開発された．その開発が一段落すると，次に都市再開発法（1969年）によって，公的住宅供給が市街地内でも行われるようになった．南北軸に沿って敷地の容積率いっぱいに建つ巨大な高層ツインコリダー型は，市街地再開発事業の象徴的な姿となった（井手健・元倉眞琴編著『ハウジング・コンプレックス—集住の多様な展開』彰国社，2001, p.7）．

11) タウンハウス：郊外住宅地開発等において，各戸の専用（占有）敷地のほかにコモンスペース，プレイロット，駐車スペースなどの共有を持つ集合形式の低層住宅．戸建住宅の独立性と，集合住宅の屋外環境の良さをあわせ持つ（建築大辞典）．

＊コモンスペース：接地型住宅においては共同で使用する私的共有空間のこと．主として共用中庭．

＊プレイロット：団地の計画では，住棟間に設けられた簡単な乳幼児の遊び場のこと．

12）特別避難階段：屋内と階段室との間に火炎阻止の緩衝地帯を設けた階段．この緩衝地帯は，外気に開放されたバルコニー，または外気に向かって開ける窓もしくは有効な排煙設備を持った付室とする（建築基準法施行令第122条，123条）

13）ただし，31mを超える階数が4階以下の場合，各住戸が100㎡以下ごとに防火区画されていれば，非常用エレベーターの設置が免除される．

14）小林秀樹『集住のなわばり学』彰国社，1992．pp.179-181

高層ではエレベーターの設置が必要である．また，高層の場合，14階以下で建設されることが多い．15階以上の建築物は特別避難階段[12]の設置などの避難・防災設備があらたに必要となるからである[13]．

▶ 3　住戸のグルーピングと領域の形成

集合住宅において住戸間の交流を促進するためには，適切な住戸数でグルーピングすることが重要である．少ない戸数では関係が緊密すぎて息苦しいし，多すぎると顔見知りになりにくい．居住者層にもよるが，郊外住宅地での顔見知りの家は20戸程度が限界であること，近所づきあいは10戸程度が多いことから，8戸〜16戸程度をグルーピングの単位とする考え方がある[14]．

2・2・4　建築類型への適用

集合住宅全体を供給主体（公共または民間）と供給形式（分譲または賃貸）で分類すると図2・2-15のように整理できる．公共住宅は基本的に賃貸であるが，民間の集合住宅には分譲と賃貸がある．分譲の場合は資産価値と転売価値が重要視され，無難な3LDKに人気が集まる．一方，民間の場合，デザイン的，計画的に目新しい集合住宅はほとんど賃貸である．計画・設計にあたっては，公共か民間か，分譲か賃貸かによって適切に条件を整理する必要がある．

さらに立地条件によっても，計画内容が大きく異なる．図2・2-16は，立地を大きく郊外と都心（インナーシティ）に分けて考え，年代を追って集合住宅のタイプや計画の特徴および変遷の概要を示したものである．

1960年代には，一通りの郊外ニュータウンが完成し，その後1969年の都市再開発法により，都心部にツインコリダー型の巨大住棟が建設される．この〈量の時代〉までは，公共が集合住宅をリードしてきたが，住宅総数が世帯総数を上回った1970年以降の〈質の時代〉以後は，民間賃貸に建築家が参加し，多彩なアイディアを展開してきた．

1970年代には，都心部では公共のターゲットからは外れた小規模の集合住宅において，容積率（⇨p.205，図10・2-32）一杯に建設された建物の中にコートヤードなどのヴォイドを上手く含ませた点で優れた民間の作品が現れた（ビラセレーナ，1971）．一方，公共住宅では地方を中心に低層タウンハウス建設の試みがなされた．水戸六番池住宅（1976）が代表的である．

1980年代には，住宅と商業の複合としての集合住宅（りりぱっとはうす，1987），町並みの形成を試みたマスターアーキテクト制の試み（ベルコリーヌ南大沢，1989），公団住宅のひとつの完成形として葛西クリーンタウン（1983）など，郊外，都心それぞれの立地で多彩なテーマが

図2・2-13　接地型（左）と準接地型（右）

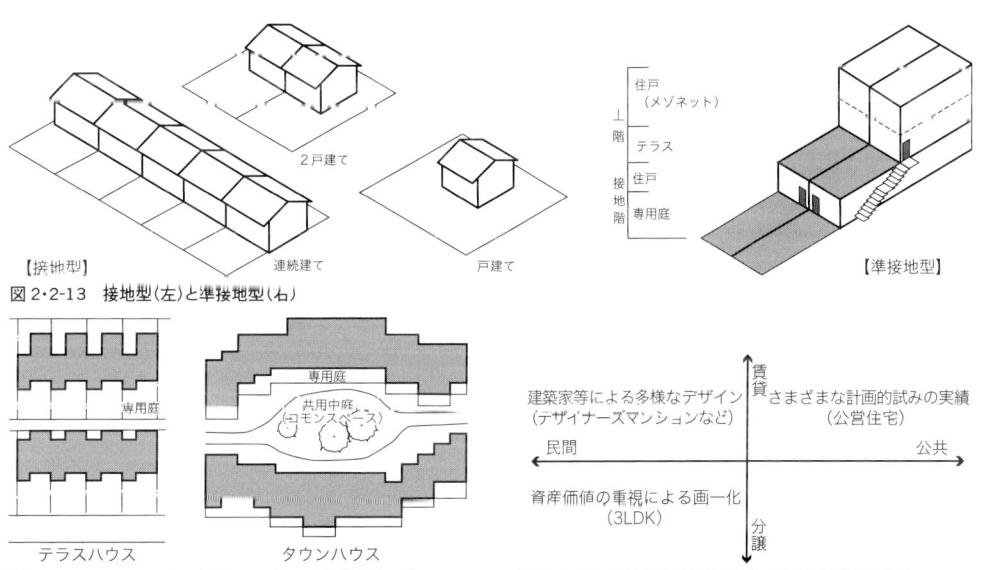

図2・2-14　テラスハウスとタウンハウスの団地計画の違い

図2・2-15　供給主体と供給形式による集合住宅の分類

追求された．

1990年代以降，都心においてはデザイナーズマンションと呼ばれるジャンルが注目される．郊外では公共住宅で蓄積された成果を生かし正面型の住戸を持つ熊本県営龍蛇平団地も重要である（元倉眞琴・事例1, 1994）．一方，保田窪第一団地（山本理顕・事例2, 1991）をはじめ，とくに2000年以降は，家族や共同体を包む「ハコ」としての住戸の既成概念を破るものが，都心・郊外にかかわらず現れてきている．各部屋が共用部の片廊下へ直接に出入りする扉を持つハイタウン北方の妹島棟（妹島和世, 2000）は，核家族の終焉の象徴である．また，森山邸（西沢立衛, 2005）は住宅全体を各室のボリュームに分解することにより分散した庭が，敷地外部に開いた印象を与えると同時に，開口部の位置を丁寧に調整することによって同じ庭空間が各戸にも付属する領域として感じられる優れた設計である．

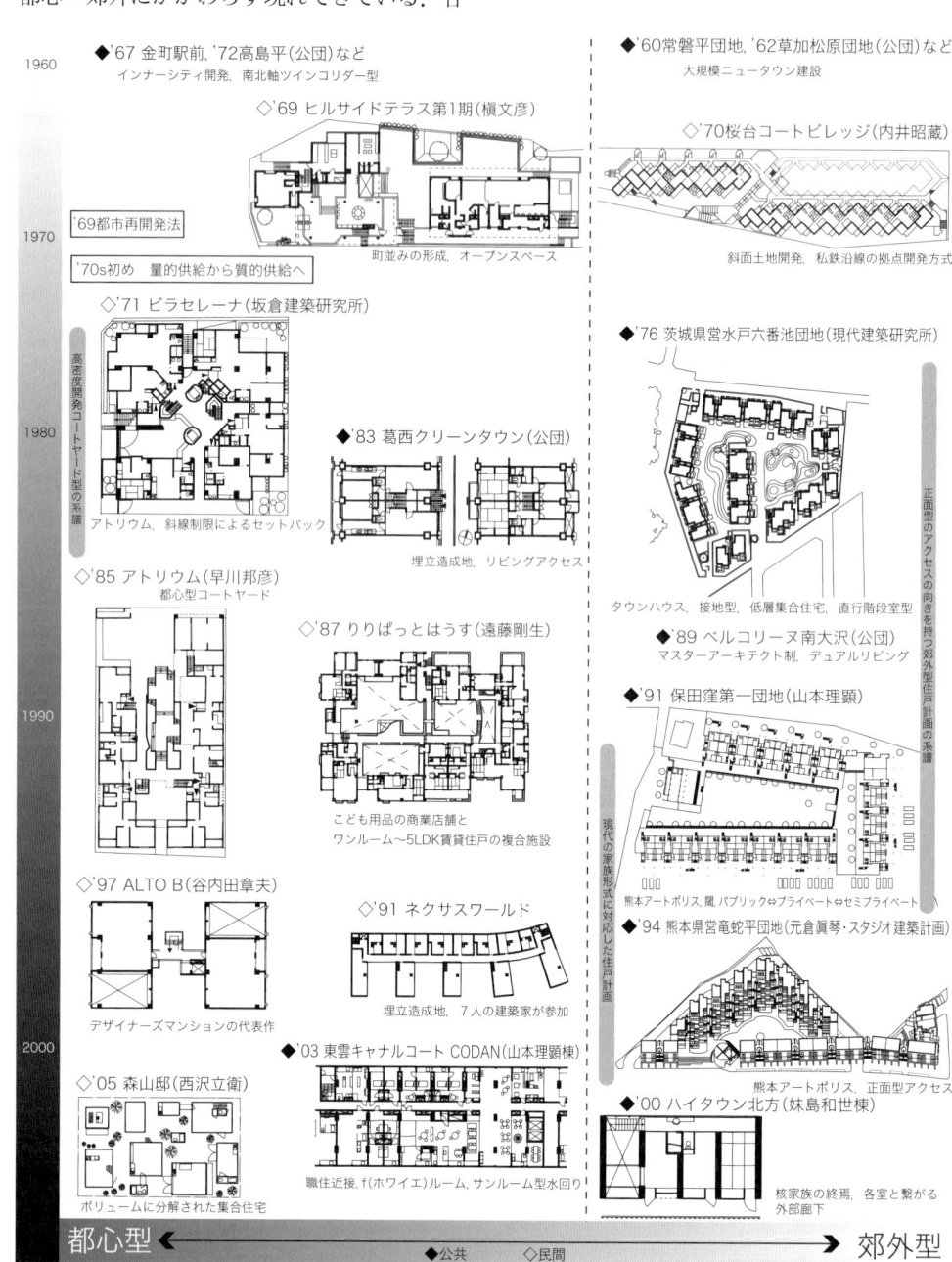

図2・2-16 立地と年代別に見た主な集合住宅の特徴と変遷

事例1　パブリック—セミパブリック—プライベートの段階構成型, 正面型アクセスを持った公共住宅の模範解答
（熊本県営竜蛇平団地）

■基本データ■
設計：元倉眞琴・スタジオ建築計画
所在地：熊本県熊本市
竣工：1994 年
敷地面積：8,498 ㎡
建築面積：2,495 ㎡
延床面積：6,511 ㎡
構造規模：街区タイプ
　　　　　RC ラーメン構造・地上 3 階
　　　　　段状タイプ
　　　　　RC 板状ラーメン構造・地上 5 階
住戸数：88 戸
付属棟：集会室
1995 年日本建築学会賞

(出典：図面：井出建, 元倉眞琴編著『ハウジング・コンプレックス—集住の多様な展開』彰国社, 2001, pp.100-102 (作図：山本直彦), 写真：百武昌子 (街区タイプ住棟), 山本直彦 (段状タイプ住棟, 中庭))

セミパブリックな中庭
ピロティによって緩やかに街路から分節されながらも外部から入ることが可能な中庭はセミパブリックな領域となる. 街区タイプも段状タイプも, すべての住戸は, この中庭を通って出入りする.

段状タイプ住棟
「段状タイプ」の住棟は, 平面計画が雁行して配置されているだけでなく, 上階に行くに従って住戸もセットバックする. それによって各住戸にセミパブリックの庭に面したテラスを設けることが可能になっている.

段状タイプ住棟2階平面図

各階で, 各住戸前面のテラスの視線が交わる. アクセスの向きと生活の向きが一致し, 居住者同士が知り合いになりやすい.
3 階以上の住戸へは, 階段を折り返すため中庭を望んでアプローチする. このため中庭との一体感を得やすい.

街区タイプ住棟
「街区タイプ」の住棟は, 地上階部分をピロティによって吹き放しとしている. ピロティによる列柱廊が街路と中庭を緩やかに分離するフィルターの役割を果たす.

円筒形の集会室

折り返しながら上がる階段を各階で登り切った先に, 各住戸のテラスが設けられている. 階段を動線として通過する居住者とテラスを使用する居住者が自然に顔を合わせる空間的仕掛けである. 活動や交流を引き出すきっかけとなる.

街区タイプ住棟2, 3階平面図

事例2　パブリック—プライベート—セミプライベート（コモン）の閾論的な構成（熊本県営保田窪第一団地）

■基本データ■
設計：山本理顕設計工場
所在地：熊本県熊本市
竣工：1991 年
敷地面積：11,184 ㎡
建築面積：3,562 ㎡
延床面積：8,753 ㎡
構造規模：RC 造地上 5 階
　　　　　(一部型枠コンクリートブロック壁式造)
住戸数：110 戸
付属棟：集会室

〈閾〉という概念
「ふたつの相互に性格の異なる空間の間にあって, そのふたつの空間を互いに切断し, あるいは接続するための空間的な装置」のことである. その空間装置を〈閾〉と呼ぶ (山本理顕『住居論』).

(出典：図面：山本理顕設計工場編著『システムズ・ストラクチャーのディテール』彰国社, 2001, p.71 (作図：山本直彦), 写真：山本直彦,「閾ダイアグラム」出典：山本理顕『[新編]住居論』2004, p.81)

集会室 (中庭への出入り口)

中庭に向かって開かれた住戸部分
この部分には RC の梁梁フレームの中にガラスで仕切られた開放的な居間・台所がある.「鉄の扉」によって完全に密室化する通常の集合住宅の住戸に対するアンチテーゼとして, 保田窪では集合住宅全体を外部から閉じることによって, 各住戸の開放性を実現している.

住戸ユニット 4-5 階平面図

セミプライベートな中庭 (コモン)
各住戸あるいは集会室を通り抜けなければアクセスすることができないプライバシーの高い場所になっていて, こどもが安心して遊ぶことが可能になっている. つまり, 各住戸の住まい手か, その知り合いしかコモンスペースに出られない.

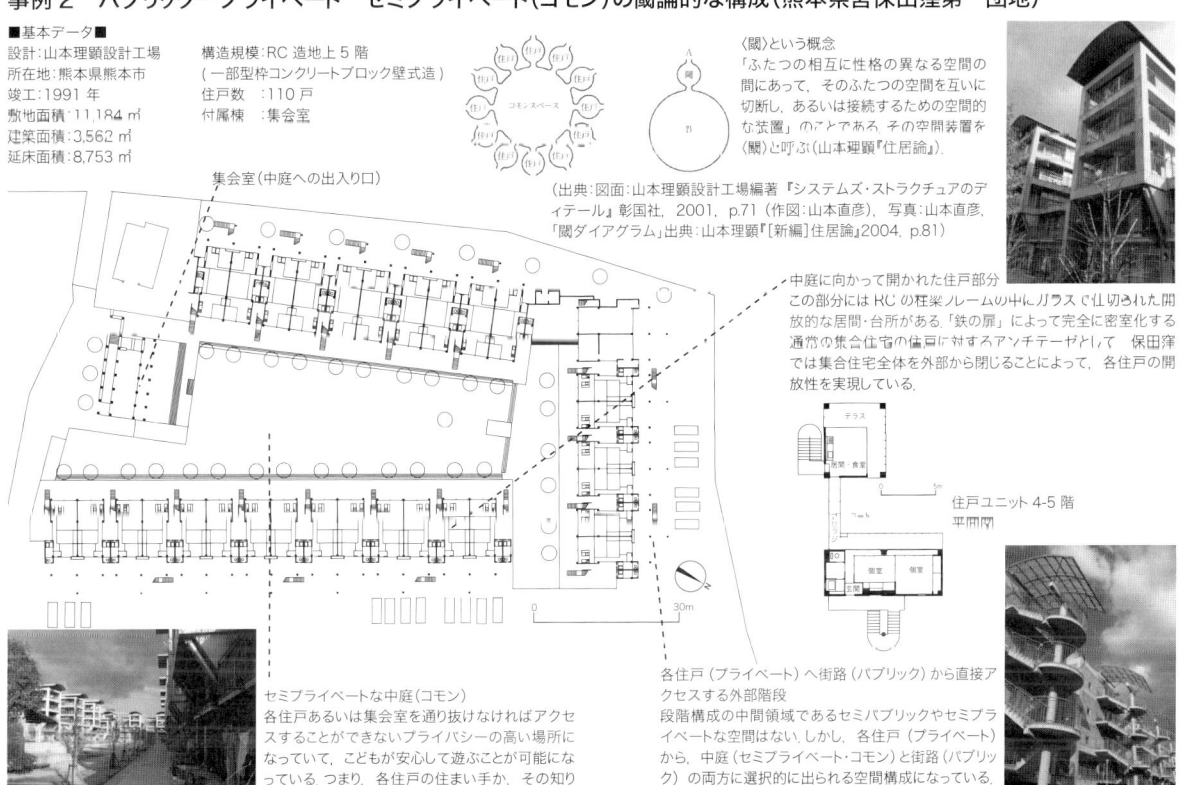

各住戸（プライベート）へ街路（パブリック）から直接アクセスする外部階段
段階構成の中間領域であるセミパブリックやセミプライベートな空間はない. しかし, 各住戸（プライベート）から, 中庭（セミプライベート・コモン）と街路（パブリック）の両方に選択的に出られる空間構成になっている. これは,〈閾〉として提示された概念図と同じ空間構成.

図版出典

● 2-1
図2・1-1　写真提供：山田あすか
図2・1-2, 3　山本直彦
図2・1-4　宮脇檀住宅設計塾『目を養い手を練れ』彰国社，2003, p.88
図2・1-6　写真提供：倉斗綾子
図2・1-7　宮脇檀建築研究室『宮脇檀の住宅』丸善，1996, p.95
図2・1-8　山本直彦
図2・1-9　池辺陽『すまい』岩波夫人叢書，1954, p.50より作成（作図：奈良女子大学山本研究室）
図2・1-10　アドルフ・ロース著，伊藤哲夫訳『装飾と犯罪ー建築・文化論集ー』中央公論美術出版，2005, 口絵
図2・1-11　日本建築学会編『コンパクト建築設計資料集成〈住居〉』日本建築学会，1991, p.8より作成（作図：奈良女子大学山本研究室）
図2・1-12　東京大学建築デザイン研究室編『カラー版建築家は住宅で何を考えているのか』PHP新書545, 2008, p.73
図2・1-13　中根千枝『適応の条件ー日本的連続の思考』講談社現代新書，p1972, pp.100-101より作成（作図：奈良女子大学山本研究室）
図2・1-14　日本建築学会編『コンパクト建築設計資料集成〈住居〉』日本建築学会，1991, p.22より作成（作図：奈良女子大学山本研究室）
図2・1-15　池辺陽『すまい』岩波夫人叢書，1954, p.36より作成（作図：奈良女子大学山本研究室）
図2・1-16　日本建築学会編『コンパクト建築設計資料集成〈住居〉』日本建築学会，1991, p.32より作成（作図：奈良女子大学山本研究室）
図2・1-17　日本建築学会編『コンパクト建築設計資料集成〈住居〉』日本建築学会，1991, p.29より作成（作図：奈良女子大学山本研究室）
図2・1-18　日本建築学会編『コンパクト建築設計資料集成〈住居〉』日本建築学会，1991, p.20より作成（作図：奈良女子大学山本研究室）
図2・1-19　日本建築学会編『コンパクト建築設計資料集成〈住居〉』日本建築学会，1991, p.41より作成（作図：奈良女子大学山本研究室）
図2・1-20　ギャラリー・間編『日本の現代住宅1985-2005』TOTO出版，2005, p.120より作成（作図：奈良女子大学山本研究室）
図2・1-21　塚本由晴＋西沢大良『現代住宅研究』INAX出版，2004, p.147より作成（作図：奈良女子大学山本研究室）
図2・1-22　青木淳他『青木淳 JUN AOKI COMPLETE WORKS |1|1991-2004』INAX出版，2004, p.486より作成（作図：奈良女子大学山本研究室）
図2・1-23　高橋康夫ほか編『図集日本都市史』東京大学出版会，1993, p.216より作成（作図：奈良女子大学山本研究室）
図2・1-24　陣内秀信『ヴェネツィア』SD選書，1986, p.67より作成（作図：奈良女子大学山本研究室）
図2・1-25　アトリエ・ワン『アトリエ・ワン・フロム・ポスト・バブル・シティ』INAX出版，2006, p.26
表2・1-1　山本直彦

● 2-2
図2・2-1　写真提供：古賀政好
図2・2-2　鈴木成文『51C白書　私の建築計画戦後史』住まいの図書館出版局，2006, p.142より作成（作図：奈良女子大学山本研究室）
図2・2-3　山本直彦
図2・2-4　鈴木成文編著『「いえ」と「まち」住居集合の論理』鹿島出版会，1984, p.34より作成（作図：奈良女子大学山本研究室）
図2・2-5　H・ヘルツベルハー著，森島清太郎訳『都市と建築のパブリックスペース　ヘルツベルハーの建築講義録』鹿島出版会，1995, p.155より作成（作図：奈良女子大学山本研究室）
図2・2-6　山本直彦
図2・2-7　本間博文，初見学『住計画論』放送大学教育振興会，2002, p.216より作成（作図：奈良女子大学山本研究室）
図2・2-8　日本建築学会編『コンパクト建築設計資料集成〈住居〉』丸善，1991, p.57より作成（作図：奈良女子大学山本研究室）
図2・2-9　川崎寧史
図2・2-10　写真提供：山田あすか
図2・2-11　鈴木成文編著『「いえ」と「まち」住居集合の論理』鹿島出版会，1984, p.209より作成（作図：奈良女子大学山本研究室）
図2・2-12　藤本昌也，山下和正，杉山茂一，大間知良一『新建築学大系28 住宅の設計』彰国社，1988, p.301より作成（作図：奈良女子大学山本研究室）
図2・2-13　藤本昌也，山下和正，杉山茂一，大間知良一『新建築学大系28 住宅の設計』彰国社，1988から，接地型（p.286），準接地型（p.288）より修正・作成（作図：山本直彦）
図2・2-14　藤本昌也，山下和正，杉山茂一，大間知良一『新建築学大系28 住宅の設計』彰国社，1988, p.287より作成（作図：山本直彦）
図2・2-15　山本直彦
図2・2-16　図中の各集合住宅の図面は，以下より作成（作図：奈良女子大学山本研究室）／ヒルサイドテラス：日本建築学会編『建築設計資料集成6〈建築ー生活〉』丸善，1979, p.35／桜台コートビレジ：日本建築学会編『建築設計資料集成6〈建築ー生活〉』丸善，1979, p.30／ピラセレーナ：日本建築学会編『建築設計資料集成6〈建築ー生活〉』丸善，1979, p.38／茨城県営水戸六番池団地：日本建築学会編『建築設計資料集成6〈建築ー生活〉』丸善，1979, p.31／葛西クリーンタウン：日本建築学会編『コンパクト建築設計資料集成〈住居〉』丸善，1991, p.72／ラビリンス：日本建築学会編『第2版コンパクト建築設計資料集成』丸善，1991, p.143／りりぱっとはうす：日本建築学会編『コンパクト建築設計資料集成〈住居〉』丸善，1991, p.76／ネクサスワールド（スティーブン・ホール棟）Kenneth Frampton, STEVEN HOLL ARCHITECT, Electa architecture, 2003, p.143／熊本県営保田窪第一団地：日本建築学会編『第2版コンパクト建築設計資料集成』丸善，1994, p.145／熊本県営竜蛇平団地：井出建，元倉眞琴編著『ハウジング・コンプレックスー集住の多様な展開』彰国社，2001, p.102／ALTO B：谷内田章夫／ワークショップ編著『谷内田章夫／集合住宅を立体化ユニットでつくる』彰国社，2008, p.41／ハイタウン北方（妹島和世棟）『日本の現代住宅1985-2005』TOTO出版，2005, p.252／東雲キャナルコートCODAN（山本理顕棟）：『建築の可能性，山本理顕的想像力』王国社，2006, p.101／森山邸：西沢立衛『建築について話してみよう』王国社，2007, p.98
表2・2-1　表中の平面略図は，〈建築のテキスト〉編集委員会『初めての建築計画』学芸出版社，2000, p.66より修正・作成（作図：山本直彦）
表2・2-2　事例の断面図は，日本建築学会編『コンパクト建築設計資料集成〈住居〉』丸善，1991, より，ユニテ・ダビタシオン（p.99），ハーレンの集合住宅（p.104）.

参考文献

● 2-1
▶青木淳『原っぱと遊園地』王国社，2004
▶池辺陽『すまい』岩波夫人叢書，1954
▶黒澤隆『個室群住居崩壊する近代家族と建築的課題』住まいの図書出版局，1997
▶古賀紀江ほか『家具配置からみた住宅の公的空間の考察』（日本建築学会『日本建築学会大会学術講演梗概集』建築計画分冊，1992）
▶小玉祐一郎『住まいの中の自然ーパッシブデザインのすすめ』丸善，2008
▶鈴木成文編著『住まいを読むー現代日本住居論』建築資料研究社，1999
▶髙橋鷹志，長澤泰，西出和彦『シリーズ〈人間と空間〉1 環境と空間』朝倉書店，1997
▶塚本由晴『「小さな家」の気づき』王国社，2003
▶塚本由晴，西沢大良『現代住宅研究』INAX出版，2004
▶長尾勝馬，渋谷五郎『日本建築・上巻』学芸出版社，1963
▶長澤泰編著『建築計画』市ヶ谷出版社，2005
▶中根千枝『適応の条件　日本的連続の思考』講談社現代新書，1972
▶西澤文隆『コート・ハウス論ーその親密なる空間』相模書房，1974
▶藤本昌也，山下和正，杉山茂一，大間知良一『新建築学大系28 住宅の設計』彰国社，1988
▶E・ホール著，日高敏隆ほか訳『かくれた次元』みすず書房，1970
▶宮脇檀建築研究室『宮脇檀の住宅設計テキスト』丸善株式会社，1993
▶宮脇檀住宅設計塾『目を養い手を練れ』彰国社，2003
▶E・モース著，上田篤訳『日本の住まい』鹿島出版会，1979
▶山本理顕『［新編］住居論』平凡社ライブラリー，2004

● 2-2
▶井手健，元倉眞琴編著『ハウジング・コンプレックスー集住の多様な展開』彰国社，2001
▶J・ゲール著，北原理雄訳『屋外空間の生活とデザイン』鹿島出版会，1990
▶小林秀樹『集住のなわばり学』彰国社，1992
▶鈴木成文『五一C白書　私の建築計画学戦後史』住まいの図書館出版局，2006
▶鈴木成文ほか『「いえ」と「まち」住居集合の論理』鹿島出版会，1984
▶鈴木成文，守屋秀夫，太田利彦『建築計画』実教出版，1975
▶渡辺真理，木下庸子『集合住宅をユニットから考える』新建築社，2006

関連文献

● 2-1
▶ギャラリー・間編『日本の現代住宅1985-2005』TOTO出版，2005
▶東京大学建築デザイン研究室『建築家は住宅で何を考えているのか』PHP新書，2008

● 2-2
▶上野千鶴子『家族を容れるハコ家族を超えるハコ』平凡社，2002
▶建築設計テキスト編集委員会『建築設計テキスト集合住宅』彰国社，2008
▶谷内田章夫／ワークショップ編著『集合住宅を立体化ユニットでつくる』彰国社，2008

第3章 老いて住まう

3・1　高齢者入居施設
3・2　高齢者通所施設

居合わせる・団欒する
料理する
佇む・居る　家事をする　寝る　食べる

高齢者入居施設　　　　　　　　　3・1

3・1・1　活動フレーム

　入居型高齢者施設には，自宅での生活が困難な高齢者が支援を受けつつ集まって住まう．ここでは高齢者が身体障碍[1]や認知症[2]を抱えながらも，寝起きし，食べ，入浴し排泄する．そして，ときには一人でくつろぎ，ときには他者と居合わせて団らんし，可能な場合は家事を担う．高齢者施設は，人間的なスケールの空間や，生活のなかで起こる行為や活動に対応した場を設えることで「当たり前の生活」を「当たり前」に送れるよう支援する環境として計画すべきだといえる．さらに，高齢者を支援するスタッフの見守りやすさや，働きやすさにも配慮が求められる．

3・1・2　活動フレームに対応した場

● 1　食べる・居合わせる

　食事は，入居者が共用空間に滞在する主要なきっかけであり，食事の場は他者との交流や居合わせの機会となる．このとき，相性の悪い入居者を離したり，個人のペースで滞在できるよう，いくつかの分割された小スペースを設けるとよい（図3・1-1）[3]．また，食事の席は共用空間での各入居者の主な滞在場所となる．とくに入居者の介護度が高いと，食事の席で日中の多くの時間を過ごすことが多い．こうした場所には，人やもの，生きもの，風

この日は入居者Wさんの機嫌が悪く，他の入居者とのトラブルが懸念されたため，Wさんはいつも食事をする食堂（①）や広縁（②）から離れて，居室（③）で食事をしている．
食事の場所である①や②，居間（④）それぞれの規模は1～6人で，ペースや気が合う入居者どうしで過ごせ，他者との距離を調整できる．

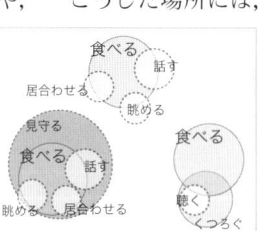

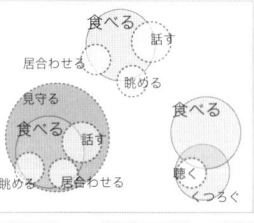

図3・1-1　食事場所の分散と「食べる」活動フレーム

1) 障碍：しょうがい　漢語林によれば，本来的には，「しょうがい」は「障礙」と書かれていた．「碍」は「礙」の俗字．戦後になって，1947年（昭和22年）発布の「当用漢字」に当てはめる際に「障害」の字が採用された．もともと，「障礙者・障碍者」は「さまたげられた・人」の意であったが，「害」の字を与えられたことから，他者や社会に害をなす存在の意味にもとれるとの意見が生じ，近年障碍当事者や福祉の分野など多くのケースで「障碍」「しょうがい」「障がい」などと表記されている．本書では，本来の意味に鑑み，「障碍」の表記を採用する．

2) 認知症：一度獲得された知能が，大脳および身体の器質的疾患を原因として記憶や思考，見当識，判断などの障碍が起こり，日常生活を送ることが困難である状態，と定義される．

3) 食事場所の分散：他方，ホームの入居者全体としての一体感を大切にするために，あえて食事場所は一緒にするという事例もある．ホームの規模やスタッフの配置，食事場所以外の空間の有無，入居者の性格，入居者どうしの関係などを複合的に見ながら，計画する．

4) アルコーブ：そもそもはアラビア語の al kubbe で凹所を意味することから、室の壁面につくられたヴォールト、アーチまたはドーム状の凹所の総称として用いられる。また狭義には室の壁面を後退させてつくられた付属的な空間を指す。書斎や食事コーナーなどの滞在場所として使われる（『建築大辞典第2版』彰国社、1993を参照）。

5) QOL：Quality of Life の略で、一般的には「生活の質」と訳される。ある人が、生活に満足感や充実感を持てること、人間（自分）らしい生活が送れること、を意味する。

6) ADL：Ability of Daily Life/Living の略。食事や移動、衣服の着脱、排泄、入浴、移乗（車いす↔ベッドなどの間を移動する、座ること）、寝起きなどの、日常的な生活を送るために必要な基本動作を意味する。高齢者の身体的な活動能力や障碍の程度をはかる指標の一つである。

7) 機械浴（特浴）：横になった状態のまま、ストレッチャーなどの上に乗って、機械式の浴槽を使って入浴する。

8) 座浴：座位（座る姿勢）は保持できる場合に、入浴台や入浴チェアーなどを利用して、いすに座る姿勢で入浴する。立つ・座るの動作や、入浴中に身体を支える負担が減る。介助中の転倒リスクや介助者の負担も軽減する。

9) 個浴：高齢者本人のプライバシーや、個人の尊厳に配慮した入浴方法の全体像を指す。誘導、脱衣、入浴、着衣、整容、誘導までの一連の流れを、スタッフが対1で対応し、家庭にあるのと同じ大きさの一人浴槽で入浴する。家庭浴槽のような小型の浴槽の場合、浴槽の縁に高齢者本人の手が届き、自分で身体を支えられるため不安が少ないとされる。また、浴槽の縁を乗り越える（いすを使うケース、またぐケースなどは人それぞれ）といった行為が、生活リハビリにつながる。

景や眺めなどの環境要素を配すると、滞在に意味が生まれ、また滞在や発話のきっかけともなり有効である。

● 2 調理する・家事をする

役割があること、生活の主体となることは、何よりの生きがいである。台所をオープンに計画する、物干し場や洗濯物たたみができるスペースを計画するなどの配慮によって、入居者が調理などの家事に参加しやすくなる。またこのとき、スタッフからの見守りやすさに注意が必要である。スタッフはすべての入居者に24時間付き添ってはいられないので、仕事をしながら見守っている。例えば対面式キッチンは、入居者の参加しやすさはオープンタイプに比べてやや劣るが、スタッフが調理しながら入居者を見守りやすい（図3・1-2）。

● 3 くつろぐ・一人になる

認知症のお年寄りは、人と一緒にいることを好むといわれる。だが、一人を好む人もいるし、普段はにぎやかな場所が好きな人でも一人になりたいときもある。少人数のための滞在場所を皆が集まる場所と違うところに設け、滞在場所の選択肢を増やすことは、入居者の生活の充実につながる。こうした場は、

共用空間のなかの分節された設えやコーナー、アルコーブ[4]、縁側などの建築空間、廊下に溜まり空間となるよう家具を配置すること、などによって計画できる（図3・1-3）。

● 4 排泄する

排泄の自立は、QOL[5]の観点から非常に重要である。またできるだけ最後までトイレを使うことが、ADL[6]の保持に役立つ。このためにはトイレ内部を車いす仕様にする、高齢者の身体寸法や生活経験にあった什器を選択するといったトイレ内部の計画にくわえ、トイレが高齢者の滞在場所のすぐ近くにあること（分散配置、居室配置）と、そこがトイレであると認知しやすいことが必要である（図3・1-4）。

● 5 入浴する・整容する

高齢者の場合、普通にお風呂に入る「一般浴」の他に、身体硬直や筋力低下等のために普通の入浴ができず、機械浴[7]や座浴[8]とする場合もある。近年は、できるだけ家庭的な浴槽での個浴[9]で、個々のペースで入浴してもらおうと考えるケースが増えている（図3・1-5）。個人を尊重し、重度の障碍があってもスムーズな入浴ができるようにするため、脱衣・着衣・整容のためのスペースは充分に取る。ま

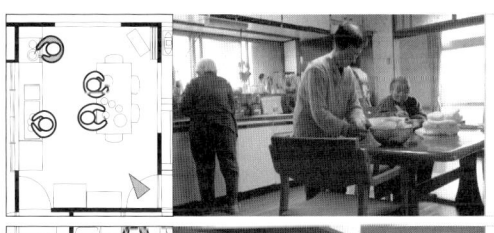

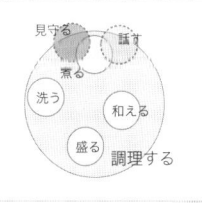

図3・1-2 「調理する」活動フレーム

スタッフと入居者は、このダイニングで一緒に調理し、食事する。食卓を調理スペースに使えるので、多数の入居者が同時に調理に参加することができている。スタッフと二人の入居者は互いに背を向けているため、スタッフはときおり振り返って二人の様子を見る。

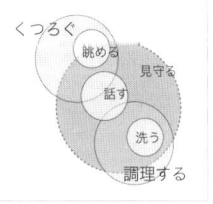

カウンター方式の場合、調理をしながら食卓に座っている人に話しかけるシーンをつくれる。この方式の場合、例えば食事と後かたづけがそれぞれのペースで同時に進行できる。カウンター式の場合、入り口をオープンにし、入居者の調理や後かたづけへの参加を促すとよい。

図3・1-3 さまざまな他者との居合わせの様態、「居合わせる」「くつろぐ」活動フレーム

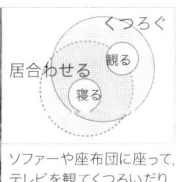

ソファーや座布団に座って、テレビを観てくつろいだり、横になったり。自室よりも、他者のいる場所の方が安心できる場合もある。

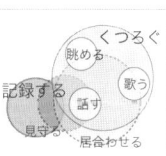

他者との居合わせの場に一人でいたり、記録をするスタッフと一緒に座って会話をする。

た，脱衣・着衣の際の立ち上がりや着座時に身体を支持するため，腰掛ける場所や手摺など，設えにも工夫をする．

● 6 寝る・くつろぐ：場所としての個室

個室は，入居者が「寝る」場，一人で「くつろぐ」場であり，気の合う数人で「交流」もできる，生活の拠点として計画する．こうした生活の拠点は，生活への主体性や安心感をもたらす．個室には長年使った家具や趣味の物品などを設え，活動の場を可視化するとともにその人らしさを演出する（図3・1-6）．また，個室の入り口をその人のもので設えると，本人にとっても他の入居者にとっても，誰の個室かがわかりやすい（図3・1-7）．

● 7 ぶらぶらする

動ける高齢者なら，一日中同じ場所に座っているのは，私たちと同様に耐えがたい．建物内や建物の外に，散歩やぶらぶら歩きに対応した空間がほしい．他のユニットに行き，いつもの生活グループとは異なる人々と接する機会や，異なる景色・事物を見ることも，適度な刺激になる．また，ユニットの外に居

図3・1-4 左：家庭で使っていたものと同じトイレなら困惑も少ない．右：昔のトイレのトビラに使われていた意匠が再現されている

図3・1-5 個浴槽 左右どちらからでも介助ができる．このため，左右どちらかに片麻痺があるような場合にでも対応しやすい．小規模な浴槽では，身体が浮くことなく湯につかることができ，利用者が安心する．浴槽の高さは腰掛け程度とし，座って「またぎ」ができるように配慮する．

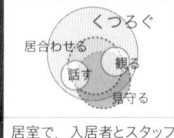

居室で，入居者とスタッフがアルバムを観ながら話している．畳には座り込めるため他者を呼び込みやすい．フローリングの部屋にはいすと机を配するとよい．居室で，習字のためのスペースをローテーブルと座いすで設えている．認知症のお年寄りの場合には特に，活動（を思い起こさせるもの）が目につくことでその活動を思い出し，主体的に活動に取り組める．

図3・1-6 居室での活動フレームと居室の設え

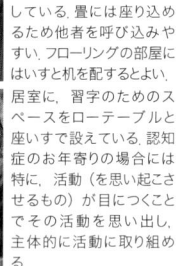

10) グループホーム，ユニットについては3・1・3「生活単位と介護単位」を参照のこと．ユニットケア施設とは，生活単位を入居者10人程度の小規模なグループで構成し，排泄や入浴，食事，談話などの日常生活が，基本的にはユニット内で完結するよう計画・運営される施設を指す．

11) 高齢者の視覚：高齢になると，視界全体が黄色みを帯びて色の見分けが難しくなること，照度を低く感じること，強い光が床や壁に反射して見えるグレアを例えば自動車のヘッドライトなどと誤認する可能性があること，などが知られている．

12) 異食：食べてはいけないもの，食べられないものを食べたり飲んだりしてしまうこと．

❖ 1 高齢者の姿と環境デザインの原則

①適切な規模

誰しも，大きすぎる空間では落ち着かないし，大勢のなかでは適切な人間関係を築きにくい．ただし，小さすぎる空間や集団規模も息苦しく，閉塞感がある．集団で暮らす高齢者にとって適切な集団規模は6〜10人程度と言われる[10]．基本的な生活領域は，この集団が互いの距離を調整しながら過ごせる広さで計画する．こうした小規模な環境のなかで，高齢者と介護者は互いに理解し，穏やかで親密な生活を構築する．

②家庭的な環境

病院のような長くて単調な廊下，無機質な仕上げ，事務的な家具や照明．このような，それまでの生活とかけ離れた場所では，ゆっくり過ごしたり，活動を楽しむことは難しい．親しみやすく，快適な環境であるためには，暖かみと表情のある素材，柔らかく適度な重量感のある家具，陰影をつくり出す暖かな色とデザインの照明，ヒューマンスケールに分割された領域，デザイン密度の高さ，などの計画が有効である．これらはまさに，家庭らしさを再認識し，その環境を再構成することに他ならない．

③身体的特徴に配慮された環境

高齢期になると，筋力が低下し，瞬発力も下がって転倒しやすくなる．住環境のバリアフリー化は，事故を防止する一方で残存能力を奪い，建物外への散歩などのバリアのある環境への外出を困難にしてしまう可能性もある．車いすの使用を前提としない場合は，適度な段差をあえて設けることも選択肢の一つである．この場合は，段差があることがわかりやすいよう，段鼻などの素材や色，配置に配慮する．移動が困難になった場合の生活環境として，車いすが使える環境にするほか，立ち上がらなくても膝や尻をついて移動できる，畳や絨毯など床座の設えを計画する方法もある．また高齢期には視覚機能が変化するため，光環境にも配慮する[11]．

④わかりやすい環境

高齢者，とくに認知症を持つ高齢者は，環境の変化に敏感であると同時に，新しいものごとへの判断や順応が難しい．認知症を持つ高齢者がときに起こす異食[12]や「徘徊」などの不適切な行為は，環境とお年寄りのミスマッチが現れたもので，環境の設定が適切になされた場合，行動が緩和されうる．このためには，高齢者になじみのある，わかりやすい意匠やスケール，色彩，素材などを用いることが有効である．

場所を持つことで，ユニット内に人間関係や活動範囲が必要以上に閉じてしまうことを防ぐ．ぶらぶらする場には，ルートとなる場所に眺めたり会話のきっかけとなる事物が設えられるとともに，ちょっとした溜まりの空間や，目的の場所となる空間がほしい．そうした場所は，他者との交流の機会や，休憩する場所にもなり，散策に意味を与える（図3・1-8）．

● 8　安全な外部環境

戸外や半戸外での散歩や日光浴は，身体や季節の感覚を健やかに保ち，気分転換や生活のメリハリのきっかけになる．入居者はどうしても建物のなかで多くの時間を過ごしがちになるので，建物と外部環境とのつながりや，外部環境をいかに内部空間に取り込むかにも注意を払うと，日々の生活に潤いが増す．また，スタッフが常に見守る必要がない安全な外部空間があると，入居者が自分たちのペースに応じて，散歩や家事などの活動を主体的に展開できる（図3・1-9）．

● 9　訪問者のための場

施設に暮らす高齢者の人間関係が，家族や地域の友人から離れて孤立することは好ましくない．来訪者が訪れやすい計画とするには，外部からの来訪者が，他の入居者への影響を気にすることなく高齢者と一緒に過ごせる場が用意されているとよい．散歩できる外部空間なども一例である．また家族以外にも，地域の人にも開かれたカフェなどがあることで，地域との自然な関係のきっかけとなり，施設や施設利用者が地域から孤立することを防ぐ．

● 10　介護・看護スタッフが「休憩する・作業をする」

常時，被介護者と一緒にいることは精神的にも肉体的にも労力を要する．介護・看護スタッフがゆったりと休憩したり，ケアプランの話し合いなどをする場所は，ときには二つ以上のユニットで共有する．家族的な雰囲気を演出するため，あえて職員の休憩スペースを独立させず，休憩時にも入居者と一緒にいるという運営をする施設もあるが，長期にわたりプロとして介護する立場からは歓迎されないこともある．なお，記録などのちょっとした作業は，入居者の滞在場所で行うと，作業をしながら見守れ，入居者もスタッフの姿が見えて安心できるというメリットもある．

3・1・3　場と空間の組み立てかた

● 1　生活単位と介護単位

個々の高齢者の日常的な生活領域は，食事をともにするなど日常的に関わる10人程度

図 3・1-7　居室の前にアルコーブが設けられ，廊下と居室の間の緩衝地帯としてデザインされている．ドアの脇には，部屋の中のあかりがぼんやり見える小窓と，自由に設えられる棚が設えられ，本人らしい小物が置かれて，個人の部屋を演出している．

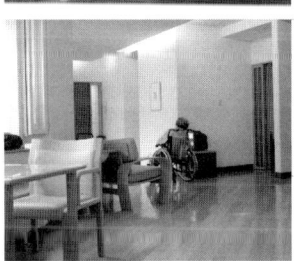

ときおりテレビの前で休憩しながら，中庭を囲む廊下を車いすでまわって1日を過ごす．

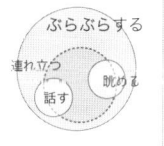

廊下にあるものや窓からの風景について話しながら，連れだってユニット間の廊下を散歩．

図 3・1-8　「ぶらぶらする」活動フレーム

複層階施設のベランダ．広くつくられ，車いすの入居者でもスムーズに出られる．

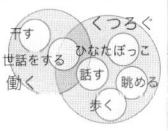

中庭などでは，植物の世話や，洗濯物などの活動ができる．散策できる庭は，入居者や訪問の家族，地域の人が過ごす場ともなる．

図 3・1-9　屋外での活動フレーム

の高齢者の集団である「生活単位」の生活領域とほぼ一致する．この生活単位ごとの生活領域をユニットと呼ぶ．入居型高齢者施設の規模はさまざまで，1ユニットで運営される施設も，複数のユニットで運営される施設もある．介護スタッフが動く範囲は，スタッフがシフトを組む単位である「介護単位」[13]の生活領域とほぼ一致する．高齢者とスタッフが互いになじみの関係を形成するには，生活単位と介護単位が一致している方がよい（図3・1-10）．

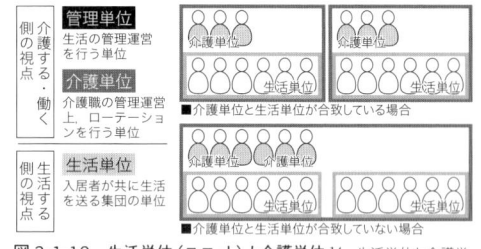

● 2　生活単位内の空間構成

生活単位のなかの空間構成は，図3・1-11のようになる．基本的には，「少し大きな住宅」と考えたい．一般の住宅と異なる点は，①異なる生活史や好み，障碍をもった他者が共同生活を営むこと，②スタッフからの見守り・介助が常態的に行われていることである．このため，他者との距離感に選択肢があること，多様な空間が段階的に設けられていること，見守りやすさ／安全の確保に配慮する．

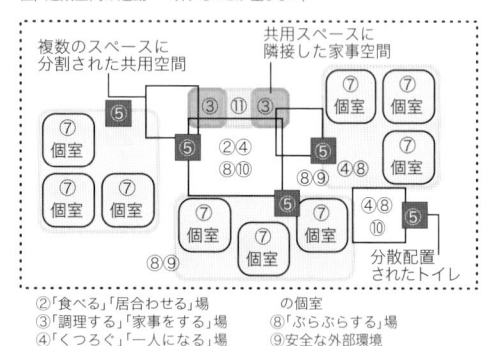

● 3　複数の生活単位を持つ施設の空間構成

複数のユニットどうしの関係には，多様な例がある（図3・1-12）．複数のユニットを持つ施設では，生活・介護単位が交流の場やユニット外の居場所となる共有空間を持ちながら段

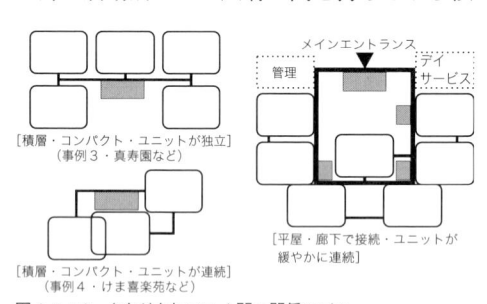

13) 介護単位：どれほどの規模のグループを，定められたスタッフで介護するかという単位．介護スタッフの勤務シフトによって設定されることがほとんどである．このため，介護単位と生活単位が一致している場合，高齢者はいつも見知った比較的少人数のスタッフに介護を受けることになる．逆に，介護単位と生活単位が一致していないと，日によって異なるスタッフの介護を受けたり，より多くのスタッフの介護を受けることになる．

14) 夜勤体制時には2ユニットでシフトが組まれる事例が多いため，ユニットは偶数で計画されると運営との連携がうまくいくとされる．

図3・1-10　生活単位（ユニット）と介護単位[14]　生活単位と介護単位，建築空間は連動・一致することが望ましい．

図3・1-11　生活単位内での場の関係ダイアグラム

図3・1-12　さまざまなユニット間の関係モデル

❖ 2　共用空間の空間構成

共用空間の規模が適切であることは，家庭らしさやなじみの点から大切である．しかし，ただ小さければいいわけではない．

空間構成が異なる民家改修型グループホームでの入居者の1日の滞在場所を比較すると，スタッフや他の入居者が居る「主たる滞在場所（多くが食事の場所）」が一つしかない施設では，小さな滞在場所があっても，入居者は主たる滞在場所と居室にしか滞在しない．一方，主たる滞在場所が複数の場合，入居者は共用空間の複数の場所に滞在する．入居者によっては，食事の場所と，くつろぐ場所を変えることで生活にメリハリをつけたり，他の入居者との距離感を調節することができる．前者は，とくに全体規模が少人数の場合にホーム全体での一体感を持ちやすく，後者は，より入居者個々人や少人数での生活ペースを保ちやすい構成だといえる．（図参照）．

空間構成が異なるグループホームでの入居者の1日の滞在場所

階的に集まり，全体を成す連続的で段階的な空間構成とすると，高齢者の生活に各ユニットへの帰属感が生まれ，かつ外部や他のユニットへの広がりを持てる（図3・1-13）．個々のユニットが生活と運営の両面で独立している場合，とくに重度の入居者にとってユニット内での生活が安定する反面ユニットを超えた交流が起きにくく，軽度の入居者にとっては人間関係が硬直化し閉塞感を生じる可能性もあるため，ユニット外共用空間をつくるなどの配慮をする．また，施設全体での広い玄関ホールや長い廊下は，施設全体の印象を住宅のスケール感から逸脱させるので留意する．

3・1・4　建築類型への適用

● 1　高齢者施設の体系

入居型高齢者施設には，特別養護老人ホーム，養護老人ホーム，老人保健施設，グループホーム（認知症対応型居宅介護事業），療養型病床群などがある（図3・1-14）．老人保健施設は3か月間の短期入所後に在宅復帰を基本とする，特別養護老人ホームは終の住処としての意味合いが強い，などの特徴があるが，いずれも高齢者の生活の場としてのありかたが重視されるようになっている．

● 2　高齢者施設計画の歴史的経緯

近年の入居型高齢者施設を語るキーワードは，小規模（個別）化，家庭化，地域化である．

入居型高齢者施設は当初，量的な整備と介護の効率化が重視されており，生活の質の担保は立ち後れていた．居室はカーテンでくぎられただけの6人部屋，無機質な長い廊下と茫漠とした食堂の他に居場所はなく，50人，100人の単位で全員が同じ時間に起き，食事をし，同じ活動をして同じ時間に眠るという一斉処遇が一般的で，高齢者一人ひとりの生活は尊重されていなかった（図3・1-15）．

やがて，プライバシーやノーマライゼーション[15]といった入居者のQOLが意識され，四人部屋・二人部屋の時代を経て，居室の個室化が進むとともに入居者個々人の生活がより尊重されるようになる．また，生活単位を空間と人数規模の両面で小規模にし，その生活単位をもとに空間構成されたいくつかの先駆的な事例が実現した．この生活単位の小規模化と平行して，生活の場としての質の向上のため，住宅らしさがデザインに取り込まれていく．

こうした流れのなかで，2002年に制度化された「新型特養」の基準では，全室個室・ユニットケアの原則のもと，家庭的な雰囲気をつくり出すことが謳われた．また近年では，地域との共存や，地域での継続居住を目指して，地域への施設の一部開放や，地域に昔からある建物の改修，地域にとけ込むように計画されたグループホーム，宅老所[16]，小規模多機能型居宅介護事業所[17]，小規模な地域密着型特養が増えている．大規模施設においても，ユニットの一部を地域で運営するサテライト・ユニットや日中に施設から地域へ出かけていく逆デイサービスなどの取組がある．

さらに，高齢者数の増加とともに高齢期の住まいとしてサービス付き高齢者向け住宅が急増した．こうした高齢期の住まいを地方への移住の呼び水にする動きもある．

---

15) ノーマライゼーション：デンマークのバンク・ミケルセンによって提唱され，スウェーデンのベンクト・ニィリエによってまとめられた考え方で，「あらゆる障碍をもつ人々が，地域社会や文化のなかでごく普通の生活状況を得られるように，権利を行使すること」を意味する．ニィリエは，ノーマライゼーションの原理を次の八つに集約して定義している：①1日のノーマルなリズム，②一週間のノーマルなリズム，③1か月のノーマルなリズム，④ライフサイクルにおけるノーマルな発達経験，⑤ノーマルな個人の尊厳と自己決定権，⑥その文化におけるノーマルな性的関係，⑦その社会におけるノーマルな経済水準とそれを得る権利，⑧その地域におけるノーマルな環境形態と水準（ベンクト・ニィリエ著，河東田博，橋本由紀子，杉田穏子，泉とみ代訳編『ノーマライゼーションの原理』現代書館，1998を参照）．

16) 宅老所：なじみの環境のなかで高齢者の地域居住の継続を支援するため，草の根的に全国に広がった施設形態．法的な枠組みではなく，民家活用などの小規模通所事業所（デイサービス）や，これに短期宿泊（ショートステイ），居住（グループホーム）機能をくわえた事業所など，運営形態は多様である（詳しくはp.50，傍注6）．

17) 小規模多機能居宅介護事業所：従来は別々の施設で実施していた，訪問介護（ホームヘルプ）・通所介護（デイサービス）・短期宿泊（ショートステイ）を一つの事業所で提供する．要介護高齢者は多くの場合，加齢や認知症の進行などによって介護が上がり，必要な支援が変わる．この際，利用する事業所を変更することなく，なじみの関係のなかで連続的な支援を受けることができる．上記3機能に加えて，居住（グループホーム）機能を併設している事業所もあり，通い・泊まり・居住という介護度のステージや支援ニーズの変化に即したサービスを提供している．

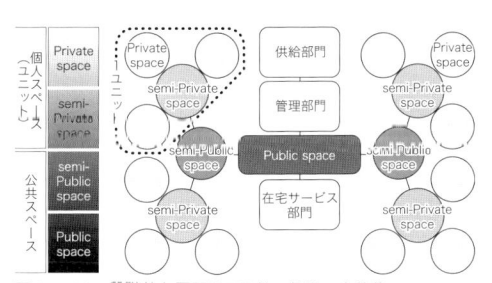

図3・1-13　段階的な空間構成を持つ施設の全体像

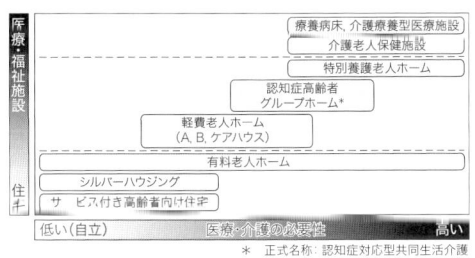

図3・1-14　高齢者施設の種別と位置づけ

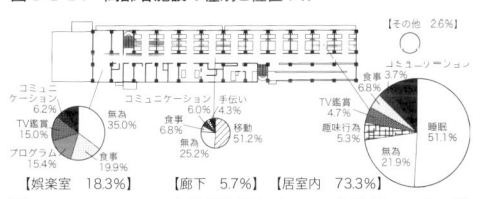

図3・1-15　かつての高齢者施設とそこでの入居者の1日の滞在場所　居室と食堂にしか居られない

事例1　新築のグループホーム（こもれびの家）

■基本データ■
設計：東北設計計画研究所　　監修：外山義
所在地：宮城県
開設：1997年
定員：9名
建物面積：427.91㎡
構造規模：木造1階建て

便所は、2～3の居室ごとに分散配置されている．

居室を2～3ごとにまとめ、踏み込みを計画して、居室と共用空間の間の空間に段階性を持たせている．居室は和室、洋室の両方を設け、個々の入居者の生活歴や、身体能力、好みに対応できるよう計画されている．また、居室には廊下に面して書院窓が取られ、交流やプライバシーの確保を調節することができる．

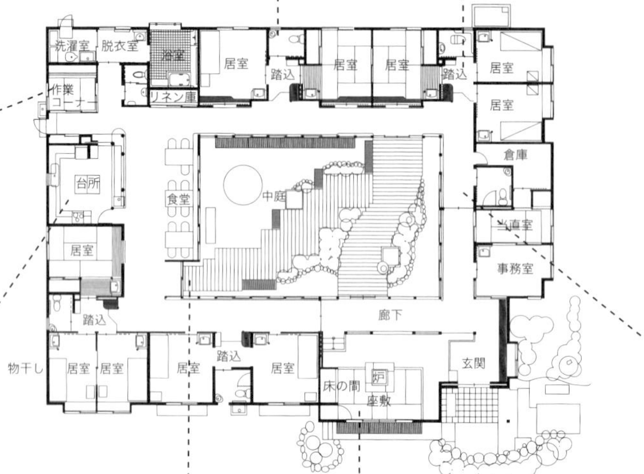

少人数で滞在できる、畳の小上がりを設けている．洗濯室や外部の物干しスペースにつながる勝手口の近くに配置されており、洗濯ものたたみなどの作業スペースとして使える．家事活動のためのスペースが、動線やスタッフの見守りなどにも配慮して設けられていることで、入居者が主体的に生活に参画できる．

廊下のさまざまな場所に座れる場所が設けられており、居室や食堂以外の滞在場所になっている．入居者どうしがおしゃべりをしたり、他の入居者の生活の様子を眺めながら一人で居ることなど、多様な居方・他者との距離の取りかたが選べる．

台所は広く取られ、入居者が集まる食堂に対して幅の広いカウンターを向けたオープンキッチン、入居者が食事づくりや後かたづけに参加しやすい．

中庭には自由に出られ、入居者がくつろいだり、庭仕事をするなどの活動の場になる．

いろりを囲む座敷が設けられ、入居者どうしのおしゃべりや、スタッフが入居者を誘導して食堂とは違う気分で過ごしてもらう場などとして使われている．回廊の一部が外に開かれていることで、方向感覚を保ち、外部とのつながりも感じることができる．

回遊性のある空間構成であり、ぶらぶらと歩いていると、さまざまな人やもの、場所に出会うように計画されている．

事例2　民家改修によるグループホーム（グループホームさんさん）

■基本データ■
所在地：山形県
開設：1996年（1997年と2003年に居室増築のため再改修）
定員：9名
併設施設：介護老人保健施設、軽費老人ホーム、デイサービスセンター．併設施設とは離れて敷地内に単独で建っている．
建物面積：210㎡（1階のみ．2階部分はスタッフスペース）
構造規模：木造2階建て

居室は、大きくは二つの個室群と、見守りがしやすい位置に二人室が1室の構成である．将来的に全室個室とすることも可能なように改修している．個室群の前には、それぞれ溜まりの空間を設け、共用空間から個室までの間に段階的な場を提供している．

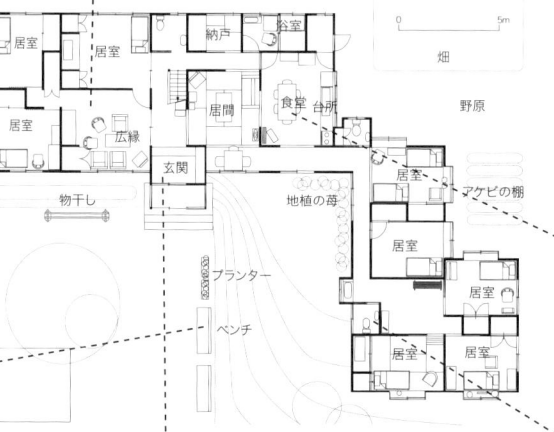

外観：この地域で一般的に見られる住宅を改修して使っているため、「ごく普通の」住まいの姿

玄関前にはベンチやプランターが置かれ、ひなたぼっこや、水やり、草むしりなどの日常的な活動の場になっている．敷地には境界もなく、垣根や塀で囲われてもおらず、閉じた空間ではない．このため、スタッフが付き添って一緒に活動をしたり、室内（スタッフは主に、縁側と台所に滞在している）から見守りをする必要があり、室内から見える位置にベンチが置かれている．スタッフが一緒に外に出られないときには、居室群前の溜まり空間をもの干し場として利用することで、時間を問わず入居者が主体的に活動できる．

玄関の上がりかまちにはあえて段差が残されており、出入りの際に足の上げ下ろしや立ち上がりなどの動作を日常生活に取り込もうとしている、同時に、手摺や腰掛けを設け、足元が不安定な入居者に対する配慮もなされている．

台所は、ダイニングキッチンで、食堂に集まる入居者から台所で働く職員が近くて、安心感がある．スタッフは入居者に背を向ける位置にならないため、やや見守りにくい．食堂のテーブルを使って、食事の準備や後かたづけなどがしやすく、入居者が参加しやすい．

便所は、すべて廊下の突きあたりにあたる位置に分散配置されており、認知しやすい（見つけやすい）．

事例3　ユニットの独立性を高めた特別養護老人ホーム（真寿園）

■基本データ■
設計：共同建築設計事務所
所在地：埼玉県
開設：1977年開設，2002年新築移転
定員：特養100名，ショートステイ20名
併設施設：デイサービスセンター，在宅介護支援センター
建物面積：6,106㎡
構造規模：RC3階建
スタッフ配置：日中は1ユニット23名で，入浴時にはうち1名が専従する．

ユニットの独立性を高めるため，各ユニットの入り口には戸とタタキを設えた玄関を設け，ユニット出入りの際に履き替えを行う．履き替え行為によって「内」と「外」の領域が認識され，ユニットへの帰属意識が高まる．

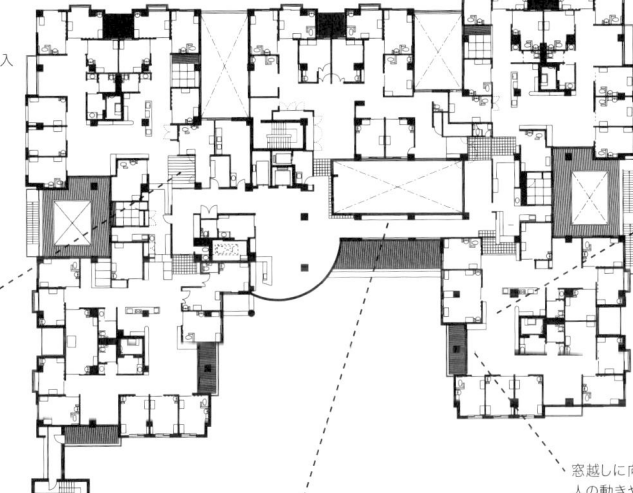

ユニット外の共用空間には，吹き抜けに面した廊下がある．手摺と棚の上面が同じ高さでデザインされ，手で身体を支えながら歩くことができる．廊下全体に手摺がまわった，収容施設然としたイメージにならないよう設えを工夫することで，生活の場としての潤いを与える計画となっている．

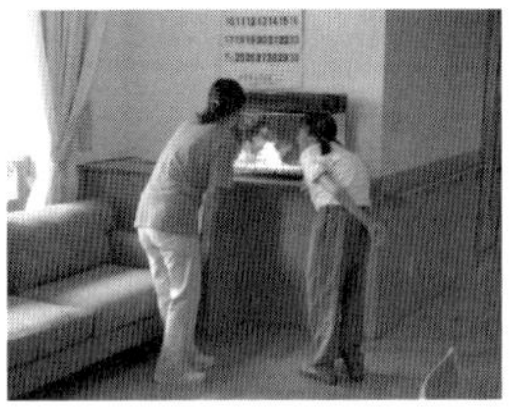

腰壁がまわり，白い面が少ないことで全体に落ち着いた印象を与えるユニット内観．またつくりつけの棚が設けられており，収納と建物のデザインに一体感がある．水槽に飼われた魚などの動植物は，入居者の会話や世話などの活動のきっかけとなる．

窓越しに向かいのユニットの雰囲気が伺える．互いに人の動きや生活の様子がそれとなく感じられ，生活の場としての活気と，滞在場所における見るもの（その場所にいる理由）を生み出している．また，ベランダには植物が置かれ，季節の花が彩りを添える．滞在場所から見える風景をつくり出すとともに，水やりなど入居者の活動を引き出すきっかけとなる．

事例4　連続したユニットをもつ特別養護老人ホーム（けま喜楽苑）

■基本データ■
設計：永野建築設計事務所　　監修：外山義
所在地：兵庫県
開設：2001年4月
定員：特養50名，ショートステイ15名
併設施設：デイサービスセンター，グループホーム，在宅介護支援センター
建物面積：3,531㎡
構造規模：RC3階建，グループホームと在宅介護支援センターは別棟
スタッフ配置：日中はまえ・なかユニットに34名，おくユニットに23名，入浴時には，うち各1名が専従．おくユニットにはユニット内にスタッフがいない時間帯もある．

廊下の片隅や壁際など，至る所に入居者の滞在場所となるような設えが設けられている．

吹き抜けを中心に廊下がまわり，その周囲に居室が並ぶ．吹き抜けを介して反対側の雰囲気が伺える位置に，廊下に沿って複数の居場所が用意されている．朝食はユニット内のこの複数の場所で，朝食・夕食は2ユニット共通の食堂でとる．複数の居場所にはパンを温めるトースターやポットなどが置かれ，生活感を演出するとともに入居者の主体的な活動を引き出している．設えの家具には，長年使われていた家具なども用いられ，これも生活の場としてのぶ雰囲気をつくり出す．また施設内にはボランティアによって多くの鉢植えや切り花が随所に置かれ，生活に潤いを与えている．

55

集まる・話す　　親しむ　　佇む・居る
つくる　　遊ぶ・学ぶ　　食べる　　寝る

高齢者通所施設　　　　　3・2

3・2・1　活動フレーム

　高齢者通所施設では，お年寄りが日中集まって食事や入浴などの活動をしたり，お年寄りどうしで話をしたりして過ごす．高齢者のなかには，定年退職したばかりの元気な人や，支援があれば施設に入居しなくても自宅で暮らせる人も多い．こうした人々にとって，地域に自宅以外の「居場所」があることは大切である．逆に，自宅にこもりきりでは心身の衰えや孤立を招く．他者とのふれあいや活動は，生きがいや自己肯定感をもたらし，充実した生活や，健康な身体づくりにつながる．これは介護予防の観点からも重要である[1]．

　高齢者通所施設を利用するお年寄り像は，日常生活に支障ない元気な人から，軽中度の要介護状態にある人まで，さまざまである．日本では現状，元気なお年寄り・要介護状態ではないが何らかの支援を必要とするお年寄り（介護予防ステージ）・要介護状態にあるお年寄り，といった利用者像を想定し，それぞれのニーズに則して，施設種別を設けている．しかし，北欧などでは要介護度によって施設をわけていないケースもある[2]．つまり，介護を必要とする度合いによって異なる施設種別

1) 介護予防：わが国では高齢者人口の増加が著しい．高齢になっても介護を必要とせずに元気に過ごせるよう，生きがいを持ち，適度な運動をし，他者と関わることが推奨されている．また，「生活リハビリ」という考え方もある．これは特別なリハビリテーションプログラムを行わなくても，生活のなかの日常的な動作（階段の上り下りや，着替え，靴を履くことなど）を継続することで，筋力の低下を防止し，必要な身体能力を維持・向上することができるという考え方である．

❖1　在宅高齢者が抱える困難と支援

　叶うならば，住み慣れた地域で，最期まで暮らしたい．多くのお年寄りは，そう望んでいる．しかし，高齢期を迎え，心身に何らかの障碍を持つなかで，家族からの適切な支援が受けられない場合，地域に住み続けることは困難となる．逆にいえば，家族に代わる社会的なサポートがあれば，お年寄りは地域に継続して住み続けられる可能性が増す．地域に暮らすお年寄りを支える仕組みには，次のようなものがある．

①食事：自治体や高齢者支援団体，施設からの配食サービスなど．ただし，自宅への引きこもりや，食事づくりの機会を奪うとの観点から，食材を届けるサービスを推進すべきとの意見もある．また，NPOなどが地域商店街などに安価に食事ができる食堂やカフェを開き，食事や交流の機会を提供する例も増えている．

②入浴：浴槽が高い，関節を伸ばせないなどで自宅の浴槽に入りにくい，入浴中の事故が不安，などの理由で自宅で入浴できない人は，移動入浴車や，シルバーサロン等の入浴サービスを利用できる．

③外出：介護タクシーやヘルパー派遣などで，外出を支援する．引きこもりを防止し，他者との交流や運動を促して介護予防にも役立つとされる．

NPO法人福祉亭　空き店舗になった大規模団地の足元店舗を利用した．半ボランティアのカフェ，栄養バランスの取れた定食を安価に提供しており，在宅高齢者の食生活を支えている．高齢者が集まるため，見守り機能も果たしている．また，子育て世代も利用しており，あらたな地域コミュニティの核となっている．

2) 心身の状態によって異なる施設に行くのではなく、同じ施設のなかで、異なる援助を受けながら（あるいは、特別な援助は必要とせず）過ごす方法もありうる。日本では介護サービスと施設類型が一致しているが、デンマークなどでは「サービスを受ける人」と「サービス」が対応し、サービスと施設類型は一致していないことが報告されている。西野達也、長澤泰「デンマーク・オーフス市の高齢者通所施設の空間の使われ方の特性について」（『日本建築学会計画系論文集』601, 2006, pp.57-64）、西野達也「場の視点からみた高齢者通所施設における集団処遇に関する試論：日本のデイサービスセンターとデンマークのローカルセンターの比較考察」（『日本建築学会計画系論文集』614, 2007, pp.49-55）

3) 心身の状態が異なるので、活動（作業）の質的な内容には違いが認められる場合もある。また、活動種類の「数」には、施設の運営方針や、お年寄り一人ひとりの性格や好み、心身の状況が影響する。

4) 浴槽の種別：寝たきりのお年寄りや心身拘縮が強く座位を保持できないお年寄りでも入浴できるよう、特別浴槽を設ける場合もある。ただし実際には、通所高齢者施設を利用するお年寄りのなかではそこまで身体障碍が重度なケースはあまり多くないため、特浴槽が設置されていても稼働率が低いことも多い。特別養護老人ホームや老人保健施設等との併設の場合は、デイサービス等の部門には設けず、母体施設の特浴槽を利用するケースもある。

5) 身体を動かすことを重視する施設は、とくに従来型デイサービスなどの大規模施設に多い。「風船バレー」などの動的活動は、しばしばこどものお遊戯的であり本人の意を汲まない一斉・一括処遇であると批判されてきた。しかし、お年寄りに参加しないという選択肢があり、参加しない場合の滞在場所や過ごし方が保障されていて、参加したお年寄りたちが楽しんでいれば、もちろん意義のある活動である。

に通うことは必須ではなく、わが国の現在の社会システムにおける「現状」に過ぎない。

実際に、高齢者通所施設で見られる活動種類には施設種別による違いはない[3]。そこではお年寄りが「集い・親しみ」ながら、「食べる・飲む・話す・入浴する」ほか、「歌う」などの複数人での活動、「つくる・読む・観る」など、一人ないし少人数での活動をしている。

3・2・2 活動フレームに対応した場

● 1 調理する・食べる

食事や調理、後かたづけは、他者との交流の機会であるとともに、「できること」を活かす絶好の機会である。普段は車いすであっても、普通のいすに座り、できるかぎり自分で食べることで座位の保持や摂食の能力が保持される。もちろん、食事は楽しい場面を演出したい。無機質な部屋でなく、家庭的な雰囲気のなかで他の利用者やスタッフとの会話を楽しみながら、ゆったりとした気持ちで食事ができるよう、場所の確保や家具などを設える（⇒p.56, コラム❖1）。食事の場所と趣味活動の場所は、面積的な制限もあって兼用することが多いが、体操などの活動を優先するあまりに無機質な部屋での食事にならないよう留意する。

● 2 入浴する

高齢者施設においては、利用者が一人ひとり入浴する個浴槽と、複数人でも入れる中大規模浴槽の両方を設けると、利用者が好みや状態に応じて選択できる[4]（図3・2-1）。中・大規模浴槽は、自宅と違う雰囲気で入浴できるからと好む人も多い。またスロープを設置すれば、座位が保持できる人なら入浴できる。

● 3 つくる・歌う・習う：趣味活動の場

手芸、絵画、工作、書道、カラオケ、果実酒づくりなど、個人の趣味活動や、季節感のある集団での活動を行う施設も多い。かつては一斉での活動が主であったが、近年では1日に複数の活動を設ける、曜日によって活動を変えるなどして個人の趣味に合う活動に参加できるような方法が増えている。こうした

趣味活動は、固定的な場としてつくり込まれた場で行う場合も、食事等兼用の場所に道具をその都度出して行う場合もある（図3・2-2）。

● 4 運動する：大規模活動の場

動的活動で身体を動かすことを重視し、ゲーム、パワーリハビリ、健康体操、ヨガ・ストレッチなどの活動をする例もある。こうした活動のため、しばしば食事机をかたづけると広く使える場所などを計画する。大人数での活動を好まない人との共存にも配慮する[5]。

● 5 話す・関わる・集まる

特別な活動がないことを好むお年寄りもいる。思い思いに集まり、利用者どうしやスタッフとの関わりを持ち、談笑を楽しめるよう、集まりの規模や居方（⇒ p.194, 10・1・2）、姿勢を選択できるよう配慮した滞在場所を計画する。

● 6 排泄する

排泄介助ができるよう、面積に余裕を持たせる。また、日常利用しないようなデザイン

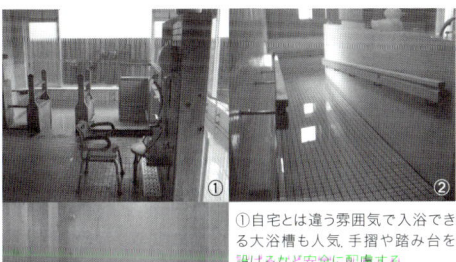

①自宅とは違う雰囲気で入浴できる大浴槽も人気。手摺や踏み台を設けるなど安全に配慮する。
②ストレッチャー浴槽や座位浴槽は、入浴用の車いすを使って入浴する。利用ニーズは高い。
③一人ずつ入浴する浴槽、隣に台を置き、移乗が楽かつ安全になるように配慮している。

図3・2-1 「入浴する」浴槽の種別

中庭に面した空間につくられた機織りコーナー。3面は棚で囲まれ、棚には機織りに使う糸やさおなどの道具が置かれている。何のための空間かわかりやすく、活動のきっかけを得やすい。また機織り機に向かって座ると囲われ感があり、集中して機織りができる。

テーブルで、スタッフとお年寄りが一緒に紙工作をする。引き出しの多い棚を設けて、通所の利用者ごとに、用品を置いておくスペースとするなどの工夫によって、利用日にその棚からつくりかけのものを取り出してまた活動の続きに取り組むことができる。

図3・2-2 趣味活動の場のつくりかた

では混乱や萎縮につながるため、家庭らしい雰囲気のデザインを心がける（⇒p.50, コラム❖1）.

● 7 過ごす

お年寄りのなかには、集団活動や、積極的な趣味活動を好まない人もいる。自宅のようにゆったりとくつろいで過ごせる場を設けるときには、外の風景や職員が働く様子が見える、横になれる、などその場所に「居る」理由があると、滞在が安定する（図3·2-3）.

3·2·3 場と空間の組み立てかた

● 1 配置, 地域とのつながり

特別養護老人ホームなどの他の施設との併設、単独のいずれの場合でも、高齢者通所施設は車での送迎をともなう日常的な出入りがあることを念頭に置き、アプローチに留意する。併設型であっても独立した玄関を設け、地域に開放された雰囲気を演出する（図3·2-4）.

● 2 空間の規模

高齢者通所施設の利用定員は、1日あたり15～30人程度と開きがある。また、通所と宿泊の機能を持つ事業所の場合、宿泊者と日

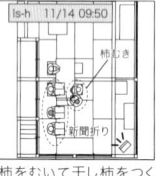

図3·2-3 「趣味活動」「過ごす」の活動フレーム

図3·2-4 併設型デイサービスの独立した玄関（せんねん村）

6) 宅老所：日本における従来の高齢者福祉施策では、細分化された施設類型とサービスが直結しているため、利用するサービスが変わるごとに利用する施設自体を替えなければならないことや、大規模施設での一斉処遇などが問題とされていた。これに対し、[通所（デイサービス：DS）・宿泊（ショートステイ：SS）・居住（グループホーム：GH）]の機能をあわせ持ち、高齢者の生活を連続的に支援する「宅老所」の実践が全国に広がった。こうした複数の機能を持つ宅老所の大きな利点として、利用者のADLの低下や認知症の進行、家族介護力等の状況の変化によって利用するサービスが変わっても、施設を変わることなくなじみの環境のなかで連続的なケアができることが挙げられる。宅老所は、小規模であること、一日の生活に従来の大規模DSで行われてきたような一斉プログラム等がなく利用者が各々自由で主体的な時間を過ごすこと、既存民家を改修した建物を利用する事例が多いこと、などを特徴とする。なお、宅老所と呼ばれる事業所には、改修した民家などの小規模な建物で運営する介護保険制度下の小規模DSも多く含まれる.

❖2 空間構成と生活展開

食事場所が分散できる利点は、入居型高齢者施設と同様である。高齢者通所施設では、利用者が午睡をすることが多いが、個々の就寝室がないため、午睡場所の検討も必要である。下図①の左の事例では、主たる滞在場所がひと続きで午睡のスペースが充分にとれないため、利用者個々のペースで午睡ができない。一方、右の事例では分節化された滞在場所の複数の場所で、それぞれのペースで利用者が午睡や談笑をする。滞在場所の分節化や複数の室の計画は、利用者の生活ペースの保障につながる.

❖3 認知症の程度と滞在場所

図②は、ある宅老所[6]での1日の利用者の滞在場所である。認知症の重い利用者と、軽い利用者が同席した場合、とくにスタッフが同席しない際にトラブルを生じることがあるため、利用者どうしの相性を考慮してスタッフが席を誘導したり、利用者が席を選ぶことで、認知症の程度によって滞在場所がおおまかに分かれている。この宅老所では、座席をローテーブルと椅子座のテーブルとし、視覚的に両者がやや距離を置けるよう配慮している。認知症の程度が異なる利用者が混在する施設においては、利用者が各々のペースで過ごせるよう、利用者の滞在する室や場を分けられる配慮が必要である.

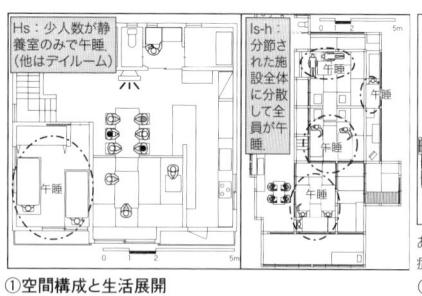

① 空間構成と生活展開

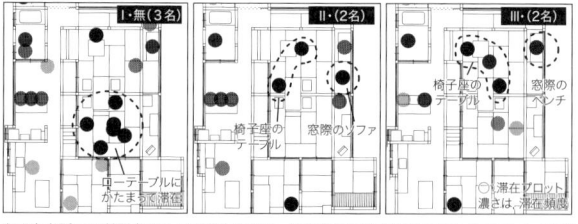

② 認知症の程度と滞在空間

帰りの利用者が混在し，1日の間に利用者数が変動する．これは入居型施設との大きな相違であり，入居型施設よりも個室（宿泊室）数に対する日中の活動場所の面積が広い[7]．利用者人数に対して空間が過密にも疎にもならないよう，使わないスペースを仕切れる建具や，昼夜のリビングを分けるなど工夫をする．

● 3　多様性を保障する空間構成

高齢者通所施設では，利用者は積極的な活動もし，ゆったりとくつろぎもする．こうした多様な場面が複数の場所で同時に起こっているとき，その施設では利用者個々人がそれぞれのペースで時間を過ごしているといえる．

多様な活動が併存できるよう，趣味活動の場にはコーナーを設ける，小中規模の机を分散配置する，活動の種別に対応した室を設けるなど配慮する．また，他者との距離感が選択できるよう，大きさの異なる複数の家具や滞在場所を設置する．午睡や食事などの生活場面における滞在場所や利用者の集団規模の選択性，認知症の程度への配慮などの観点からも，滞在空間が複数あることは重要である（図3・2-5, p.58, コラム❖3, 図3・2-6）．スタッフによる見守りや活動の展開の面では一体的な空間構成が有利だが，個々の活動のための場のつくり込みや利用者個々人の活動への取り組みを支援には分割された空間構成が有利である．

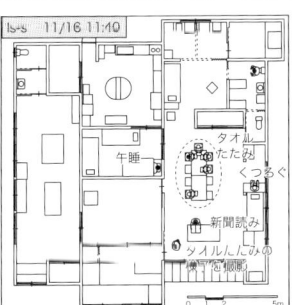

3・2・4　建築類型への適用

● 1　高齢者通所施設の体系

高齢者通所施設には，大きく分けてデイサービスなどの介護保険による施設と，生きがいデイサービスなどの介護保険外の施設がある[8]（図3・2-7）．これらは，規模や提供サービスの内容による施設種別だが，現状では主に要介護度で利用者を分けている．要介護度の変化にも柔軟に対応するため多様なサービスを実施する小規模多機能型居宅介護支援事業[9]のような考えかたの浸透により，こうした区別もいずれは撤廃されうる．

● 2　歴史的経緯

大規模デイサービスにはなじめないお年寄りもいることなどから，民家などを利用した小規模な通所事業所が草の根的に広がった．特別養護老人ホーム等の併設ではなく，商店街などに単独で立地する事例も増えた．また，一般的な施設を利用する高齢期の暮らしの場は，通所施設（デイサービスなど）・宿泊施設（ショートステイ）・居住施設（特別養護老人ホームなど）と段階的に移り変わる．あらたに制度化された小規模多機能型居宅介護事業所は複合的な機能をもつことで，お年寄りがこうした環境移行の衝撃を受けずに過ごせる仕組みである．

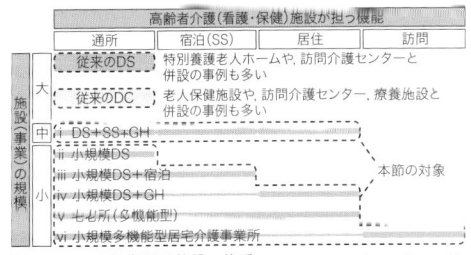

側注：

7) 小規模多機能型居宅介護事業所のデイスペース面積の最低基準は，利用者定員×3㎡．実際には1.5倍以上の面積は必要と感じている事業者が多い．

8) 他に，介護保険の適用を受けずに，全額利用者負担の「自主事業」として要介護高齢者のケアにあたる施設もある．こうした施設では，行政による規制やサービス程度の誘導を受けず，運営者の独自性が発揮される．

9) 小規模多機能居宅介護事業所：改正介護保険法（2007年4月）では，「在宅介護」重視がより鮮明に打ち出され，改正点の一つの柱として，「通所・宿泊・訪問介護」の機能をもつ「小規模多機能型居宅介護事業所」として制度化された．なお，事業所によってはグループホームを併設して「居住」までを連続的に支える例もある．

図3・2-5　活動の共有

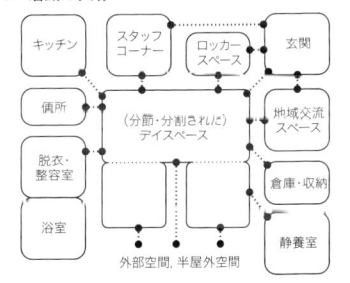

図3・2-6　高齢者通所施設の所室構成ダイアグラム

図3・2-7　高齢者通所施設の体系　DS：デイサービス，DC：デイケア，SS：ショートステイ，GH：グループホーム

事例1　特別養護老人ホームに併設されたデイサービスセンター（せんねん村）

■基本データ■
設計：(有)キット・プランニング，大久手設計工房
所在地：愛知県
開設：2006年
構造：RC 地上2階，地下1階（丘陵の縁に立地し，地下1階および1階が接地階）
敷地面積：14,300㎡
延べ床面積：5,979.92㎡
デイサービスの定員：30名（1日）
併設施設：特別養護老人ホーム，ケアハウス，ヘルパーステーション

デイサービス内観（東・ケアハウス側から）
木を基調とした落ち着いた内観．いわゆる「施設」風のまっすぐに廊下が続くような空間構成ではなく，室や廊下の角度がふられていることで空間の分節・連続がゆるやかである．天井の照明にもダウンライトを用いており，家庭的で温かい雰囲気である．また，リノリウム仕上げと蛍光灯を採用する施設でありがちな床での反射グレアが生じていないことにも注目したい．

デイサービスセンター内観（食堂の様子）
デイサービスセンターのなかで利用者が多くの時間を過ごすのは"デイスペース"や"食堂"と呼ばれる場所である．ここでは，デイスペースがテラスをはさんで大きく二つの空間に分節されている．このため，利用者は空間になじみやすく，不安な気持ちになりにくい．また，活動の内容やその日の利用者数に応じてスペースを使い分けたり，グループを分割できる，などの利点もある．

中庭にはこどもたちのための冒険小屋，散策路，霊安室が設けられている．

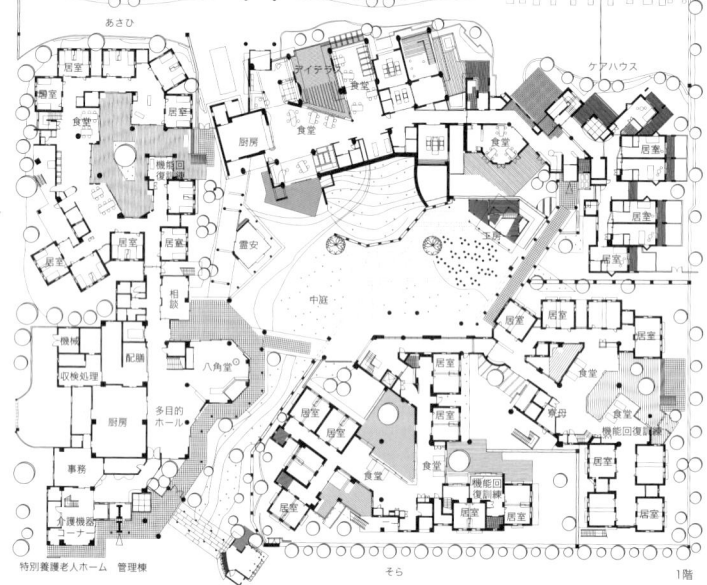

デイサービスセンター外観
デイサービスセンターの上部は，中庭から続く屋上庭園の散策路となっている．この散策路は，併設の特別養護老人ホーム，ケアハウスとつながっており，施設全体を巡ることができる．

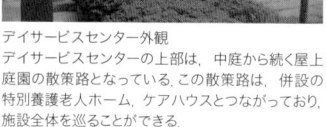

「霊安室」は，戸を引き出すと室として独立するつくりだが普段は池に面した開放的な東屋となっており，利用者や居住者がくつろぐスペースとして利用されている．

「八角堂」を中心とした遠景
施設は「村」をイメージした6つの建物の群で構成される．建物には凹凸があり，外から見たときの視覚的な威圧感を減じている．併設の特別養護老人ホームのエントランスホールに隣接するサロンスペースは塔状の空間となっている．施設全体の建物群のなかでもひときわ高く，特徴的な外観であり，施設のシンボルとなっている．このようなシンボルがあることで，施設全体の印象が強まると同時に「面白さ」を感じ取ることができる．

事例 2　古民家改修による宅老所（いいせ新宅）

■基本データ■
所在地：長野県安曇野市
開設：2003 年
構造：木造 1 階建て、屋根裏有り（古民家改修）

■概要■
地域に開放したフリースペースをもつ宅老所である（法的には小規模デイサービス事業所）。古民家を改修した事例で、昔ながらのたたずまいが利用者のなじみや落ち着きを引き出している。利用者の過ごしかたに決まったスケジュールは設けられておらず、利用者は趣味活動やおしゃべりなどをしてゆったりと過ごしている。

ここでは大規模な施設にはなじめなかったお年寄りも安心して過ごすことができ、この宅老所は高齢者の地域生活の支援者として重要な役割を担っている。また、空き家となっていた古民家を利用していることや地域住民に対してフリースペースを提供することで、地域の防犯やコミュニティ活動・趣味活動支援にも貢献をしている、と地域住民からの信頼も篤い。地域との関係のなかでお年寄りの生活を支える仕組みを実現している事例といえる。

外観
古民家を改修して、宅老所として利用している。昔ながらのたたずまいがそのまま活かされている。

台所
台所は広く、利用者の参加が容易である。民家で使われていたダイニングテーブルが中央に置かれ、作業台として使われている。いすも置かれ、利用者が料理の下ごしらえや後片付けをスタッフと一緒にするときなどに活用されている。

浴室
周囲の民家で一般的な、狭く深い浴槽である。縁が広く、湯船に入るとき・あがるときに利用者が腰掛けられる。浴槽の縁と同じ高さの台を用意し、移乗をしやすいように工夫している。

フリースペース（地域交流スペース）
地域住民に対して開放されているスペース。地域の行事や集まり事の場所として頻繁に利用がある。また利用者も地域社会の一員として利用することがあり、例えば落ち着かない気持ちのときに集団を離れてゆっくりする場所などとしても使われている。
こうした、他の利用者が過ごす場所と離れた場所や普段過ごす場所と趣が異なる場所があることで、利用者が他者との距離を調整したり気分転換を図ることができる。

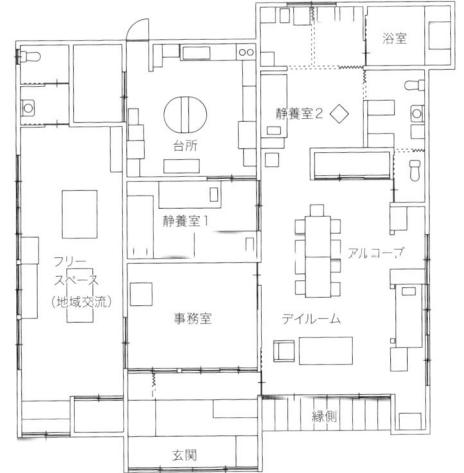

※2 階は養蚕用の天井高のある屋根裏で、使用していない

1 階

テーブル
高さの異なるテーブルを並べており、利用者の体格や姿勢に合わせて選ぶことができる。

アルコーブ
柱に沿って家具を置き、アルコーブ状の空間をつくり、利用者のくつろぎの場としている。

事務室
玄関、デイルーム、フリースペースが見える位置にあり、スタッフがここにいながら宅老所全体の様子を把握できる。デイルームとは戸で仕切ることができ、利用者の滞在場所の一つとしても使われる。利用者のなかには、ここに「仕事」をしに来ていると思っている方もあり、ここに居場所をつくって利用者の役割を空間と職員が演出することで、利用者の生きがいにつながっている。

テーブル
家庭的なテーブルが 3 つ置かれ、利用者の滞在や活動の場になっている。身体の状態や利用者どうしの相性に合わせて、職員が毎日座る場所を調整している。高さの違うテーブルがあることで、姿勢や活動の内容によって選択できる。

外部空間
広い庭には花壇や植栽、畑があり、利用者の活動や散策の場となっている。また、地域の人が自由に出入りすることができ、利用者のむかしからのなじみの仲間である地域の人との自然な交流の場となっている。

図版出典

◉ 3-1
図3・1-1〜3　山田あすか
図3・1-4　右：グループホーム竹原野（設計：永野建築設計事務所），写真：山田あすか
図3・1-5　グループホーム竹原野（設計：永野建築設計事務所），写真：山田あすか
図3・1-6〜9　山田あすか
図3・1-10（左）　外山義『自宅でない在宅』，医学書院，2003，p79「図Ⅲ-2　生活単位とは」より作成
図3・1-11　山田あすか
図3・1-12　社会福祉法人シルバーサービス振興会編『新訂版老人保健福祉施設建設マニュアル　生活視点の高齢者施設　新世代の空間デザイン①理念編』中央法規出版，2005，p.190，「図4-20　空間構成からみたダイアグラム」より作成
図3・1-13，14　山田あすか
図3・1-15　海道真妃ほか『六床室中心型特別養護老人ホームにおける入居者の生活展開』日本建築学会大会学術講演梗概集，2000，pp.239-240 および外山義『自宅でない在宅』，p.47,「図Ⅱ-5　二拍子の居場所」より作成
コラム❖2図　山田あすか，協力：山田和幸（名古屋大学・当時）
事例1〜4　山田あすか

◉ 3-2
図3・2-1，2　山田あすか
図3・2-3　井村理恵氏（東京都立大学大学院・当時）提供の図と写真をもとに作成
図3・2-4　山田あすか，古賀政好撮影
図3・2-5　井村理恵氏提供の図と写真をもとに作成
図3・2-6　上野淳，登張絵夢『高齢社会の環境デザイン』じほう，2002，p.52「図17　デイサービスセンターに求められる空間構成」より作成
図3・2-7　山田あすか
コラム❖1　写真提供：佐藤栄治
コラム❖2図①　写真提供：井村理恵
コラム❖3図②　山田あすか
事例1　撮影：山田あすか
事例2　撮影：山田あすか，写真提供：井村理恵

参考文献

▶ 山田あすか，濱洋子，上野淳「小規模生活単位型特別養護老人ホームにおける空間構成と入居者の生活様態の関係」『日本建築学会計画系論文集』No.629，2008，pp.1477-1484）
▶ 井村理恵，山田あすか，松本真澄，上野淳「通所を基本とする小規模高齢者介護施設の現状，利用者の滞在様態と空間構成に関する研究」『日本建築学会計画系論文集』No.632，2008，pp.2091-2098）
▶ 山田和幸，山田あすか，生田京子，山下哲郎「入居者の対人距離，視線の方向とその先にあるものに関する試論　―認知症高齢者グループホームにおける入居者の行動実態の研究―」『日本建築学会技術報告集』第28号，2008，pp.535-540）
▶ 山田あすか「民家改修型認知症高齢者グループホームにおける空間構成と入居者の滞在場所に関する研究」『日本建築学会計画系論文集』第74巻　第638号，2009，pp.781-790）
▶ 日本建築学会編『認知症ケア環境事典』ワールドプランニング，2009
▶ 上野淳，登張絵夢『高齢社会の環境デザイン』じほう，2002
▶ 上野淳『高齢社会に生きる　住み続けられる施設と街のデザイン』鹿島出版会，2005
▶ 外山義『自宅でない在宅』医学書院，2003
▶ 社団法人シルバーサービス振興会編『新訂版老人保健福祉施設建設マニュアル　生活視点の高齢者施設　新世代の空間デザイン①理念編』中央法規出版，2005
▶ 西野達也，長澤泰「デンマーク・オーフス市の高齢者通所施設の空間の使われ方の特性について」『日本建築学会計画系論文集』601，2006，pp.57-64）
▶ 西野達也「場の視点からみた高齢者通所施設における集団処遇に関する試論：日本のデイサービスセンターとデンマークのローカルセンターの比較考察」『日本建築学会計画系論文集』614，2007，pp.49-55）
▶ 鄭ソイ，山田あすか，上野淳「自立高齢者の地域支援施設のあり方に関する考察　―多摩市いきがいデイサービスセンターの利用実態と利用者の特性―」『日本建築学会計画系論文集』No.608，2006，pp.35-42）

関連文献

▶ 坊上南海子，山田あすか，上野淳「多摩市における高齢者デイサービスセンターの運営プログラム・活動の実態と利用構造」『日本建築学会技術報告集』第22号，2005，pp.409-414）
▶ ユリエル・コーヘンほか『老人性痴呆症のための環境デザイン』彰国社，1995

第4章 学ぶ・遊ぶ

4・1　就学前乳幼児施設
4・2　学校（小学校・中学校・高等学校）

就学前乳幼児施設　　　　　　　　　　　　4・1

4・1・1　活動フレーム

　就学前乳幼児[1]施設は、こどもの成長・発達の場という重要な役割を担う。こどもは、遊びながら発達していく。こどもが好奇心を爆発させ、夢中で遊び込めるよう、さまざまな遊びのきっかけとなるものや場所を設けると、「ここで遊びなさい」と保育者に指示されて遊ぶばかりでなく、「ここで、こんなことをして遊びたい」と、こどもたち自身が遊びを発見し、創造できる。目指すべきは、こどもたちの主体的な「育ち」を支援する環境である。

　そこでは「生活」も大切にしたい。乳幼児期は、食事や排泄、手洗い、着替えなどの身の回りの行為を自立させるための重要な時期である。こどもたちが混乱なく、主体的に生活を組み立てられるように環境を整える必要がある。また近年では、少子化によってきょうだいで遊んだり、地域のこどもたちが集団

1) 就学前乳幼児：0～5歳児を指す。なお、ここでいう0歳児とは、4月時点での満年齢を示す。例えば「1歳児クラス」には、実年齢でいう1歳児と2歳児が混在し、3月の終わりまでに全員が2歳の誕生日を迎える。

❖1　こどもの環境デザインの基本
①こどもの視点と姿勢、運動能力
　こどもの身長は、0～1歳で60cmほども伸びる。運動能力の発達もめざましく、寝ているだけの段階から、座り、はいはいをはじめ、立ち、歩いて、走るようになる。運動能力を獲得すると視野が広がり、活動する世界が広がる。こうした発達段階に応じて設えの高さやつくりを考える。

②環境認知（発達と環境）
　発達にともない、こどもが認知する環境は劇的に変化する。移動能力をまだ獲得していない1歳未満児の場合、環境との関わりはものや人との関係に限定される。やがてこどもは移動能力の獲得とともに探索行動をはじめ、安全基地（保育者）を確保しつつ活動範囲を広げる。このなかで、場所や行為が認識されるようになる。「保育者が居る場所、玩具がある場所が自分の居る場所」である段階から、「～で、～をする」という意識のもとに自ら活動の場所や内容を選択しはじめるのである。

③刺激となじみのバランス
　こどもたちにとって、慣れ親しんだ物理的・人的環境（保育室や友達、保育者）は安心感や自分という存在を肯定する感覚をもたらす。一方、「いつもと違う」環境は、あらたな興味や能力を引き出す刺激となる。慣れ親しんだ刺激の少ない環境ばかりでなく、日常の生活に変化をもたらすことでこどもたちの世界は広がる。いつも同じ保育集団での生活ではなく異年齢児や他の保育集団との接点があること、設えが一定の期間を経てそのときのこどもの発達課題や保育テーマに即して変わることなどが盛り込まれた環境を計画したい。外部環境との接点があり、四季を感じる環境も自然への興味を育てる。

こどもの身体寸法の発達

こどもの姿勢と身体能力の変化

6か月ごろまでは、ベビーベッドに寝たままか、抱っこされて過ごす。

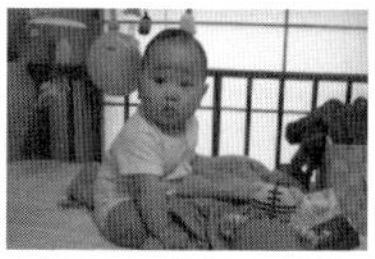

6か月ごろ　自力での座位保持（お座り）ができるようになる。

8か月ごろ　はいはいをはじめる。活動範囲が格段に広がる。10か月頃には段も上れる。

1歳前後　つかまり立ちから歩行をはじめる。

2) 給食：保育所では調理室設備が必須であり、一般に園内で調理された給食が供される。幼稚園では、給食がある場合とない場合がある。給食がない場合には、園児は弁当を持参する。自前調理、外注、自前調理施設で調理自体は外注など、給食の形態は多様である。

3) 搬入動線：通常、給食ワゴンなどを用いて調理室から給食を運ぶ。段差がないルートを確保する必要がある。

4) 眠っている時間と起きている時間にリズムが出て、お座り（支えなく自立して座る）で遊ぶことができるようになるまでは、ほとんどの時間をベビーベッドやベビーチェアーで過ごしたり、保育士に抱っこされるなどして過ごす。

5) 午睡は、一般に保育所では全学齢（0～5歳児）で行う。幼稚園では午睡をする事例はごく少ない。また、幼稚園の預かり保育を実施する事例では、午睡がある場合も、ない場合もある。また保育所でも、5歳児クラスでは就学準備のために行わない事例があるなど、施設ごとの保育方針によって実施状況は異なる。

で遊んだりする機会が減っている。このため乳幼児施設は、こどもが他者との関わりのなかで成長し、社会性を獲得するための場としても期待されている。

「遊ぶ」「育つ」「食べる」「排泄する」「他者と関わる」などの活動フレームが、乳幼児施設の主要なフレームとなる。またこうした活動を、保育者の側は「関わる」「見守る」「設える」などの活動によって「支援する」。

4・1・2 活動フレームに対応した場

● 1 食べる

食事は、こどもたちの楽しみでもあり、「食べることは楽しい」「いろいろなものをバランスよく食べる」などの望ましい食概念・食習慣を身につけるための機会でもある。「食べる」場の計画に際しては、誰と・どこで食べるかが重要である。保育単位（クラス）ごとに、それぞれの保育単位の拠点となる部屋（保育室）で食べる場合、その集団の一体感を強め、安定した環境での食事が保障されやすくなる。一方、ランチルームやホールなどで複数のクラスが一緒に食べるなど、大集団・保育室以外での場合は、普段の保育単位を超えてクラス間や学年間の交流の機会になるとともに、「食事」を普段の遊び時間と異なる少し特別な機会として演出できる。それぞれの保育施設の規模や保育内容に則して、場の計画をすることが望ましい（図4・1-1）。

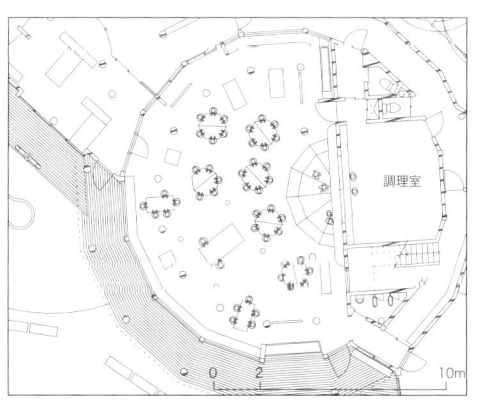

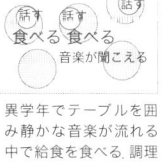

なお、手洗いの場所と食事場所との位置関係や、給食がある場合[2]には調理室からの搬入動線[3]にも十分配慮した計画とする。

● 2 寝る・休む

休息には、0～1歳児が個々の生活リズムのなかでの「寝る」と、施設の生活リズムに則した「休む」（午睡）の二つのフェーズがある。

0歳児の場合、睡眠リズムはこども個々人によって異なる[4]。1歳ごろには午睡の時間には寝て、それ以外の時間には起きているという生活リズムが完成しているが、朝寝・夕方寝の習慣が残るこどももおり、0～1歳児までの低年齢児には静かで他の園児の影響をあまり受けない保育環境を設ける（図4・1-2）。1歳以上児でも、保育所などのこどもが施設で過ごす時間が長時間に及ぶ施設では、一般的に2～3時間程度の休息（午睡）の時間を設ける[5]。休息場所は保育室を使うことが大多数である。保育室で食事をする計画の場合には、机のコーナーと、ふとんを敷く床遊びのコーナーをそれぞれ確保するなどの設え上

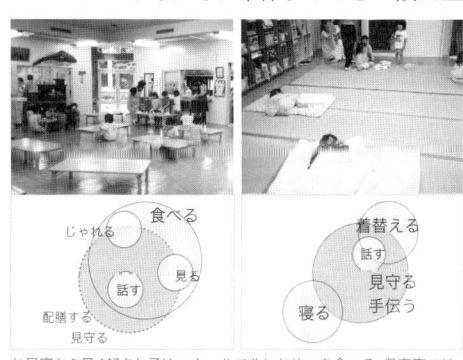

異学年でテーブルを囲み静かな音楽が流れる中で給食を食べる。調理場が見え、配膳の際に職員と直接交流する

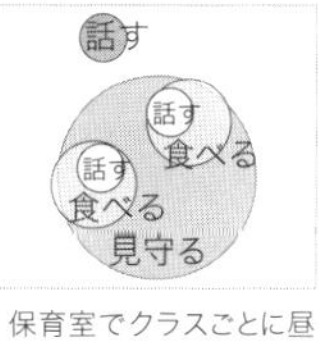

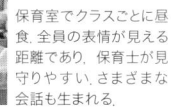

保育室でクラスごとに昼食。全員の表情が見える距離であり、保育士が見守りやすい。さまざまな会話も生まれる

図4・1-1 「食べる」活動フレーム

お昼寝から早く起きた子は、ホールで先におやつを食べる。保育室では、まだ眠っている子、着替えをしている子がいる。「食べる」場が別にあるので、お昼寝からそれぞれのペースで目覚められる

図4・1-2 食寝分離された活動フレーム

の配慮をする[6]．なお，眠りたくないこどもは休息場所の近くで絵本を読むなど安静に過ごせるような場所を設ける事例もある．

● 3　排泄する

排泄も，食事と同様に大切な生活習慣である．0, 1歳児室では沐浴室と便所を兼ねることが多く，保育室と連続させ，すぐに入れるよう設置する（図4・1-3）．3歳以上児の便所は，一斉保育[7]や午睡の前にほぼ全員に利用される場合と，自由保育[7]中に個別に利用される場合とがあり，それぞれの場合を想定した配置を考える．近年では生活習慣としての排泄をより重視し，保育室内にトイレをあらわに設置したオープントイレや，水を使わずに清掃するドライタイプのトイレの例も増えている．

● 4　遊ぶ

乳幼児保育施設では，さまざまな「遊び」活動[7]が展開する．とくに自由遊び時については，こどもたちの遊びを誘発し，また安定的な継続と展開を助けるため，遊びのきっかけとなるものや，遊びの「コーナー」が設けられているとよいとされる．コーナーには，建築的にかなりつくり込まれた事例も，保育室（保育スペース）[8]は単純だが室間を家具によって仕切り，コーナーを設けている事例もある（⇨コラム❖2 図）．

遊びの種類（図4・1-4）は，静的な遊び（①②）から動的な遊び（⑦⑧）まで多種多様である．こどもたちの発達段階や性別，性格，遊び集団の規模などの多様な要因により，遊びの活動フレームは無限にある．また遊びの場所も，保育室やホールなどの屋内（②③④⑦），テラスやベランダなどの半屋外（①），園庭などの屋外空間（⑤⑥⑧）と多様である．図4・1-4によって，保育施設で見られる遊びを概観し，さ

6) 3歳未満児には羞恥心がなく，保育士が排泄を教えたり助けたりする場面が必要なため仕切りは不要とすることが多い．3歳になると自分で用を足し，羞恥心も芽生えるため仕切りが必要となる．仕切りは園児の目線を遮りつつ保育者がのぞき込めるよう高さは120cm程度とする．トイレを男女別に設けるかどうかは園の方針によるが，同一の事例が多い（⇨ p.197，図10・2-6）．

7) こどもたちの遊びは，保育者が主導してテーマを決めて制作や運動・お遊戯などを集団で一斉にする"設定保育"と，こどもたちが自由かつ主体的に自分の遊び場所や遊び内容を決める"自由保育"とに大別される．ここでは，自由保育時間中のこどもたちの遊び活動を"自由遊び"，設定保育時間中のこどもたちの遊び活動を"設定遊び"と呼ぶ．

8) 閉じた「室」とせず，いくつかのスペースが小壁や段差などで互いに分節された連続的な空間として設計された事例もある．

遊びが途切れないようにトイレを遊戯室に設置した事例
2つの活動スペースをつなぐ幅広の階段のなかに柱がある．この柱のなかに洋式便器が1つ設けられており，まわりの室内を見られるように小さな開口が空けられている．トイレが活発に遊ぶ場に設置されていることによってこどもたちは遊びや関係を持続することができる．

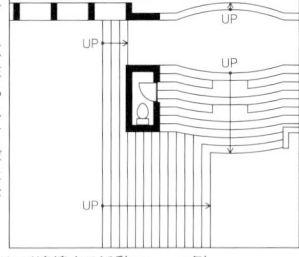

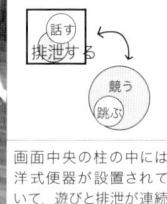

画面中央の柱の中には洋式便器が設置されていて，遊びと排泄が連続して展開する様子が見られる．

図4・1-3　「排泄する」と「遊ぶ」が連続する活動フレーム例

❖ 2　コーナーの計画

コーナーがつくられていると，遊びの内容が視覚的にこどもを誘い，またその遊びのための場が確保されこどもたちが遊びを展開しやすい．保育スペースには限りがあるが，いくつかのコーナーが設けられることで複数の遊びが共存し，こどもたちがそれぞれの好みやペースに応じて遊びを展開しやすくなる．また，遊びのコーナーを食事や就寝の場と分けて設けることで，"食べ終わった子は次の活動をしていてよい"などのこども一人ひとりの生活ペースも保障される．

こどもたちがその時々にもっている興味や関心をさらに伸ばしたり，遊びに集中することができるコーナー，また保育者の保育テーマを補強するようなコーナーを，こどもの心身の発達段階に応じて設けたい．このためには，もともと建築的につくり込みをする，建築的には単純な形状を提供しつつ，家具などで設えをしやすい空間形状とする，などの配慮が必要である．後者の場合，時期や保育内容の変更にともなってコーナーを伸縮させやすく，その時々のこどもの興味や保育内容に応じたコーナーづくりを展開しやすいといえる．また前者の場合，安定したコーナーを設けることで，活動の展開が安定的に行われるメリットがある．

コーナーをつくりやすい空間形状の例とは，入隅が多い，必要以上に掃き出し窓などの床面までの窓を設けるのではなく腰壁付きの開口部を採用している，便所や外部への動線がコーナーを妨げない，などである．

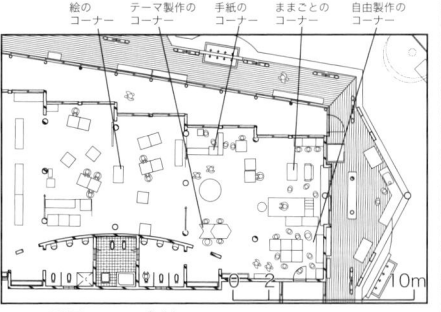

連続した保育室を可動間仕切りで区切り，コーナーを設置している事例　1年間の間に，季節に応じて設えかたやコーナーの内容を変えている．

66

9)「傍観」は，こどもの「仲間遊び」に特有の行動と言われ，他からの刺激を受け止めたり，他の行動と自己の行動との関係を図るための重要な行動である．

10) 対象となる年齢段階：一般的な就学前乳幼児保育施設では，
・保育所：0～5歳児（受け入れ開始月齢は，産休明け～，満3か月～，満5か月～，満1歳～など，施設の設備や方針によって異なる）
・幼稚園：3～5歳児（4歳児～，5歳児～の事例もある．また，「未満児保育」と呼ばれる，年度途中で満3歳の誕生日を迎えるこどもを受け入れる事例もある）
・認定こども園：0～5歳児（上記同様に多様）

11) 運営時間：一般的な就学前乳幼児保育施設では，以下の通り．
・保育所：8時間を基本とするが，実際には7時～19時など，地域の保護者の就労状況や施設の運営方針などによって異なる．
・幼稚園：4時間を基本とする．9時～14時などの例が多い．夏休み・冬休みなどの長期休暇がある．ただし，「預かり保育」（幼稚園教育課程の一環ではなく自主事業の保育事業）を実施する園では，保育所と変わらない運営時間・休暇態勢の事例もある．
・認定こども園：上記同様に多様だが，保育所としての機能を有するため，運営時間は保育所に準拠すると考えてよい．

12) 例えば0～2歳児のクラス，3～5歳児の縦割りクラス（一つのクラスに3～5歳児が混在する）や連齢（といいる施設などもある．日本では現状，学齢ごとのクラス編成をしている施設が大多数である．

まざまな活動の様子を思い浮かべる材料としてほしい．すべり台などの遊び方と直接結びつきやすい遊具だけでなく，例えばウッドデッキのようなさまざまな遊びの背景や遊びのきっかけとなる場をふんだんに用意したい（⑤⑧）．また年齢によって遊びの人数規模の最大も異なり，大きな空間を用意してもそのなかで小さな遊び集団が複数併存する（③④⑥⑧）ことが多い．こうした小集団が居合わせて，個々のペースで遊びやすい場を計画する．

4・1・3　場と空間の組み立てかた

● 1　対象とするこどもと滞在時間

就学前乳幼児保育施設は，施設ごとに対象とするこどもの年齢段階が異なる[10]．また施設ごとに運営時間や休暇の取り扱いが異なる[11]．こどもが0～5歳まで，1日の大半の時間を過ごす長期間・長時間タイプの施設から，就学前の2年間，半日程度通う短期間・短時間タイプの施設までがあると考えればよい．前者は，こどもの成長発達の場，生活の場としての役割がより強く，後者は就学訓練であったり幼児教育の場としてとらえられる傾向がある．いずれにせよ，これらの施設は乳幼児の生活と遊びを主体に組み立てられる．

● 2　年齢段階が異なるこどもへの配慮

この種の施設では異年齢のこどもが一緒に過ごす．とくに0～5歳の幅広い年齢段階のこどもを受け入れる長期間・長時間タイプの施設の場合には，こどもの発達段階[12]による運動能力や認知能力の相違に充分留意する必要がある．とくに0歳～2・3歳までの身体・認知能力の発達はめざましく，お互いの安全

図4・1-4　「遊ぶ」の活動フレーム例

やそれぞれ自由なペースでの活動を保障するためにも，低年齢児と高年齢児の活動場所は分ける方がよいという意見がある．一方で，異年齢の混在は，高年齢児にとっては思いやりやリーダーシップの獲得，低年齢児にとっては発達への刺激といった効果がある．異年齢児の活動場所の分割／統合するかには，保育単位の規模などの問題も関係し一概に良し悪しはいえないが，とくにまだ活動量が少ない低年齢児に，穏やかな活動の場，ないし拠点となる室やスペースを確保する必要はあろう．

● 3　場どうしの関係　——保育室の計画

以上を踏まえ，「食べる」「寝る・休む」「排泄する」「遊ぶ」場どうしの関係に配慮して計画をする（図4・1-5）．こどもたちの遊びの拠点となる保育室は，発達段階に応じた生活ができるよう計画する．とくに0・1歳児については，歩行や排泄が自立していない段階であるため，保育室内にほふくスペースを設け，沐浴スペースと便所を保育室に隣接して設ける．保育室内に便所を設ける例もある（オープントイレ）．また保育室では，家具などを用いてコーナーをつくり，活動を可視化・領域化することでこどもの自発的な活動や複数の活動の共存を助けるとよい（⇨p.66, コラム❖2）．

● 4　場どうしの関係　——施設全体の計画

施設全体の計画は，アプローチとゾーニングによって大まかにかたちづくられる（図4・1-6）．敷地全体で，建物と園庭をどのように配置するかを考えながら，各保育室へのこどもと保護者のアプローチ動線を決める．図4・1-6の，すぐり保育園は接道側に開かれた園庭脇からのアプローチ，保育園るんびいには，園庭と道路の間に建物を置く配置とし，建物で園庭を囲い込む形状となっている．前者は園庭の開放感が高く，後者は園舎と園庭のセキュリティやプライベート性が高まるというメリットがある．

次に，こどもの年齢に応じた建物内所要室のゾーニングを行う．受け入れ年齢の幅が広い施設や降園時刻が異なるこどもが混在する施設の場合，低年齢児や休息をするこどもの静かな安定したスペースを，入り口や大きいこどもの活動場所から距離を置いて設ける事例が多い．これは，先に降園したこどもと保護者にとっても，迎えの時間帯に園庭で遊べ，友達どうしや保護者どうしでの交流の機会を持てるという利点もある．延長保育を行う室は家庭的な設えとしつつ異年齢混在を前提と

13) 従来，保育所は「保育に欠ける子」を対象とし，共働き世帯や片親世帯のこどもは保育所，そうでない世帯のこどもは幼稚園といった，保護者の就労状況による棲み分けがなされていた．保育内容も，在園時間の違いもあって幼稚園では早期教育・幼児教育を採り入れた設定保育，保育所では自由保育が多いなどの傾向があった．しかし，保護者や保育者の考えかたが多様化し，必ずしも根拠法に則って教育と保育を分離することがこどもの実態に合っていないと指摘されるようになったこと，共働き世帯が増えたことなどから，保育所の幼稚園化（幼児教育を取り入れるなど），幼稚園の保育所化（長時間・長期間保育の実施，自由保育の重視など）が進みつつある．また，2016年からの新制度では保育所の対象が「保育に欠ける子」から「保育を必要とする子」と変更され，より広く保育をこどもの権利として捉える考え方が浸透しつつある．

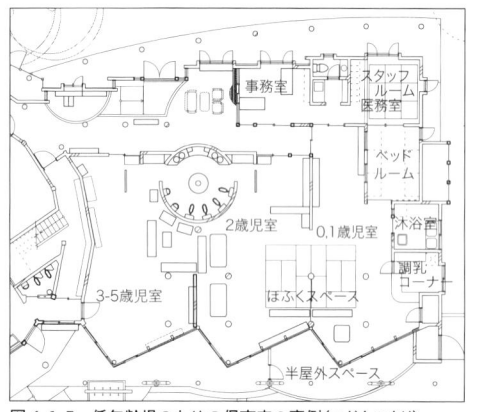

図4・1-5　低年齢児のための保育室の事例（こどものもり）

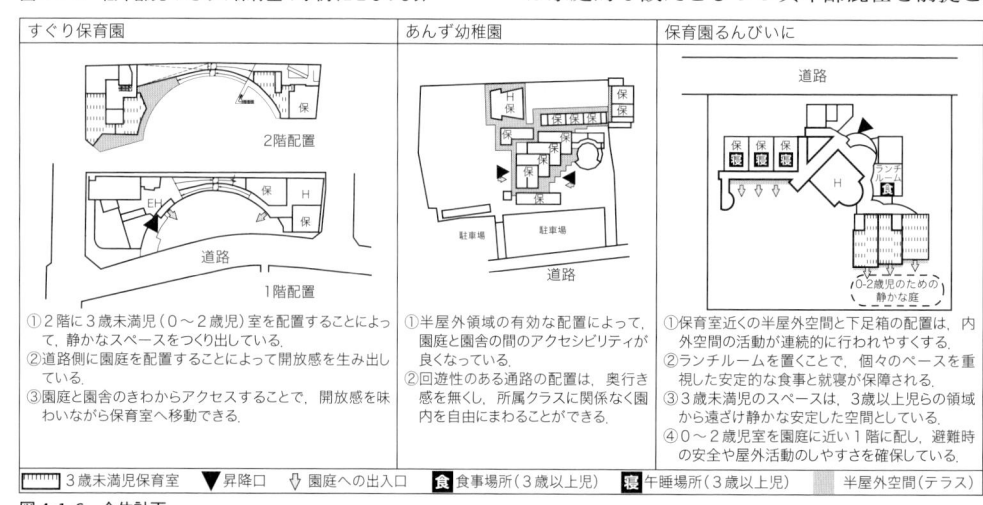

図4・1-6　全体計画

14) 認定こども園：保護者の就労状況によらない発達環境をこどもに保障すること，保護者に就労の自由度を保障すること（保護者が就労を開始または停止するときに，幼稚園／保育所を転園する必要がない），こどもに集団で遊ぶ体験を保障すること（幼稚園と保育所を別々に運営していたのでは，一定以上の集団規模が確保できない地域がある），などの理由によって，幼稚園と保育所の両方の機能を持つ施設が誕生した．この施設では，0～5歳のこどもが（受け入れ月齢は施設によって異なる），保護者の就労状況によらず同じ施設で過ごすことが原則である．母体となる施設や地域の実情により，保育所型，幼稚園型，連携型，地方裁量型の運営方式がある．

15) 主な理由は，①就労状況の変化によって施設を継続的に利用することができない，②少子化によって集団活動や異年齢交流の機会が減少したり，小規模の複数園を運営するのは効率的ではない，③幼稚園の利用人数減少にともなう余裕教室を有効利用し保育所の待機児童を解消したい，である．

して複数の年齢が遊びを見つけられる室とし，保護者が迎えに来やすい位置に設ける．

また，外部空間への活動の広がり（屋外と屋内の関係）を，登園の動線や活動の自由な展開，避難時の安全確保などの観点からも的確に計画する．屋内の活動スペースが屋外と連続的に計画された事例では，こどもたちの移動が容易で，活動が屋外に広がりやすい．図4・1-6中のすぐりとるんびいに保育園では，一つの玄関を通って登園し，外部空間に出る．あんず幼稚園は，テラスが登園動線と園庭への出入りの動線を兼ねる計画である．またあんず幼稚園では，外部空間・内部空間・外部空間という空間構成をとっており，保育室から外部空間に出やすい．あんず幼稚園の場合，外部への出入り口がたくさんあるため履きものを持って園屋内空間を移動しなければならず，園庭の泥を屋内に持ち込みやすいという欠点がある．しかし，低年齢児がいない施設であれば，衛生への配慮は主たる問題とはなりにくい．いずれの計画にも利点と不利点はあるが，これらを踏まえた上で，屋外で身体をいっぱいに使い，また自然に触れながら遊び込むことを充分に経験できる計画としたい．

4・1・4 建築類型への適用

● 1 建築種別と生活の流れ

主な就学前乳幼児施設には，幼稚園，保育所，認定こども園がある．幼稚園は，学校教育法にもとづく教育施設，保育所は児童福祉法にもとづく児童福祉施設とされるが，両者の差異は次第に少なくなってきている[13]．認定こども園は認定こども園法にもとづく，幼稚園と保育所の両機能をあわせ持つ施設である[14]．それぞれの施設では前述のようにこどもの施設滞在時間が異なる．また，幼稚園には午睡がない，保育所では送迎時間がまちまちだが幼稚園では送迎時間帯が同一である，などの相違もある（⇒コラム❖3，4 図）．このため，三つの施設では1日の園児数の変化の様子が異なる．園児数が変化する時間帯には，異年齢児が一～二つの部屋に集まって異年齢合同保育を行う事例がほとんどである．基本保育の場だけでなく，この朝夕の保育時間帯の場を適切に計画し，生活のメリハリと連続性を担保する．

● 2 就学前乳幼児施設の歴史的経緯

「幼稚園」は1840年にフレーベルがドイツではじめたキンダーガルテンに由来する．

日本では幼稚園は東京女子師範学校附属幼稚園（1876），保育所は新潟の静修学校（公立学校に代わる学習塾の保育室，1890）が最初とされる．

前述したように，幼稚園と保育所は別々の目的を持ち，それぞれの役割を担ってきた．

しかし，さまざまな理由から幼稚園と保育所を一体的に運営する施設が増えた[15]．2006年には認定こども園法が施行され，全国各地に認定こども園が増え続けている．

❖3 こどもの施設での1日の生活

園ごとに大きく異なるが，一般的に幼稚園は設定保育が，保育所では自由保育が多い．保育所では，朝夕とも各家庭の事情に応じて随時登園・降園する．開所時間は9時間が基本で，昼食後に休息をする．幼稚園では登園・降園時刻での一斉登園・降園が一般的で，バス送迎をする園も多い．開所時間は4時間が基本で，おおむね昼食後に降園する．

❖4 1日の園児数の変化

以上のように，保育所・幼稚園・認定こども園では，1日の園児数の変化の様子が異なる．しばしば園児数の変化に合わせて活動場所（室）が変わるため，こどもの遊びの連続性を保ち，かつ適度なにぎわいのある密度で遊べるよう，室やスペースの大きさや仕切りなどに配慮する．

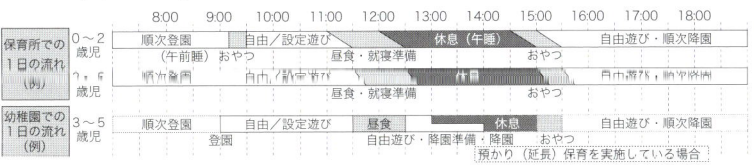

施設類型と生活の流れ

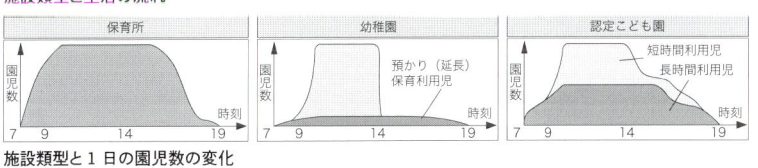

施設類型と1日の園児数の変化

事例1　年齢ごとの室ではなく活動の場を設定している認定こども園（こどものもり）

■基本データ■
設計：入之内瑛＋都市梱包工房
所在地：埼玉県松伏町
竣工：2002年
定員：165名（幼稚園105名，保育園60名）
建築面積：1,197.01㎡
敷地面積：3,198.37㎡
延床面積：1,252.20㎡，1階：1,050.99㎡、
　　　　　2階201.21㎡（会議、応接、他）
構造規模：木造2階建て
天井高：幼稚園保育室 2.75m ～ 6.4m
　　　　保育園保育室 2.3m ～ 4.35m

保育施設は年齢別に保育室を設定する場合が多い．こどものもりでは連続させた保育室をつなげた大空間をつくり，その大空間を設えた，コーナー保育を実現している．園児たちは，コーナーを見渡して主体的に環境を選択し，自由な活動を繰り広げている．

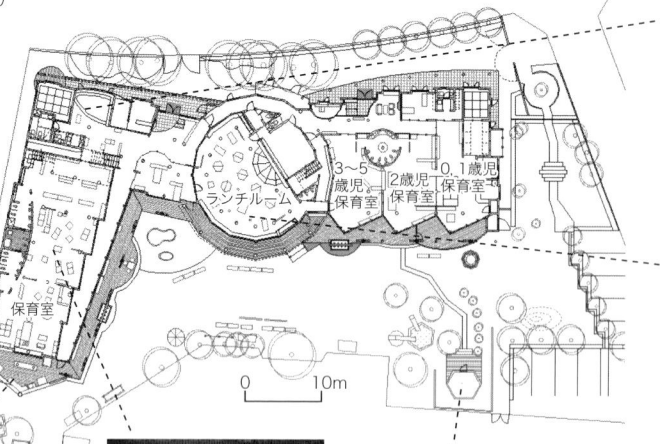

図書のコーナーは段差が設けられ，読む場としてはもちろん，読み聞かせ，帰りの会など，一斉の場としても活用されている．

ランチルームでは、3～5歳児6人が1組となって昼食・おやつを食べる．音楽が鳴っている最中は静かに食べるルールがある．

半屋外空間でも調理コーナーなどが設置されている．園内の移動は、屋内よりも半屋外の方が人気が高い．また，エントランスに加え下足棚が設置され，活発な屋外との行き来がある．水が抜かれたときのプールは、ごっこあそびの拠点としてにぎわっている．

通園後は写真奥の着替えコーナーで着替え，空間的に連続する絵のコーナーで絵を描くことで落ち着きを持つ．

3畳程度の小屋は、集合場所や見立ての場所，秘密基地として園舎とは別の人気のある建物となっている．

園庭には，さまざまな木々や土山，水流のある池など、自然環境を配慮した計画が行われている．

事例2　半屋外空間が充実したアクセシビリティのある幼稚園（あんず幼稚園）

■基本データ■
設計：倉島和弥＋企画設計室 RABBITSON
所在地：埼玉県入間市
竣工：1994年
定員：3～5歳児各80名，計240名
建築面積：1,218㎡
敷地面積：3,955㎡
延床面積：1,149㎡
（図面以外2階に倉庫＋会議室＝57.63㎡）
構造規模：木造

屋根伏せ、起伏に富んだ天窓が連続し、屋内は明るい空間となる．

写真左は、独楽遊び，広い半屋外空間は活動の場となり、屋内外集団とのやりとりや、屋内外への連続したあそびが見られる．

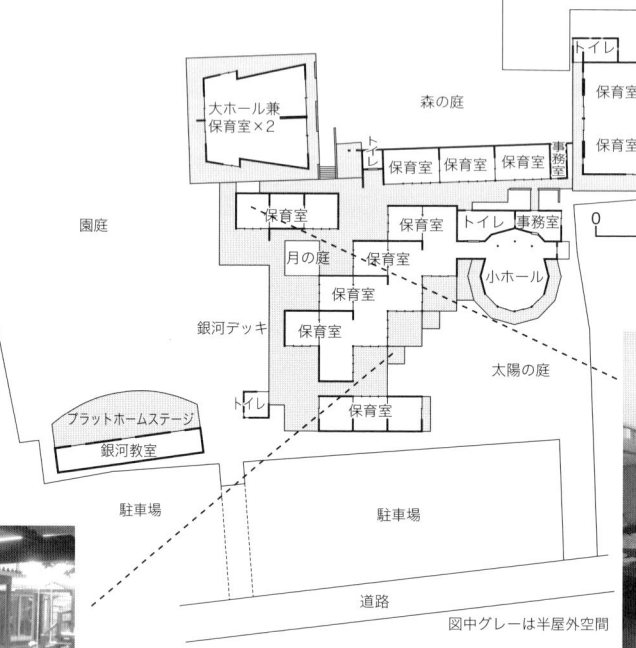

あんず幼稚園の半屋外空間は園舎を囲むように配置されることで屋外各所へのアクセシビリティを高くしている．また，広さのある半屋外空間は、さまざまな活動の場や屋内外の活動を連続させるための中間領域としての役割を果たしている．
園庭各所には、「おやじの会」が製作した遊具がつくられ続けており、保護者が環境デザインに参画する仕組みが整っている．

高い天井と天窓の効果で，広さ感のある明るい保育室となっている．また，写真奥では保育者を中心とした集団が手前では個々の活動が共存し，互いを感じながらも距離感を持てる空間となっている．

事例3　園内全体が見渡せる保育所（すぐり保育園）

■基本データ■
設計：石原健也／デネフィス計画研究所＋
　　　千葉工業大学石原研究室
所在地：兵庫県伊丹市
竣工：2004年
定員：120名
建築面積：850.50 m²
敷地面積：1,382.48 m²
延床面積：1,455.79 m²
構造規模：鉄筋コンクリート造 一部鉄骨造

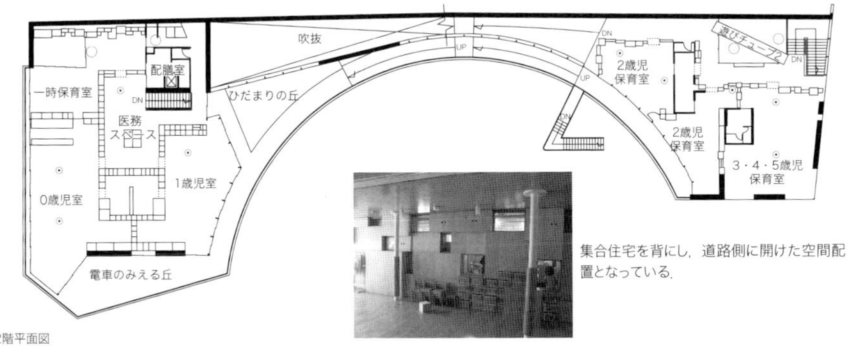

2階平面図

集合住宅を背にし、道路側に開けた空間配置となっている．

半階高いエントランスホールに立つと、園庭、1階、2階、すべての空間を望むことができる．

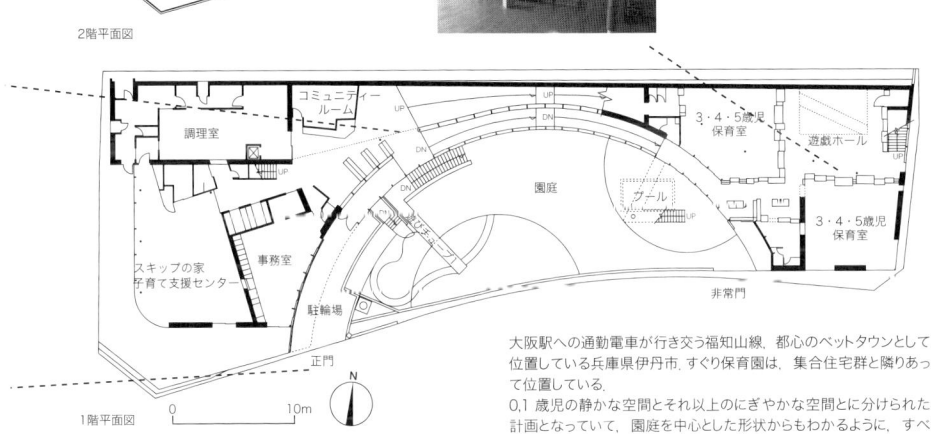

集合住宅を背にし、道路側に開けた空間配置となっている．

1階平面図

大阪駅への通勤電車が行き交う福知山線、都心のベットタウンとして位置している兵庫県伊丹市．すぐり保育園は、集合住宅群と隣りあって位置している．
0, 1歳児の静かな空間とそれ以上のにぎやかな空間とに分けられた計画となっていて、園庭を中心とした形状からもわかるように、すべての年齢が園庭を眺め、活動を楽しめるような工夫が早られる．

事例4　ゆったりとしている北欧の就学前保育施設（バーブローデン・フォーシュコーラ）

■基本データ■
所在地：スウェーデン・ストックホルム
竣工：1981年
定員：36名（1～5歳児）
建築面積：450 m²
敷地面積：2,400 m²
構造規模：木造平屋建て

■概要■
ストックホルム中心地を通る地下鉄沿線に位置する．幼保が一元化された後の標準的なプランで、アトリエや午睡室など専用の場が用意されていることがこの施設の特徴である．

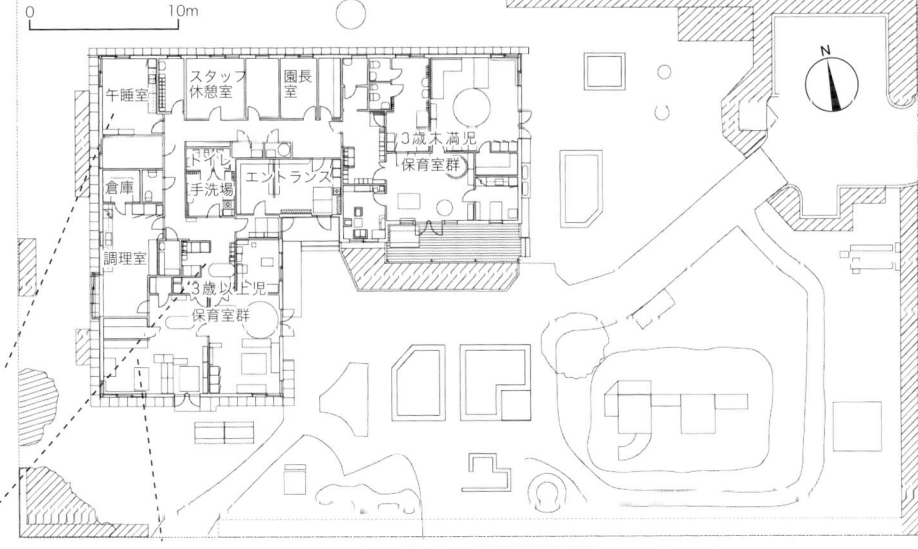

午睡室：午睡時のみの専用室でふとんは敷いたままになっている．

本のコーナー：午睡時に眠れない子がおとなしく本を読んでいい場所となっている．

スウェーデンではアートのコーナーが専用スペースとして常設されていることが多い．

保育室：食事にも使用するテーブル（H=73cm）に対し、座面高 52cmのいす（手前左二つ）を使用している．

外観：士ものような落ち着いた外観．

学ぶ(聞く) 学ぶ(調べる)
集う つくる 食べる

学校(小学校・中学校・高等学校) 4・2

4・2・1 活動フレーム

学校は学習活動を目的とする施設であるとともに，それに付随した生活活動が営まれる場所である．心身ともに成長の著しい時期に，児童・生徒が一日の半分近くを過ごす学校は，施設でありながら生活空間としてもとらえることができる．

学校では，「学級」という集団を単位に活動が行われることが大半である．また，一定の時間割・カリキュラムに沿って活動が組織化されている．学校建築のかなりの部分はこのような教育制度・学校システムに規定されている．

◉1 カリキュラム(教科)活動と非カリキュラム(生活)活動

学校のプログラムは，カリキュラム化された教科学習活動と，教科学習以外の非カリキュラム活動からなる(表4・2-1)．教科は「算数」「社会」のように分かれているが，従来の教科の壁を超えて，種々の学習活動が行われる

表4・2-1 学校に想定される活動プログラム

		内容の定義	具体例
学習活動 ＝ カリキュラム活動	一般	授業時間に行われる一般教科，道徳などの学習活動 読む・書く・聞く・発表するなどの学習活動	・教師の講義を聞く ・連絡，説明，指示を受ける ・各自でワークシートを学ぶ（ドリル学習） ・ノートをとる ・教科書，文章，資料を読む ・テストを受ける ・OHP，VTR，TVなどの視聴覚機で一斉に学ぶ
	実習	作業・観察・実験・実習などの操作的，体験的実験活動	・理科の実験，観察 ・家庭科の実習 ・社会科の地図づくり ・課外活動
生活活動 ＝ 非カリキュラム活動	集会	クラス単位・学年単位・全校一斉などの集会・ミーティング	・朝の会，帰りの会 ・避難訓練 ・全校集会
	準備	学習活動への適応および準備 教室移動・先生を待つ，など	・授業のための学習材や資料の準備，かたづけ ・教室，場所の移動 ・着替え（体操着・水着） ・自分の順番や先生が来るのを待つ
自由活動	生活	食事・掃除・トイレ・手洗いなどの基本的生活行為時間	・給食，食事 ・掃除 ・手洗いなど
	自由	児童個人個人が自由に活動できる休憩時間	・20分休み ・昼休み

授業(学習活動)

給食(生活活動)

休み時間(自由活動)

1) 学習指導要領：文部科学省が定める，学校の種類別に教えるべき教科とその内容を詳細に規定した基準である．

2) 総合学科高校：幅広い専門科目から生徒が自ら選択し，将来の進路を意識して専門的なカリキュラムを計画するスタイルの高校で，平成6 (1994) 年に制度化された．学級がしばしば解体され，選択制授業では大小さまざまな学習集団がつくられる．施設面では，専門実技教室が多いのが特徴（⇨ p.75, コラム❖1 図）．

「総合的な学習の時間」も，現在の学習指導要領[1]では一定の時間数取り入れられている．

非カリキュラム活動の比重も高く，食事や掃除，低学齢児においては手洗いやトイレに行くことも「教育」の一環として扱われる．また，休み時間のようなプログラム外の活動も短時間だが存在する（図4・2-1）．

● 2　活動集団

学校で児童・生徒は「学年」や「学級」（クラス）という組織集団に属している．これらの固定的な集団で活動するのが一般的だが，課題別，習熟度別集団や座席配置によりまとめられる4～5人のグループなど，場面に応じて大小さまざまな集団を編成することもある．近年ではこどもの個性が尊重されるようになり，集団を組み替えたり，一人ひとりの児童・生徒が主体的に学ぶ場面が増えている（図4・2-2）．

学級担任制（⇨ p.75, コラム❖1①参照）の小学校に比べ教科担任制（同コラム参照）をとる中学，高校では，授業中の一時的な集団の組み替えは起こりにくい．一方，選択授業，習熟度別授業など，授業自体が最初から学級を分割した小集団で設定される例は比較的多くみられる．さらに近年では，総合学科高校[2]のように学級を管理上設けるのみで，生徒は自らの選択により個別のカリキュラムに沿って学習する例も増えている．

4・2・2　活動フレームに対応した場

● 1　一斉授業：受動的学習

従来の学校に典型的な教師による講義スタイルの学習活動．そのためにまずは「聴く」「見る」「書く」がしやすい環境を整備することが重要となる．伝統的な教室はまさにこのために合理的につくられている．黒板やホワ

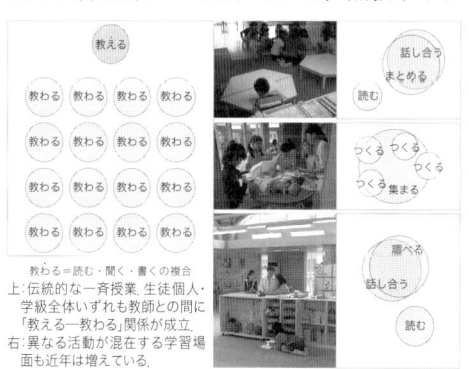

図4・2-2　授業における活動フレーム
上：伝統的な一斉授業．生徒個人・学級全体いずれも教師との間に「教える―教わる」関係が成立．
右：異なる活動が混在する学習場面も近年は増えている．

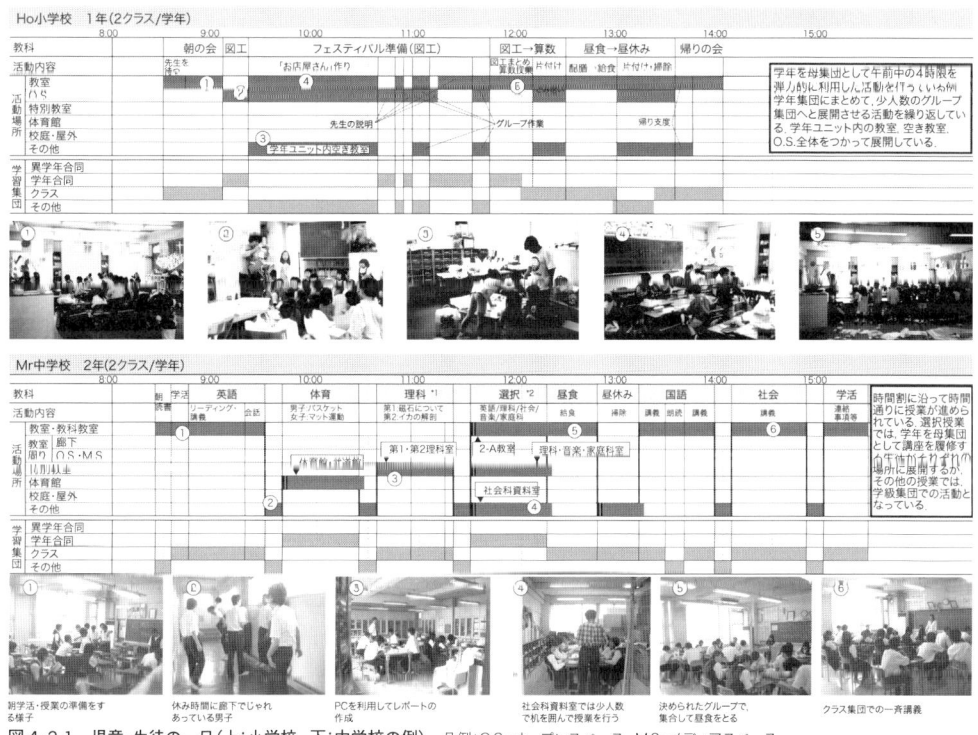

図4・2-1　児童・生徒の一日（上：小学校，下：中学校の例）　凡例：O.S.=オープンスペース，M.S.=メディアスペース

イトボードと座席位置の関係，グレア（光幕反射）[3]の防止など視覚的な環境確保，残響や外部からの騒音への配慮が重要である．

● 2　調べる・試す・まとめる：能動的学習

今日では，児童・生徒自身が作業をする活動も重視される．そのため本，資料，インターネットなどを活用した「調べる」活動や，実験や観察により「試す」活動，調べた結果を「まとめる」活動も頻度高く発生する．これらは個人だけでなく，数人のグループ単位で行われることも多い（表4・2-2）．

こうした活動を円滑に行うためには，グループでの話し合いや資料整理，デスクワーク的な作業をする場所とあわせ，簡単な実験・観察を行うのに適したテーブルや作業台が必要になる．とくに小学校では講義など受動的な学習から「話し合う」や「試す」などの能動的な活動へ展開する場面が頻繁に起こることから，教室内のレイアウトが比較的容易に変えられる工夫も必要とされる．さらに，図書・パソコンのような情報メディアを利用したり，水道や設備を要する作業（実験）に発展することも想定し，教室と他の場所との連携を考えた配置計画は重要となる．

● 3　つくる・育てる・採る

教科学習のなかでも，図工，美術，家庭科，技術などでは創作活動を中心とした学習が行われる．小学校では専用の設備・備品を使用する創作活動が少ないことや，生活科，総合

図4・2-3　理科実験（左）と植物の観察（右）

的な学習など合科的[4]な活動のなかで発生することが多いため，しばしばこれらは教室で行われる．一方，中学，高校では，一般的に創作活動をともなう教科には専用の教室が整備され，設備・備品が充実しているため専門性の高い活動が可能となる．さらに今日の体験を重視する教育方針から，こうした創作系の教科以外にも，ものづくりや採取のような活動が取り入れられる．

そのため近年では，従来型の特別教室ではなく，随時多様な創作・実習に対応できる作業環境をワークスペースとして設える例もある．教科の壁を低くして，種々の活動に対応しやすくする考えかたである（図4・2-4）．

● 4　集まる・発表する

従来のように学級の枠内だけで活動するのでなく，近年では「学年」を母集団として情報や学習成果を共有する例も増えている．とくに学級担任制で運営される小学校では，学年全体での一括した情報伝達の後，各学級へ

3）グレア：⇒ p.200，傍注19

4）合科活動：各教科に含まれる教育内容を一つの活動に統合した総合的な学習活動．
例）音楽鑑賞をして印象を絵に描く（音楽＋図工），生命について考える（公民＋生物＋国語）など．

表4・2-2　さまざまな活動集団

大↑活動集団↓小	全体	活動集団は規模によって左のように整理できる．実際の活動の単位である活動集団に対して，同一の活動をしている「母集団」の大きさは「学級」「学年」「異学年合同」「全校」などがある（下写真参照）．
	チーム　学級の半分程度，習熟度別やテーマ別の学習集団	
	グループ　数人からなるグループや班	
	個人	

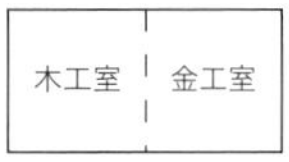

木工室と金工室，美術室と技術室のように機能の似た教室を組み合わせ，間を可動間仕切りにした例．必要に応じて二室を一体にして使用する．

共用のスペースを設け，教室との間をオープンにした例．オープンスペースに活動を展開したり複数の部屋を連携させたりできる．

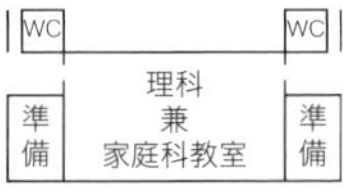

あえて室を分けずに作業スペースとして一体的に計画した例．一室で使用することも，可動家具で仕切って活動スペースを分けることもできる．

図4・2-4　教科横断・合科的活動に対応する特別教室の例

学年で集まる
［活動集団：全体］×［母集団：学年］

グループ別に発表する
［活動集団：グループ］×［母集団：学年］

グループ別・個人で学習する
［活動集団：グループ・個人］×［母集団：学級］

❖1 学校の施設体系と基本用語

①**学齢による種別**：日本では1947年に定められた学校教育法において，義務教育を小学校6年，中学校3年の9年と定め，さらに後期中等教育の場としての高等学校を3年としている．こうした教育課程を6・3・3制と呼ぶが，近年では児童の発達・発育が早まっていることや中等教育を中学3年，高校3年と分けることへの議論があり，**小中一貫校**，**中高一貫校**などの試みがはじまっている．

一般的に小学校では，**学級担任制**により児童の指導を行っており，音楽や図工，などに専科の教員を配置する学校もあるが，多くの場合，学級担任がすべての教科を担当する．そのため学年連携による学年合同活動などへも展開しやすく，学習集団や活動の時間が教師の裁量により柔軟に変化する点が特徴的である．

一方，中学，高校では，教科の専門性が高まり**教科担任制**で授業が行われる．とくに理科や美術などは教科別だけでなく，「金工室」「木工室」「調理室」「被服室」など，活動に応じたより専門性の高い教室（特別教室）が整備される場合が多い．

②**特別支援学校**：障碍（知的障碍，肢体不自由，身体虚弱，弱視，難聴など）を持つ児童・生徒を対象とした学校．従来，障碍の種類により盲・聾・養護学校がそれぞれ整備されてきた．しかし平成19年4月，重複障碍への対応や，障碍種によらず個々のニーズに応じた教育を提供する特別支援教育の理念のもとで，これらの学校は特別支援学校として一本化された（学校教育法）．さらに，これにともない従来の学校に設置されていた「特殊学級」も**特別支援学級**と名称を変更した．

③**教室運営**：担任制の違い，学級重視・教科重視の考えかたなどから，集団や学習と教室の対応に関していくつかの運営タイプがある．その主なものは**特別教室型**，**教科教室型**，**総合教室型**である（⇒ p.77, 4・2・3「場と空間の組み立てかた」）．中でも**教科教室型**運営方式は，近年多く見られる少人数指導や選択授業，教科の専門性向上にも有効な運営方式である．教科教室型は戦後，急増する生徒数に対して教室稼働率を上げる目的で考案された．しかし近年は学習の発展を促す教科メディアを設けたり，生徒の生活拠点となる場（ホームベース）を教室とは別に整備する例が多く，面積効率面でのメリットは少なくなっている．

④**学校規模**：文部科学省は，学校の標準（適正）規模を小中学校では12～18学級と示している．しかし，それらを超える大規模校，または学年1学級以下の小規模校も国内の多くの割合を占めている．

大規模校では，動線の拡大，児童・生徒一人ひとりの活動参加機会の減少などが問題になりやすく，そうした課題への対策として**ハウス制**の運営方式が提案されている．ハウス制は，学校をハウスと呼ぶいくつかの適正規模の集団に分割する．個々のハウスには簡易な作業スペースなどを設け，充実した特別教室を学校全体の共有施設とするなど，大規模校のメリットを生かした構成ができる．

一方，近年の少子化の影響もあり国内には，各学年単学級以下の小規模校も年々増えている*．こうした学校では，複数の学年の児童・生徒を一つの学級に編成する複式学級が生じることもあり，標準規模校とは異なる計画手法が必要となる．

*：平成20年度：全国公立・私立小学校の25％が6学級以下，49％が11学級以下

⑤**設置基準面積**：小中高等学校を設置するのに最低限必要な面積は「設置基準面積」として定められている．これは学級数を根拠に，校舎面積・運動場面積をそれぞれ算出する．また，学校規模に応じて施設整備費が補助される面積が規定されている．

⑥**履き替え計画**：上下足を履き替えるのが日本の学校では一般的である．上下足の分離はアプローチ，校舎，運動場などの配置計画とも関係が深く，昇降口をまとめるか，学年・クラスごとに分散するかの検討も重要である．近年は下足もさほど汚れないことから，校舎と連続的な外部空間で上下足を厳密に分けない例もある．一方，履き替えには衛生面だけでなく「ウチ」と「ソト」を分ける意味もある．

⑦**高低分離**：小学校では，体格・身体能力・心理面での低学年と高学年の差は大きく，高学年児童が低学年児童にとって脅威になることもある．また，低学年は特別教室の使用頻度も低く行動範囲が限られるので，高学年とは分け，安定した生活領域を確保するのが高低分離の考え方である．ただし，学校では異年齢交流も重要な教育要素であるため，結びつける工夫も同時に必要である．

⑧**運動場と遊び庭**：運動場が遊び場を兼ねることは多いが，運動場とは別に，遊び庭を設ける必要性が以前より提案されている．小学校では，高低分離とセットで，低学年専用の遊び庭を確保することも行われてきた．

学校の種類と運営方式

学齢による種別	7～12歳	13～15歳	16～18歳
	小学校	中学校	高校
	小中一貫校		
		中高一貫校	
対象者による種別	特別支援学校		
教室運営方式に関する用語	総合教室型		
		教科教室型	
		特別教室型	
学校規模に関する用語		適正規模	
		単学級	
		ハウス制	
学科に関する用語			普通科
			専門学科
			総合学科
時間帯に関する用語			全日制
			（夜間）定時制

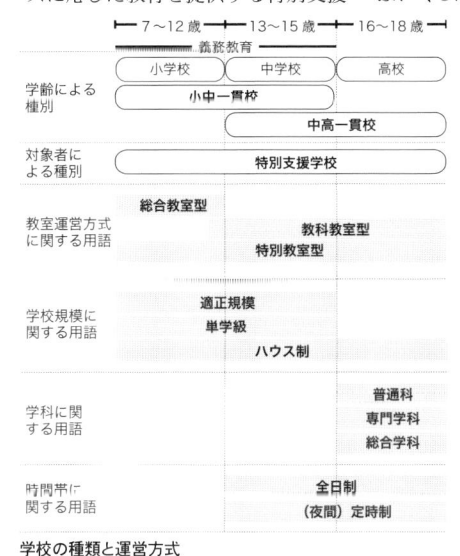

校舎に囲まれた遊び庭を設けた例．起伏のある緑豊かな空間で池もある．昇降口もクラス毎に玄関を設ける方式である（宮代町立笠原小学校，設計：象設計集団）．

戻って活動することを繰り返す例も見られる．そのため，学級のための場とより大きな集合の場の連携に配慮することが必要となる．

「発表」の形式も，前に立って発表する以外に，ポスターセッションやグループごとの展示をするなどさまざまある．さらに全校が集まって行う活動や，学年を縦割りにして異学年の交流を図る活動など，集団規模に応じた場をつくる必要性が高まっている．

● 5 歌う・踊る・演じる・遊ぶ

学習活動には，音が発生するものも多く存在する．音楽，図工，技術などは音を発生する教科として別途，教室を用意することが一般的であるが，それ以外にも英語や一般教科でも動的な活動や音を発する活動を想定する必要がある．近年は，オープンな教室を計画する例も多いため，こうした活動に対応した場をいかにして確保するかは重要な課題である．

● 6 食べる

学校における食事は教育の一環として位置づけられる重要な生活活動である．食事は教室でとる場合が多いが，近年食事マナーの習得，食事の楽しさの経験，食育などへの関心を背景としてランチルーム[5]やカフェテリアを計画する例が増えている．

これらを交流の場として設定する場合も多いため，想定する利用者数が計画上重要となる．

図4・2-5 中庭で給食を食べる

さらに，厨房（調理室）との連携を考慮し，配膳スペースや，材料や残飯の搬出入動線を確保して配置計画を進める必要がある．

● 7 働く

学校は教職員にとっては仕事の場である．デスクワークや打ち合わせ・会議の他，学校特有の仕事として授業以外に児童・生徒や保護者と「関わる」ことがある．教師と児童・生徒が教室まわりで接する場面もあれば，プライバシーの確保された場所で話し合わなければならないこともあり，さまざまな関わりかたを想定する必要がある．

小学校では，教室の教師コーナーを充実させる例もみられる．また，教師コーナーを学年単位で分散して設ける手法は，児童が教師に接しやすく教師からも見守りやすく，学年経営[6]の際に教師の連携を高める計画手法である．教科の専門分化が進む中学・高校では，教科（系列）ごとの準備室・研究室を設けて主な

5) ランチルーム：ランチルーム誕生の背景には，授業と食事の場所を分け，よりふさわしい場所で食事をしようとする考えがある．現在でははじめからランチルームが計画されることも多いが，もともとは余裕教室をランチルームに設えて使う学校からヒントを得たといわれる．

6) 学年経営：小学校では，従来のように学級単位ですべての活動を行うのでなく，学級を横断して学習集団を組むことが増えている．そのためには時間割や授業の進めかた，集団編成の仕方など，学年を単位として経営を計画する必要がある．

7) ニッチ：建築用語では，建物の壁に彫り込まれた凹空間を指す．古典建築では彫像などを置く目的でつくられたが，岩のへこみや割れ目のような狭い場所一般も指すことから，狭い居場所の意味でも使われる．

❖ 2 たたずむ（活動でない活動）

遊ぶ，交流する，たたずむ，溜まるなどは，正確にいえば「活動」ではなく「状態」である．こうしたシーンの意味とその舞台となる環境について考えてみよう．

①アフォーダンス：環境のアフォーダンスは居場所づくりや遊びの手がかりとなる．積極的につくり込んだ環境は活動を誘発し，微小な差異や手がかりは空間の可能性を暗示して活動の幅を広げる．

②見える・交わる：ガラス越しに見える，垣間見える，高いところから眺めるといった視覚的交流によって「他者」の存在が意識される．他者の活動が視野に入ったり，周辺から眺めたりすることは，直接的な交流でなくても，自分（たち）だけではない，より大きな集団を意識する社会的体験である．

③集団から距離をおく：低学年児童でも，一人で集団を離れて様子を眺めていることがある．高学年児童や中高生になると，遊びのなかで「ダベる」ことが多くなる．仲間で集まったり，所属集団から一時距離をおくことは，学校生活のなかでも自我の発達にとって必要である．

空間における位置のとりかたは対人関係を調節する一つの方法だが，物理的距離は必ずしも必要ではない．レベル差で分節したり，ニッチ[7]のような小空間をつくるのも，距離をつくり出す操作といえる．開けた空間で距離をおいて眺めるのは「たたずむ」，小空間に入り込むのは「こもる」というように，どのように集団と距離をとるかで意味も違ってくる．

こうしたシーンでは，環境の持つ性質がそのときの状況に合わせて「仕掛け」として働く．豊かなシーンの舞台をつくり込もうとするとき，ただ一つの状態を想定してそのためにつくるのでなく，きっかけをつくるのだと考えよう．そうすることで他のシーンが生まれる可能性も広がる．

手がかりを使う　　　つくり込まれたアフォーダンス　　　自己／他者を意識する空間体験
(⇨ p.193, 10・1・2「アフォーダンス」)

8) 普通教室：教室を一列に並べて南面させ、教室の西側の壁を正面として黒板を置くのが現在でも主流である。教室の方位は、人工照明が十分でない時代に自然採光を確保し、机上面が生徒の右腕（利き手）で陰にならないように考えられた。寸法は明治時代に定められた四間×五間、最近では8m四方程度の大きさが中心で、天井高は2005年に撤廃されるまで長く建築基準法に3m以上と定められていた。

9) 明治時代の学校建築：明治5（1872）年に学制が敷かれ、義務教育が制度化された。当初は劣悪な条件の教室も多くつくられたため、文部省は教室・校舎のモデルプランを示した（図4・2-7）。このモデルプランの寸法・構成がほぼそのまま、普通教室の標準的な形として現在も残っている。

10) ブロックプランとユニットプラン：ブロックプランに対して、複数の教室からなる単位をユニットと呼ぶ。ユニットは教室とアクセス空間（廊下・階段）、便所・水まわりなどの設備、作業スペースや多目的スペースのような共用空間、場合によっては教師用スペースなどからなる。ユニットプランの類型には、片廊下型、中廊下型、バッテリー型、クラスター型、ホールタイプなどがある（⇒p.87 コラム♣4）。

居場所とする例もある。

4・2・3 場と空間の組み立てかた

● 1 活動をどのようにまとめるか?

学校を計画するにあたっては、これまで述べてきたような活動を、どのように室や空間の単位にまとめるかを考えることになる。これまで一般的な学校建築は、普通教室[8]群、特別教室群および職員室や保健室、給食室などの管理諸室から構成されてきた。

ここでの室の分けかたは、生活集団による分けかたと、教科によるによる分けかたが混在している。「○年○組」のような普通教室は、学校という組織の基本単位である「学級」に対応した室であり、広範な一般的活動（聞く、読む、書くなど）を行うとともに、生活集団としての学級の拠点となる。「理科室」「家庭科室」といった特別教室は教科に対応した室であり、例えば美術と技術では活動内容も、必要とする設備・道具も似通っているが、教科が異なるためそれぞれの部屋を与えられる。

このような学級教室と特別教室を組み合わせる方式は「特別教室型」と呼ばれ、日本の学校の大半はこの方式をとる（図4・2-7）。中学・高校では、各教科が専用の教室を持ち、生徒が時間割に従って教室を移動する「教科教室型」も存在する（⇒pp.81-82, 事例2, 3）。逆に、低学年児童に適しているといわれる「総合教室型」は、学級ごとにひと通りの機能を完結させるので、学級集団ベースの構成といえる（⇒p.83, 事例5）。

「学級」という単位も「教科」という学習活動の区切りかたも、教育・学校システムに規定されているもので、これらを無視しては学校の計画はできない。また、他の建物種別と比べると教育制度・システムの変化は非常に遅い。戦後あるいは明治時代にまで遡る制度[9]や設計手法には、旧態依然ながら今日まで引継がれているものも多くある（図4・2-8）。し

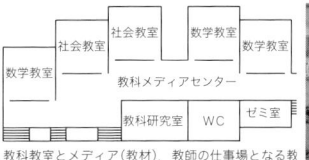

教科教室とメディア（教材）、教師の仕事場となる教科研究室をまとめて配置し、学習資源を集約した例。
教科研究室（中学校）

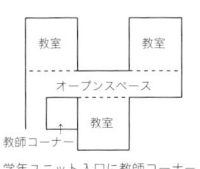

学年ユニット入口に教師コーナーを設けた例。
学年スペースに設けられた教師コーナー（小学校）

図4・2-6 職員室の他に教師の拠点を設ける計画

かし、ゆっくりとではあるが大きな変革の時代を迎えていることも確かであり、個性化教育への流れや、6・3・3制の見直しなど、あらたな時代の学校を模索する動きが起こっている。

● 2 全体計画・機能のまとめかた

運動場と建物の配置、門から校舎へのアクセスなど、敷地全体の計画を考えるのがブロックプラン[10]である。運動場を南にとり、校舎を敷地北側に配置するのが一般的であったが、周辺状況にあわせて方位にこだわらずに計画する例も増えている。校舎と昇降口、運動場の位置関係が履き替えと上下足の分離（⇒p.75, コラム♣1⑥）にも影響する。

教室・特別教室と管理諸室をどのようにまとめ、配置するかは、運営方式や学校経営の考えかたと深く関係する。特別教室をあくまで学校の施設と考えるか、地域開放を重視するかで位置やアクセス経路が異なってくる。地域開放を前提とするときには、住民にとっ

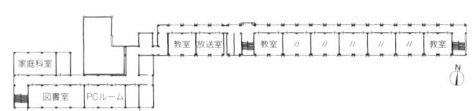

図4・2-7 典型的な校舎
学級教室を並べ、端部に特別教室をまとめた典型的な特別教室型・片廊下型の校舎。

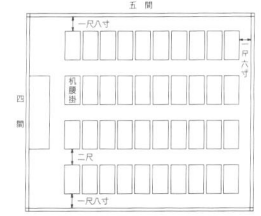

図4・2-8 明治時代の標準設計
日本の教室の原型となった標準図。面積約60㎡、天井高3m、整然と机が配列された教室は、この時代から変わっていないことがわかる。学級定員は当時は80人だったが、2023年時点では40人から順次35人に移行中である。

てアクセスしやすい表通りに面して特別教室・体育館などの開放部分を配し，専用の玄関を設けておくのが一般的である（図4・2-9）．

2000年前後から学校への侵入者による殺傷事件が多発し，安全への配慮が以前よりも求められている．対極にある方法として，敷地の出入り口を厳重に管理する方式と，逆に敷地内は通り抜けできるようにし，校舎を開放的につくり常に自然な監視の目があるようにする方式がある（図4・2-10）．前者はオフィスや工場と同じ方式だが，地域施設である学校の敷居が高くなるデメリットがある．後者は守りやすいコミュニティづくりの考えに通じるが，人の目の空白も存在し得る不確実性がある．どのように安全を確保するかは立地や周辺状況にあわせて考える必要がある．

● 3　必要諸室を考える

採用する運営方式によって，必要諸室と機能のまとめかたは変わってくる．総合教室型の場合は多種類の機能を学級という生活集団でまとめることになるし，教科教室型ならば教科というカリキュラムの枠組みに沿うことになる．総合教室型や特別教室型では学級教室が児童・生徒の生活の拠点にもなる．教科教室型の場合はホームルームがないため，生徒の居場所となり，持ちものを置いておく空間が別に必要になる．そのためにつくられたのが「ホームベース（⇨ p75, コラム❖ 1 ③）」と呼ばれる，学級の拠点である．

図書室，パソコン教室，視聴覚室というように，メディアを種類別にまとめるのが従来は一般的だった．今日では，学年別に図書・資料を分散配置する例，図書とパソコン，視聴覚資料をまとめて「メディアセンター」とする例など，集約・分散の仕方はいくつか提案されている．

特別教室の利用率は概して高くないことから，前述したように同種の機能をまとめる計画も提案されてきた．また，調理室とランチルームを一体化し，さらに多目的室・地域開放用のミーティング室に使うというように，機能を複合させる例も増えている．これは学校を「勉強」だけのための場所ではなく，生活の場，コミュニティ施設として考える流れと並行している．

● 4　「多様な活動」に対応する

学級単位での一斉授業は，依然学校における学習活動の中心である．しかし一方で，学習集団を大小さまざまな大きさに組み替えたり，異なる種類の活動が同時並行する場面も以前に比べて増えている．

このような学習形態は，1970年代から「開かれた学校」「開かれた教育」[11]が提唱されるとともに見られるようになった．そして，多様な集団編成・活動のためにつくられたのが1980年代から増加している「多目的スペース」[12]や「オープンスペース」であり，これを教室と隣接・連続させるのが一般的な形式となっている（図4・2-11）．これは英米のオープンスクール建築に影響を受けて，脱一斉授業，脱学級王国[13]を目指して提唱された空間である．

多目的スペースの最大の特徴は，それまでは学習空間が必ず特定の集団・教科に対応していたのに対して，単一の用途を与えないでおくことである．そのため多目的スペースは多くの場合，一体の空間を確保しておき，建物のユーザー（＝教師）が必要に応じてパーティションや家具を並べて空間をアレンジする考えでつくられてきた．

しかし，実際には一般的な建物のユーザー

---

11) 開かれた学校，開かれた教育：1960年代・70年代に英米ではじまった教育改革の考えかた．答えの決まった「閉じた」(closed) 学習から，プロセス重視で結果が「開かれた」(open) 学習への転換を示すキーワード．そのためにつくられたのが，壁で区切られない柔軟性の高い空間であったことから，空間的な「オープン」もあわせて意味している．

12) 多目的スペース：「開かれた教育」に対応する空間．当初は意欲的な自治体・学校独自の試みとして導入され，建築・教育の両面で試行錯誤が続いた．1984年に文部省の補助金制度が発足してからは，いわば公認された空間となって広まっていくことになる．学校によって「オープンスペース」「ワークスペース」「ラーニングセンター」「ホール」など，さまざまな名前がつけられている．

13) 学級王国：学級担任制と閉じた教室からなるシステムを批判的に表した言葉．閉じた世界を，一人の権威者が統率することから「王国」になぞらえている．

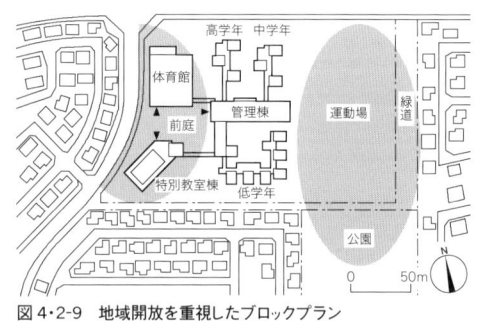

図4・2-9　地域開放を重視したブロックプラン
運動場は塀がなく隣接する緑道・公園と一体化している．地域開放する体育館・特別教室棟が道路に面している．

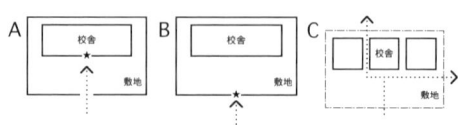

図4・2-10　セキュリティの考え方
A：敷地入口に門はあるが，受付（チェックポイント）は校舎入口にある．
B：敷地入口で出入りを管理する．
C：敷地は通り抜け可能．出入りを集中管理しないかわりに自然監視する考えかた．

は活動にあわせて空間をアレンジすることに慣れておらず，多目的スペースが使われないままになる例も多い．こうした現状を踏まえると，広い空間よりも機能や質の異なる選択性のある空間を計画することが求められる（図4・2-12）．

さらに近年では，あらかじめ決められた時間割・予定に沿った活動以外に，想定していなかったさまざまな活動や行為が発生する場面が増えている．そうした場面でスムーズに授業形態の転換ができるように連続性を確保し，随時発生する活動を，時間割に縛られずに行う余地のある学習環境が必要となる．

基本単位である学級の学習・生活場所として普通教室が確保されている．隣接する多目的スペースとの間はオープンに連続している．可動間パーティションによって教室―オープンスペース間やオープンスペース内が仕切れる場合も多い．

図4・2-11　オープンスペースをもつ学年ユニットの一般的な形

図4・2-12　新しい多目的な学習空間
戸田市芦原小学校（設計：小泉アトリエ）

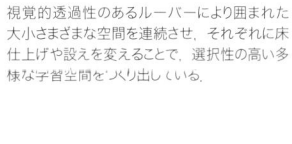

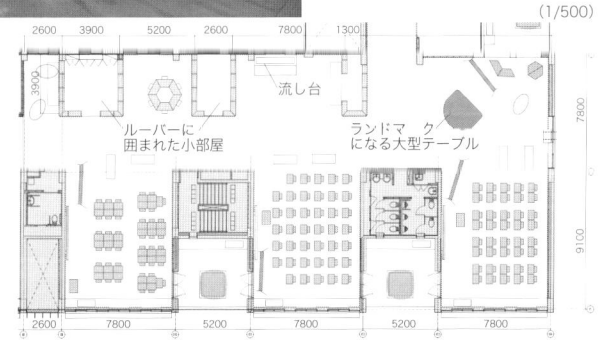

4・2・4　建築類型への適用

学校施設には，小学校，中学校，高等学校，大学，特別支援学校（⇒ p.75，コラム❖1②），専修学校など多くの類型があり，さらに専門性，年齢，対象者の違いや運営方法，開設時間の違いなど細かな違いにより細分化されている．しかし，学校という施設であるかぎり，活動単位で見た個々の要素は共通している．類型による違いは，それぞれの施設機能に含まれる個々の活動をどのようなバランスで組み立てるかの違いであるともいえる．

社会，教育理念，価値感，環境などはゆっくりとではあるが，確実に変化するものである．そして，人を育てていく施設である学校も常に変わり続ける必要がある．多種多様なそれぞれの学校種別特有のプログラムやカリキュラムにおける個々の活動要素の比重が変わっていくのに学校施設も適応していく必要がある．こうした考えかたにもとづけば，施設種別ごとの標準設計にあてはめて計画してきた時代を終え，個々のプロジェクトのなかでそれぞれの学校の特徴をとらえ，活動要素を選んで組み立てる学校の計画が可能となるのではないだろうか．

視覚的透過性のあるルーバーにより囲まれた大小さまざまな空間を連続させ，それぞれに床仕上げや設えを変えることで，選択性の高い多様な学習空間をつくり出している．

ルーバーに囲まれた小部屋
ランドマークになる大型テーブル
流し台

学校建築のクラシック

ここで紹介するのはいずれも比較的早い時期に計画された事例である．当時として斬新な提案だっただけでなく，現在まで続く学校計画の基礎理論・手法を体現している点で「クラシック」と呼べるだろう．

事例1　高低分離の計画（吹田市立青山台小学校）

■基本データ■
設計：日新建築設計事務所
所在地：大阪府吹田市
竣工：1967～1970年　3期に分けて竣工

■概要■
千里ニュータウンに建てられた小学校の一つ．片廊下・箱形の画一的な校舎が全国に建てられるなかで新しい計画手法を提案した．当初は低学年と幼稚園を一体とし，「幼・低」と「中・高」に分ける構想だった．これは実現しなかったが，管理棟をはさんで低学年棟と中高学年棟を分ける構成や低学年教室のワークスペースはここから生まれた．
敷地に高低差があり，低学年教室は接地しているが，同じ階の中・高学年教室はピロティ上に持ち上げられている．中・高学年棟からは運動場に，低学年棟からは遊び庭にそれぞれ出やすくなっており，生活領域の分離が図られている．
中高学年棟のユニットプランはフィンガー型である．低学年棟は計画では教室が千鳥配置だったが，フィンガープランで建てられた（図は計画時のプラン）．モダンな造形が現在でも魅力的である．

低学年教室のワークスペース．教室後方に設けられている．

低学年棟の外観．ハイサイドライトがワークスペースに光を取り入れる．

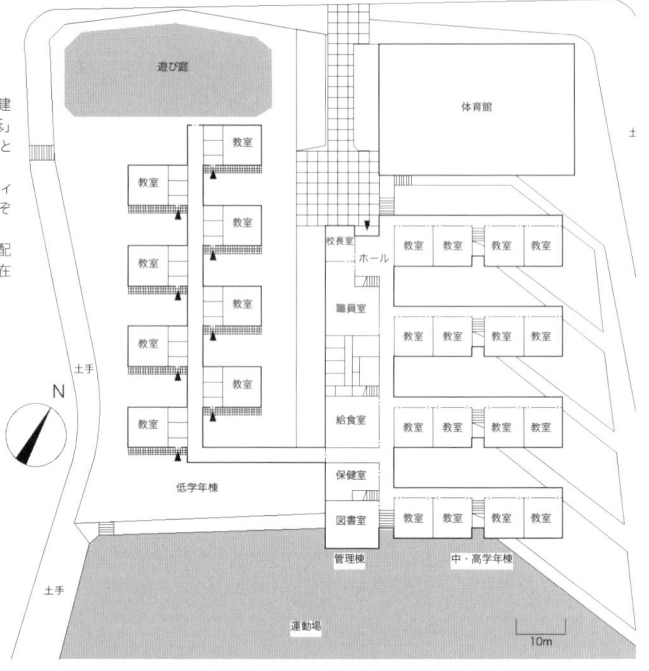

配置図・2階平面図（1/1500）

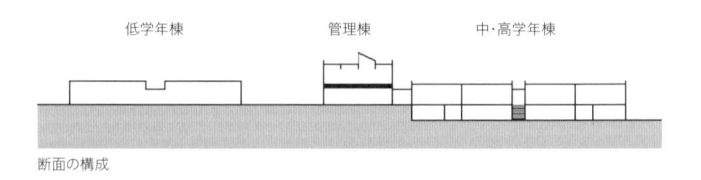

断面の構成

❖3　学校の運営方式

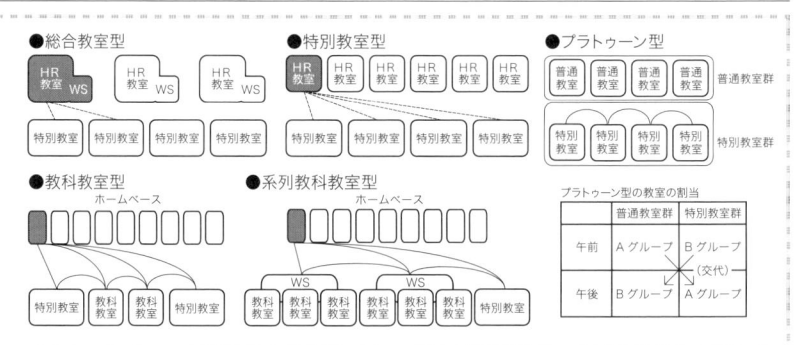

学校の運営方式はいくつか方法が考えられ，採用する方式によって必要な教室の種類・数が異なるだけでなく，児童・生徒の学校生活の送りかたにも影響する．図には典型的なものを整理し，教室の構成と児童・生徒の移動を模式的に表した．

総合教室型は，普通教室よりも作業場所を充実させてほとんどの活動が教室内で完結するようにした方式である．

特別教室型は多くの授業をホームルーム（普通教室）で行い，必要に応じて特別教室に移動する方式である．

教科教室型は中学校・高等学校に採用される方式で，生徒は時間割に沿って各教科専用の教室を移動しながら授業を受ける．教室と別に，学級の生活拠点としてのホームベースを設けるのが今日では一般的である．**系列教科教室型**はその発展形で，生活，芸術，言語，自然科学のように関連する教科をまとめて共通のワークスペースを構成する方式である．

やや特殊な方式として**プラトゥーン型**がある．この方式では教室を普通教室群と特別教室群に分け，普通教室と特別教室を同数設ける．全校の学級も2群に分け，午前は片方が普通教室群，もう片方は特別教室群で授業を受け，午後にはそれが交代する．戦後急増した児童・生徒数に対応するために登場した，教室の稼働率を高める方式である．しかし時間割の編成や運営が難しいため，限られた時期・学校でしか用いられなかった．

事例2　クラスター型ユニットの教科教室型学校（目黒区立第一中学校）

■基本データ■
設計：原広司・内田祥哉・長谷川吉信・船越徹
所在地：大阪府吹田市
竣工：1963年

■概要■
普通教室，管理諸室からなる第一校舎（昭和37年）と特別教室棟の第二校舎（昭和52年）による分棟型．校舎は東西に伸びる一文字型校舎だが，一つの階段室に二つの教室が接続するバッテリータイプのクラスター構成が特徴．この形状から両面採光の明るく風通しも良好な教室環境が実現できているが，教室前方に出入り口があることや扉の開放時に向かい合う教室間で音の問題が生じることが課題となっている．

竣工当初，ベビーブームによる生徒数増加に対応すべく教科教室型で計画され，昭和38年には1年間試験的にプラトゥーン型（コラム◆3参照）を導入したが，開校後約20年は計画通りの教室運営がなされた．しかし，後に他の教室の様子が把握しにくいことや，ホームルーム教室と教科教室が兼用されていたことなどが運営上の課題となり，特別教室型運営へ変更．近年では少子化により生じた余裕教室を利用して少人数授業などに対応した教科教室を部分的に設けている．2階には教科教室型運営をとっていた頃の名残でもある生徒用ロッカースペースが設けられているが，運営方式が変わった今，ホームルーム教室から離れた場所に生徒用ロッカーがあることが運営上の問題となっている．

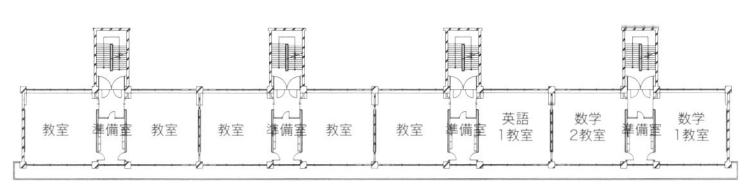

第2校舎（教室棟）3階平面図（1/800）
竣工時は西側から順に国語，社会，英語，数学と教科が階段室ごとに割り当てられていた．
現在は東側余裕教室を教科教室に転用．

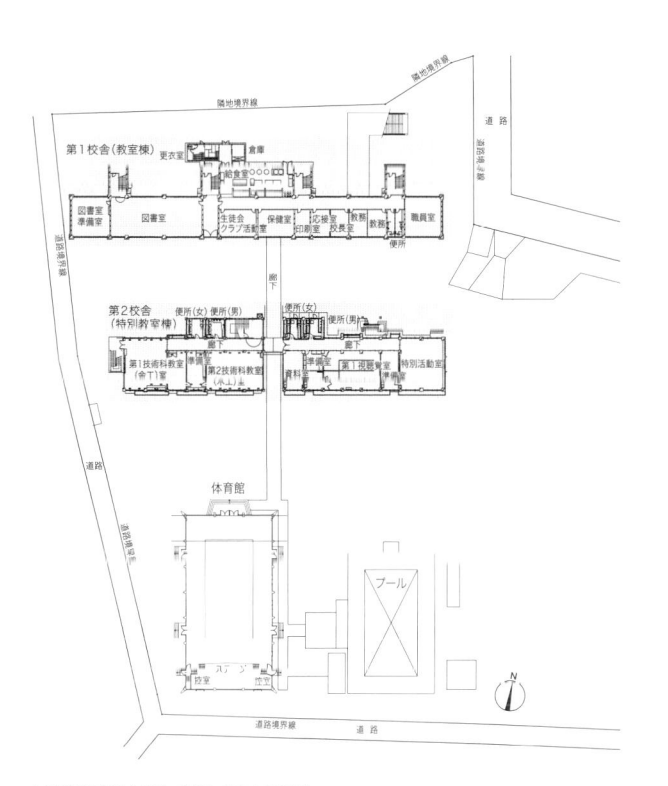

両面採光で明るく風通しの良い教室（写真上），南側に階段を使わずに教室間を移動できるベランダ（写真下）があるが，あくまで補助的な動線として計画されているため，その通路幅や天候への配慮などは十分といえない．

1階配置図（校舎部分・東側に校庭 1/1500）
特別教室棟は竣工当初，平屋建中庭型校舎だったが，昭和52年に現在の3階建校舎に建て替えられた．

2階の生徒用ロッカースペース．教科教室型運営で計画されたため，2階に全生徒分がまとめて設けられている．

学校計画の展開

学校計画の理論や手法は実際の学校建築に適用されて検証され，修正をくわえながら新しい提案を生んできた．目黒中央中の例は運営方式の試行錯誤を経たかたちである．教室と多目的スペースの組み合わせからなるユニットプランもさまざまなタイプがつくられている．

事例3 教科センター方式の学校（目黒区立目黒中央中学校）

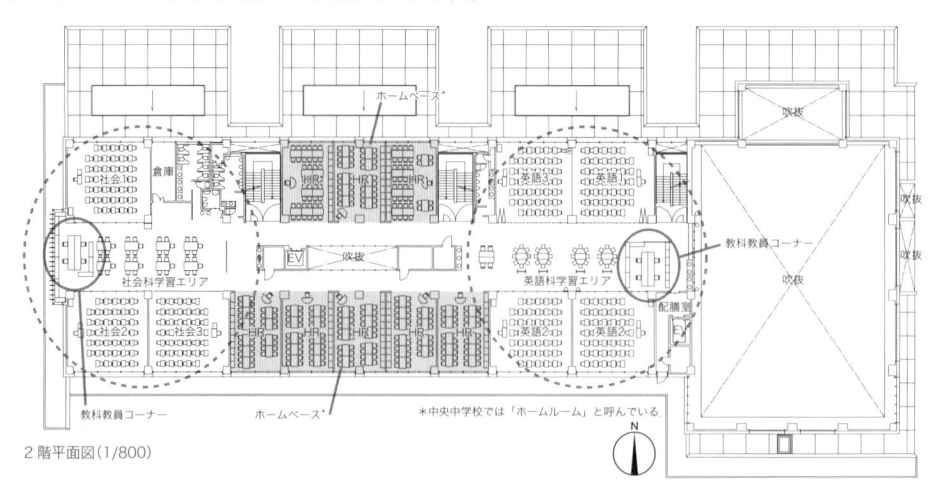

2階平面図(1/800)

■基本データ■
設計：千代田設計
所在地：東京都目黒区
竣工：2008年

■概要■
生徒数減少にともない区内の3中学校の統合校として新設．限られた敷地や高さ制限の中，地下1階地上3階のコンパクトな建物に機能を集約した系列教科教室型の中学校．第一中学校における運営上の課題*を踏まえ，2，3階は学習エリアに対し透過性の高い教室と生徒の生活拠点となるオープンなホームベースを配置．フロア両側には教師の教科教員コーナーを設け，生徒が気軽に立ち寄れる環境と教師が自然とフロア全体の様子を把握できる環境を実現している．
*運営上の課題：目黒第一中学校の記述参照

向かい合う教科教室の間に設けられた教科学習エリア．個別学習やグループ学習などに利用される．

各フロア両端部に設けられた教科教員コーナー

生徒の生活環境として各フロア中央部に設けられたホームベース

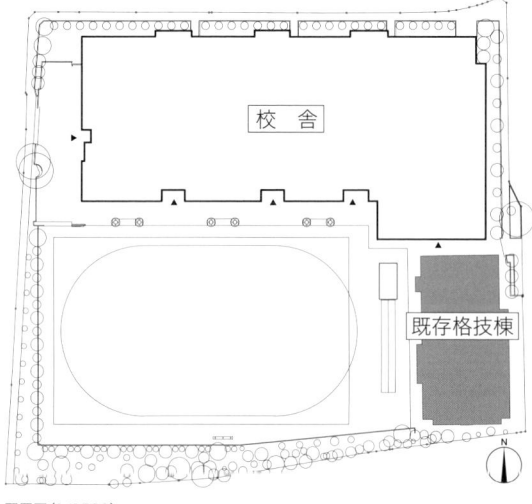

配置図(1/1500)

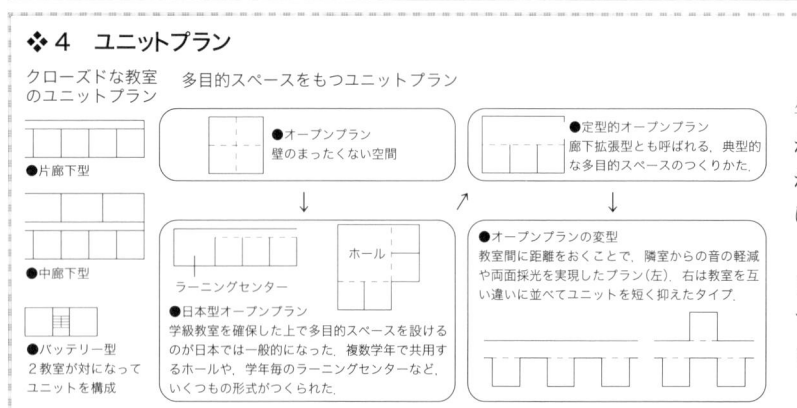

❖4 ユニットプラン

クローズドな教室のユニットプラン
- ●片廊下型
- ●中廊下型
- ●バッテリー型
  2教室が対になってユニットを構成

多目的スペースをもつユニットプラン
- ●オープンプラン
  壁のまったくない空間
- ラーニングセンター
- ホール
- ●日本型オープンプラン
  学級教室を確保した上で多目的スペースを設けるのが日本では一般的になった．複数学年で共用するホールや，学年毎のラーニングセンターなど，いくつもの形式がつくられた．
- ●定型的オープンプラン
  廊下拡張型とも呼ばれる，典型的な多目的スペースのつくりかた．
- ●オープンプランの変型
  教室間に距離をおくことで，隣室からの音の軽減や両面採光を実現したプラン（左）．右は教室を互い違いに並べてユニットを短く抑えたタイプ．

学校計画では，学年ごとか低・中・高学年のまとまりでユニットを計画することが多い．さまざまなユニットプランの型があり，それぞれ長所短所を持つので目的にあわせて考える必要がある．

多目的（オープン）スペースを持つユニットは，教室と多目的スペースの関係によって類型化できる．使われかたの評価を踏まえてさまざまな型が提案されてきた．

事例4　空間をつくり込んだユニット（世田谷区立桜丘小学校）

■基本データ■
設計：船越徹＋アルコム
所在地：東京都世田谷区
竣工：1999年
■概要■
オープンスペースにくわえて、少人数授業や音の出る活動のために閉したワークスペースが設けられている。ワークスペースは学級数が増えた時には普通教室にも使え、小さな「デン」やテラスのようなさまざまな空間が設けられているため、柔軟な使いかたが可能である。

デン：穴ぐら、隠れ家的な小空間。学校建築の場合は、教室近辺につくられる児童・生徒のための居心地の良い小空間を「デン」と呼ぶことが多い。

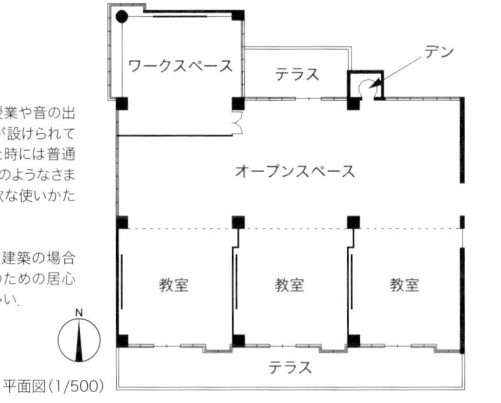

平面図(1/500)

事例5　ウッドデッキに囲まれた戸建教室ユニット（育英学院サレジオ小学校）

■基本データ■
設計：藤木隆男建築研究所
所在地：東京都
竣工：1993年
■概要■
学年1クラスの小規模校。20名前後を基本とした1クラスが1戸建の住宅のような教室ユニットで学ぶ。ユニットは教室部分とワークスペース部分が一体的な総合教室型。各ユニットは外部空間のウッドデッキで囲まれている。

平面図(1/500)

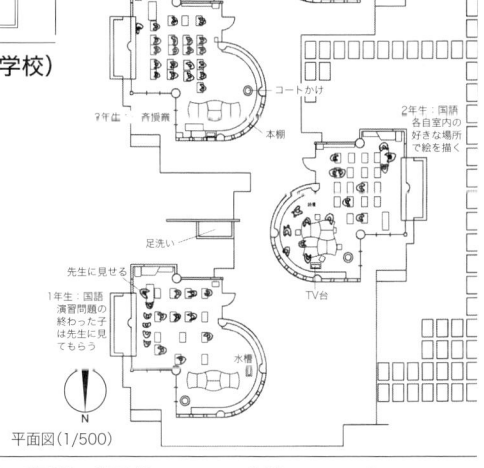

事例6　ホールを中心としたユニット構成（横浜市立本町小学校）

■基本データ■
設計：内井昭蔵建築設計事務所
基本構想：本町小学校研究グループ
所在地：神奈川県横浜市
竣工：1984年
■概要■
吹抜の多目的空間（ホール）を3～4クラス分の教室とオープンスペースによる学年ユニットで取り囲む構成。教室→学年オープンスペース→ホールと階層的に空間が連続する。こうした構成では全体が一体の空間となる為、音・室温管理の面で十分な検討が必要となる。

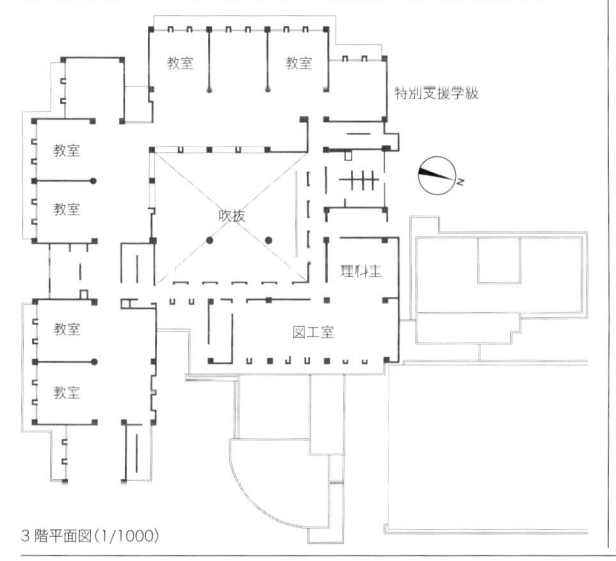

3階平面図(1/1000)

事例7　南側に多目的スペースを持つユニット（名古屋市立ほのか小学校）

■基本データ■
設計：名古屋市住宅都市局営繕部住宅・教育施設課
（設計委託先：黒川建築事務所）
所在地：愛知県名古屋市
竣工：2004年
■概要■
教室を北側、南にワークスペースと縁側状の外部廊下を配したユニット。外部廊下が動線となるのでワークスペースを教室間で区切ることができ、学年共用の空間としても学級専用のスペースとしても利用できる。
教室の北側の窓は隣家が近接しているためガラスブロックとなっている。

平面図(1/500)

教室と手前のワークスペースを一体に使い、学年合同の授業を行っている。

教室南側のオープンロード。

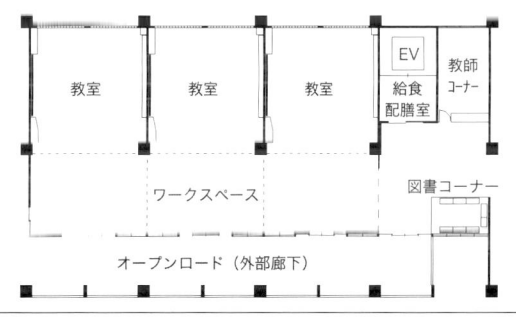

新しい計画のテーマ

近年，これまでになかった新しい計画上のテーマが出てきている．ここでは①既存校舎の空間活用の事例，②小中・中高一貫校という教育制度の根幹にも関わるテーマ，③学校を地域に融合させた複合化の事例を紹介する．

事例8　少子化による学校リニューアル（横浜市立吉田中学校）

■基本データ■
設計：中村勉総合計画事務所（基本設計）
所在地：神奈川県横浜市
竣工：2001年

■概要■
生徒数減少をきっかけに既存校舎を特別教室型から教科教室型運営に対応した学習環境へ改修した例．各学級のホームルーム教室を確保した上で余裕教室を2教室分のスペースを持つ教科教室へ改修．さらに稼働率の低い特別教室（視聴覚室，美術室）を統合し，それぞれ英語科，国語科教室へと転用した．階段まわりのスペースは学習情報センターとして設えて活用している．

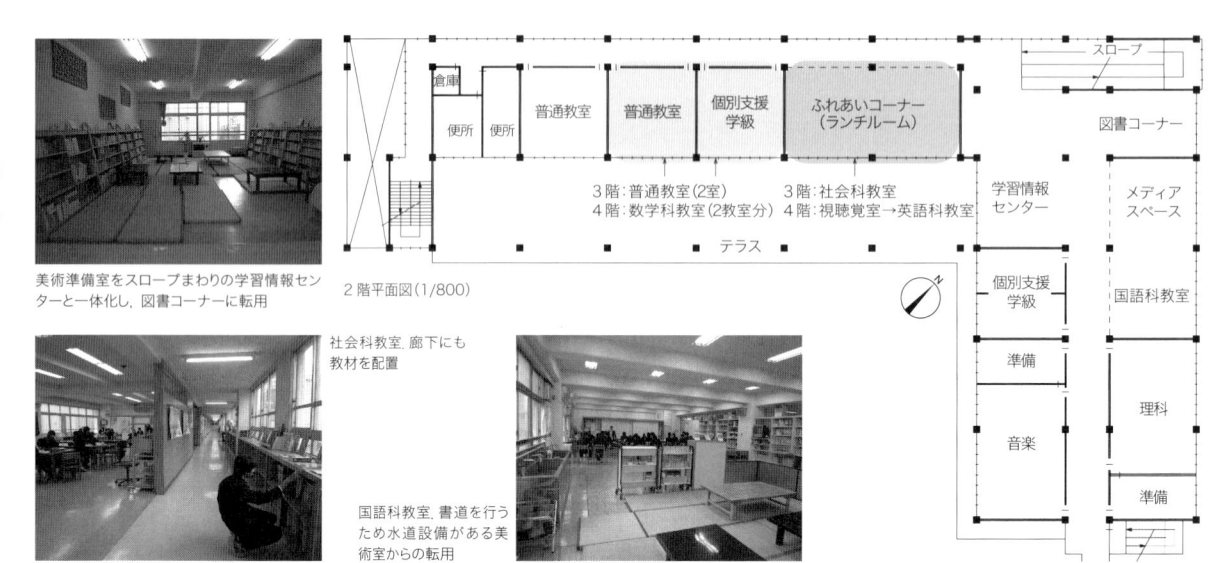

美術準備室をスロープまわりの学習情報センターと一体化し，図書コーナーに転用

2階平面図（1/800）

3階：普通教室（2室）　　3階：社会科教室
4階：数学科教室（2教室分）4階：視聴覚室→英語科教室

社会科教室．廊下にも教材を配置

国語科教室．書道を行うため水道設備がある美術室からの転用

事例9　校舎増築による小中一貫校校舎（郡山市立湖南小中学校）

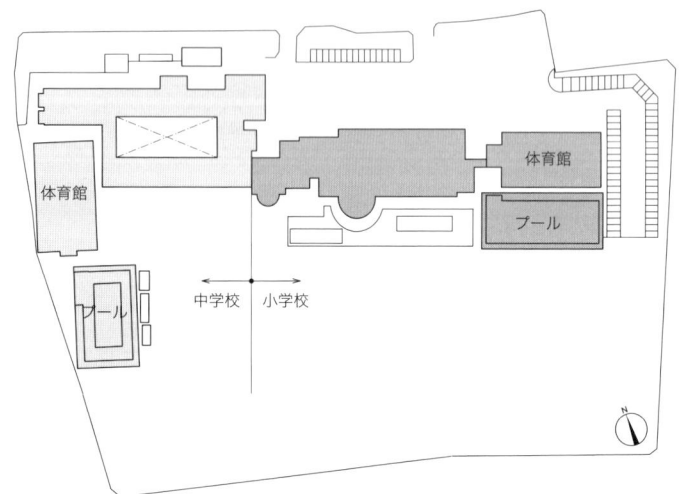

■基本データ■
設計：VAN設計
所在地：福島県郡山市
竣工：2005年

■概要■
小学校5校の統廃合にともない既存の中学校に小学校部分を増築することで小中一貫校校舎とした．6・3制のカリキュラムを設けているが，現在（平成21年度）では小学校4年生から教科担任制を導入するなど，弾力的な一貫教育を実践している．校舎は小・中学校部分が東西それぞれに区分されているが，接続部分に設けられた共用部分では，小中学生の交流場面が日常的に見られる．小中一貫校校舎の設計においては基準法上，階段蹴上寸法など，小学校と中学校における基準の違いの扱いが課題となる．湖南小中学校では，階段の蹴上寸法が中学校部分は180mm，小学校部分では160mmとなっており，連続する棟でも階段の寸法の調整により対応している．

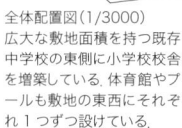

全体配置図（1/3000）
広大な敷地面積を持つ既存中学校の東側に小学校校舎を増築している．体育館やプールも敷地の東西にそれぞれ1つずつ設けている．

既存校舎を使用している中学校教室

多目的ホールで小学6年生と中学3年生による音楽の合同授業（パート別合唱練習）

廊下側にワークスペースを内包した小学校教室

事例10　多種類の施設を複合したまちづくり拠点（京都市立京都御池中学校）

■基本データ■
設計：類設計室・竹中工務店設計共同企業体
所在地：京都府京都市
竣工：2006年

■概要■
中学校3校を統合し、小中一貫校として再編成した学校。施設は老人デイサービスセンター・地域包括支援センターと保育所、市役所オフィスを複合し、大通りに面して商業施設が入る。建物は運動場を囲むコの字形で、中学校は中廊下型ユニットプランである。複合化を生かして、福祉学習や製作活動などでデイサービスセンターと交流する他、商業施設のシェフが調理を教えるといった多世代交流が行われている。
小中一貫教育では、学区内の2小学校の6年生はこの校舎に常駐して授業を受ける。一部の授業で教科担任制を取り入れ、中学校へのスムーズな移行を図っている。

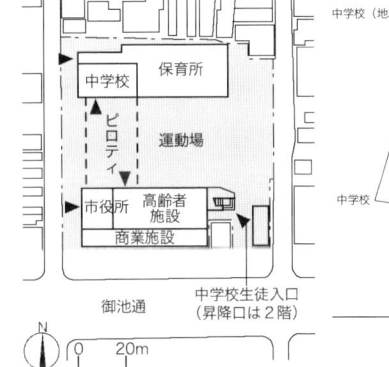

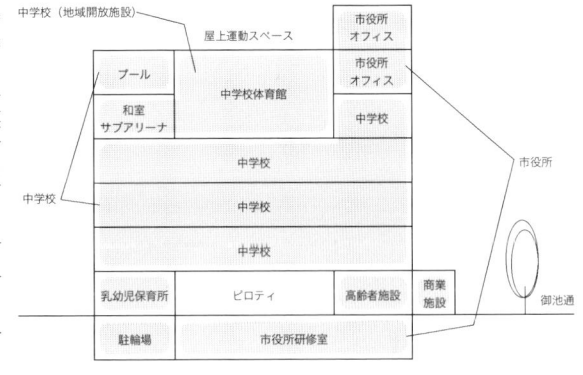

左：配置図（1/3000）、右：断面構成　いくつもの機能が複雑に組み合わさっていることがわかる。

上：御池通に面した商業施設。街路ににぎわいをもたらしている。
下：運動場を囲むように建つ校舎。

事例11　図書館・公民館と複合した小学校（志木市立志木小学校・いろは遊学館）

■基本データ■
設計：石本建築事務所
所在地：埼玉県志木市
竣工：2003年

■概要■
小学校と図書館・公民館が複合した施設である。地域開放する特別教室群とメディアセンター、ホール、体育館が「生涯学習棟」にまとめられ、「スクールガーデン」をはさんで教室棟と並ぶ。生涯学習棟と学校は一体に運営され、平日も学校の特別教室および公民館の活動室の両方としてスケジュールを組んで共用される。メディアセンターは市民と学校の児童が同時に利用する。施設入口には市民ボランティアによる受付があり出入りを見守る。

児童書ゾーン　　一般書ゾーン　　ガラス屋根付のスクールガーデン

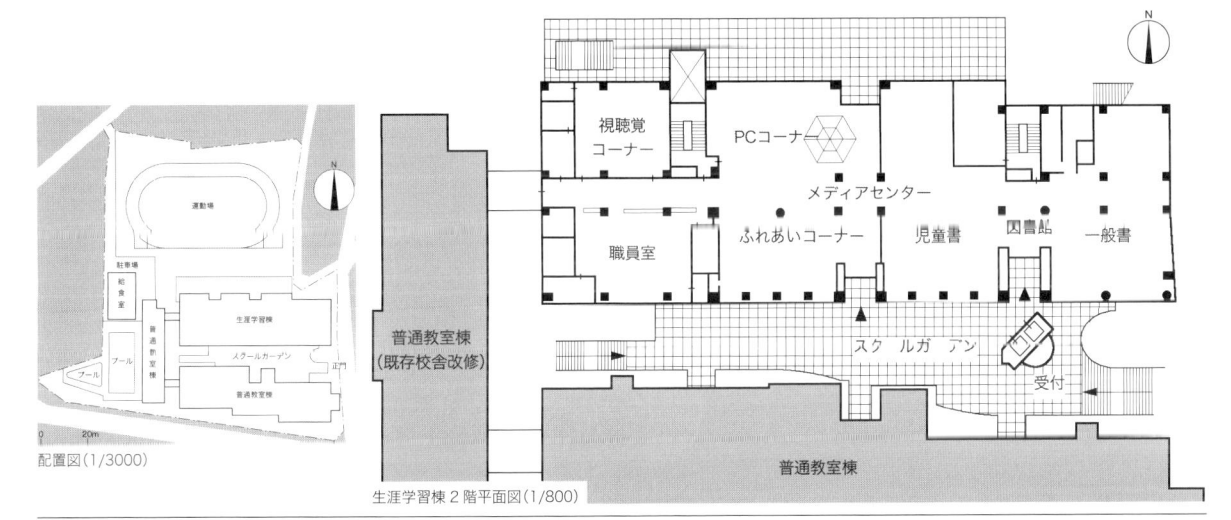

配置図（1/3000）

生涯学習棟2階平面図（1/800）

図版出典

● 4-1
図 4・1-1　佐藤将之，山田あすか
図 4・1-2　山田あすか
図 4・1-3　佐藤将之
図 4・1-4　山田あすか，写真提供：佐藤将之，山田あすか
図 4・1-5, 6　佐藤将之
図 4・1-6　佐藤将之
コラム❖1 図，写真　山田あすか
コラム❖2 写真，図　佐藤将之
コラム❖3 図　　山田あすか
事例 1〜4　佐藤将之

● 4-2
表 4・2-1　倉斗綾子
図 4・2-1　倉斗綾子
表 4・2-2　伊藤俊介，倉斗綾子
図 4・2-2〜4　伊藤俊介
図 4・2-5　倉斗綾子
図 4・2-6　伊藤俊介，倉斗綾子
図 4・2-7　倉斗綾子
図 4・2-8　上野淳『学校建築ルネサンス』鹿島出版会，2008, p.12 図 1.3 を元に作成
図 4・2-9, 10　伊藤俊介
図 4・2-11　倉斗綾子
図 4・2-12 写真：倉斗綾子，図：小泉アトリエ
コラム❖1 図，写真　伊藤俊介，倉斗綾子
コラム❖2 写真　伊藤俊介
コラム❖3 図　伊藤俊介，倉斗綾子
事例 1, 4, 7, 10, 11　伊藤俊介
事例 2, 3, 5, 6, 8, 9　倉斗綾子

参考文献

▶ 山田あすか，樋沼綾子，上野淳「幼保一体型施設の現況に関する報告及び考察」(『日本建築学会技術報告集』第 24 号，2006, pp.307-412)
▶ 山田あすか，佐藤栄治，佐藤将之，樋沼綾子「自治体と旗艦施設へのヒアリング調査による幼保一体型施設の運営実態に関する報告」(『日本建築学会技術報告集』第 25 号，2007, pp.231-236)
▶ 山田あすか，佐藤栄治，佐藤将之，樋沼綾子「幼保一体型施設における運営様態，混合保育，活動場所の変遷に関する研究」(『日本建築学会計画系論文集』No.625, 2008, pp.543-550)
▶ 佐藤将之，山田あすか「就学前保育施設「フォーシュコーラ」における生活空間の報告・考察　—スウェーデンの保育施設における環境行動研究—」(『日本建築学会技術報告集』第 16 巻　第 32 号, 2010, pp.261-265)
▶ 山田あすか，上野淳，登張絵夢「保育所における園児の居場所の展開と活動場面の抽出方法に関する考察—保育所におけるこどもの生活行動特性と居場所に関する研究（その 1）」(『日本建築学会計画系論文集』No.580, 2004, pp.57-64)
▶ 山田あすか，上野淳，登張絵夢「園児の固有の活動場面の成立に影響する環境要素の分析　—保育所におけるこどもの生活行動特性と居場所に関する研究（その 2）」(『日本建築学会計画系論文集』No.587, 2005, pp.49-56)
▶ 小川信子『子どもの生活と保育施設』彰国社，2004
▶ 「文部科学省平成 20 年度学校基本調査」http://www.e-stat.go.jp/SG1/estat/List.do?bid=000001015813&cycode=0
▶ 『新建築学大系 29 学校の設計』彰国社，1983
▶ 上野淳『学校建築ルネサンス』鹿島出版会，2008
▶ 倉斗綾子，上野淳「小学校における児童の一日の学習・生活活動の実態」(『日本建築学会計画系論文集』No.520, 1999, p.139-144)
▶ 倉斗綾子，上野淳「打瀬小学校の 4 年間—場の形成と集団編成に着目した学年スペースの構成に関する考察—」(『日本建築学会計画系論文集』No.540, 2001, p.111-118)
▶ 長倉康彦『学校建築の変革—開かれた学校の設計・計画』彰国社，1993
▶ 小嶋一浩『アクティビティを設計せよ！—学校空間を軸にしたスタディ』彰国社，2000
▶ 長沢悟，中村勉『スクール・リボリューション—個性を育む学校』彰国社，2001
▶ 上野淳他編『学校を変えなくちゃ！！—学校の再構築（リストラ）がはじまった』ボイックス，2002

関連文献

▶ 樋沼綾子，山田あすか，上野淳「幼保一体型施設における活動場面展開の実態と園児のなじみの過程」(『日本建築学会計画系論文集』第 74 巻　第 638 号, 2009, pp.771-779)
▶ 山田恵美，山田あすか，佐藤将之「幼保一体型施設における活動の分布と規模変化に関する研究」(『日本建築学会計画系論文集』第 74 巻　第 638 号, 2009, pp.761-770)
▶ 『建築設計資料　保育所・幼稚園』建築資料研究社，2003

第5章 集う・親しむ

5・1 こどものための地域施設
(児童館・学童保育所・子育て支援施設)

5・2 コミュニティ施設

5・3 研修・保養施設

集まる　食べる　遊ぶ
つくる　読む　動く

こどものための地域施設 (児童館・学童保育所・子育て支援施設) ……… 5・1

5・1・1 活動フレーム

　こどもが遊び場所や遊びを見つけ，友達をつくり，遊びを発展させるには，時間・空間・仲間の存在が条件となる．「こどものための地域施設」は，地域に失われつつある空間と仲間をこどもたちに保障する施設である[1]．

　こうした施設では主に，乳幼児と保護者，小学生が「集まって」「親しむ」なかで運動，読書／読み聞かせ，工作，などをして「遊ぶ」．集団活動のなかで遊び文化や社会性，行動規範を「学ぶ」場でもある．また，孤立しがちな保護者が「情報を交換」し，「交流する」きっかけを提供する．こどもどうしや親子，地域の人々が交わり親しむ機会を重視する，地域コミュニティの核となる施設もある．こうしたコミュニティは，地域環境保全や防犯，子育ての互助機能，生きがいなどにつながる．

5・1・2 活動フレームに対応した場

● 1 集まる

　こどもやその保護者にとって，「集まる」こと自体が意味ある活動となる．例えば乳幼児とその保護者が「集まる」子育て支援事業では，乳幼児の遊び活動や，自由に遊べる遊具や玩具が提供され，保護者の交流関係の構築にも寄与している (図5・1-1, ①)．また地域施設は，小学生のこどもの「集まる」場としても利用され，施設の遊具や玩具を使って遊んだり，自分の玩具を持ちこんで遊ぶ様子が見られるときには地域施設はこどもが集まり地域に遊びに出る拠点となる (②)．

● 2 さわる・投げる・使う：玩具遊び

　低年齢児は友達と遊ぶという概念が希薄で，玩具遊びが主な活動となる．この時期には，玩具をなめ，かじり，さわることが遊びとな

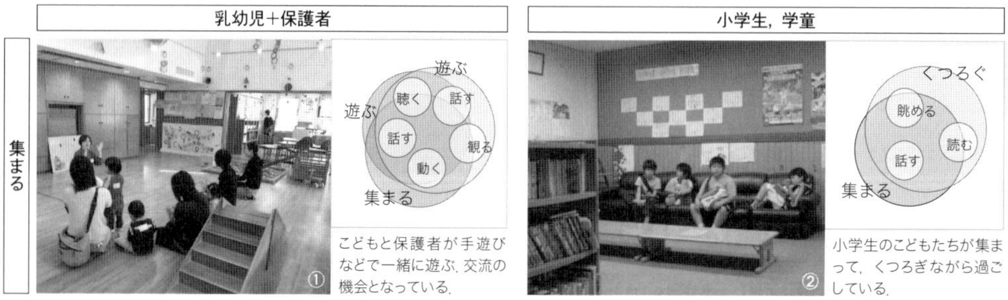

1) ただし，こうした施設があればこどもたち，そしてこどもを連れた保護者が遊ぶ場所が充分だということではない．こうした施設はあくまでも遊びや交友関係の「拠点」の一つとなるもので，もちろん遊び場所は地域に広く展開することが望ましい．また，こどもたちと保護者が安心して遊べる地域づくりを目指したい．

乳幼児+保護者　　集まる
遊ぶ／聴く／話す／話す／観る／動く／集まる
① こどもと保護者が手遊びなどで一緒に遊ぶ，交流の機会となっている．

小学生，学童
くつろぐ／眺める／読む／話す／集まる
② 小学生のこどもたちが集まって，くつろぎながら過ごしている．

図5・1-1 「集まる」活動フレーム

2) p.91, 表 5·1-1「放課後児童クラブ」事業を実施する施設を一般に学童保育所と呼ぶ．

る．興味の対象にじっくり向かえるよう，低い設えの落ち着いた場を設ける（図 5·1-2, ③）．

幼児以上では，ブロックや電車玩具などさまざまな玩具があると，その分だけ遊びの種類が広がる（④）．たまに訪れる施設の場合，良くも悪くも遊びは玩具に頼る単発的なものになり，独創性で発展的な遊びは生まれにくい．一方，学童保育所[2]のように，毎日同じ場所で長時間過ごすと，こどもたちの関係性のなかで遊びが成熟・発展する．単発的な遊びのためにはさまざまな遊びのきっかけが目に入るようにし，継続性のある遊びのためには遊びのコーナーを固定したり遊びの経過を保存するスペースなどを設ける．遊びと遊びかたの性質を見極めて場をつくる．

● 3　這う・走る・登る・跳ぶ：身体を使って遊ぶ

遊戯室，ホール，体育館，屋外スペースなどで，身体を大きく使って遊ぶことも，どの年齢のこどもにも人気である（⑤, ⑥）．家庭ではできないダイナミックな遊びや，また公園にはない遊具や玩具で遊べる場として計画するとよい．草木が茂り土で遊べるスペースや公園との一体的な計画などの屋外空間の充実も，こどもたちの活動の広がりや発展的な遊びを促す（図 5·1-3）．

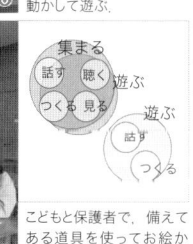

図 5·1-2　対象者の年齢段階とさまざまな「遊ぶ」活動フレーム

①発達段階が異なるこどもたちがそれぞれお気に入りの遊具を見つけられるよう，多数の屋外遊具が置かれている．また，荷物を置ける場所や日陰のある机・いすも設置され，こどもが遊ぶ様子を見ながら保護者がくつろぐ様子も見られる．

②小学校中〜高学年以上向けの，冒険心をくすぐる遊具もある．小さなこどもが不用意に高年齢向け遊びゾーンに紛れ込まないよう，難易度の高い遊具は盛り土でできた丘の上にゾーニングされ，安全面に配慮がなされている．

図 5·1-3　屋外の遊び場の例（事例 2　びわ湖こどもの国, 1/10000）

● 4　つくる

手芸，工作などの製作遊びは，とくに小学生のこどもたちに人気で，ときには一定期間施設に通い，スタッフや他のこどもたちと関わりながら大きな作品を製作することもある．これは達成感の獲得や社会的な交流の機会にもなる（⑦，⑧）．

「つくる」活動を支えるため，作業スペースの他，さまざまな工作の道具や素材，不特定多数を対象とする施設ではとくに，つくりかけの作品を保管する場所を適切に計画する．

● 5　読む・読み聞かせをする

こどもが本を読むことは，その後の読書習慣の形成や情操の発達，親子の愛着の形成といった面から重視されている．

0〜2歳児では，保護者やスタッフがこどもに絵本や紙芝居を読む「読み聞かせ」が主体となる．親子で落ち着ける場所や，複数の親子に読み聞かせができる場を設ける（図5・1-4，⑨）．2歳くらいでは，気に入った絵本を自分でめくって見入るという行為も見られる．

小学生は，よく図鑑や漫画を読んでいる[3]．閉じた静かな部屋よりも，本をきっかけにゆったり滞在し，おしゃべりできる場を，他の場とも連続させて計画すると実態に合う（⑩）．

いずれの年齢でも，こどもたちや保護者が本に興味を持てるよう展示する．また，本の棚のすぐ近くに，本を読める場を設える．

● 6　食べる[4]

こどもの年齢段階によって，「食べる」活動の様相は異なる．0〜2歳児は食事と飲みものを持参する場合が多い．こうした年齢段階向けには，給湯設備や，食事を温めるためのレンジを備えられる給湯室を設けるとよい．また，落ち着いた場所に授乳スペースを設ける．

学童保育所ではおやつを出す．準備やかた

3）漫画には賛否両論あるが，実際には学習漫画を含め漫画が充実したコーナーは人気が高く，三々五々集まって，思い思いに漫画を読みながら過ごしているこどもたちは多数見られる．

4）こどもたちは，消費するカロリーに対して身体に一度に取り込めるカロリーが少ないため，頻繁に食べる．おやつも重要なエネルギー源である．学童保育を利用しないこどもの場合，おやつは自分で持ち込む．衛生や他のこどもへの影響があるなどの理由で建物内には持ち込み禁止としている児童館もある．

	乳幼児＋保護者	小学生, 学童
読み・読み聞かせ	絵本コーナーで親が子に絵本を読み聞かせる．読み聞かせは，親子の親密な関わりを助ける．⑨	小学生のこどもたちが集まって，思い思いに本を読んでくつろぐ．⑩

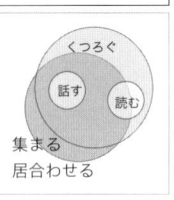

図5・1-4　対象者の年齢段階とさまざまな「遊ぶ」活動フレーム：読む・読み聞かせる

❖ 1　トイレ

こどもの地域施設は，乳幼児から小学生までが利用する．乳幼児を連れた保護者の場合，こどもの排泄ケアをできることが重要である．トイレには，おむつ交換や洋服が汚れたときのためのおむつ交換台や着替えスペース，幼児向け小便器，幼児連れで保護者が用を足せる，乳児ホルダー（座らせておけるところ）のある便所ブースなどが必要となる．トイレブースおよびトイレスペースは，ゆったりと計画する．

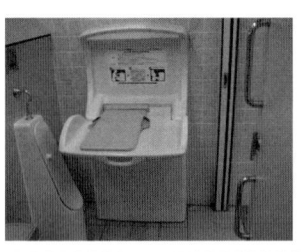

❖ 2　年齢段階による活動場所の設定

こどもの地域施設を利用することが多い0〜3歳程度のこどもでは，発達段階によって身体能力に差がある．また乳幼児と小学生とでは，身体能力が大きく異なり，互いの活動が混在すると，互いの活動の自由度を妨げ，事故の原因ともなる．乳幼児と小学生が利用する場合には，乳児，幼児，小学生の専用のスペースを設けるか，利用時間による使い分けを誘導する．年齢によって部屋を分けると，安全が確保できるなどメリットがある．ただし，遊具や玩具も年齢に応じて配置されるため，きょうだいでの遊びに対応できない，異年齢間の発達刺激を得にくいなどのデメリットがある（下表）．

左：水を使って床清掃をするウェットタイプのこども連れ用トイレブース．おむつ交換台，ゴミ箱，幼児用立ち小便器，大人用便器（＋幼児用便座）がある．
右：家庭と同じドライタイプのトイレ，幼児用便器，おむつ交換台，幼児用の手洗い，大人用のトイレブース（乳児ホルダー）がある．おむつ交換は親が立ち膝でする．こどもが自分で便器に座れる．

年齢段階による活動場所分離のメリットとデメリット

	年齢段階で活動場所を分ける	年齢段階で活動場所を分けない
メリット	・特に全体の規模が大きい場合や，2・3歳児の利用人数が多い場合に，乳児の安全や衛生を確保できる． ・こどもが，発達段階が異なるこどもに気がねすることなく自由に遊べる． ・発達段階が同程度の保護者で交流や情報交換しやすい．	異年齢間の発達刺激が期待できる（小さいこどもにとっては少し発達段階が上のこどもの様子を見られる．大きいこどもにとっては小さい子への配慮やいたわりを学ぶ機会がある）． きょうだいが同じ場所で遊び，保護者が見守れる．
デメリット	きょうだいで来ていると片方が充分に遊べない．「分離」を前提に活動が展開するため，異年齢が混在した場合かえって危険な場合もある．	身体能力が異なるこどもが混在することで，小さいこどもの安全や衛生が確保しにくい．

5) 専用便器または大人用便座に据え付けて使用する幼児用便座．幼児のトイレブースを設ける場合は，壁高さを，大人がのぞきこめる高さ（120cm程度）に設定する（⇨p.197, 図10・2-6）．

6) 一般的には，子育て支援施設は幼稚園就園前の乳幼児（0〜3歳）と保護者，児童館は乳幼児と保護者，小学生，学童保育所は小学校1〜3年生を対象とすることが多い．施設の立地する地域の特性や，対象とする年齢によって求められる空間や場は異なる．

7) 地域子育て支援拠点事業：家庭や地域が「子育て」を引き受ける力が弱くなっているといわれており，子育てをしている親の孤独感や不安が増している．そこで，子育て支援拠点を地域に設置することで，親子の交流機会を増やすなど，地域が子育てを支援する力を養い，子育ての不安を軽減してこどもが健やかに育てるように環境をととのえることを目的とした事業が実施されている．

8) 法律上，児童館には小規模，中規模，大規模（A, B, C）の三つの類型がある．

9) 2015年からの新制度下で，保育規模が40人を超える場合は保育単位を分割する（別の部屋を設ける）というガイドラインが示され，質の担保に大きく前進した

づけにこどもも参加できるキッチンを設けるとよい．学童保育所を利用しない小学生の場合には，入りやすい場所に座ってお茶を自由に飲めるスペースを設けると，地域のこどもたちが施設に立ち寄るきっかけにもなる．

● 7 排泄する

とくに小さいこども連れの保護者にとって，外出先に清潔で使いやすい便所があるかどうかは非常に重要である．乳幼児を対象とする施設では，便所を活動場所からすぐに行ける場所に設ける．また，清潔なおむつ交換台や，幼児用のホルダーが付いた便所ブース，幼児用便器[5]を設置する（⇨p.90, コラム❖1）．

小学生が使用する便所は，活動場所から直接視野に入らないアプローチを確保しつつ，奥まらない場所に設ける．便所が玄関近くにあるなど，外部からも入りやすいと，こどもたちが施設に立ち寄るきっかけにもなる．

● 8 居る・話す：こどもたちの自由な滞在

こどもたちはこうした施設で，学校の宿題をしたり，おしゃべりしたりもする．こどもの地域施設は，自宅や友達の家に代わる"なんとなく""居"られる，屋内の安全な遊び場所や放課後の自由時間を過ごす場所となっているのである．こうして自由に過ごせるよう，横になったり床座で座り込める畳スペースや，ソファー，机といすなど，こどもたち

のさまざまな姿勢，居方を引き出せるコーナーや設えを設ける（①，④，⑩）．

5・1・3 場と空間の組み立てかた

こどものための地域施設に設ける場は，対象とする年齢や人数規模に応じて計画する[6]．また，年齢の異なるこどもたちが居合わせるため，年齢段階によって活動場所を分けるかどうかも，メリットとデメリットを踏まえ，年齢別利用者人数や，全体の規模，設置する遊具の種別などに応じて検討する（図5・1-5，⇨p.90, コラム❖2）．

5・1・4 建築類型への適用

● 1 こどものための地域施設の体系

安全で年齢段階に応じた適切な遊びと遊び場所の提供や，こどもたちが集団で遊ぶ機会が減っていることへの対応などを目的として，規模や対象年齢も多様な地域施設が整備されている（表5・1-1）．設置形態も，併設型や単独型，ビル型，接地型と多様である．

● 2 歴史的経緯と展望

コミュニティを「つくる」必要性の高まりや，子育てのための場所が無くなっていくことへの懸念から，多種の施設がそれぞれの必要に応じて生み出されてきた．今後は，その本質に立ち返り，学童保育所と児童館の連携，子育て支援施設と公民館の連携など，施設どうしがその種別を超えて結びついていくことで，地域でこどもを育てるという意識や，こどもどうしの遊びを通した交流，コミュニティの再生につながっていくだろう．

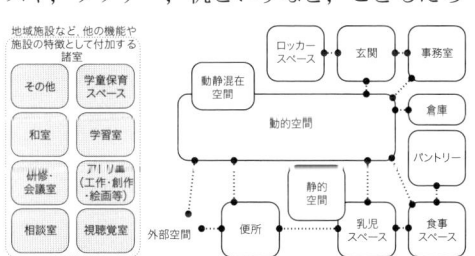

図5・1-5 所室構成ダイアグラム

表5・1-1 こどもと子育てのための地域施設の体系

	地域子育て支援拠点事業[7]		児童館[8]			放課後児童クラブ
	ひろば型	センター型	児童館型	小型児童館	中型児童館	大型児童館
機能	公共施設や商店街の空きスペース，集合住宅の一室などに常設の集いの場を設けての子育て支援	地域の子育て支援情報の収集・提供，子育て全般に関する専門的な支援の拠点，地域支援	民営の児童館内で一定時間集いの場を設けての，支援者による地域の子育て支援	・児童福祉法第40条による，屋内を基本とする児童福祉施設．こどもに健全な遊びを提供して，その心身の健康を増進し情操を豊かにする ・家庭や学校，児童相談所と連携した，不登校やいじめへの対応，虐待など深刻な児童問題の早期発見とこどもの自立支援		児童福祉法第6条による事業．放課後に保護者が帰るまでの時間を過ごす場を提供する．公園や友達の家などへの出入りが自由な例もある
基本事業	1. 子育て親子の交流の場の提供と交流の促進 2. 子育てなどに関する相談・援助の実施 3. 地域の子育て関連情報の提供 4. 子育ておよび子育て支援に関する講習などの実施			1. こどもとその親への遊びの提供 2. 親のグループなどの地域組織活動の育成 3. 屋内外の地域活動の支援 4. 学童の放課後保育事業 5. 乳幼児とその保護者を対象とした幼児クラブ活動	6. 遊びを通した体力増進を目的とした指導機能 7. 中高生の育成機能	8. 自然のなかでの宿泊・野外活動 9. 芸術，体育，科学などの総合的な活動	10歳未満程度の小学生で，保護者が労働などにより昼間家庭にいないものに，放課後に児童厚生施設などの施設を利用し，適切な遊び及び生活の場を与え，健全な育成を促進する[9]

事例1　動静スペースのメリハリがある子育て支援施設（0123 吉祥寺）

■基本データ
設計：平瀬計画設計研究所
所在地：東京都武蔵野市
開設：1992年
設置主体：武蔵野市
敷地面積：661.52㎡
建物面積：296.18㎡
延べ床面積：522.76㎡（うち、地下57.95㎡）
構造規模：鉄筋コンクリート　地下1階・地上2階

外観、庭
バス通りを少し入った、閑静な戸建住宅地のなかに立地している。全体のボリュームは抑えられ、勾配屋根の外観となっており、周囲の環境に調和している。用途地域は建ぺい率（50％）、容積率（80％）の第一種住居専用地域であるが、建ぺい率をやや抑え、敷地内に庭を広くとっている。庭には砂場やログハウス、ベンチが置かれている。

左：プレイホールの隅につくられた着替え遊びのコーナー、右：2階吹き抜けからプレイホールを見る
庭に面して広くとられたプレイホールは、この建物での中心的な遊び場所である。上部に吹き抜けが設けられ、1・2階の雰囲気をつないで建物全体に一体感をもたらしている。プレイホールの半分程度の面積には、ブロックプールやままごとコーナー（畳、棚で構成）、木製運動具、紙製ミニハウスや乗りもの型の遊具が置かれ、動的遊びと静的遊びが混在する。プレイホールの隅には、柱で区切られたアルコーブが設けられ、こどもだけが入れる遊び場所になっている。

製作室
お絵かきや粘土遊びなどの製作遊びの部屋。道具を入れる棚が出窓と一体的につくり付けられている。畳の小上がりも設けられ、親がくつろぎながらこどもを見守ることができる。この部屋で使われているいすは、二つの方向に座れ、高さを選択できるタイプである。

乳児室
低年齢のこどもたち専用の遊びスペースが確保されている。0～1歳のこどもたちの興味をひく玩具やさわりたくなるものが多く置かれている。部屋は大半が畳敷きとなっており、はいはいのこどもでも衛生的に遊ぶことができる。親も座り込んでくつろげる。庭側の開放的な場所に置かれ、バルコニーに面していて明るく、外気や日光に触れることができる。

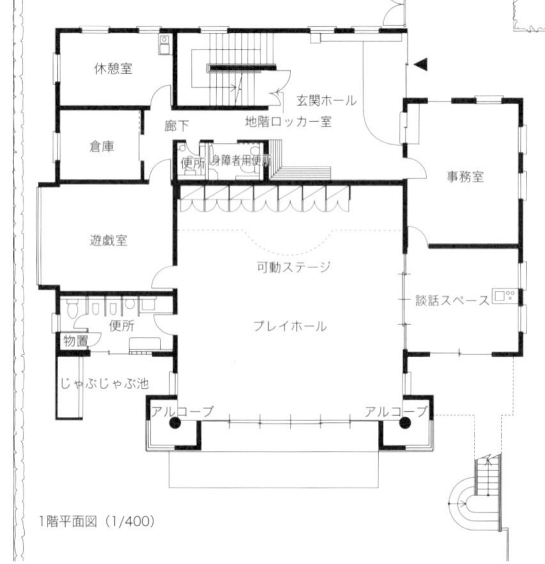

1階平面図（1/400）

2階平面図

談話室
プレイホールに面して設けられた談話室。プレイホールとの間には仕切りはないが天井高が異なるため分節された空間になっている。スタッフと家族が話したり（簡単な育児相談など）、置いてある雑誌を読みながらくつろいだりしている様子が見られる。部屋の奥にはミニキッチンがあり、お茶も飲める。

2階ホール（図書コーナー、語らいコーナー）
吹き抜けに面して広くとられた2階のホールには、図書コーナーと、飲食のできるスペースが設けられている。図書コーナーは、中央に畳の小上がりが置かれ、低い本棚とゆったりしたソファーに囲まれ、低年齢のこどもの視点からは広すぎない落ち着いた空間になっている。

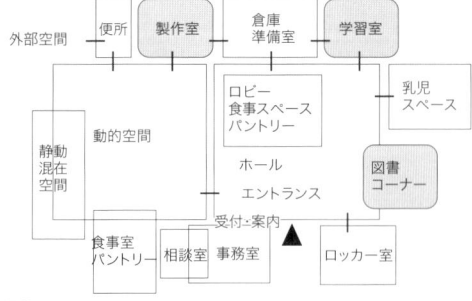

機能図
エントランスホールから、乳児のスペース（静的なスペース：2階）と幼児のスペース（動的なスペース：1階）にまず振り分けられる。それぞれのスペースで、こどもが遊ぶ様子を見ながら親がゆっくりと滞在したり、複数の親子で食事をとれるスペースとパントリーなどの設えが設けられている。

5　集う・親しむ

92

事例2　コミュニティセンターと一体になった児童館（トムハウス）

■基本データ■
所在地：東京都多摩市
開設：1992年
設置主体：多摩市
敷地面積：2,390㎡
建物面積：1,096.2㎡
延べ床面積：2,045㎡
（コミュニティセンター1,505㎡、児童館308㎡、学童保育所231㎡）
構造規模：鉄筋コンクリート
地下1階・地上2階（1階と地下1階で接地）

外観
段差を利用して建てられている。

2階平面図

遊戯室（下部：入口左）
小学生の利用時間にはトランポリンなどの大型遊具が出される。乳幼児の利用時間には、あまりものを出さず広いホール状スペースとして使う。動的な遊びのゾーンとなっている。

遊戯室（上部：入口右）
静かな遊びのゾーンとなっており、図書コーナー、ビリヤード用の遊具、玩具などが置かれている。

地階平面図

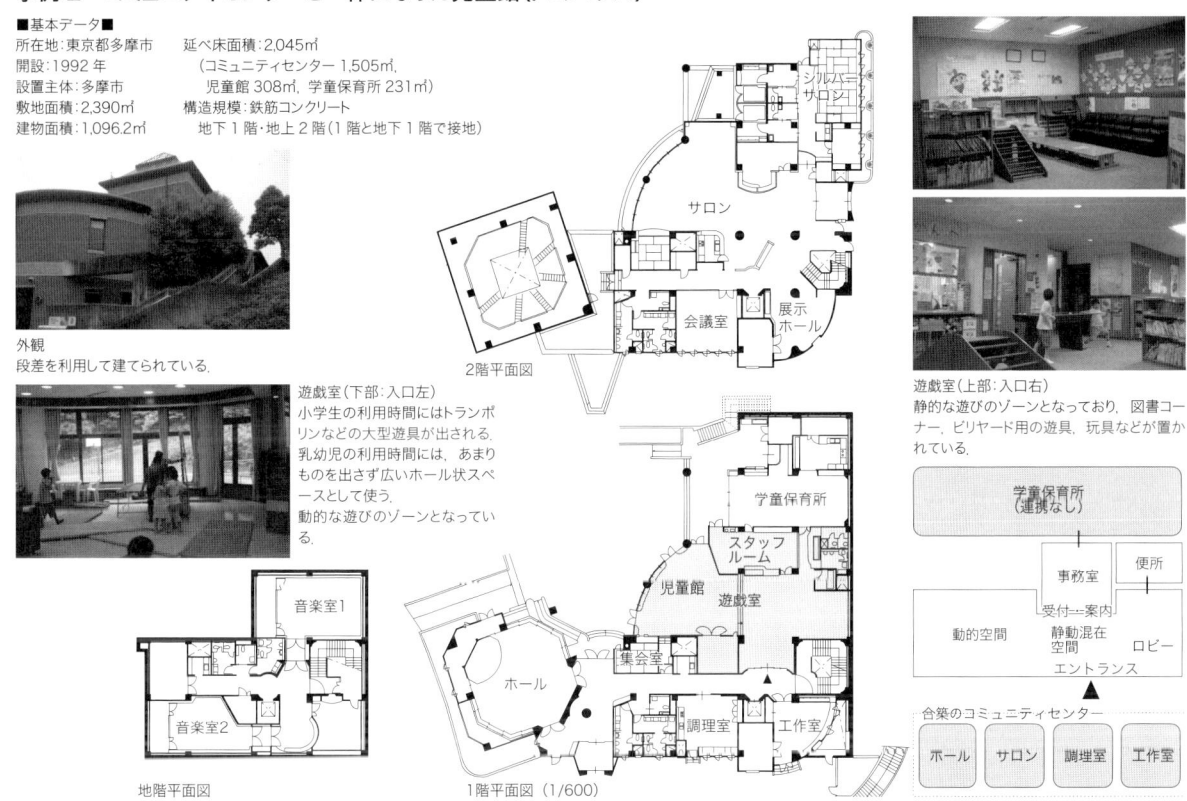

1階平面図（1/600）

事例3　自然豊かな湖畔に立地する大型児童館（びわ湖こどもの国）

■基本データ■
設計：仙田満＋環境デザイン研究所
所在地：滋賀県高島市
開設：1992年
設置主体：滋賀県
敷地面積：77,000㎡
建物面積：3,752.81㎡（虹の家）
延べ床面積：6,145.33㎡（同上）
構造規模：鉄筋コンクリート　地下1階・地上2階・塔屋1階（屋根は鉄骨造）

■施設概要■
琵琶湖畔に立地する大型児童館。宿泊体験ができる宿泊室、風呂、工作室、レストラン、絨毯敷きのプレイゾーン、トレーニングルーム、乳幼児室、運動スペース、など。屋外には人型遊具ゾーンや人型自転車レース、キャンプゾーン、水遊びゾーンなどを持つ。

外観 　　内観

ワークショップルームは工作室になっている。工作室の外にはテラスがあり、汚れる作業を屋外で行うこともできる。また、工作室でつくったペットボトルロケットや凧をすぐに外に持ち出して遊ぶこともできる。

中2階は天井高のある動的運動スペースで、クライミングを体験できるコーナーなど天井高を生かした遊具が置かれている。周囲は階段状になっており、イベントスペースとして使うことができる。2階は宿泊ゾーンとなっており、大小の宿泊室、浴室などが配置されている。

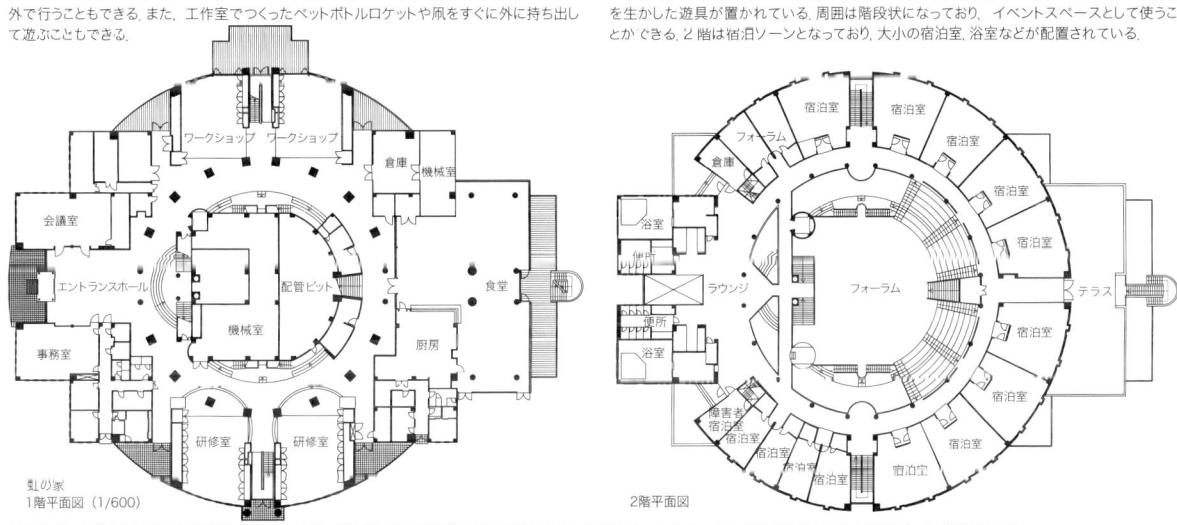

虹の家
1階平面図（1/600）

2階平面図

屋外（図5・1-3）には大きな遊具が置かれ、親子が一緒に遊べる。就学前の低年齢児でも遊べる遊具と、小学生以上の身体能力にあわせた遊びゾーンが別にある。

集まる　佇む・居る
学ぶ　励む・練習する　交流する

コミュニティ施設　　　　　5・2

5・2・1　活動フレーム

　コミュニティ施設[1]には，名称や想定する利用者・集団，利用圏域などの異なる施設が多数ある．いずれの施設も，①住民の自由な溜まり，②集会，③学び・励み，の場で構成され住民はこれらの活動を通して互いに親しみ，交流する．したがって集会，学習，運動，集団活動の場以外にこれらの活動の「余白」に利用されるフリースペース[2]を，交流・親しみをはぐくむ空間としてデザインすることが重要となる．

　戦後，個人の生活が豊かになり，趣味活動や生涯学習活動[3]，健康維持，生きがいづくりなど，生活の質向上への関心が高まった．このため現在のコミュニティ施設には，従来の「集会の場」にくわえ，さまざまな活動の場の保障が求められる．近年では集会室やホールの他，工作室や調理室，音楽室や茶室など，整備される諸室も多様化・高機能化している．

　一般にコミュニティ施設では，その地域の住民もしくは就労者を主たる利用者とし，さまざまな職種や世代の人々が交わる．さらにこれらの施設は，児童館，学童保育所，シルバーサロン，図書館など[4]ほかの公共施設と複合的に計画される場合も多く，それぞれの施設利用者間相互の交流を図る場としてコミュニティ施設を位置づけることもある．

5・2・2　活動フレームに対応した場

● 1　集まる

　集会室，ホールなど「集まる」場の設定はコミュニティ施設の主な役割の一つである．「集まる」形態は，講演会のように1対複数人の集まり，同好会活動やミーティングなどとさまざまである（図5・2・3〜5・2・6）．

　中央公民館など市域の中心に整備される大規模コミュニティ施設では，しばしば大人数を収容できる固定席，固定ステージのあるホ

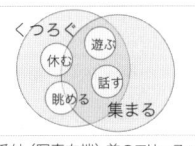

受付（写真右端）前のフリースペースで，将棋や囲碁を楽しんだり，ぼんやりしたり，昼寝をする．
図5・2-1

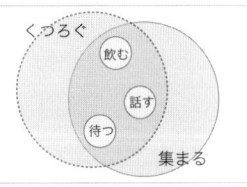

エントランス付近にあるフリースペース．小学生がカードゲームをしながら，他の友達が来るのを待っている（待ち合わせ）．
図5・2-2

1) 地域の住民が自由に集い，親しみ，学習する場として設けられるさまざまな施設を，本書では「コミュニティ施設」と呼ぶ．「集会施設」と呼ばれることもあり，住民が集まる場であることを前提としている．

2) フリースペース：コモンスペースとも呼ばれる．団体登録や予約などの手続きをせずに，自由に立ち寄り，滞在することのできる空間，自動販売機や給湯設備が付属していたり，碁盤，オセロなどのゲームやTVなどの娯楽設備を設置する場合もある．なお，集合住宅における「コモンスペース」は住民共用の屋外空間（中庭）を指すが，ここでは屋内のホワイエ的空間を意味している．

3) 生涯学習：人が生涯にわたり学び・学習の活動を続けていくこと．「生涯学習の振興のための施策の推進体制などの整備に関する法律＝生涯学習振興法」（1990年）により，生涯学習の推進体制整備が法律化された．

4) 児童館，学童保育施設：⇨ p.88, 5・1「こどものための地域施設」
シルバーサロン：⇨ p.56, 3・2「高齢者通所施設」
図書館：⇨ p.108, 6・1「図書館」

5) ホール：→ p.126, 6·3「劇場・ホール」

6) 諸室のスペック：防音性・吸音性，ダンスなどに対応した床材など内装材料による機能への対応や，電気・ガス・換気など設備機器の設置，家具や備品の種類により規定される個々の部屋が持つ機能．

ールが整備され，これに付属するホワイエ，設備・調整室，倉庫，便所などの規模や配置の計画も重要となる5．一方，徒歩圏内の利用者を想定する比較的小規模なコミュニティ施設の多くでは，移動席，移動ステージによる多目的ホールとして集まる場を計画する．

● 2　学ぶ・励む・運動する

生涯学習や健康増進，生きがいづくりなどを目的に種々の活動が行われる．地域住民の年齢構成や就労状況，想定利用圏域などを勘案して，語学や古典の学習，茶道・華道，音楽，舞踊・体操の練習，工芸制作などに応じたスペック6の部屋を計画する．

● 3　休む・親しむ・交わる・佇む・居る

集会や学習などの主な機能諸室を補完し連続させるよう，ロビーや図書ラウンジ，ホワイエなどのフリースペースを設ける．

ターミナル型の大型コミュニティ施設では，こうしたスペースを他の施設と共用することも多い．一方，地域型施設は多くの場合，ソファーやベンチ，テレビ，碁盤，ゲームなどが自由に利用できる娯楽空間として整備される．

これらの空間は，利用者の休憩，気分転換を目的とする活動以外に，他の利用者やスタッフとの団らん，待ち合わせなど，緩やかな交流・出会いの場として機能する．空間構成上は室名を持たない余白空間ととらえられるが，機能としては地域住民誰もが自由に過ごせる居場所であり，コミュニティ施設本来の目的を担う空間であるといえる．

● 4　貸す・借りる

施設の管理運営を行う事務スペースは，入

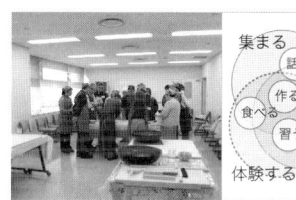

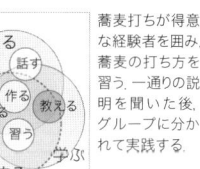

図 5·2-3

図 5·2-4

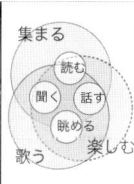

図 5·2-5

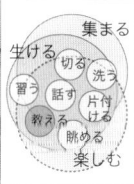

図 5·2-6

❖ 1　配置計画・立地計画

コミュニティ施設は，その施設規模，想定する利用圏域により適した立地の条件も異なる．他施設との連携を配慮し，地域全体で有効に利用される配置を計画することが重要である．

①近距離・徒歩圏型：小学校区程度の住民を対象とする．高齢者のバス利用を考え，バス停との位置関係に配慮する他，業務用と車いす用の駐車場，駐輪場を用意する．また，車いす，ベビーカーでの利用も考慮し建物内部，立地，アプローチのすべてでバリアフリーな計画とする．

こどもだけでの利用も多く，こどもたちの遊び場所の一つとして学校や公園との連携も充分に検討する．

②センター・ターミナル型：その地域（市・区など）の中心的な地区に配置し，大規模集会施設（ホール）など，地域コミュニティの核としての機能を持たせる．広域から利用しやすいよう公共交通機関（駅，バス停）の便がよい場所に計画する．さらに利用者用駐車場も業務用とは別に確保することが望ましい．

これらの施設はアクセスが良く，近隣型に比べ社会人，学生の利用が多く見られるのも特徴である．

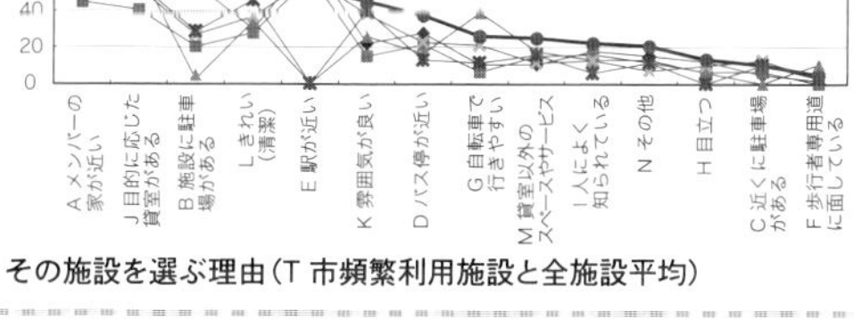

その施設を選ぶ理由（T市頻繁利用施設と全施設平均）

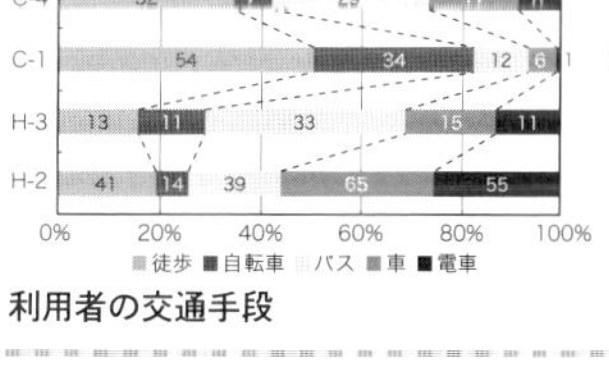

利用者の交通手段

凡例（T市の頻繁利用施設）
[C：地域コミュニティセンター]
C-2：シルバーサロンを併設．
C-4：シルバーサロン，児童館と併設．
C-1：デイサービスセンターと併設施設
[H：公民館]
H-3：商業施設，役所の出張所などの複合施設建築，駅近く．
H-2：商業施設，事務所，図書館などの複合施設建築，駅に直結．

館管理を行う受付とともにエントランスから見やすい位置に配置するとよい．利用者は受付で諸室や備品の利用手続き，利用者登録を行い，それぞれ目的の活動場所へ移動する．

5・2・3　場と空間の組み立てかた

● 1　利用者像の想定

コミュニティ施設は，地域の人々誰もが自由に利用できることを目的としているが，施設が立地する地域，社会，街の歴史などにより，施設を利用する世代や属性には特徴がある．その地域の特徴を充分に読み込み，利用者像を想定して，コミュニティ形成に寄与しうる立地や機能，所要室を計画する 7)(図5・2-7).

● 2　空間構成

それぞれの目的を持つ「個」や，サークルなど「グループ」の目的に合う機能や空間が用意されると，人々はそこに集まりコミュニティが生まれる．個のニーズを満たし，個の集合としてのコミュニティの核となる施設であるために必要な空間を以下に整理する．

▶ 1　それぞれの異なる目的を満たす空間

サークル団体が利用する音楽室，工芸室，会議室などの諸室（空間）．一般的に予約制のため「貸室」とも呼ぶ．人々は目的とする活動を行うために最も適したスペック（広さ，床や壁の仕上げ，家具，備品など）で室を選ぼうとする（図5-2-8）．したがってどのような集団規模（利用人数）で，どんな活動を可能とする部屋か，という活動ベースでの諸室の計画および想定が重要である．しかしその一方で，特別な機能・設備を備えた諸室は，専門性が高まる反面汎用性が低くなるため利用率の低下も見込まれる．諸室のスペックと利用率のバランスについては，近年財政面からの課題も多く，公共財産の有効利用などの面から検討が続けられている．公共施設計画の上では，市民サービス水準の維持と運営効率・コストのバランスが今後の大きな課題となろう．

▶ 2　共用スペース

▶1の目的に応じた機能をもつ目的的空間（貸室）をつなぐエントランスホール，ロビー，ラウンジなど．訪れる人が自由に過ごす余白空間．共用スペースが地域の人々の居場所となりうる点が，民間経営のレンタルスタジオやカラオケボックス，カルチャースクールなどとの大きな違いとなる．

▶ 3　付属空間・補助空間

▶1，2の機能を成立させるために必要な空間．事務室，便所，倉庫，準備室などがある．計画上はそれぞれ付加する機能がどのような場所に配置されると最も利用・管理しやすいか，に充分留意する．とくに事務室の配置やデザインは，施設スタッフと利用者との距離感をつくる重要な要素となる．相互が親しみを持って交流できる関係を取りながら，事務的に外来者から分離すべきものを確実に分けられる配慮が必要である．

▶ 4　空間のフレキシビリティ

建築空間を設計する上で，時代とともに変わる使い方や利用者の活動に対応し続けることは，困難だが必須の課題である．活動に応じた空間づくりに際しても，室数，部屋の大きさは全体のボリュームによって制限されるため，兼用，分割，統合など空間を有効に活

7) 従来，施設整備には，国庫補助金の整備項目などにもとづいて自治体が定める施設基準などがある．しかし，この施設整備の枠組みに沿って諸室名称を当てはめ，室数を確保しても，その施設が実際に利用する地域の人々の目的，属性に必ずしも対応しているとはいえない．コミュニティの形成を目的とした施設を計画する上で，その地域を読み込むことは必要不可欠な手順である．

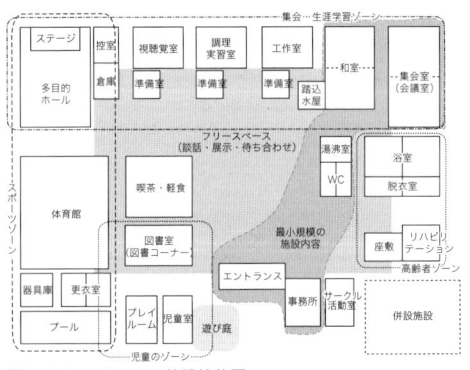

図5・2-7　コミュニティ施設機能図

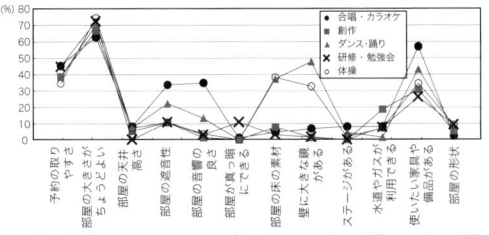

図5・2-8　活動内容別に見たその部屋を選ぶ理由（T市）

コミュニティ施設の貸室を選ぶ理由について活動団体種類ごとに示した図である．予約の取りやすさや適切な部屋の広さはどんな活動団体にも共通の選択条件であるが，音楽活動の団体には遮音性や音響，備品（楽器や音響機器）の充実が重視されており，体操やダンスの団体には，床の素材や鏡があることなどが重視されている様子がわかる．また，創作活動をする団体には水道・ガスなどの設備も重要である．

8) ただし，実際には仕切りかたや，間仕切り壁の遮音性能によって2部屋分として使えない場合もある．また，どのような活動にも対応できる，という意味で広めの空間を「多目的ホール」として設ける場合には，結局何もない無目的空間とならないよう，それに付属する家具や備品の整備も重要となる．

9) 近隣住区論：⇒ p.205, 10・2・7「住区の計画」

10) 「コミュニティ」は，日本語では「共同体」と訳される．社会学的には，「血縁・地縁など自然的結合により共同生活を営む社会集団」である（アメリカの社会学者マッキーバー (R. M. MacIver) が定式化）

用する必要がある．これらの問題は空間のフレキシビリティによってある程度解決される．大部屋を可動間仕切りなどで二つに分割できるよう計画する例（図5・2-9）や，隣接する2部屋を間仕切り壁の撤去によりつなげられる例などが多い[8]．

5・2・4 建築類型への適用

● 1 コミュニティ施設の体系

公民館，コミュニティセンター，地区センター，生涯学習センター，多世代交流館などコミュニティ施設にはさまざまな名称がある．準拠する法や条例も異なり多くは自治体が独自の計画で整備している．都市計画の一つの考え方である近隣住区論[9]では学校，教会とともにこのコミュニティ施設を住区の中心に地域の核として計画するとしてきた．そのため日本の多くのニュータウンではコミュニティ施設を地域の核として配置している．近年ではコミュニティ施設をいくつかの地域サポート施設との複合施設として整備する例も増えている．

● 2 「コミュニティ施設」の歴史的経緯

そもそもコミュニティ[10]は，宗教や学問，趣味や政治活動などを目的として自然発生的に集まることで生まれ，地域の学校，教会，お寺の境内などがその拠点となってきた．

大正時代，民主主義とともに普及した「市民」の概念により集まる権利を場として設定する意義が強まった．さらに戦後のニュータウン計画の誕生で，健全なまちの姿の典型であるコミュニティが意識的につくられるようになった．今日の「コミュニティ施設」はその象徴といえる．

一方，既成のまちでも少子化，高齢化，核家族化などを背景としたコミュニティの崩壊が懸念される．これは独居老人，孤独な子育て，こどもの社会性欠如といった社会的問題の遠因ともいえる状況を招いている．こうした状況のなか，コミュニティ施設の意義は改めて高まっているといえる．

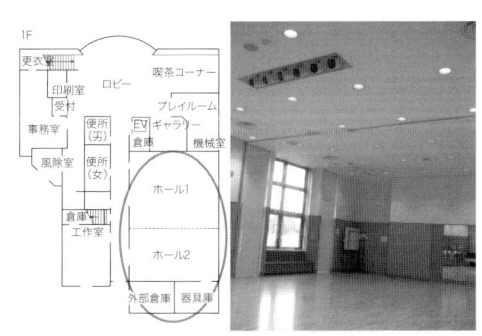

図5・2-9 可動間仕切りにより2室に分割可能なホール（例）

表5・2-1 利用者像から見たコミュニティセンターの類型（T市の例）

事例1　［複合・ターミナル型］オフィス・商業施設・市立図書館・公民館による複合駅前ビル（ベルブ永山 多摩ニュータウン）

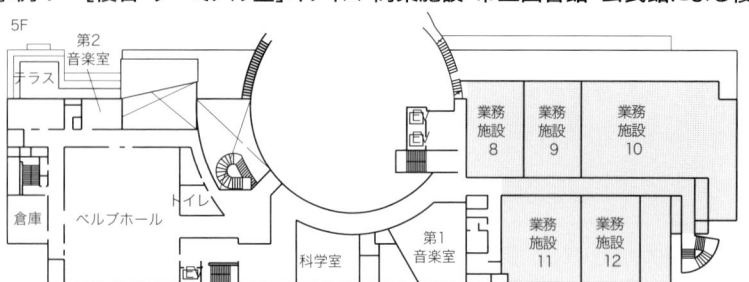

■基本データ■
設計：坂倉建築研究所
所在地：東京都多摩市
竣工：1997年

■概要■
駅前広場から住宅地へ続くペデストリアンデッキのスタートゲートのように建てられた複合施設「ベルブ永山」。公民館の他，図書館，消費生活センター，民間企業のオフィスなどが複合している．市内2か所にある公民館は，地域コミュニティ施設の拠点として駅前に設けられ，広い範囲から多世代にわたる利用者の姿が見られる．さまざまな用途に対応して設けられた多くの貸室は稼働率も高い．

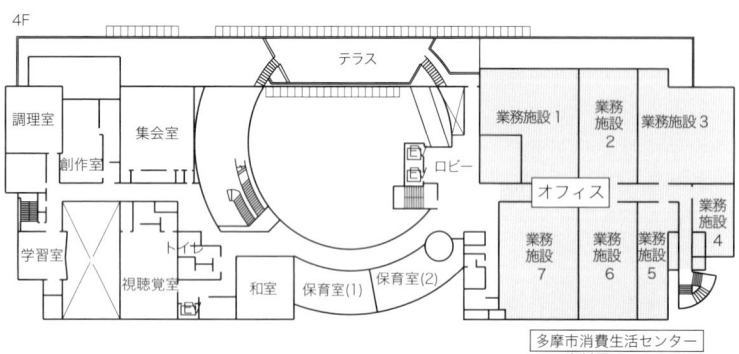

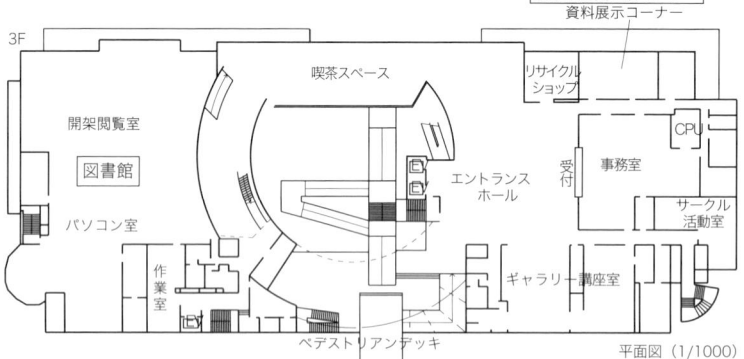

平面図　(1/1000)

ペデストリアンデッキを見下ろすガラス張りのエントランスホール．ブリッジ状の空間は，図書館と公民館をつなぐ喫茶スペース．

←サークル活動室：登録団体（サークル）の活動準備のための室．ロッカーを期間貸しし，サークルの備品などを預かっている．有料式のコピー機なども設置されている．

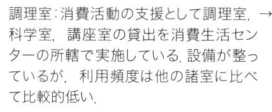

調理室：消費活動の支援として調理室，→
科学室，講座室の貸出を消費生活センターの所轄で実施している．設備が整っているが，利用頻度は他の諸室に比べて比較的低い．

←集会室：劇や音楽活動，ダンス・体操など幅広い活動に利用される．フラットピアノの他，AV機器などが備えられている．小規模施設のホールと同様なつくり．

和室：会議や研修，音楽活動などにも利→
用される．茶道の活動も可能なように炉が設けてある．

事例2　［複合・近隣型］ケアプラザとコミュニティ施設の複合施設（横浜市篠原地区センター）

■基本データ■
設計：横総合計画事務所
所在地：神奈川県横浜市
竣工：1997年

■概要■
閑静な住宅地に建つ本施設は，高齢者デイサービスおよび地域交流機能などを持つケアプラザと複合された徒歩圏利用者を想定した小規模施設．透過性のある間仕切りにより二つの施設を視覚的に一体にまとめている．

体育館：バドミントンや卓球，体操など，多様な活動に利用される．

3階平面図

2階平面図

図書コーナー：地域の学生などの学習室としても利用されている．

中央吹抜：両施設の境界をつくりながらも視線が交流する空間．

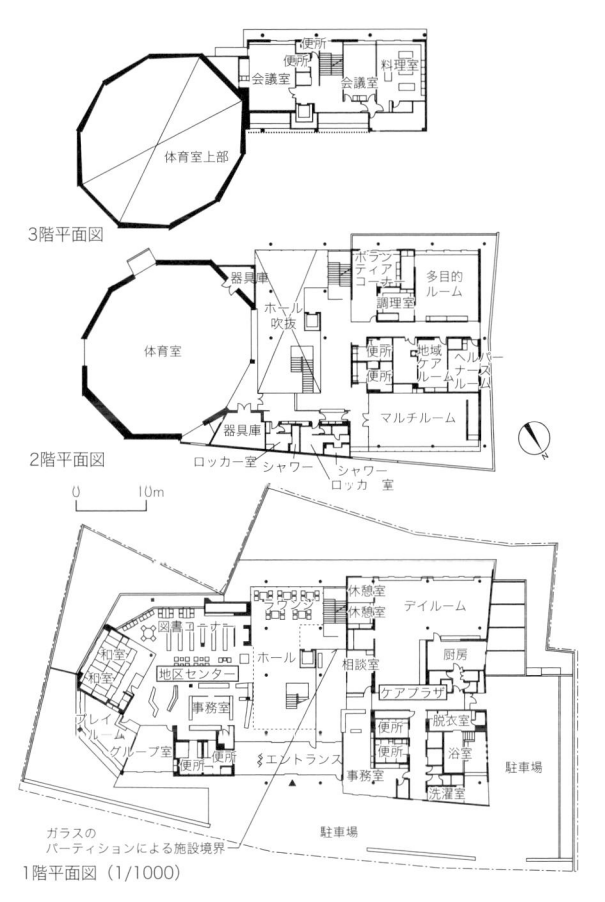

1階平面図（1/1000）

ケアプラザ・デイルーム：27〜28人/日の利用者が訪れる．

ケアプラザ・ボランティアコーナー：ボランティア活動に関する資料などを設置している．奥は活動団体が利用できる打ち合わせスペース．

事例3　［単独・近隣型］民家改修による小規模な集会施設（吉祥寺東コミュニティセンター）

■基本データ■
設計：武蔵野市財務部施設課（現在）
所在地：東京都吉祥寺市
竣工：1978年

■概要■
野出九浦画伯の邸宅跡地に建てられたこのコミュニティセンターは「九浦の家」の愛称をもち，地域の人々に利用されている．和室，児童室，ホールの3室の貸室を設けている小規模施設だが，自治会の集会や趣味活動，劇団の練習などの利用が見られ，部屋の利用率は7割以上となっている．

平面図（1/400）

邸宅時代の面影が残る庭園

エントランスを兼ねたロビー
受付事務に面したロビーでは小中学生が集まってゲームをしていたり，営業マンがお弁当を食べるために立ち寄ったりする．

和室
床の間や炉が設けてあり，茶室としても利用可能．

ホール
体操やダンス，劇団のけいこなどに利用されており，利用者の要望により壁面に大きな鏡を設置した．

くつろぐ・休憩する　　　　　　　　　　　　　　修める・集まる

食べる・親しむ　　　泊まる・養う・親しむ　　　自然に親しむ・養う

研修・保養施設　　　　　　　　　　　　　　　　　5・3

5・3・1　活動フレーム

　団体・企業・学校などの職員や学生を集めての団体研修，海辺や山間での自然活動，豊かな自然のなかでゆっくりと時間を過ごす保養などの活動を行うための施設である．これらの施設では研修や保養などの目的により，必要となる空間や規模，構成などに違いが生じる．また自然の家や保養所などの場合，大自然のなかでの集団生活や活動が目的となっているため，それらの自然環境や地形などは施設配置などの空間計画や外観デザインに大きな影響を与える．

5・3・2　活動フレームに対応した場

● 1　入館する
　　　――アプローチ・エントランスホール

　研修・保養施設は集団で一斉入館する場合が多く，遠路からの来館者も多い．このため，バスや大型車でエントランス付近までアプローチできるようロータリーや駐車スペースを設けておく必要がある．また荷物を持参しての来館となるため，降車位置からエントランスまで雨に濡れないようキャノピー[1]などを設置することが望ましい．さらに，施設利用時には周辺の散策や野外活動などもあるため，アプローチには徒歩やサイクリングのための動線の確保も必要となる．エントランスホールでは，到着時に荷物を下ろして入館受付などを行う．また集団活動に際してエントランスホールに集合するなどの活動がある．このため，宿泊数に応じた広さの玄関とホール空間が必要となる（図5・3-1）．

● 2　くつろぐ・休憩する
　　　――ロビー・ラウンジ

　ロビー・ラウンジは集団活動や研修の合い間に休憩を取り，ゆっくりとくつろぐ場所で

1) キャノピー：店舗や公共施設の出入口に設けられる雨除け・日除けのための天蓋（てんがい）形の庇．

左：エントランス　右：ホール
図5・3-1　エントランスホール　⇨ p.105, 事例1

図5・3-2　中庭に面した開放的なラウンジ　⇨ p.105, 事例2

100

2) エントランスホール，ロビー・ラウンジなどの施設配置については p.103, 図 5・3-13 を参照．

3) 都市部にあるホテルで，宿泊の他に宴会・レストラン・小売店舗・スポーツジムなどの機能を適宜有する．この他には，ビジネス専用で宿泊以外の機能をできるだけ抑えたビジネスホテル，観光地などに立地する観光ホテルなどがある．

4) 事例 1（⇒ p.105）のグループ宿泊室はロフト付きの 2 層構成となっている．このように，寝具などの設えだけでなく，宿泊室の空間構成も豊かに計画する必要がある．

ある．そのためロビー・ラウンジにはゆったりとしたソファーや新聞・雑誌棚などの設えが必要となる（図 5・3-2）．ロビー・ラウンジの位置はエントランスホールや食堂の近くなど，施設の中心部に配置されるのが一般的である[2]（図 5・3-3）．

● 3　修める・集まる・ともに学ぶ
　　　　——研修室・会議室・集会室

セミナー・勉強会・発表・討議などを行う場であり，研修施設においては一番重要な活動目的の場となる．規模は 20 名程度の小規模なものや 50 ～ 100 名程度の大規模なものがある（図 5・3-4）．研修の目的によっては実技演習が可能な設備を設置したものもある．さらに大規模な集会室（講堂・ホール）を設け（図 5・3-5），必要に応じて体育室として利用できるものもある．研修室や会議室は食堂や宿泊室などとゾーンを分け，静かな場所に集約して配置するのがよい．

● 4　食べる・親しむ　——食堂

朝・昼・夕食時に共同で食事を楽しむ場である．食事をしながらくつろいだ雰囲気で語らうといったコミュニケーションが積極的に行われる場であり，明るく開放的な室環境とする（図 5・3-6）．また広い開口部や外部テラスなどを併設し，周辺の環境や自然を積極的に取り入れる工夫が望まれる．

● 5　入浴する・養う　——共同浴室

共同浴室は集団の生活や活動での緊張感をほぐし，心身の疲れを癒す場となる．研修・保養施設には温泉地や景勝地などに計画され，入浴による保養や相互親睦を目的とするものも多い．その意味から，浴室に広い窓を設けて景色を楽しむなどの空間演出も必要となる．このような共同浴室は，規模の異なる 2 室を計画し，男女の比率を考慮して利用するのが一般的である．

● 6　泊まる・養う・親しむ　——宿泊室

宿泊室は施設を利用する人々が心身ともにくつろぎ，また同室の宿泊者との個人的な親睦を深める重要な場である．その意味で，清潔で明るい室環境が望まれるとともに，積極的に広縁やバルコニーなどを設置し，外部環境や自然の豊かさを取り入れるよう配慮することも重要である．宿泊室の広さについては，シティホテル[3]などではシングルルームでは 10 ～ 20 m²，ツインルームでは 20 ～ 30 m² 程度が標準的な規模となっているが，研修センターや保養所ではトイレや浴室は共同とし，宿泊室は和室や 2 段ベッドなどにより 4 ～ 8 名程度の宿泊を可能とするグループ室としたものが多い[4]（図 5・3-7, 5・3-8）．この場合，8 ～ 10 畳程度のたたみの敷きかたや 2 段ベッドの配置が宿泊室の寸法や規模を決める要素となる．

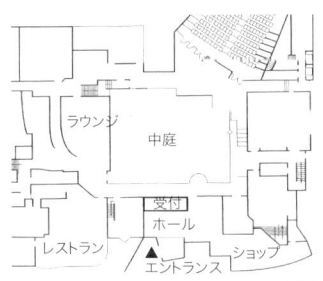

図 5・3-3　エントランスホール・ラウンジ・レストラン配置例　⇒ p.106, 事例 2

図 5・3-5　大集会室（ホール）　⇒ p.105, 事例 2

図 5・3-4　「修める」「集まる」研修室　⇒ p.105, 事例 1

図 5・3-6　「食べる」「親しむ」食堂　⇒ p.105, 事例 1

● 7　楽しむ・遊ぶ・憩う
　　──談話室・レクリエーション室

　夕食・入浴後のひと時や就寝までの時間を,談話やTV鑑賞,あるいはゲームなどをして楽しむ場である.これらの空間はロビーやラウンジで共用される場合も多いが,しゃべり声などに配慮し,談話室やレクリエーション室などとして,ロビーと区別する場合がある(図5・3-9).談話室やレクリエーション室は食堂や共同浴室,宿泊室などの生活空間ゾーンに配置することが望ましい.

● 8　自然に触れる・修める・養う
　　──テラス・野外広場・散策路

　研修所や保養所などは,積極的に自然とふれあい,自然の豊かさに浸ることが大きな目的となる.その意味からも,テラスや屋外広場,散策路などの外部空間の計画が重要となる.この場合,2〜3人でゆっくりとした時間を過ごすテラス,集団で活動する屋外広場,個人的に自然に浸る散策路(図5・3-10)など,それぞれの活動内容に配慮するとともに,建築空間を含めた相互のつながりを十分検討することが重要である.

● 9　管理・運営する
　　──事務室・応接室・管理人室・宿直室

　研修・保養施設の管理者には,施設運営のための事務や建物の維持管理にくわえ,宿泊や入浴・食事などの来客に対する日々のサービスの作業がある.これらの業務については施設の規模や目的により人員や作業体制が異なる.事務室は施設運営や管理のための場であり,放送や印刷の設備などを適宜備えている.応接室は事務室と隣接するか,事務室内部に応接スペースとして設けられているのが一般的である.事務室の位置はエントランスホールに接した場所とし,内部からアプローチや玄関周辺が見渡せるようにする.管理人室は施設全体の管理責任者のための居室であり,管理人の住居空間となっている場合もある.宿直室は事務職員が必要に応じて宿泊できる居室であるが,管理人室の利用形態によっては必ずしも必要とはならない.

5・3・3　場と空間の組み立てかた

● 1　立地条件
▶ 1　活動目的にあわせた立地条件

　研修・保養施設は短期滞在や集団生活を前提としたものであるため,日常から離れた自然環境の豊かな場所に設置されることが多い.とくに自然とふれあうことを目的とした"海の家"や"山の家",温泉などによる保養を目的とした施設など,活動フレームに最も適した立地条件が望まれる.この関係は表裏一体として,立地条件がそれに適した活動目的や活動フレームを生み出し,保養地やレクリエ

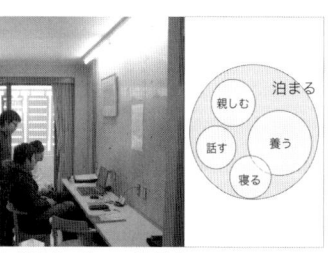

図5・3-7　「泊まる」「親しむ」グループ宿泊室　⇒p.105,事例1

図5・3-8　畳のグループ宿泊室　⇒p.105,事例2

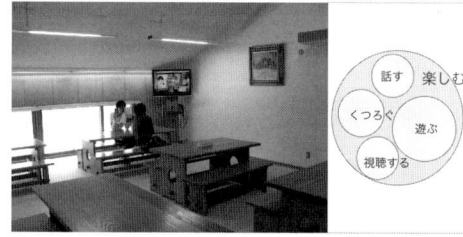

図5・3-9　談話室　⇒p.105,事例1

図5・3-10　緑に面したテラス(左)と自然の中の散策路(右)
　　　　　⇒p.105,事例2

5) リネン室：宿泊施設や入院病棟などで、シーツや枕カバー、タオルなどを収納しておく場所である.

ーション地域を成立させている側面もある.

▶2 環境・地形を生かす

このように研修・保養施設は自然豊かな場所に計画されることが多く、周辺の緑や水辺、斜面といった環境や地形との関係を十分考慮した計画とすることが重要である（図5・3-11）．建築の外観や内部空間もこれらと調和するデザインにしなければならない．

● 2 部門とこれを構成する諸室

部門構成は来館者の利用活動のための部門と、職員・管理者のための管理部門で構成される。来館者の利用活動の部門としては、導入部門／共用部門／研修部門／厚生部門／宿泊部門がある（図5・3-12）．導入部門にはアプローチやエントランスホール、下足室などがあり、事務や受付など管理部門との接点が多い場所である．共用部門にはロビーやラウンジなどがあり、利用者が多目的かつ自主的に利用できる空間となる．このため、ロビーやラウンジは施設の中心部や動線の要に配置されるのが望ましい．研修部門には研修室や会議室、講堂などがあり、集団での研修活動が行われる空間である．厚生部門には食堂や売店のほか、レクリエーション室、体育室（プールを含む）などがあり、飲食・娯楽・運動などの活動が行われ、利用者相互の親睦やコミュニケーションの場になる．宿泊部門はさまざまな形式の客室（シングル・ツイン・グループ室）の他、談話スペースやリネン室[5]で構成される．宿泊部門はプライベートな生活空間であり、研修・厚生部門などの集団活動の諸室との関係を十分配慮した配置計画としなければならない．また共同浴室は宿泊部門などの生活ゾーンに近接して配置する（表5・3-1，図5・3-13）．

● 3 配置形式

施設配置については、立地環境や敷地条件、活動目的や規模などによりいくつかの配置パターンが存在する．以下では複合型・分節型・分散型の配置パターンについて説明する．

▶1 複合型（図5・3-14①・②）

すべての部門が一つの棟に複合して配置されるパターンである．敷地が狭い場合や施設規模が小さい場合に、この配置が取られることが多い．この複合型配置では、下部階を管理・共用・研修・厚生部門とし、上部階を宿泊部門として、断面的なゾーニングが図られる事例が多い．このような複合一体型の場合、敷地の造成、施工、設備などの建設ハード面のみならず、各部門のつながり、施設の維持管理性などにおいて効率のよい計画となる．

図5・3-11 森や斜面と調和したコテージ　⇒ p.105, 事例2

表5・3-1　部門を構成する諸室

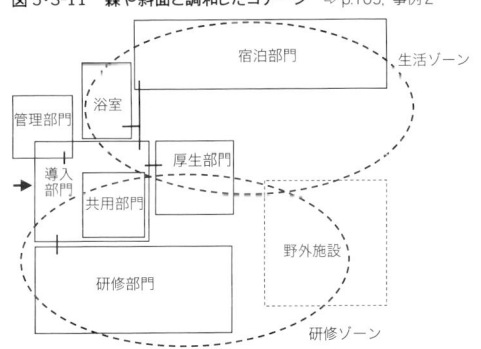

導入部門 ・アプローチ ・玄関ホール，下足室 ・エントランスホール	厚生部門 ・食堂，売店 ・レクリエーション室 ・体育室，プール
共用部門 ・ロビー，ラウンジ ・廊下 ・トイレなど	宿泊部門 ・宿泊室 ・談話スペース ・リネン室
研修部門 ・研修室 ・会議室 ・集会室	管理部門 ・事務室，応接室 ・管理人室，宿直室 ・機械室
その他　共同浴室	

図5・3-12　部門構成とゾーニング

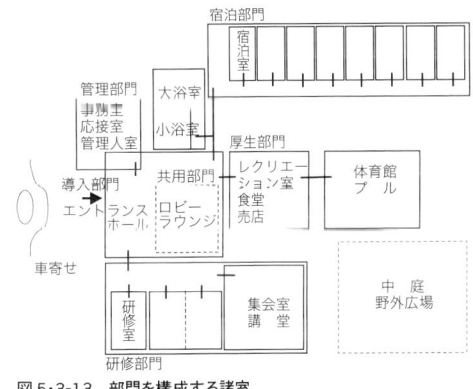

図5・3-13　部門を構成する諸室

▶ 2 分節型（図5・3-15）

宿泊や研修などいつくかの重要な部門を平面的に明確にゾーニングする配置パターンである．このような分節型配置では，つなぎの空間などに外部環境を積極的に取り入れることが可能となり，より豊かな建築空間を計画することができる（⇒ p.105，事例2）．

▶ 3 分散型（図5・3-16）

自然のなかに各部門の施設をできるだけ分散して配置するパターンである．この場合，施設利用時にも随所で自然との一体感を感じることができ，自然の家や野外活動を中心とした研修施設などに適した配置となる．その半面，各部門への動線が長くなったり，レベル差が生じたり，また動線の一部が野外になる場合がある．したがって，移動空間の利便・快適性を確保する，共用・管理部門や食堂などはできるだけ動線の中心部に配置するなど，動線計画には十分配慮しなければならない．

5・3・4 建築類型への適用

● 1 研修・保養施設の体系

都会での日常生活から離れ，郊外や自然のなかでともに生活し，学び，心身を養うために設置された施設である．施設利用の主たる目的が研修か保養かで，研修施設と保養施設の違いがある．

研修施設は研修室や集会室など研修部門の施設・設備が充実しており，保養施設は食堂・レクリエーション室や宿泊室・浴室など厚生・宿泊・共用部門の施設・設備が充実している．これらは公共施設のほかに，民間組織や学校の付属施設として運営されているものがあり，利用対象（利用者）や施設規模などは運営組織や目的により異なる．例えば企業・団体の研修施設では，組織活動に必要な知識や技能，精神などの習得が主な利用目的となる．これに対して公共の「青少年自然の家」では，野外での活動や集団生活を通して，自然の豊かさに触れ，相互の思いやりや友情・協調といった心を養うことが重要な目的となる．一方，公共・民間の保養所では，温泉地や自然豊かな場所に短期間滞在し，心身の健康を養うことが重要な利用目的となる．

6) 岡田光正，柏原士郎，辻正矩，森田孝夫，吉村英祐『現代建築学 建築計画2』鹿島出版会，2003，p.63を参考にした．

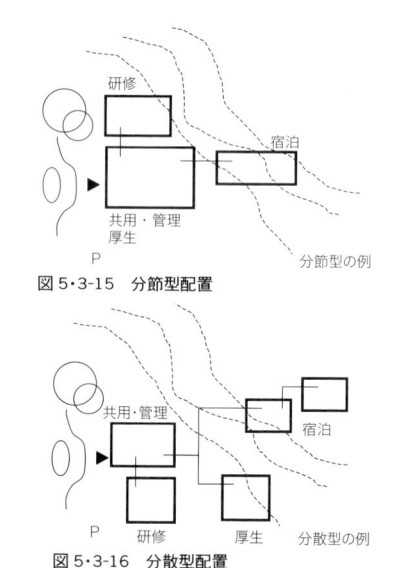

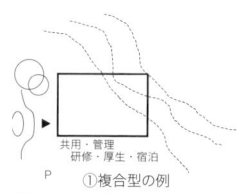

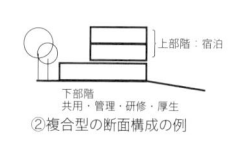

図5・3-14 複合型配置①・②

図5・3-15 分節型配置

図5・3-16 分散型配置

❖ 1 宿泊室の規模と構造計画[6]

宿泊室はプライベートな空間であり，かつ静寂さが求められる場所であるため，エントランスや集団活動の場からは距離をおいた場所に配置したり，上層階に集約的に配置したりされる．

宿泊室の規模や効率の良い配置計画を考える場合には，都市型ホテルの宿泊室の計画が参考になる．一般的なホテルの宿泊室は，桁行方向では1スパン（柱間）に2室が納まるように，また梁間方向は宿泊室の奥行，もしくは奥行に廊下をくわえた幅をスパンにするのが構造および規模の両面から合理的とされている．これらを基本寸法として，例えばシングルルームでは10～20㎡，ツインルームでは20～30㎡程度が標準的なホテルの宿泊室の規模とされている．

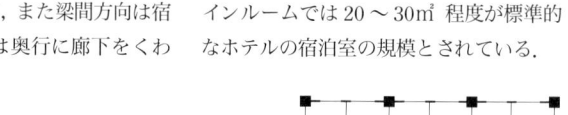

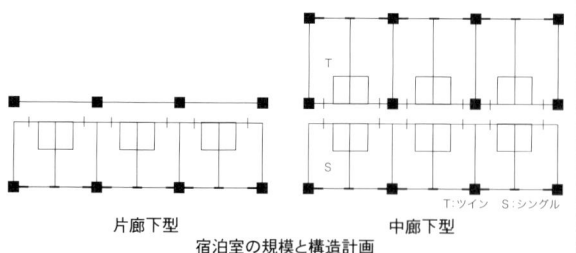

片廊下型　　中廊下型　　T：ツイン　S：シングル

宿泊室の規模と構造計画

事例1　高原に建つ大学の研修施設（金沢工業大学池の平セミナーハウス）

■基本データ■
設計：田中光＋池田建設
所在地：新潟県妙高市
竣工：1998年

■計画の特徴■
自然豊かな高原に建つ大学の研修施設である．ゼミ活動の一環として利用される場合が多く，1F宿泊室前の廊下部分にオープンスペースが設けられ，自発的なグループ活動が行える空間が提供されている．宿泊室には学習机や情報コンセントなどの研究補助設備が設置されており，同室者との共同作業も行えるよう工夫されている．

（図面提供：金沢工業大学，写真提供：川﨑寧史）

宿泊・研修室前の廊下は吹き抜けの広々としたロビー空間で，オープンスペースとして利用できる．

2・3Fグループ宿泊・研修室はロフト型となっており，宿泊室にも空間の豊かさを取り入れている．

■室名■
1　宿泊・研修室
2　ロビー室
3　入口ホール室
4　管理人室
5　事務室
6　食堂
7　厨房
8　乾燥室
9　喫煙コーナー
10　宿泊・研修室
11　談話室
12　研修室
13　脱衣室
14　浴室
15　倉庫

玄関（左）と中庭に面したエントランスホール（右）

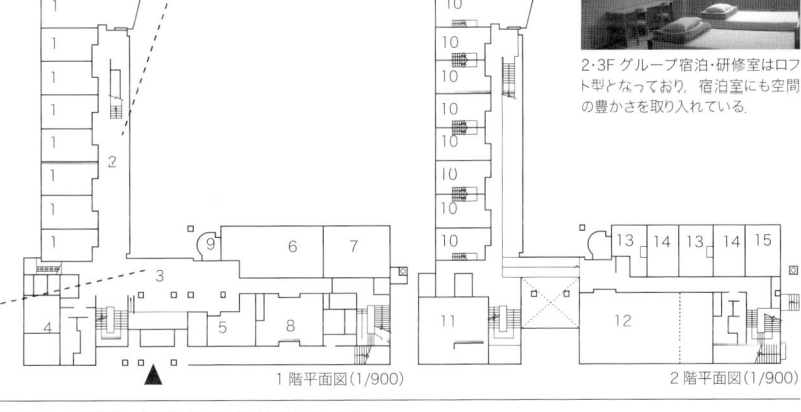

1階平面図（1/900）　　2階平面図（1/900）

事例2　国定公園にある民間企業労働組合の研修・保養施設（I＆Iランド）

■基本データ■
設計：瀧光夫建築・都市設計事務所
所在地：大阪府四條畷市
竣工：1992年
1992年日本建築学会賞

■計画の特徴■
国定公園のなかにある民間企業労働組合の研修・保養施設で一般利用もできる．本館とコテージ，アトリエは緑道で結ばれた分散配置となっている．中庭の「水のパティオ」および周囲の緑を十分に生かした計画・設計となっている

（図面提供：瀧光夫建築・都市設計事務所，写真提供：川﨑寧史）

ステージ背景の緑を生かしたホールの演出

グループ宿泊室　　水のパティオに面する明るいラウンジ　　緑に面する外部テラス

■室名■
1　エントランスホール
2　売店
3　レストラン
4　ラウンジ
5　パティオ
6　多目的ホール
7　舞台
8　大会議室
9　グループ宿泊室
10　広間
11　浴室
12　プール

潤いを感じる水のパティオ

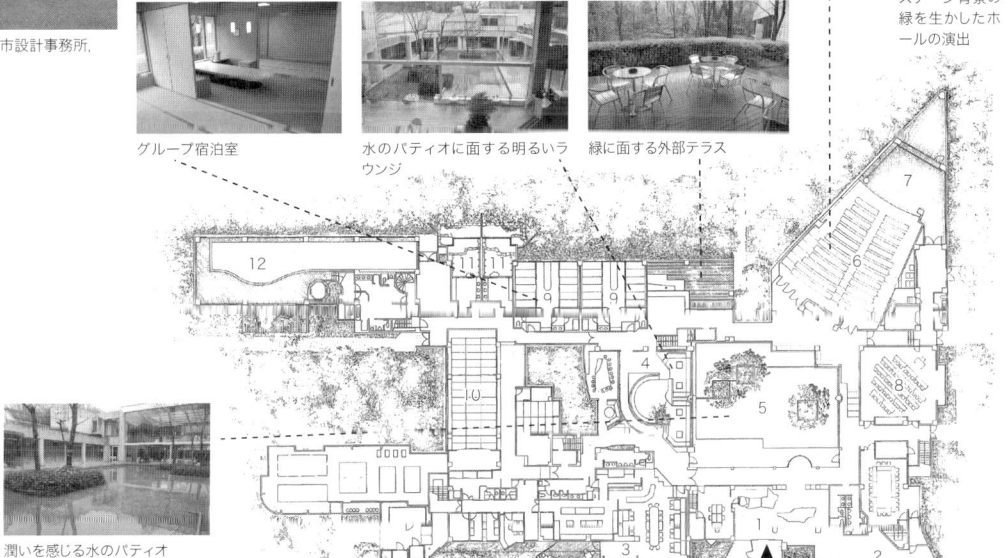

本館1階平面図（1/900）

5・3　研修・保養施設

図版出典

◉ 5-1
図5・1-1, 2　山田あすか
図5・1-3　山田あすか(配置図は，建築思潮研究所編『建築設計資料76　児童館・児童文化施設』建築資料研究社，2000 より作成)
図5・1-4　山田あすか（左：びわ湖こどもの国）
図5・1-5　山田あすか(建築思潮研究所編『建築設計資料76　児童館・児童文化施設』建築資料研究社，2000 より作成)
表5・1-1　山田あすか
コラム❖1写真，表　山田あすか
事例1〜3　山田あすか（原図提供：謝ヘイセン）
◉ 5-2
図5・2-1〜6　倉斗綾子
図5・2-7　建築思潮研究所編『建築設計資料9　コミュニティセンター』建築資料研究社，1985，p.6，図5 より一部修正の上，作成
図5・2-8　倉斗綾子，古川徹，角田誠，竹宮健司，謝秉銓「利用者ニーズから見た公共施設利用の実態　公共施設利用者アンケート」(『日本建築学会学術講演梗概集』E-1 分冊，2007，p.371-372)
図5・2-9　倉斗綾子
表5・2-1　松生明子，近藤樹理，倉斗綾子，上野淳「多摩市コミュニティセンターの利用圏構造と利用者類型　多摩市コミュニティセンターの利用構造に関する研究　その2」『日本建築学会学術講演梗概集』E-1 分冊，2005，p.499-500)
コラム❖1　倉斗綾子，古川徹，角田誠，竹宮健司，謝秉銓「利用者ニーズから見た公共施設利用の実態　公共施設利用者アンケート」(『日本建築学会学術講演梗概集』E-1 分冊，2007，p.371-372)
事例1〜3　倉斗綾子
◉ 5-3
図5・3-1〜16　川﨑寧史
コラム❖1　川﨑寧史

参考文献

◉ 5-1
▶ 金子公亮，常陰有美，山田あすか，倉斗綾子，上野淳「児童館における1日の活動展開　児童館の活動場面の展開に関する研究その1」(『日本建築学会大会学術講演梗概集，E-1 分冊，2006，p.125)
▶ 常陰有美，金子公亮，山田あすか，倉斗綾子，上野淳「児童館における集団編成と活動場面の展開に関する考察　児童館の活動場面の展開に関する研究その2」(『日本建築学会大会学術講演梗概集，E-1 分冊，2006，p.127)
▶ 財団法人こども未来財団，i - 子育てネット（全国子育て支援ネットワーク）「地域子育て支援拠点事業」 http://www.i-kosodate.net/support/shienkyoten.html（閲覧 2009.03.09）
▶ 児童健全育成推進財団「児童館とは？」 http://www.jidoukan.or.jp/what/what_detail.php（閲覧 2009.03.09）
▶ 全国学童保育連絡協議会「学童保育ってなんですか？」 http://www2s.biglobe.ne.jp/~Gakudou/（閲覧 2009.03.09）
▶ 建築思潮研究所編『建築設計資料76　児童館・児童文化施設』建築資料研究社，2000
◉ 5-2
▶ 建築思潮研究所編『建築設計資料9　コミュニティセンター』建築資料研究社，1985
▶ 建築思潮研究所編『建築設計資料70　コミュニティセンター2』建築資料研究社，1999
▶ 社団法人全国公民館連合会 http://www.kominkan.or.jp/
▶ 平成14年度公民館セミナー「公民館最新事情―最新事例から学び，次代の公民館像を考える―」http://www4.famille.ne.jp/~iruma/jigyouhoukoku-2002.htm
◉ 5-3
▶ 岡田光正，柏原士郎，辻正矩，森田孝夫，吉村英祐『現代建築学　建築計画2［新版］』鹿島出版会，2003
▶ 長澤泰編著，在塚礼子，西出和彦『建築計画』市ヶ谷出版社，2005
▶ 瀧光夫『建築と緑』学芸出版社，1992
▶『PROCESS:Architecture 106　瀧光夫：緑と建築のダイアローグ』プロセス アーキテクチャ，1992
▶ 建築思潮研究所編『建築設計資料6　保養・研修・野外教育施設』建築資料研究社／日建学院，1984
▶ 建築思潮研究所編『建築設計資料30　保養所』建築資料研究社／日建学院，1990
▶ 建築思潮研究所編『建築設計資料78　研修センター』建築資料研究社／日建学院，2000
▶ 日本建築学会編『第3版コンパクト建築設計資料集成』丸善，2005
▶『新建築』06，新建築社，1991
▶『建築大辞典第2版』彰国社，1993

関連文献

▶ 仙田満『環境デザイン講義』彰国社，2006
▶ 仙田満『環境デザインの方法』彰国社，1998

第6章 知る・観る・聴く

6・1　図書館
6・2　博物館・美術館
6・3　劇場・ホール

読む・調べる　　　利用サービスする・受ける

観る・聴く　　　おはなしをきく・親しむ　　　立ち寄る・くつろぐ

図書館　　　　6・1

6・1・1　活動フレーム

　利用者が図書を中心とした著作物の閲覧や視聴，また検索や貸出などのサービスを受けることのできる建築である．図書館には設置組織やサービス内容によりいくつかの種類がある．地域図書館[1]では新聞や雑誌の立ち寄り閲覧，児童書の読み聞かせ，各種集会，また大学図書館[1]では自主学習などの活動も行われている．運営者側では著作物の収集と収納管理，来館者への利用サービス，郷土資料の収集と展示，集会企画などの活動を行っている．また移動図書[1]のサービスを行っている図書館もある．このように，図書館は図書サービス関連の施設という枠組みを超え，立寄や地域交流の施設といった側面も有している．

6・1・2　活動フレームに対応した場

● 1　入館する
　　　――エントランスホール

　図書館は資料を調べる，静粛に読書をする，絵本を通じて親子のコミュニケーションを深める，地域や郷土の資料を調べる，などさまざまな目的の活動が行われる．そのため，エントランスホールは目的の場所へ向かう際のわかりやすさや見通しの良さ（図6・1-1），それぞれの場所との近接性などが重要となる．さらに，貸出サービスなどの面からは出入りに関する集約的な管理が必要となる．これらのエントランス機能を補完するために，案内や貸出のためのカウンターはエントランスホール付近に配置され，利用者へのサービスが集約的に実施されるようになっている．最近で

1）地域図書館・大学図書館などの図書館の種類や体系については，p.113，6・1・4「図書館の体系」を参照．

図6・1-1　見通しのよい閲覧室の出入口付近と案内カウンター
　⇨ p.115，事例1

図6・1-2　BDSによる出入口の管理
　金沢工業大学ライブラリセンター（LC）（1982）

2) BDS（ブック・ディテクション・システム）：磁気テープの反応により無手続き図書の持ち出し警報を行う装置．職員の作業負担を減らす目的から，さまざまな図書館で積極的に導入されている．

3) 図書の運搬用荷台のことである．職員が図書の運搬・整理などに利用するものである．開架書架の間の移動にも使われるため，ブックトラックの寸法も考慮して書架の配列間隔を計画する必要がある．

はBDS[2]（図6・1-2）を導入している施設も多い．

● 2　軽読書する・閲覧する・立ち寄る
―― ブラウジングコーナー

新聞や雑誌，気軽に読める図書などをくつろぎながら読む場所である．そのほか，散歩などのついでに立ち寄り，新聞などを読むなど日常生活の一部として利用される場合もある．この理由から，ブラウジングコーナーはエントランス付近に配置し，景色が見える開放的な空間で，ゆったりとした家具に座って閲覧できる環境が望ましい（図6・1-3）．

● 3　図書を探す・読む
―― 開架貸出室・開架閲覧室

利用者が分類ごとに配列された書架（本棚）の間を移動し，自ら図書を探し出し，閲覧や貸出などのサービスを受けるスペースを開架閲覧室と呼ぶ（⇨ p.113，コラム❖1）（図6・1-4）．地域図書館では，この開架閲覧室が大きな割合を占める主要な空間となっている．ここでは，利用者が効率よく目的の図書を探し出す必要があるため，わかりやすく見通しのよい書架配置が求められる．そのため，開架閲覧室を大きなワンルームの空間とすることが一般的であり，移動距離が長くならないよう極端な縦横比率の平面形とならないようにする．

―― 書架配列と柱間・閲覧スペース

開架閲覧室の柱間と書架配列との関係は重要であり，柱間は書架一連の幅寸法（900mmなど）や配列間隔（1,500～2,400mm）などを基準として決定される（図6・1-5，6・1-6）．この際，利用者や職員の図書や資料を持っての移動や，車いすやブックトラック[3]を利用した移動を考慮し，十分なスペースを確保する必要がある．またこれに関連して，段差を設けない，歩行音が響かないなどの配慮も必要である．閲覧スペースは閲覧机の種類（一人掛・複数掛）や配置により一人あたりの単位面積は異なるが，一人掛机の場合3㎡/人程度，6人掛机の場合1.6㎡/人程度の面積を要する（図6・1-7）．

● 4　児童書を読む・お話を聴く
―― 児童閲覧室・おはなし室

児童が児童書や絵本を読んだり借りたりする場所を児童閲覧室，また保護者や職員からお話を読み聞かせてもらう場所を「おはなし室」と呼ぶ．おはなし室は独立した個室となっている場合や，児童閲覧室の一部にコーナーとして配置される場合がある（図6・1-8）．ここではカーペット敷きなどの床仕上げとすることが多く，床下に座ったり寝そべったりして図書を楽しむことができるようになってい

図6・1-3　ブラウジングコーナー　⇨ p.116，事例2

図6・1-4　⇨ p.115，事例1

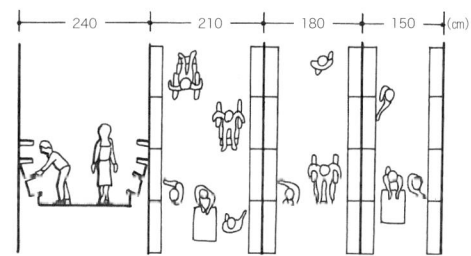

閲覧室で本を「探す」「読む」，知りたいことを「調べる」，メモを「書く」

図6・1-5　書架配列と寸法

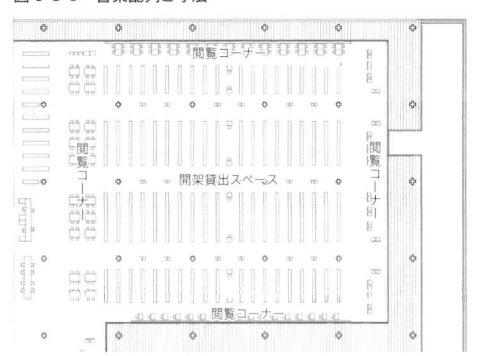

図6・1-6　開架貸出・閲覧室と書架配列　⇨ p.115，事例1

図6・1-7　開架貸出・閲覧室の閲覧机（左：1人掛机，右：6人掛机）　金沢工業大学LC（1982）

る．このように，児童閲覧室は学びや遊び，また発達の一環として図書とふれあう目的が重要となり，静粛に読書する活動だけが求められている訳ではない．その理由から，児童閲覧室へ至る動線が一般閲覧室を横切らないよう配慮するとともに，相互が近接しないように空間的に分離しておく必要がある（図6・1-9）．

● 5 情報検索する・相談する
—— 情報検索コーナー・レファレンスコーナー

利用者が目的の図書や資料を探す場所であり，目録や書誌，コンピューターによる検索システムなどが準備されている．さらに，情報検索や資料などに関する専門的な相談に職員が対応するサービスをレファレンスサービスと呼び，広域参考図書館[1]や大学図書館[1]などでは情報検索コーナーとは別に，レファレンスコーナーが設置される場合が多い．

● 6 視聴する
—— AVコーナー・AVホール（視聴覚室）・対面朗読室

所蔵しているビデオやCDといった電子メディアを視聴する場所をAV（Audio Visual）コーナーと呼び，このなかで音声や音楽を聴く専用の場所をリスニングコーナーとする場合もある．AVコーナーでは複数の人数で視聴する設備と，AVブースなどにより利用者が個別に視聴できる設備がある（図6・1-10）．また教育普及や上映会などの目的で，集団で視聴できる設備を整えたAVホール（視聴覚室）があり，ここには映写・音響・照明などの調整室が併設されている．その他，視覚障碍者などに対して対面朗読のサービスを行う朗読室が設置されている場合もある．

● 7 集う —— 集会室

教育普及や生涯学習，地域集会などの目的で来館者が集まり，学習や交流などの集いが行われる場所が集会室である．中規模以上の図書館では，20名前後の小集会室から，50～100名程度の中集会室などが準備されている（図6・1-11）．集会室は夜間の利用も想定されるため，エントランスホールから直接アプローチできるなどの独立した動線を確保する計画が望ましい．

● 8 管理・運営する
—— 事務室・応接室・館長室

事務室・応接室・館長室は相互に近接していることが望ましい．ただし，図書館の規模により，館長室と応接室が兼用されている場合もある．事務室は一般事務のほかに，司書[4]が専門的な作業を行う場である．その理由から，貸出サービスや資料整理などの作業と連動して動けるように，事務室と作業室，サービスカウンターやレファレンスコーナーなどは相互に近接しているほうが作業効率が上がる．したがって，事務・作業室として一体の

[4] 司書とは図書館に従事する専門的職員のことである．日本では法律にもとづいた資格や肩書きとして「司書」が規定されている．このような法的根拠はないが学校・大学図書館などの専門職員に「司書」の職名を与えている場合もある．

図6・1-8 児童室の閲覧コーナーで「読む」「親しむ」「寝そべる」　⇨ p.115, 事例1

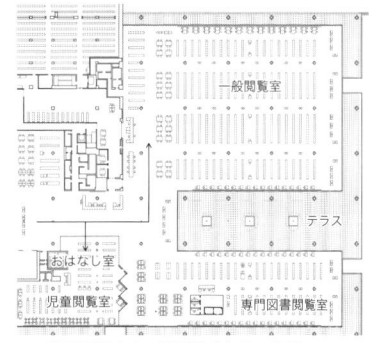

図6・1-9 児童閲覧室と一般閲覧室などの分離　⇨ p.115, 事例1

図6・1-10 先進のAV設備で「観る」「聴く」　⇨ p.116, 事例2

図6・1-11 小会議室で「集う」「話す」「見る」　⇨ p.116, 事例2

5) 出納方式は図書館の平面計画を考える上で最も重要な要素となる．例えば地域図書館と広域参考図書館では，蔵書数や資料の貴重性にちがいがあり，出納方式やこれに基づく規模・平面計画に大きな相違が生じる（⇨p.114, 図6·1-20）．

空間となっている場合も多い．

● 9 利用サービスする ——カウンター

利用案内，登録，貸出・返却，レファレンスなどのサービスを提供する場所としてサービスカウンターがある．ここは利用者と職員が接する重要な場所であるとともに，各種サービスを円滑に提供できるよう合理的な業務遂行が求められる場所である（図6·1-12）．小規模な図書館の場合，メインカウンターとして一体的に運用されている場合が多いが，図書館の規模や位置づけによっては専用カウンターとして分かれる場合もある．

カウンターは来館者からのわかりやすさや入館チェックなどの必要からエントランス付近に配置されるのが望ましく，さらに館内をできるだけ見渡せるような位置関係であることが望ましい．また職員のサービス対応という点からは，事務室・作業室などと近接していることも重要な条件となる．

● 10 図書・資料を整理する ——作業室

図書や資料の整理に関する諸作業を行う場所として作業室がある．図書館によっては事務室と作業室を兼用とした事務・作業室としている場合もある．ここでは長時間に及ぶ整理作業に配慮して，居住性の高い室環境が求められるとともに，付近にはスタッフラウンジ（職員休憩所）を設置することが望ましい．

● 11 図書や資料を収納する ——書庫

書庫は図書や資料の収納・保存が行われる場所であり，図書館において最も重要な役割を担っている．その意味から，書庫では出納方式・収納力・室内環境などの条件が重要となる．出納方式についてはコラム❖1「出納方式」（p.113）で詳しく後述するが，大別して利用者が自由に入室し本を手に取れる開架方式（図6·1-13）と，職員のみが入室を許される閉架方式[5]がある．

——書架配列

書架の配列としては，一定間隔で配列される通常の形式と，利用時に書架がスライドして利用動線を確保できる集密書架や下層の書架の支柱により上層の書架や床板を支える積層書架（図6·1-14）がある．集密書架や積層書架は書庫の収納力を上げる目的で設置された書架設備である．書庫の環境は図書・資料の保存という観点からは，温度・湿度条件をある程度一定（$22.5 \pm 5℃$, $60 \pm 5\%$）に保ち，防水・防湿に十分対処する必要がある．その意味から閉架書庫の外壁は断熱性を高めるとともに，できるかぎり無窓とするのが望ましい．

● 12 移動サービスをする

——ブックモービル(BM)車・作業室

分館などが設置されていない地域に対して移動図書のサービスを行うことをブックモービル（BM）と呼び，図書を積んで巡回サービスする自動車をBM車という．BMサービスを実施するためにはBM車の車庫の他，BM専用の書庫や作業室などが必要となる場合がある．これらは事務室に近接して配置されるのが望ましいが，館内への外気の進入などには十分配慮しておく必要がある．

6·1·3 場と空間の組み立てかた

● 1 主階（メインフロア）

図書館では計画にあたり主階という考えか

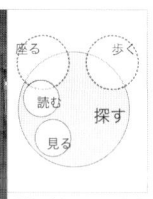

図6·1-12 貸出・レファレンスカウンター 宮城県図書館(1998)

図6·1-13 開架式書架 宮城県図書館(1998)

集密書架　　積層書架
図6·1-14 書架形式 金沢工業大学LC(1982)

たを用いることがある．主階には図書館の主要となるサービス空間が配置されるが，これは図書館の規模や位置づけにより異なってくる．地域図書館では，開架貸出・閲覧室や貸出カウンター，事務室などが主階に置かれている．この主階は最も来館者の利用が多いフロアであることから，アプローチしやすい配置となっていなければならない．また主階では空間の内部がわかりやすい構造となっていなければならない．

● 2　出納方式

利用者が目的の図書や資料を手にするまでの手続きや方法を出納方式と呼び，図書館の利用に関して最も重要な仕組みとなる．この出納方式により，閲覧室と書架や書庫などの配置構成が決定されることになる．出納方式は大別して開架式と閉架式があるが（⇒p.113, コラム❖1），これらの折衷方式として安全開架式や半開架式もある．開架式を中心としてこれらの方式が併用される場合がある．

● 3　部門とこれを構成する諸室

部門構成は来館者の利用活動のための部門と，職員・専門職員の活動のための部門で大別される．来館者の利用活動の部門としては，導入部門／開架貸出部門／レファレンス部門／集会部門／展示部門／共用部門などがあり，職員・専門職員の活動の部門としては管理部門／事務作業部門／収納・保存部門／移動図書部門などがある．それぞれの部門を構成する諸室（コーナー）は表6・1-1のとおりである．利用者のための部門と職員・専門職員のための部門は主として公開部分（オモテ）と非公開部分（ウラ）という関係にあたるため，施設構成やこれにともなう動線計画は当然これらを十分考慮して行っていく必要がある（図6・1-15, 16）．

● 4　部門配置と動線計画

図書館は限られたスタッフにより数多くの利用サービスを実施しなければならない理由から，できるだけ合理的な部門配置や動線計画が望まれる．その意味からオモテとウラの明快なエリア分けと動線の分離は重要である．一方，図書館では相互の接点部分も重要となる．例えば，各種カウンターやレファレンスコーナー，おはなし室，朗読室などの利用者と職員のコンタクトは，図書館サービスでは最も重要な機能である．また開架貸出室も利用者と職員が同時に活動する場所となっている．一方で，図書館では職員・専門職員のための部門（ウラの部門）は限られたスタッフで協

表6・1-1　部門を構成する諸室

導入部門 ・アプローチ ・エントランスロビー ・案内カウンター	共用部門 ・ロビー ・カフェ ・トイレなど
開架貸出部門 ・開架貸出・閲覧室 ・ブラウジングコーナー ・AVコーナー ・児童閲覧室 ・おはなし室 ・貸出カウンター	管理部門 ・事務室 ・館長・応接室
	事務作業部門 ・事務作業室 ・スタッフラウンジ
レファレンス部門 ・レファレンス室 ・情報検索コーナー	収納・保存部門 ・書庫
集会部門 ・集会室 ・視聴覚ホール	移動図書部門 ・BM書庫 ・BM車庫
展示部門 ・展示コーナー ・郷土資料コーナー	

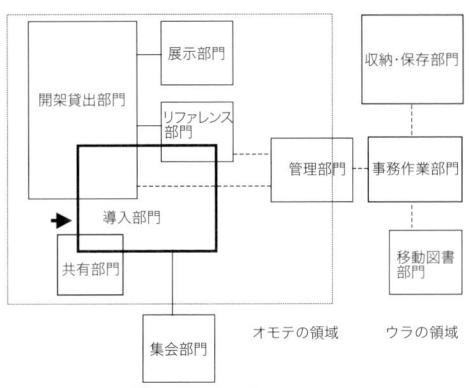

図6・1-15　部門構成とゾーニング

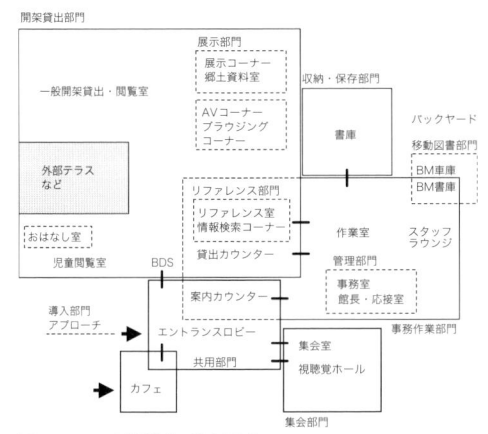

図6・1-16　部門構成と諸室配置

6) ⇒ p.17, 1・1・3「活動の目的(なぜ)」

力して業務遂行しているため，相互に緊密な連携が必要となる．例えば事務室と作業室やブックモービルとの連携，さらに事務室からカウンターやレファレンスコーナーなどへの支援があり，これらに対する部門配置や動線計画を十分考慮しておく必要がある(図6・1-17).

6・1・4 建築類型への適用

● 1 日本の近代的図書館

日本における近代的な図書館は，1872年に文部省により湯島旧聖堂内の大講堂に開館された書籍館がある．書籍館は帝国図書館として独立し，1906年には上野公園内に新館が建設された．2000年には建築家・安藤忠雄氏の設計のもと，この建物を再利用した国立国会図書館・国際こども図書館(図6・1-18)として生まれ変わっている．

図6・1-17 事務作業室と貸出カウンター・レファレンスコーナーの配置　⇒ p.115, 事例1

● 2 図書館の体系

図書館の種類や名称は設置機関とサービス内容でそれぞれ分類できる．設置機関別の名称では国立国会図書館，公立図書館(都道府県，市町村立)，私立図書館という名称区分になるが，サービス面からは国立国会図書館(全出版物の収集)，公共図書館(広域，地域，地域分館)，大学図書館，学校図書館(小・中・高等学校などでの学校専用図書サービス)，専門図書館(特定の分野における図書・資料の収集)などという呼びかたがある(図6・1-19)．国立国会図書館には東京本館，関西館，国際こども図書館などがある．公共図書館にはその規模や広域性の違いから広域参考図書館や地域図書館などという呼びかたもある(図6・1-20)[6].

「図書館はサービスシステムである」といわれるように，サービス提供というソフトウェ

図6・1-18　国際こども図書館(2000)

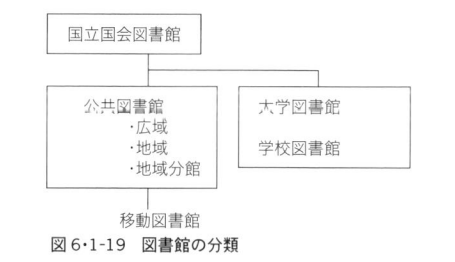

図6・1-19　図書館の分類

❖ 1 出納方式

①開架式

利用者が書架の間を自由に移動し，目的の図書を取り出し閲覧することができる．利用者が直接図書を手にして探し出せること，職員の負担が軽減されることなどのメリットは多いが，図書の傷みや返却時の書架配列の乱れといったデメリットもある．

②閉架式

利用者が目録などを職員に示し，職員に図書を取り出してもらう方式である．これは保存重視の方式であり，貴重な図書や資料の利用に適している．半面，貸出手続きの煩雑さや希望図書とは異なるなどの問題もある．閉架方式は貴重図書などを管理する広域参考図書館などで多く採用されている．

③安全開架式・半開架式

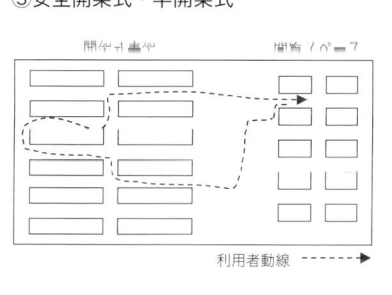

出納方式：開架式(左)と閉架式(右)

安全開架とは利用者自らが書架より図書を取り出し，貸出手続きを行ってから利用する方式である．半開架とは図書の背表紙を自ら確認し，出納を職員に依頼する方式である．

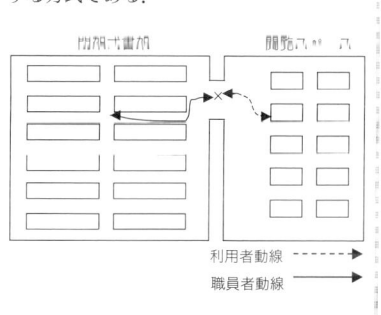

アが社会的な存在意義となっている．これは個々の図書館によるサービスに留まらず，図書館のサービス連携や相互補完も重要となる．さらに国立国会図書館を頂点として，広域圏から都心部，地域といったそれぞれの立地にもとづく図書館の階層的構成（図6・1-21）とこれに対応したサービス・ネットワークも重要となり，図書館の計画ではこれらの位置づけを十分理解した上で活動プログラムを想定していく必要がある．

7) 岡田光正，柏原士郎，辻正矩，森田孝夫，吉村英祐『現代建築学 建築計画2』鹿島出版会，2003，pp.297-299 を参考にした．

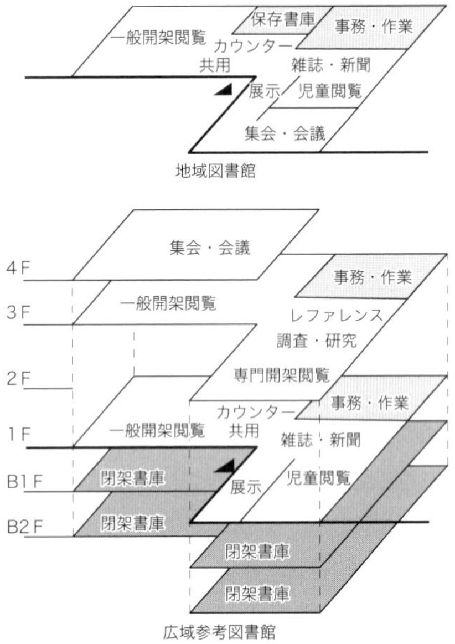

図6・1-20　地域図書館と広域参考図書館のフロア・ダイアグラム例

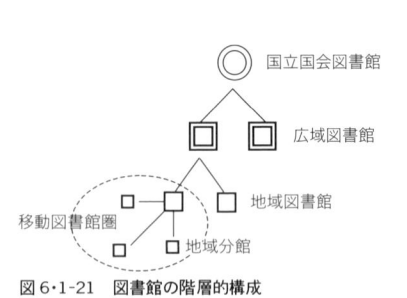

図6・1-21　図書館の階層的構成

❖2　書庫の配置形式と拡張性[7]

①配置形式

書庫の配置形式は図書館全体の配置に大きく影響するものである．書庫の配置は図書館の位置づけや蔵書数，敷地条件，さらに出納方式などと密接に関係して決定される．大別して，書庫の配置形式について以下のようなタイプがある．

▶1　一体型

閲覧室と書庫が同じフロアにあるタイプである．この場合，各フロアで閲覧室と書庫の配置が同一のタイプと，自由にレイアウトしたタイプ（モジュラープランニング）がある．

▶2　独立型

閲覧室と書庫をフロアで分けるタイプと別棟で分けるタイプがある．これらのタイプは，蔵書数の増加に対応した書庫の拡張が考えられているが，フロアで分けるタイプの増築については現実的には困難な問題が多い．

②拡張性

図書館の蔵書数は増加の一方をたどるため，あらかじめ増築や別棟建設などの拡張性を考慮した計画としておくのが望ましい．ただし増築に関しては，敷地の確保や工事中の騒音振動，法規制の変化などの現実的な問題が多く残り，あまり容易に実施できるものではない．

③モジュラープランニング

図書館は書架配列の寸法基準や合理性を求めた動線計画などから，固定的な平面レイアウトになってしまう場合が多い．これに対して，規則正しい柱配置のなかで開架閲覧室や事務室，書庫などの諸室を柔軟にレイアウトできるよう考えられたのがモジュラープランニングである．ここでは階段や便所，設備スペースといった固定的なものはできるだけ集約し，それ以外の空間は開放的にし，可動間仕切りなどで柔軟にスペースを区切れるようにしている．しかし，閲覧室や事務室に求められる空間性能と，書庫などに求められる室内環境や構造荷重の空間性能のちがいが大きく，すべてのエリアを高い水準に設定することの不合理性が残る．さらに，空間の単調さなどの問題があり，現在ではあまり普及していない．

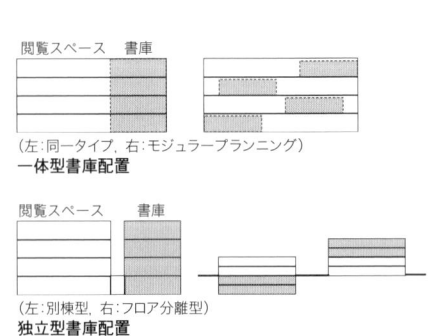

一体型書庫配置
（左：同一タイプ，右：モジュラープランニング）

独立型書庫配置
（左：別棟型，右：フロア分離型）

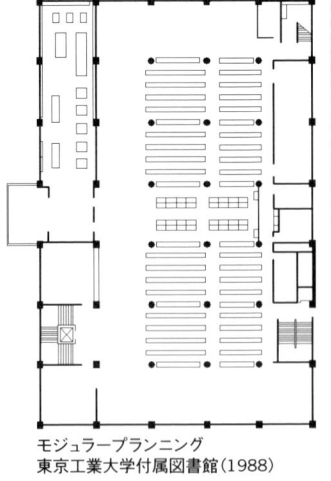

モジュラープランニング
東京工業大学付属図書館（1988）

事例1　ランドスケープと一体にデザインされた庭園図書館（福井県立図書館・文書館）

■基本データ■
設計：槇総合計画事務所
所在地：福井県福井市
竣工：2002年

テラス
同一フロアの開架閲覧室を分節し光環境を整える機能を果たしている.

エントランスホール前の車寄せ

屋根と柱で構成された透明感のある開架閲覧室の背後に，赤いテラコッタの閉架書庫の姿が対比的に見える.

視線が庭へと連続する開放的な一般開架閲覧コーナー．30万冊の本が同一フロアに収まっている．

■室名■
1　エントランスホール
2　多目的ホール
3　喫茶室
4　小集会室
5　研修室
6　閲覧室
7　事務室
8　調査研究室
9　児童室
10　AVコーナー
11　新聞・雑誌
12　貸出・返却コーナー
13　レファレンスコーナー
14　環日本海コーノ
15　一般開架コーナー
16　ワークルーム
17　地域サービス室
18　固定書庫
19　車庫
20　荷解室
21　撮影室
22　一般書庫
23　トイレ

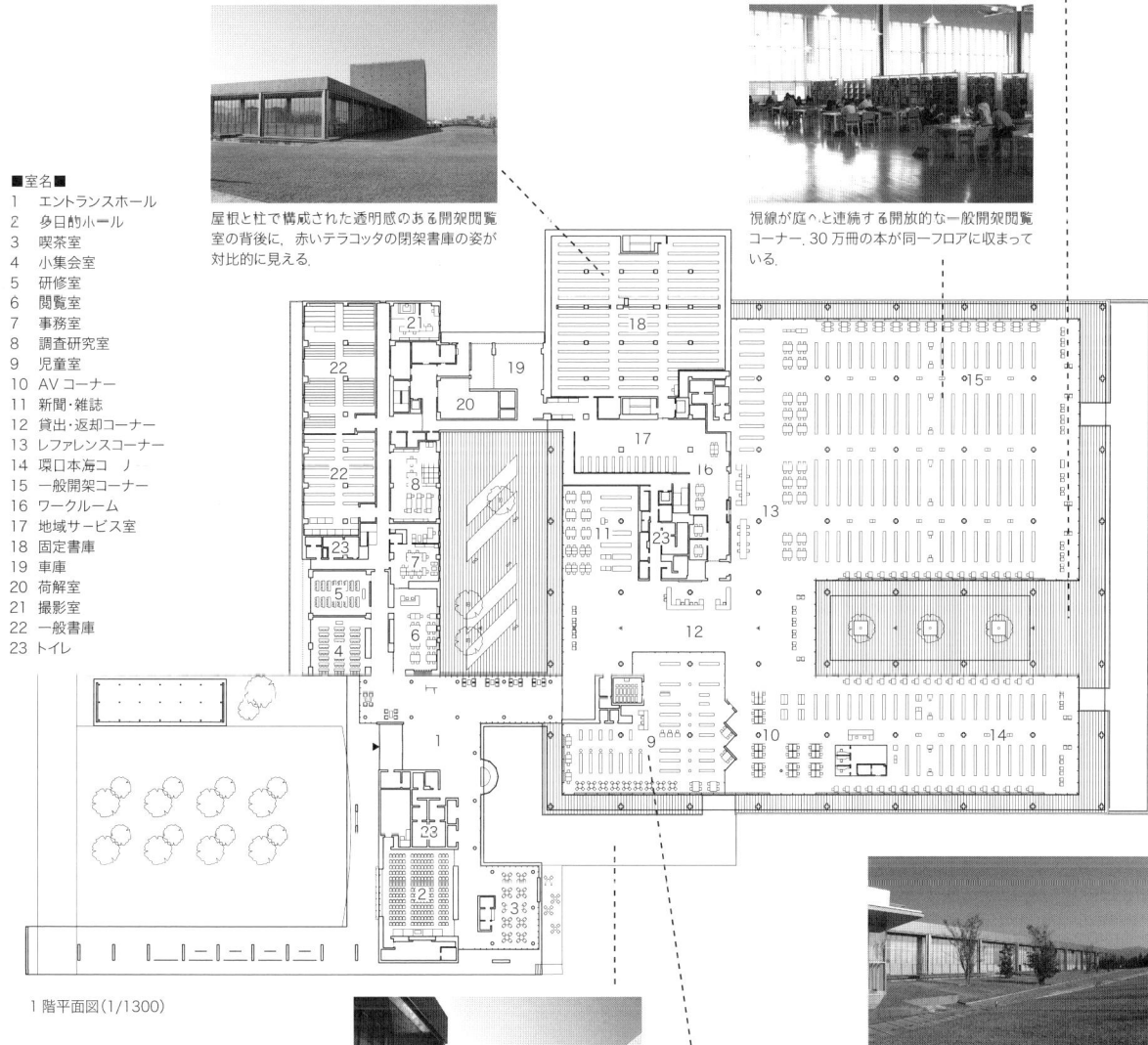

1階平面図（1/1300）

■立体計画の特徴■
田園風景が広がる牧歌的な環境のなかで7haの敷地の広さを生かした庭園図書館．全体配置は雁行しながら奥へと連なる伝統的な屋敷構えを想起させるものであり，屋根と建具で構成された開架閲覧室を庭園に向かって開かれた書院，テラコッタの外装の閉架書庫を蔵のように感じることもできる．

■開架閲覧室の特徴■
30万冊にも及ぶ開架と閲覧のスペースを同一フロアのひと続きの空間に納めている．各コーナーのまわりには中庭・読書テラス・水盤などが配置され，外周からは軒庇・ルーバー・調光ガラスなどでコントロールされた柔らかい光が入ってくる．来館者は庭園の広がりが感じられる閲覧コーナーで，ゆったりとした時間を過ごすことができる．

水盤を挟んで向かい合うエントランスホール・喫茶室・児童室テラス

開架閲覧室の外に広がる芝生の庭

寝そべりながら自由に読書ができる児童室

（図面提供：槇総合計画事務所，写真：川崎寧史）

6・1　図書館

115

事例2　公共施設のプログラムを再構築したメディアセンター（せんだいメディアテーク）

■基本データ■
設計：伊東豊雄建築設計事務所
所在地：宮城県仙台市
竣工：2001年
2003年日本建築学会賞

ケヤキ並木の美しい定禅寺通りにたたずむ透明感のある外観

利用カウンター周辺

閲覧スペース

外壁「スキン」に面した明るい閲覧スペース，背後の「チューブ」を取り巻くように配置されたソファーでくつろぎながら読書や休憩をしている．

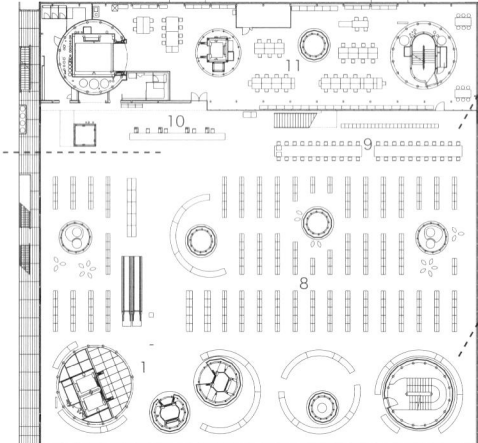

3階平面図（1/850）

映像音響ライブラリ

親子で読書する児童書のスペース

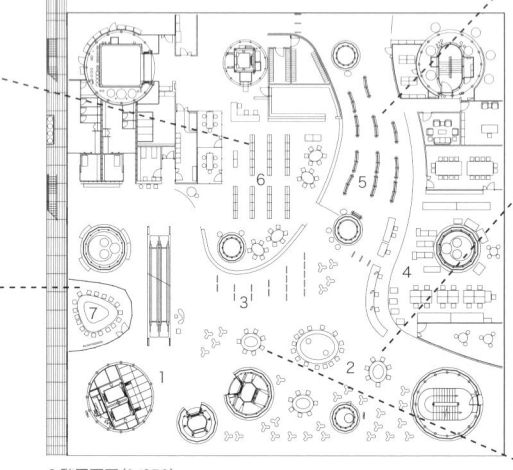

映像閲覧スペース
開かれた明るい空間，画一的でないレイアウトとなっている．

ガラスで仕切られた会議室

2階平面図（1/850）

自由な家具配置のブラウジングコーナー

■計画の特徴■
　せんだいメディアテークはアートギャラリー，図書館，映像メディアセンターなどが複合された施設である．ここでは従来の"図書館"などの公共施設のプログラムを解体し，これらを複合し"メディアテーク"として再構築している．建築空間は多様なプログラムの展開に対応できるよう，柔軟なスペースが求められる．そこで「プレート」（スラブ），「チューブ」（13本の樹状の構造体），「スキン」（ガラスのダブルスキンの外壁）という三つのエレメントでシンプルに空間を構成している．

（図面提供：伊東豊雄建築設計事務所，写真：川﨑寧史）

■室名■
1　エレベータホール
2　映像閲覧スペース
3　新聞・雑誌
4　事務室
5　映像音響ライブラリ
6　児童書
7　会議室
8　一般開架スペース
9　閲覧スペース
10　利用カウンター
11　図書館事務室

❖3　建築デザインの特徴と魅力

現代の地域図書館は市民にとって最も親近感のある建築種別であり、市民要望により各地で新しい施設が整備され、活動でにぎわう空間の理想的シーンに出会うことがある。このような場をつくり出すために、図書館の計画・設計においては、気軽に立ち寄れる外観イメージ、心地よく誘い込まれるアプローチの演出、本や資料を探しやすい開架書架スペースの空間構成、寛いだ気分で本が読める閲覧スペースの開放感などをテーマに、「人間の心理を考慮した場の形成をいかに行うか」という建築デザイン上の難問を解く作業がある。

これらの課題に対し、周辺環境や施設機能、さらに時代性や市民要望などを総合的に考慮し、永く市民に愛され、地域コミュニティのシンボルになるような図書館の物語を描き、それを具体的な形態や空間に翻訳する。この作業が最も設計者の能力が問われるところであり、同時に建築設計の楽しさと苦しさを感じる瞬間でもある。さらに施設のオープン後、多くの人々でにぎわうシーンを見る時、計画・設計者としての感動を得るとともに、思い描いていた物語と異なる活動シーンに気づくこともある。計画・設計者には幅広い見識と経験が必要であり、さらに人間の心理や行動を予測する能力も求められる。

❖4　計画・設計へのアドバイス

①エスキスを繰り返し魅力的な計画案に仕上げる

設計課題には提出日があり、限られた時間内で作品化しなければならない。例えば図書館を1か月で仕上げる場合、まず課題条件の整理と類似事例の収集・分析を行い、次にプログラムを満たした第一案をひと通り描いてみる。この段階で重要な事は、すべての与条件を描き出すことで、敷地のスケール感や平面計画の重要なポイントを理解し、まず設計条件の全体像を把握することである。全体像を把握せずにイメージスケッチを繰り返し、そのイメージを具体的な空間や形態に翻訳する段階で破綻していることに気づき、締切前に厳しい状況に追い込まれることがある。早い段階で第一案をつくり、それを発展させるエスキスを繰り返すことで、魅力的な計画案に仕上げていくプロセスが重要である。

②スケール感を把握する参考図面を持つ

ロビーの広さや廊下幅をどのように決めるのかという質問がよくある。スペースの広さを決める想定人数がその場所で何を行うか、また、廊下幅は建築基準法の最低寸法を満たし、さらにピーク時に何人通るかの想定が寸法決めのスタートになる。さらにその場に居る人間の心理をイメージすることも重要である。実務経験が豊富なプロは、類似例の経験から広いか狭いかを即座に判断できるが、学生が判断に困るのは当然である。この時に、自分がよく行く好きな建築の平面図を、エスキス図面と同一縮尺で透明シートにコピーして持っていると、自分が描く平面図の各部のスケール感がつかみやすい。例えば、図書館のロビーの平面図を描く時、よく体験する類似の建築のロビーの平面図と重ね合わせてみれば、自らの体験をもとに広いか狭いかを判断することができる。

③建築雑誌から引用した魅力あるデザインは設計課題のテーマにふさわしいものか

建築雑誌には斬新なデザインや大胆な形態・空間が紹介されている。初学者にはすべてが目新しく魅力的に映り、その意匠がつくり出された背景や計画上の意味を考えることなく、単に面白いという理由で真似をする人がいる。大胆な形態や空間も、建築に求められる機能性と遊離してしまうと、意味のない大げさなデザインという厳しい評価を受けることになる。優れた建築を参照する習慣を身につけ、そこから多くのイメージを吸収し、知識としてストックしておく。そのなかから課題条件にふさわしいイメージを機能性とからめて抽出し、自身の建築空間に具体的に翻訳できる能力を身につけなければならない。

美術品を 観る・知る・楽しむ　　　　　　　　　　　　　　　　　　　　　鑑賞する・体験する

観る　　　　　　　集まる・知る　　　　　　　憩う　　　　　　　買う

博物館・美術館　　　　　　　　　　　　　　　　　　　　　　　　　6・2

6・2・1　活動フレーム

　来館者が所蔵コレクションや美術品を鑑賞し（図6・2-1），その歴史や芸術性などを知るといった文化的活動が行われる建築である．さらにカフェで憩い，ミュージアムショップで買いものをする，といった余暇を楽しく過ごす場所でもある．施設側では施設管理や展示企画をする職員の他に，収集したコレクションを収蔵し，これらを調査・研究する学芸員[1]などが活動を行っている．

　近年では，来館者が展示に参加したり体験するといった新しいかたちの展示活動が積極的に企画されるようになっている．また，公園のように余暇を楽しむことを主な目的とした美術館も現れている（図6・2-2）．このような活動の広がりから，最近の博物館・美術館は従来と比べて個性的な展示空間を有するものが増えてきている．

6・2・2　活動フレームに対応した場

● 1　接近する・入館する
──アプローチ・エントランス

　アプローチは建築へのはじめての出会いとなる空間である．全体計画の意図によっては，明快な施設配置の軸線が設定され，これに沿ってアプローチ空間が演出される場合がある（⇨ p.124，事例1）（図6・2-3）．一方で，ランドスケープ一体型施設のように敷地の複数方向に

1) 学芸員とは博物館法により定められた博物館（その他，美術館や植物園・動物園なども含む）に従事する専門的職員のことである．

図6・2-1　歴史的建物の展示室で名画を「鑑賞する」人々
ルーブル美術館（パリ，1793〜）

図6・2-2　周囲に開放された公園のような美術館となっている．
⇨ p.125，事例2

図6・2-3　静かな水面をわたり精神性を高めるアプローチ　東京国立博物館 法隆寺宝物館（1997）

2) パノラマとは鑑賞者を中心として360°(全方向)の風景などが見られる展示手法である。現在ではワイドスクリーンによる映像提示などもパノラマと呼ばれる。ジオラマとは展示物が周辺環境と一体となって表現される展示手法である。その一つとして縮尺模型などを用いた作品展示などがある（⇨p.124，事例1）．

3) 客席に段差を設けた，階段形式のホールを示す．舞台に集中して視聴するのに効果的な形式であるが，客席のレイアウトは固定される．

4) フラットな床の上に仮設の舞台や客席が必要に応じてレイアウトされる形式である．多目的な空間利用や客席レイアウトの柔軟性などがある．

5) H・メンテルスは都市にある建築やモニュメントに対して，視角と見えかたの関係を経験的に考察している．それによると，視角27°は全体を眺めるのに適しており，45°以上では全体を見ることはできない，などの関係が指摘されている．

開かれたアプローチを持つものもある（⇨ p.125, 事例2）．このように，アプローチ形態はエントランスを含む施設配置全体の構成や外観デザインに大きな影響を及ぼす場合がある．

● 2 観る ——展示室・ギャラリー

展示室やギャラリーは来館者が所蔵コレクションを鑑賞する場であり，博物館・美術館のなかで最も主要な活動の場となる．そのため，来館者が所蔵コレクションをできるだけ快適に「観る」ための展示環境を整えることが重要となる．展示環境の設定は，展示物の貴重性や材質などにより大きく異なる．例えば貴重なコレクションの展示では，展示物の保存・管理の側面から温度・湿度・照明などの環境調節が厳しく求められる．照明に関しては，展示室の全体照明と展示物への局所照明を別系統でコントロールしており，見やすさを考慮した輝度比の調節や，展示物の色合いを考慮した照明ランプの選択などが行われる（⇨p.124，事例1）．これに対し，現代アートや一般展示物などには展示ケースを必要としない場合や，積極的に自然採光や外部展示を行う場合もある（図6・2-4）．例えば自然光のなかでその表情を変化させる作品や，手で触れたり風でゆらぐことで生じる動きを鑑賞する作品などがあり，これらに対してはむしろ展示空間と環境との動的な関係が求められる．

展示室の計画は展示物の特質，大きさや展示量などによりその規模や高さが決まる．さらに，展示物の見やすさなどの鑑賞に適した距離も展示室の広さを決める一つの要因となる（図6・2-5）．展示室の高さは，従来の天窓からの採光方法により6m程度とされることもあったが，現在では人工照明の発達により天井高はそれよりも低く抑えられる場合もある．一方で，吹き抜けの大空間を利用した展示（図6・2-6），パノラマ・ジオラマ手法[2]を取り入れた大規模な展示，ランドスケープと一体型の展示などさまざまな形式に対応した個性的な展示室がある．

● 3 集まる ——ホール・セミナー室

博物館・美術館では各種講演や学習会，展示企画にちなんだ上映会などが催される．そのため，教育・普及部門としてレクチャー・ホールやセミナー室の機能が必要となる．ホールやセミナー室は地域公開や集会といった利用の側面から，展示部門から独立して利用できるよう，エントランスホールから直接入れる配置が望ましい．ホールはオーディトーリアム[3]のような固定座席の形式（図6・2-7）や，座席や舞台配置に柔軟性のある平土間形式[4]などがある．その形式や規模については，施設の位置づけや全体の規模に応じて計画される．

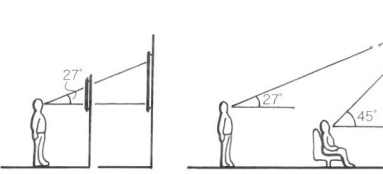

図6・2-4 自然採光の開放的な展示室で彫刻を「観る」 ピカソ美術館（パリ，1985）

図6・2-5 視角と鑑賞の距離
建築やモニュメントに対する視角と見やすさの関係（メンテルスの法則[5]）

図6・2-6 旧駅舎の大空間を展示空間に再利用している
オルセー美術館（パリ，1900）

図6・2-7 固定座席形式・小ホールに「集まる」，作品を「知る」
ピカソ美術館（パリ，1985）

● 4　調べる・閲覧する
——ライブラリ・情報交流・AVコーナー

情報の検索・閲覧といった情報サービスも重要な施設機能となる．従来は学芸員の図書資料などが公開されたライブラリ機能のみであったが，近年のAV（Audio Visual）メディアの発達やインターネットの普及により，AVコーナーやパソコン・コーナーといった利用環境の整備も必要となっている．ライブラリを含めてこれらのコーナーでは，利用に際して手続きや貸出などの作業が生じるため，職員とのコンタクトが必要となる（図6・2-8）．その理由から，管理・案内機能と関連するエントランス付近に配置されるのが望ましい．

● 5　憩う・楽しむ
——カフェ・ミュージアムショップなど

カフェ（図6・2-9）やミュージアムショップは，施設を利用する来館者に憩いや楽しみを与えるものである．また長時間滞在者などに対して精神的なゆとりを与えるものでもある．これらの諸室については，閉館時の単独利用や外部からの直接アクセス，外部テラスの併設（図6・2-10）なども考慮して配置・計画するほうがよい．その意味からエントランス付近に配置されるのが一般的である．

● 6　管理・運営する
——事務室・応接室・館長室

事務室・応接室・館長室は管理運営の諸室であることから，相互に近接していることが望ましい．エントランスに受付が設置されている場合，これらの諸室は必ずしもエントランス付近に配置する必要はないが，来賓の応接などの動線は考慮しておく必要がある．

● 7　調査・研究する
——学芸員室・研究室など

学芸員・研究員の活動が行われる場所で，資料室・写真室などが近接配置される．調査・研究の活動として非公開部分であるため，一般利用との動線は交わらないが，収蔵庫や展示に関連する諸室への動線は緊密となるよう計画する必要がある．

● 8　収蔵する　——収蔵庫

来館者の目には見えないが，所蔵コレクションの保存管理は非常に重要な機能である．むしろ博物館・美術館の本来の目的は収蔵にあるといってもよい．その中心となる収蔵庫は防火性や，恒温・恒湿の厳しい空調条件確保が求められる．このため，空調設備を収蔵品の特性にあわせて別系統とし，さらにコンクリート躯体の内側に木材の壁や床を設けた二重構造とし，その空隙で空調を行うなどの工夫が行われている（図6・2-11）．

● 9　収蔵に関連する作業の場
——荷解室・燻蒸室など[6]

荷解室はバックヤードから搬入された企画展の作品や収集品の荷解きを行う場所であり，

6）収蔵部門では荷卸室・荷解室から収蔵庫までに収蔵品の管理・収蔵に関わる梱包資材室・燻蒸室・乾燥室・浸漬室・修理工作室などがある．

図6・2-8　情報交流室の受付で「調べる」「たずねる」
⇨ p.124，事例1

図6・2-9　カフェで「憩う」・「くつろぐ」
ルーブル美術館（パリ，1793～）

図6・2-10　エントランス広場の外部テラスとカフェ
横須賀美術館（2007）

図6・2-11　収蔵庫の内部

展示準備室や収蔵部門の共用通路と近接して配置される．燻蒸室は荷解室と収蔵庫の間に配置され，外部から持ち込まれた収集品のカビや虫をガスなどで駆除するための部屋である．

6・2・3　場と空間の組み立てかた

● 1　企画と展示
──常設展示・企画展示・一般展示

博物館・美術館の計画では，展示の主な目的が常設展示か企画展示かにより，配置計画や展示室の性能が異なる．常設展示とは所蔵コレクションを長期にわたり展示する目的から，その規模が大きい場合にはコレクションの特質（大きさ・素材・見せかた）にあわせた展示空間の計画・設計が必要となる．一方，企画展示とは企画テーマにあわせた短期間の展示を目的としたもので，巡回展などもこれに含まれる．また，地域交流を目的とした団体活動の成果を発表する一般展示（展示ギャラリー）もある．その意味から，企画展示室や展示ギャラリーではむしろ展示に対する融通性が必要となり，柔軟な展示空間の計画が求められる．

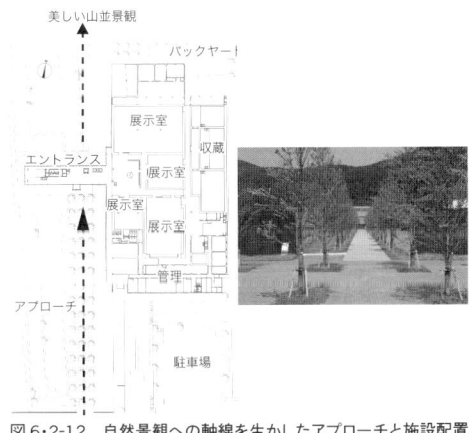

図 6・2-12　自然景観への軸線を生かしたアプローチと施設配置

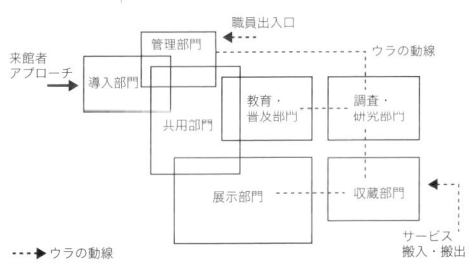

図 6・2-13　部門の配置構成とオモテ・ウラの動線

● 2　敷地や周辺環境の特性

施設配置や敷地利用などの全体計画を進めていく上で，敷地の条件や周辺環境の特性を十分読み取ることが重要となる．例えば「都心部の高度利用地区である」「郊外の広い敷地である」あるいは「周辺に豊かな自然や伝統的建築がある」などの条件は軸線の設定や施設配置の形態および外観イメージを決定する上で最も重要な要素となる．また敷地へのアクセス条件も重要であり，これによりアプローチや駐車場，バックヤードなどの機能的な配置が決定される（図 6・2-12）．

● 3　部門構成

部門構成は来館者の活動する部門と，職員・学芸員などが活動する部門で大別される．来館者のための部門として，導入部門／展示部門／教育・普及部門／共用部門などがあり，職員・学芸員のための部門として，管理部門／収蔵部門／調査・研究部門などがある．これらは公開部分（オモテ）と非公開部分（ウラ）という関係にあたるため，施設構成やこれにともなう動線計画は当然これらを十分考慮して行っていく必要がある．とくにオモテとウラの明快なエリア分けと動線の分離は重要であるが，相互の接点も部分的に必要となることがある．

例えば案内・受付などによる職員と来館者のコンタクト（オモテとウラの接点），あるいは収集品の収蔵・研究・展示といった学芸員の活動（ウラでの連携）などがあり，これらは部門間をつないでの行動となる．さらに，来館者のアプローチと搬入・搬出のためのバックヤードの分離といった外部動線の計画についても考慮しておく必要がある（図 6・2-13）．

● 4　部門を構成する諸室

各部門を構成する諸室は表 6・2・1 のとおりである．また，これらの部門・諸室と利用者の動線を整理したものが図 6・2-14 である．施設配置はこのような関係を基本とした上で，さらにその施設の個性や特徴を加味して計画が行われる．

● 5　展示室の配置形式

博物館・美術館の施設構成のなかで，展示

表6・2-1 部門を構成する諸室

導入部門	管理部門
・アプローチ ・エントランスロビー ・案内所など	・事務室 ・応接室 ・館長室など
展示部門	調査・研究部門
・展示室 ・ギャラリーなど	・学芸員室 ・研究室 ・資料室 ・写真室など
教育・普及部門	収蔵部門
・視聴覚ホール ・セミナー室 ・ライブラリ ・ＡＶコーナーなど	・収蔵庫 ・荷卸室 ・荷解き室 ・燻蒸室など
共用部門	
・ホール ・ロビー ・カフェ ・ミュージアムショップ ・トイレなど	

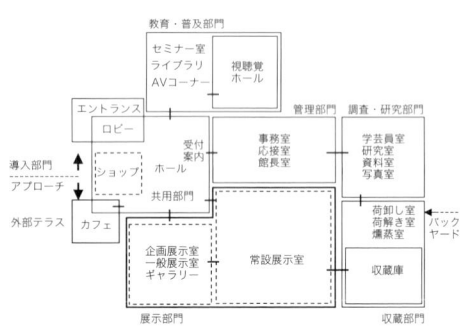

図6・2-14 部門の配置構成と諸室

室の配置形式はとくに重要な問題となる．これには展示の企画や規模などが密接に関係しており，これにあわせて展示室の大きさや数を決定していかなければならない．その結果，できるだけ合理的でかつ魅力的な鑑賞者の動線を生む配置形式を計画することになる．一般的に展示室の入り口から出口までの動線は巡回形式となるため，一筆書きのような動線計画が望ましいとされている．そのなかでも展示条件にあわせて，接室型／ホール型／廊下型などの配置形式が取られる（⇨p.123, コラム❖1）．

6・2・4 建築類型への適用

●1 博物館・美術館の歴史

海外では博物館は museum（ミュージアム）とよばれ，美術館はこのなかで主に美術品を所蔵した施設として art museum（アート・ミュージアム）と呼ばれている．博物館の起源は古く，古代エジプト・プトレマイオス朝にまで遡ると考えられている．ルネサンス期のイタリア・フィレンツェでメディチ家のコレクションを邸内の回廊（ガレリア）に公開した事例（現・ウフィツィ美術館（Galleria degli Uffizi））などがあったが，現在のような常設での公開はフランス革命以降のこととなる．フランス革命時に美術品の国外流出を避ける目的でパリに「国立自然史博物館」が設立され，常設展示としてはじめて一般公開された．

●2 博物館・美術館の体系

日本ではじめての近代的な博物館は「東京国立博物館」であり，その後五つの国立博物館が設立された．美術館では最新の「国立新美術館」までの5館が設立された．また，各県においては，神奈川県立美術館（1951）から青森県立美術館（2005）まで，県立美術館の整備が完了している．現代の博物館・美術館は，公設後に独立行政法人が運営するものから県立・町立といった地域運営のもの，さらには個人所蔵や企業所蔵のコレクションを公開したものなど，その規模や内容はさまざまである．このなかには，展示物と空間演出との結びつきが密接なものや，小規模であっても個性的な展示空間を持つものなどが数多くあり，その意味から博物館・美術館は建築設計の魅力が最も引き出せる施設の一つとなった．

●3 建築デザインの特徴と魅力

近代以降，博物館・美術館には，各時代の建築デザイン界に衝撃を与え，その後の建築デザインの潮流をつくり出す契機となった記念碑的建築が数多くある．近代以前の古典主義様式の建築では，その内部で特権階級が鑑賞するための所蔵展示が行われていた．これに対し，近代以降には所蔵コレクションや美術品を鑑賞する建築として博物館や美術館があらたに建設されるようになり，芸術などを鑑賞する専用の文化的空間が生まれた．一方，戦後の日本における博物館・美術館では，国・地方自治体や民間組織がこぞって収蔵品を集め，また巡回展を呼ぶことで，文化の成熟度を競う風潮が生まれた．その結果，博物館や美術館は地域・文化の中心という性格を有し，ハイクオリティなつくりや豊かな空間の創出が公認されていった．また設計者も設

計競技などで選定されるケースが増え，建築家として最も腕を揮える建築となった．このような状況のなかで，博物館・美術館は時代や社会性を象徴した建築表現が求められ，建築そのものが芸術作品であるという認識が一般化した．そして，設計者にとっては自身の建築理論を展開し，理想とする芸術と人間の関係を造形や空間で実現できる最良のチャンスとなったのである．

❖1 展示室の配置形式

①接室型
展示室を直接つなげる形式であり，動線の単純化や空間利用の効率化といった利点がある．ただし展示内容の変化や展示室の部分的な閉鎖などには対応しづらい．歴史的建築物の用途変更（コンバージョン）として，このタイプの大規模な博物館や美術館は数多くあるが，一般には小規模の展示に向く形式となる．

②ホール型
中央部分のホールから各展示室に直接出入りできる形式である．中央ホールは滞留空間として利用できるとともに，彫刻展示などのスペースを設けることも可能となる．増築に向いておらず，中規模の展示に向いている．

③廊下型
展示室を廊下で接続する形式であり，廊下が中庭を囲むなどの配置も可能とする．廊下の延長により増築も可能となり，比較的大規模の展示に向いている．

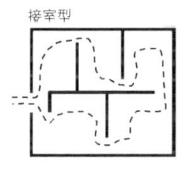

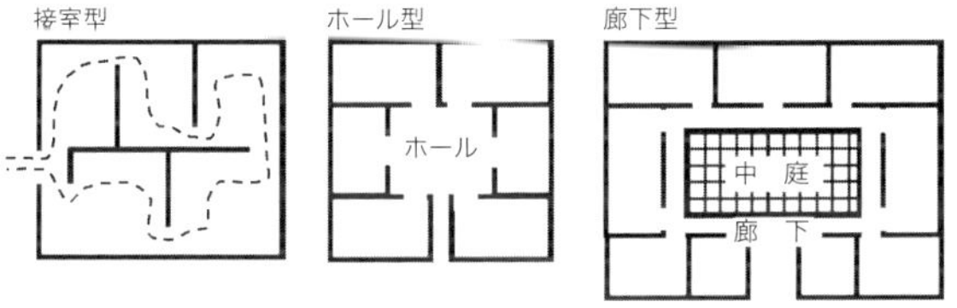

展示室の配置形式

歴史的建築物の用途変更による接室型展示室
デッサンを「観る」ルーブル美術館（パリ，1793～）

人工照明の落ち着いた展示室で

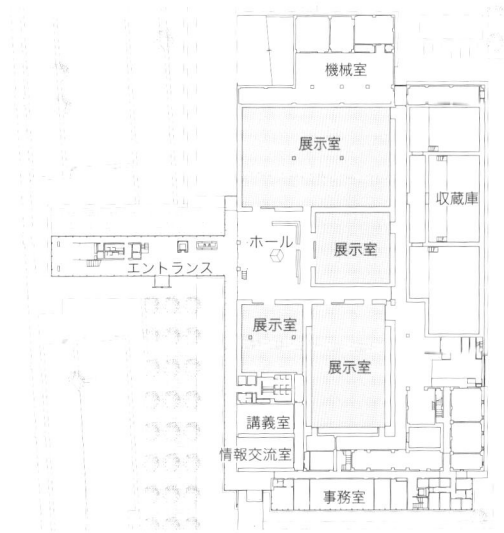

ホール型展示室のプラン　⇒ p.124, 事例 1

❖2 計画・設計へのアドバイス

①来館者の意識を切り替えるアプローチの演出がありますか
日常の喧騒を離れて美術品をゆっくり鑑賞したい来館者は，外部からエントランスまでの移動の途中で意識の切り替えをしたいものである．日常から非日常的世界への意識の切り替えを意図した場の転換手法は，日本の古建築では用途や規模の大小を問わずさまざまなものがある．このアプローチの演出を重要なテーマとする発想は現代にも受け継がれ，とくに博物館・美術館建築では優れた例が多い（参考事例：酒田市美術館，浅蔵五十吉美術館：設計 池原義郎）．

②媒体空間が広過ぎませんか
媒体空間とは，エントランスホール・休憩ロビー・廊下などの来館者が自由に動き回れるスペースである．この媒体空間と機能的諸室の専用空間の面積比率は建築用途によって異なるが，デザインを面白くする過程で媒体空間比率がどんどん高くなることがある．学生作品のなかには，媒体空間の一部に専用空間があるようにみえる極端な例もある．もう一度金沢21世紀美術館（⇒ p.125, 事例2）の平面図の媒体空間と専用空間の比率を確認してみよう．人間の視覚心理を巧みに利用して，空間体験として媒体空間がかなり広く感じられる平面計画の工夫があることがわかる．

③特異な平面形の特徴を生かしていますか
四角形を基本とした一般的な平面計画ではなく，円形や三角形などの独創的な平面図をつくる場合，そのかたちの選択とスケール感が機能性と結びついていれば優れた特徴となる．しかし，そうでない場合には，特徴を生かす以前に平面図の納まり上の不具合ばかりが目立つ平面図になってしまう．特異な平面形状を選ぶ場合は，空間的特徴が生かされているか，また，各スペースの機能性が損なわれていないかを確認しながら設計を進めなければならない．これについては，金沢21世紀美術館（⇒ p.125, 事例2）や富弘美術館（群馬県：設計 aat＋ヨコミゾマコト建築設計事務所）の円形平面から多くを学ぶことができる．

事例1　アプローチを中心とした明快な施設配置の博物館（島根県立古代出雲歴史博物館）

サブエントランスと車寄

ギャラリーと上部のコルテン鋼の壁

ガラスのエントランスホール

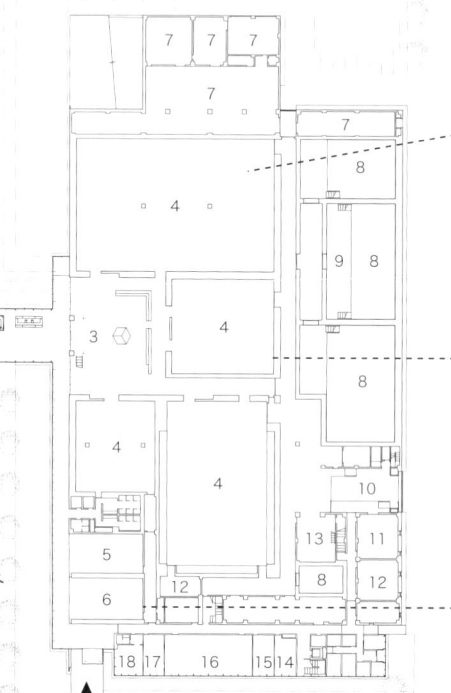

ジオラマ手法の展示空間

局所照明を用いた出土品の展示ケース

情報交流室で職員に質問する子供達

南ゲートからのメインアプローチ

1階平面図兼配置図（1/1500）

■基本データ■
設計：槇総合計画事務所
所在地：島根県出雲市
竣工：2006年

■計画の特徴■
〈配置計画〉
建物を敷地東側に配し，西側に庭園を確保することで北山山系や出雲大社神苑につながる視覚的連続感を持たせている．庭園中央のガラスのロビーは，南側ゲートから山に向かうメインアプローチのアイストップとなり，同時に北側の庭園と南側の庭園の結界の役割を果たしている．

〈平面計画〉
中央ロビーまわりに展示室を集約し，展示室に隣接して収蔵庫・準備室などのサポートゾーンを配し，さらに南側に調査研究・事務管理諸室を近接させている．これらの諸機能を明快に配置することにより，来館者にとって快適であると同時に，博物館の効率的な運営および文化財の安全な管理が可能になっている．

■室名■
1　エントランスホール
2　ミュージアムショップ
3　中央ロビー
4　展示室
5　講義室
6　情報交流室
7　機械室
8　収蔵庫
9　収蔵庫前室
10　トラックヤード
11　保存修復室
12　資料室
13　写真撮影室
14　ボランティア室
15　アテンダント室
16　事務室
17　館長室
18　応接室

（図面提供：槇総合計画事務所，写真提供：蜂谷俊雄）

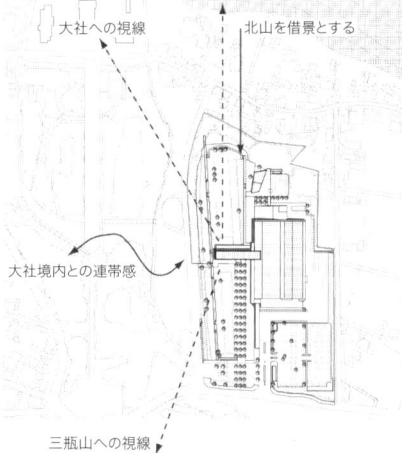

配置計画の特徴

事例2　まちに開かれた公園のような美術館（金沢21世紀美術館）

■基本データ■
設計：妹島和世＋西沢立衛/SANAA
所在地：石川県金沢市
竣工：2004年
2006年日本建築学会賞

（写真：川﨑寧史）

■計画の特徴■
兼六園や歴史的建造物が残る金沢市の中心地に位置し，周囲は360度どの方向からもアクセスできる屋外アートが点在する芝生広場で，公園のように気軽に立ち寄れるカジュアルな雰囲気の美術館である．円形平面の内外の境界はすべて透明ガラスで構成され，建築の外観を見るというよりも，むしろガラスの向こうのアクティビティが見え，自然になかに誘い込まれるような新しい発想の建築である．
直径112.5mの円形平面のなかに美術館としての諸室や光庭が単純な四角形で納まり，断面的にも展示室として必要な部分のみが突出する抽象的な建築表現であり，施設プログラムがそのまま建築になったようなわかりやすさがある．訪れた印象として，目的空間（展示室や諸室）の面積に対して媒体空間（ロビーや通路）の比率が高い建築に感じられるが，平面図を分析すると，媒体空間が効率よくコンパクトに納まっており，光庭や周囲の芝生広場の視覚的効果を巧みに取り入れた空間演出によるものであることに気づく．

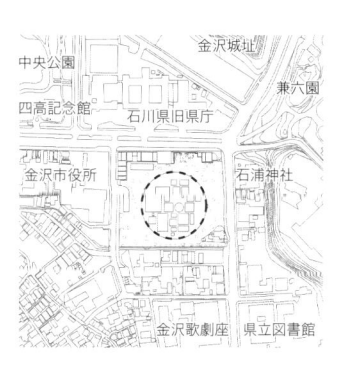

金沢市内小学4年生全児童招待プログラム「ミュージアム・クルーズ」では，こどもたちと美術館，アートとの出会いの場を創出する．(作品：エルネスト・ネト「身体・宇宙船・精神」(2004，金沢21世紀美術館蔵)，写真提供：金沢21世紀美術館)

美術館の建物を取り囲む芝生に設置された作品．計12個のチューバ状の管がペアでつながっている．(作品：フローリアン・クラール「アリーナのためのフランクフェルト・ナンバー3」(2004，金沢21世紀美術館蔵)，撮影：中道淳/ナカサアンドパートナーズ，写真提供：金沢21世紀美術館)

周囲に開放された公園のような美術館となっている．(写真：川﨑寧史)

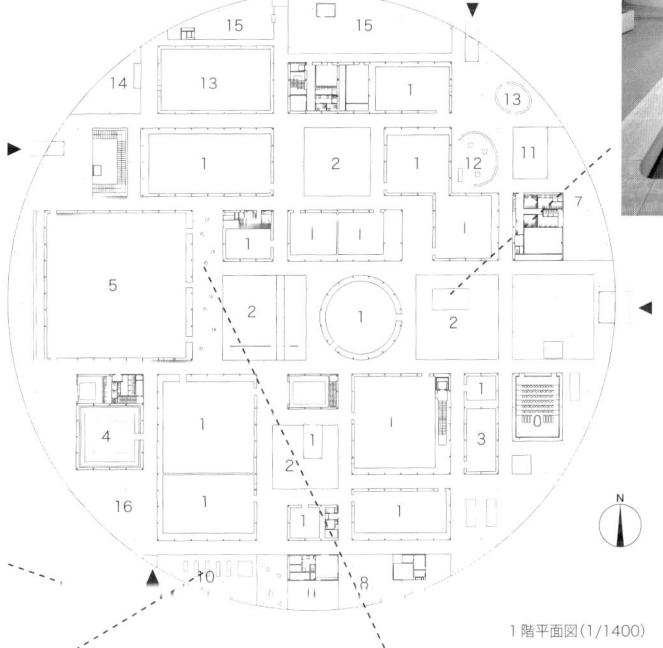

ガラス壁面で空間を隔界とし，その地上と地下（プール内部）で人と人の出会いが創出される．(作品：レアンドロ・エルリッヒ「スイミング・プール」(2004，金沢21世紀美術館蔵)，撮影：中道淳/ナカサアンドパートナーズ，写真提供：金沢21世紀美術館)

周囲に開放された公園のような美術館となっている．(写真：川﨑寧史)

1階平面図(1/1400)

アートライブラリーでは，アートに関する書籍や雑誌が自由に閲覧できる．(写真提供：金沢21世紀美術館)

美術館の休憩コーナーの壁一面が花模様で埋め尽くされている．加賀友禅の歴史や手法が参照された．(作品：マイケル・リン「市民ギャラリー 2004.10.9-2005.3.21」(2004，金沢21世紀美術館蔵)，撮影：中道淳/ナカサアンドパートナーズ，写真提供：金沢21世紀美術館)

■室名■
1　展示室
2　光庭
3　ガノーノの部屋
4　タレルの部屋
5　市民ギャラリー
6　レクチャーホール
7　カフェレストラン
8　キッズスタジオ
9　託児室
10　アートライブラリー
11　デザインギャラリー
12　ミュージアムショップ
13　シアター21
14　会議室
15　事務室
16　情報ラウンジ

6・2　博物館・美術館

125

劇場・ホール　　　　　　　　　　　　　　　　　　　　　　6・3

6・3・1　活動フレーム

　講演会や式典，クラシックコンサート，合唱コンクールや歌手のコンサート，洋舞や日舞，演劇や演芸など，さまざまな活動が行われ，視聴覚芸術の鑑賞や各種イベントに参加する多数の人が訪れる．来館者は各種の催しに参加する非日常的な高揚感を楽しみながら劇場・ホールに集まってくる．

　開演中のホール空間は出演者と観客の交歓の場となり，ホワイエ[1]空間は同じ目的で集まる者の社交の場になる．日常を離れた別世界でのひと時を過ごす場にふさわしい空間演出，また多人数を収容する大空間の表現など，ホール建築では機能性と同時に空間演出も大切である．同時に，不特定多数の人が一時に集中する集会施設としての安全性も確保されていなければならない．

　大イベントが開催されない時には閑散とした状態になるホール建築であるが，練習室・ギャラリー・情報コーナーなどを併設したり，ホワイエを地域イベントに利用するなど，日常的な活動の場として稼働率[2]を上げるさまざまな運用がなされている．

6・3・2　活動フレームに対応した場

● 1　ホール建築のさまざまな形式

　オペラ・新劇・歌舞伎・クラシック音楽・軽音楽・講演や式典などのなかから特定の用途に絞って設計された「専用ホール」と，集

---

1) ホワイエ：フランス語の foyer．劇場・ホールの待ち合わせや休憩時に利用されるロビー的スペース．エントランスホールが施設内のさまざまな場所へ移動する施設全体の共用スペースであるのに対し，ホワイエは演目が開催される各ホールに対応し，その導入部では受付や入場券のモギリ（確認）などが行われる．

2) 稼働率：イベントなどが開催される大きな空間で，その場所がどの程度利用されているかを示す数値．例えば劇場・ホール建築において，大ホールが 100 日間のうち 50 日使用されれば大ホールの稼働率は 50％，小ホールが 80 日使用されれば小ホールの稼働率は 80％．

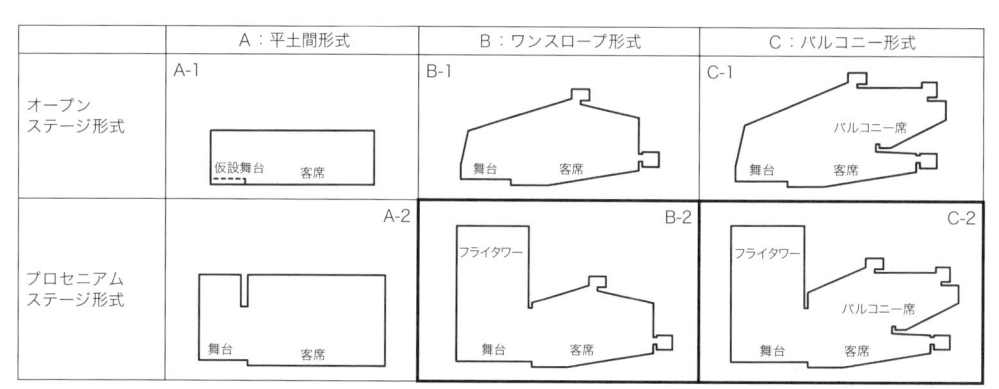

	A：平土間形式	B：ワンスロープ形式	C：バルコニー形式
オープンステージ形式	A-1　仮設舞台／客席	B-1　舞台／客席	C-1　バルコニー席／舞台／客席
プロセニアムステージ形式	A-2　舞台／客席	B-2　フライタワー／舞台／客席	C-2　フライタワー／バルコニー席／舞台／客席

図 6・3-1　舞台・客席形式の断面イメージ

B-1・C-1 →講演会・コンサート（A-1 は簡易な形式）
B-2・C-2 →多目的（A-2 は簡易な形式）

3) 緞帳：「どんちょう」と読む．劇場の舞台と客席との境界部分にある額縁状の開口部（プロセニアム）の上部から吊り下げられる装飾幕．各種演目の開演時に引き上げられる．

4) ライトブリッジ：舞台を演出するスポットライトなどを吊り下げる橋状の架台．昇降式で舞台上部に納まっている．

会から視聴覚芸術までの多用途に対応できる「多目的ホール」がある．

ホール空間では，舞台と客席の密接な関係が重要であり，その用途にあわせて，舞台はプロセニアムステージ形式とオープンステージ形式に大別され，客席は平土間形式・ワンスロープ形式・バルコニー形式に大別される（図 6·3-1）．

プロセニアムステージは，客席から大きな額縁（プロセニアムアーチ）を通して舞台を見る形式であり，その内側のフライタワーのなかに，緞帳[3]・各種吊りもの・ライトブリッジ[4] などの舞台設備を備え，さまざまな舞台演出が可能である．一方，オープンステージは舞台部と客席部が一体となった形式であり，舞台背後の壁がそのまま天井に連続し，舞台で発する音を客席に返す反射板の役割を担うことから，生音を響かせるクラシック音楽などの用途に適している．このような形式の違いに，さらに各々の特徴を組み合わせたものや，大掛かりな可変設備（図 6·3-2）を設けたものもある．まずホールで行う演目を決め，それらに対応できるホール形式や舞台設備を選ぶことから設計がはじまる．

本節では，ホール建築のさまざまな形式のなかから，計画・設計を進めるにあたり難易度が高い演劇に対応できる多用途ホール（図 6·3-1 の B-2, C-2）について解説する．

● 2　接近する・入館する
──アプローチ・エントランス

ホール建築に出会う最初のシーンであり，巨大スケールの外観イメージやランドスケープの演出が，第一印象として訪れる人にどのように映り，何を語りかけるかが外観意匠の重要なポイントになる．

大きなイベントが開催されるときには開演前の待ち合わせや入場待機の場所になる．し

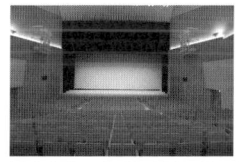

たがって，千人を超える人が一時に集中することを予測したアプローチ路を確保し，待機・受付スペースに余裕を持たせた設計にしなければならない．

エントランスホールは，来館者をホールのホワイエ・練習室・研修室・ギャラリー・カフェなどの諸室へ導く施設全体の共用空間である．また，施設利用案内やイベント・地域紹介などの情報発信の場でもある．

● 3　休憩する・交歓する
──ロビー・ホワイエ

来館者の主な休憩スペースはロビーとホワイエである．開演待ち，幕間の休憩，待ち合せや談笑の場として利用され，印象に残る華やかな空間演出が望まれる（図 6·3-3）．さらに，敷地に余裕がある場合には，外部環境（テラスや庭園）の魅力も取り込む（図 6·3-4）．複数のホールがある場合は，ホールごとにホワイエを設ける．

休憩時に一斉に人が出てくる場所であり，客席1席あたり1㎡程度の面積を確保することが望ましい．この対応はトイレの便器数を決める時にも課題となる．都道府県の条例基準に従っても不足する場合があり，休憩時間の設定など主催者側の施設運用上の工夫も必要になる．また，トイレや化粧に要する時間が長い女性のために女子トイレを広めに設定

図 6·3-2　プロセニアムステージ（左）に吊り下げ式音響反射板を設置し（右）クラシックコンサートにも対応　⇨ p.134, 事例1

図 6·3-3　大勢の観客が「休憩する」「交歓する」ホワイエ空間
⇨ p.134, 事例1

図 6·3-4　外部のテラス・芝生広場や中庭の魅力を取り込んだホワイエ空間　⇨ p.134, 事例1

する．

ホワイエから客席へは防音二重扉の前室を通って移動するが，階段状に高くなる客席の床レベルとホワイエの床レベルの断面調整を行う必要がある．このレベル差を階段状の意匠で演出している例が多いが，常に車いす使用者のスロープを設けることが前提条件になる[5]．

● 4　観賞する ──客席

▶ 1　観やすさ

鑑賞者と演者の距離により，動きを識別できる可視限界距離がある．演者の表情が見える限界は15m，演劇や小規模演奏では22m，オペラや大規模演奏では38m程度である．次に舞台全体がよく見えるよう，前席の観客の頭が支障にならないようなスロープ勾配や段床高さを設定する（図6・3-5）[6]．客席数が多くなるとバルコニー席を設ける（図6・3-6）が，断面図で見下ろし角度を確認し，手前に視線を遮る手摺などがないか，さらに多層バルコニー席とする場合は急勾配による恐怖感がないかなど，さまざまな座席位置での断面と視線の確認を行う．また，プロセニアム[7]の内側のアクティングエリア[8]内がよく見えるように，見通し角度に留意して客席を配置する．

▶ 2　聴きやすさ

演目により適切な残響時間[9]の違いはあるが，良い響きの空間をつくるために，客席容積を確保し，演者の発する直接音と壁・天井からの反射音が，バランス良く混ざりあって聴けるよう，さらに座席位置で大きな差が出ないよう，平面・断面形状や反射・吸音面の設定を行う．

▶ 3　座席

設定された広さのなかでより多くの席数がとれるよう，効率の良い座席配置を検討する（図6・3-7）．幅500mm，前後950mmが一般的な寸法であるが，長時間の鑑賞に対する快適性を高めるために，間隔に余裕を持たせ，テーブルや照明を取り付けて性能や快適性をアピールしている事例もある．（図6・3-8）

また，車いす使用者の席の設定とそこへ至る通路の確保，また親子室（図6・3-9）の設置などは，平面・断面計画の重要なポイントである．

▶ 4　空間演出

強い印象を与える大空間であり，機能・性能を満たすに留まらず，来場者に感銘を与える空間演出を考える．設計作業としては，最初に主演目を設定し座席形式や音響性能から

5）ホワイエからホール内の車いす席まで同一レベルでアプローチできるよう配慮された事例もある．

6）床勾配の作図方法：座席の前後間隔にあわせAA'，BB'，CC'，…XX'の垂線を描き，視焦点Fと最前列客の目の位置aを決める．aから目と頭頂間の寸法P＝12cm（千鳥配置の場合6cm）をAA'上にとりbとする．次にbとFを結び，この延長線とBB'の交点cを求め，cからPの距離にあるdを求める．同様にして各列ごとにe，g，i，…をとり，これらの点から目の高さH＝110cm下にA'，B'，C'，…，X'点を求め，これらを結べば床勾配が得られる．

7）プロセニアム：舞台と客席の境界部にある開口部とその周辺を示す．舞台上部には演出のさまざまな設備があり，これらを額縁状のプロセニアムによって客席から隠している．

8）アクティングエリア：各種演目の出演者が舞台上で活動するエリア．

9）残響時間：室内で発した音が壁・天井・床などで反射を繰り返し，音源が停止した後にも音が残る現象を残響といい，音源が発音を止めてから残響音が60db減衰するまでの時間を残響時間という．

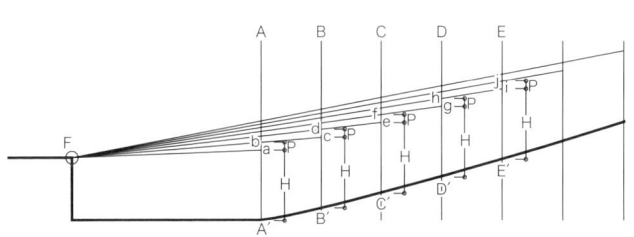

図6・3-5　床勾配の作図方法

図6・3-6　バルコニー席　⇨ p.134，事例1

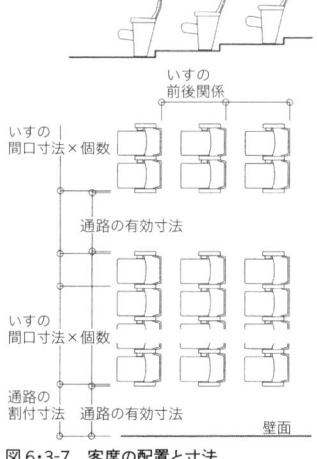

図6・3-7　客席の配置と寸法

図6・3-8　座席　⇨ p.135，事例2

図6・3-9　親子室　⇨ p.135，事例2

128

10）浮室構造：劇場・ホール建築のリハーサル室や練習室には高い遮音性能が求められる．その技術的解決手法であり，構造躯体などによる固体伝播音の発生や侵入を極力抑えるために，床・壁・天井・建具などのすべての要素を防振装置によって構造躯体から絶縁する構法．Box in Box とも呼ばれる．

11）ブドウ棚：舞台上部に設けられる各種舞台設備・吊りものを取り付けるためのもので，金属グリッドで構成された床．「すのこ」とも呼ばれる．

12）照明バトン・美術バトン：舞台上部などで，照明器具や演出幕類などを吊りもの機構に取り付けるための横棒．昇降式の金属パイプが一般的．

13）フライギャラリー：側舞台の側壁上部に沿って設けられる小幅の通路で，舞台スタッフが綱元の操作やフライブリッジへの移動に利用．

14）奈落：主舞台に迫りや回り舞台などの可動床の機具を設ける場合の舞台下の空間．俳優や作業員の移動や道具類の置場としても利用される．

ホールの空間形状の概略を決める．次にインテリアの材質・色・ディテールの意匠検討に進み，演目をイメージしながらふさわしいデザインを考える．しかし，現実に存在するホールの多くは多目的ホールであり，できあがった空間意匠に対し，演目によっては否定的な意見がでる場合もある．例えば，演劇では舞台演出上の理由で暗色の仕上げが好まれ，クラッシックコンサートや講演会・式典では，むしろ華やかな仕上げが好まれる．このような多様性を受け入れながら，諸条件を総合的に判断し，機能・性能を満たしながら，より多くの人に感銘を与える大空間とは何かを考え，設計を進めなければならない（図6・3-10）．

● 5　練習する ── 練習室

日常的な練習スペースとして貸し出される（図6・3-11）．大きな音を発するバンドの練習などでも利用され，他室との音の遮断のために練習室全体を浮室構造[10]としている例が多い．

● 6　憩う・楽しむ ── カフェ

来館者に憩いや楽しみを与える場である．施設利用者のみならず，閉館時も外部からの利用が可能なように，エントランス付近に配置する．さらにホワイエ内にバーカウンターを設け，主催者ごとにカフェ対応を行う場合もある．

● 7　演じる ── ステージ

プロセニアム形式のステージ部分はプロセニアム・主舞台・側舞台・ブドウ棚[11]・オーケストラピットなどで構成されている．

プロセニアムの開口寸法は演目により異なるが，1500人程度の多目的ホールでは，幅（PW）15〜18m，高さ（PH）7〜10mが使いやすいとされている．舞台まわりの広さは客席から見たプロセニアムのイメージからは想像できない大きなものである．アクティングエリアと周囲の舞台装置のある主舞台，舞台装置の転換スペースとなる側舞台（さらに後舞台を備える場合もある）で構成されている．多目的ホールの主舞台の幅はPW＋12m，奥行はPW×1.2，側舞台・後舞台の幅はPW＋8m程度である．

主舞台の上部にはフライタワーがあり，緞帳や各種幕類・照明バトン[12]・美術バトン[12]・音響反射板などの吊りもののためのブドウ棚や，フライギャラリー[13]が設置されている．舞台床面からブドウ棚までの高さはPH×2.5m以上は必要であり，さらにブドウ棚と上部屋根の梁下に人間の作業スペースとして2m以上が必要になる．

また，主舞台の下部には奈落[14]を設け，大規模な舞台装置の転換や演者の出退場に用いている（図6・3-12）．

オペラに必要なオーケストラピットの広さは，収容するオーケストラの編成規模で決まり，楽員一人あたり1.2〜1.5㎡で設定する．このピットの床を昇降させることにより，客席や前舞台としても利用される（図6・3-13）．

舞台の照明や音響を操作する調整室は舞台の全体が見渡せる客席後方に配置する（図6・3-14）．

● 8　準備する・待機する
　　── 楽屋，グリーンルーム

楽屋ゾーンは舞台近くの同一フロアに設け，諸室は使い勝手を考慮し，個室と中部屋・大部屋（可動間仕切りで分割）にバランス良く分ける．室内には化粧のための洗面台・姿見・舞台進行連絡設備などを設ける（図6・3-15）．舞台衣装

図6・3-10　ホール空間の演出　⇨ p.134, 事例1

図6・3-11　練習室　⇨ p.134, 事例1

での移動が容易に行えるように廊下幅は広めに確保する．オペラ・バレエ・オーケストラ・合唱などの大規模な演目では楽屋の収容能力を超える場合があり，リハーサル室・練習室・会議室などが転用できる動線計画とする．

グリーンルーム[15]は出演者の出待ち待機場であり，オーケストラホワイエは開演前後や休憩時の楽団員の溜まり場である．

● 9　練習する ——リハーサル室

出演者が開演前に練習を行う場であるが，日常的には一般に開放される練習室にも兼用される．楽屋や練習室に近接する位置とし，室面積は舞台有効面積と同程度であることが望ましい．また，バレエ・オーケストラ・合唱などの練習場として，遮音やフラッターエコー[16]対策，仕上げ材など，舞台に近い状態とする（図6・3-16）．

15）グリーンルーム：出演者が舞台へ出る前に待機・休息する部屋．「出待ち・アーティストラウンジ」ともいう．

16）フラッターエコー：反射性のある材料でできた室内の両側の側壁などが平行に配置されている場合，発生音がこの平行面の間で何度も反射して聞こえる現象．

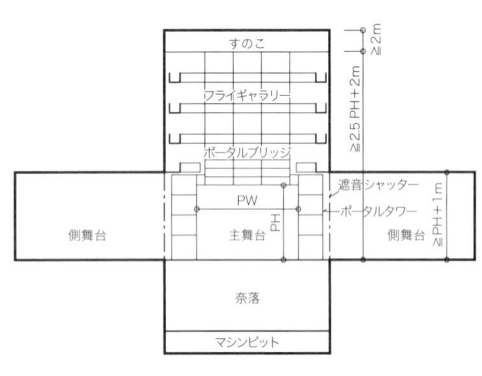

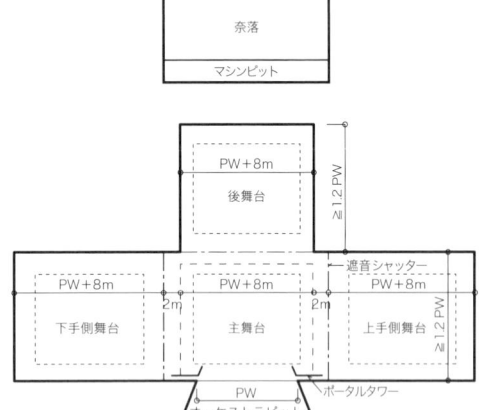

図6・3-12　舞台まわりの平面・断面概略図（副舞台が3面ある場合）

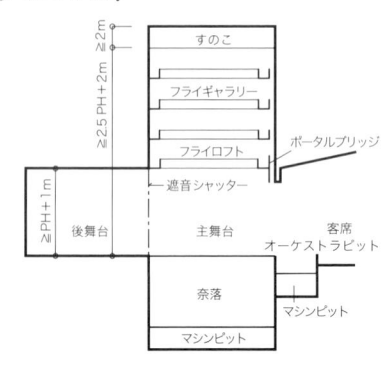

図6・3-13　オーケストラピット

図6・3-15　楽屋

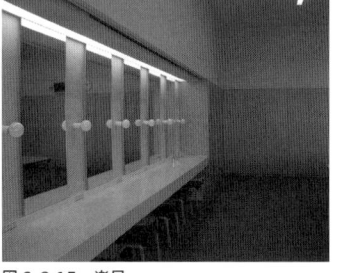

＊図6・3-13〜17　⇨p.134，事例1

図6・3-14　照明・音響調整室

図6・3-16　リハーサル室

図6・3-17　楽器庫

(17) 延床面積：建築の各階の床面積を合計した面積．

● 10　搬入・組み立て・収納する
　　　——搬入・荷解場

　平面計画においては，大型トラックで大道具などを搬入し，荷解・組み立てスペースで組み立て，大道具置場に仮置きされるまでの作業の流れを検討する．

　搬入口は大型トラックで運ばれる大道具などを入れる場所であり，幅・高さとも3.5m以上の開口を確保し，遮音構造の扉（遮音シャッター），雨天時対応の大庇を設ける．大道具置場は上演演目の舞台セットを仮置きする場所であり，舞台に隣接する位置に設ける．迫りをリフトとして利用できる場合は，奈落に設置することもある．楽器庫も舞台に隣接する位置に設け，グランドピアノなどを収納する（図6・3-17）．

● 11　打ち合わせをする・人やものの出入を管理する
　　　——主催者控え室，スタッフ控え室，楽屋事務室

　主催者控え室は観客の動きを把握しやすいロビー・ホワイエに近い位置に設け，観客の入退場・発券・モギリ（確認）・案内・楽屋ゾーンとの連絡などを行う．また，楽屋事務室・スタッフ控え室は，舞台裏方ゾーンへの人・ものの出入りを管理しやすいステージ裏方ゾーンに設け，製作スタッフの打ち合わせや休憩，事務作業などに使用する．

● 12　施設を管理・運営する

　管理事務室を核として施設全体の管理・運営を行う．ホールや練習室などの貸出受付などは管理事務室で行い，空調・照明設備や防災設備の管理は設備監視室で行う．

● 13　機械室

　ホール建築は一般の建築に比べて大容積・大収容人数であり，とくに空調設備の負荷・容量が大きくなる．また，諸室の使用時間帯も異なるため，利用状況を予測した空調設備のゾーニングが必要になる．したがって，空調・給排水衛生・電気設備などの機械室面積が占める延床面積[17]に対する比率は他の用途の建築よりも高くなり，10％程度になる（⇒ p.198，傍注10）．

　ホール建築の性能として，ホール空間の静寂な環境を確保することが最も重要である．機械室から発する騒音や振動の影響を少なくするために，平面・断面計画においては，各機械室とホールの関係を十分に検討しなければならない．

6・3・3　場と空間の組み立てかた

● 1　立地条件

　一時に多くの人が集まる施設として，アクセスの利便性が求められる．地方都市郊外のホールでは，車でのアクセスのために大規模駐車場を整備し，さらに大規模イベントにあわせて最寄駅からの送迎バスが運行される．一方，大都市では公共交通手段の利便性が高く，人々でにぎわう場所にホールを建設することが多い．

　ホール空間には静寂な環境が求められ，騒音レベルの高い大都市の立地には難しい課題もある．しかし，建築の遮音・防音技術の発達により，都市においても良好な音場を確保できるようになっている．

● 2　部門構成とゾーニング・動線計画

　施設を訪れる来館者のゾーン(A)「導入部門／ホワイエ部門／客席部門／飲食・共用部門」，舞台や楽屋などの出演者・主催者のゾーン(B)「舞台部門／楽屋・練習部門／大道具倉庫・搬入部門」，および施設を運営する管理者のゾーン(C)「管理諸室／機械室」の三つに大別される．これらは公開部分(A)と非公開部分(B)(C)という関係にあるため，施設構成や動線計画においては，これらを十分考慮する必要がある．さらに，来館者のアプローチや大道具の搬入・搬出のためのバックヤードといった外部動線の計画についても考慮が必要である．

　観賞者と主催者のゾーンが明確に分けられるホール建築ではあるが，オモテとウラの相互の接点も部分的に必要になる．例えば案内・受付などによる主催者と観賞者，施設利用などによる職員と来館者のコンタクトなどがあり，これらは部門間をつないでの行動となる．

● 3　部門を構成する諸室

各部門を構成する諸室は表6・3-1のとおりである．また，これらの部門・諸室と利用者の動線を整理したものが図6・3-18である．施設配置はこのような関係を基本とした上で，さらにその施設の個性や特徴を加味して計画が行われる．

6・3・4　建築類型への適用

● 1　劇場の歴史

古代ギリシャでは自然の傾斜地を利用して客席をつくり，中心に円形舞台があった（図6・3-19）．ルネサンス期のイタリアでは，テアトロ・オリンピコで透視画法を応用し奥行を強調した舞台がつくられ，屋根付き劇場が生まれた．また，英国では客席が舞台を囲む形式のグローブ座が生まれシェイクスピア劇が演じられた．

現存する著名な劇場は19世紀に建設されたものであり，ウイーン国立歌劇場やパリのオペラ座（図6・3-20）では，観劇の合い間を楽しむ社交のスペースが生まれている．コミュニケーションの場として発達してきた劇場・ホールは，特権階級用の娯楽の場から一般市民用の活動の場として変貌を遂げた．

● 2　劇場・ホールの体系

戦後の日本では，大都市や地方中核都市に公会堂が建設され，各種団体の集会を主な目的とする貸館的講堂の役割を担った．1970年代になると高度成長経済の波にのって，文化会館と呼ばれる多目的ホールが全国各地の自治体で次々と建設された．各種舞台芸術にも対応できる設備を備え，さまざまな自主企画も行われ，ホール建築は地域の文化活動の拠点施設になった．多目的ホールの整備が進んだ1980年代になると，主用途が特定された専門ホールが建設されるようになる．また，ホール建築に社会教育施設を併設した複合施設や，音楽専用・演劇専用・多目的平土間ホールを複合させた大規模施設も建設されるようになった．

● 3　建築デザインの特徴と魅力

大規模な建築であり，その外観意匠が景観

表6・3-1　各部門を構成する諸室

(A) 来館者ゾーン	
導入部門	アプローチ，エントランスホール
共用部門	ロビー，カフェ，ギャラリー，トイレ，情報コーナー，練習室，研修室
ホール部門	客席，ホワイエ，クローク，トイレ
(B) 主催者ゾーン	
舞台部門	主舞台，側舞台，オーケストラピット，奈落
舞台裏方部門	搬入口，大道具組立保管場，楽器庫，舞台備品倉庫，控室，音響・照明調整室
楽屋部門	楽屋口，楽屋事務室・ロビー，楽屋諸室，グリーンルーム，リハーサル室，練習室
(C) 施設管理者ゾーン	
施設管理部門	管理事務所，館長・応接室，会議室，倉庫，中央監視室，機械室，電気室，ほか

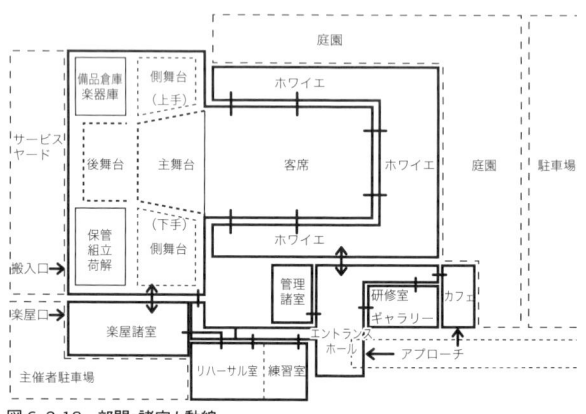

図6・3-18　部門・諸室と動線

図6・3-19　古代ギリシャの円形劇場

図6・3-20　パリのオペラ座（オペラ・ガルニエ）

18) NC値:NCはnoise criteriaの略.NC値は室の静けさを表す指標であり,その値が小さいほど静かであることを示す.コンサートホールではNC-15,劇場ではNC-20〜25が許容値.

19) 監理:工事の施工が契約書や設計図書どおりに行われるように工事施工者を指導する設計者の業務.

や環境へ与える影響は大きく,設計者の造形センスや大空間の構造をまとめる力量が問われる.また,舞台や客席まわりの複雑な平面と断面の関係を解き,緊急時に多人数がスムーズに避難できる防災計画を検討するなど,プランニング上の難易度も高い.さらに音については,単なる防音処理ではなく,残響時間やNC値[18]などの性能を満たしながら,優れた響きの空間をつくり上げなければならない.空間演出においても,演劇専用であれば暗色系仕上げの客席空間でもよいが,演奏会や講演・式典などにも利用される多目的ホールでは,観賞者に非日常的な高揚感を与える華やかさが求められる.このように,計画・設計を進めるにあたり,さまざまな難易度の高い条件を同時に考え,すべてを満足させる解答を見つけ出す難しさがあり,設計者には幅広い見識,豊富な経験,高い技術力が求められる.

一つの建築の設計・監理[19]のプロセスにおいて,設計者が大きな感動を得る瞬間がある.例えば,すばらしいアイディアを描き出した時,工事の足場がとれて外観や大空間の全貌が見えた瞬間,利用者の生き生きとした表情を見た時などである.劇場・ホール建築のように長期間に及ぶ設計・監理の努力の積み重ねが実る時に,その感動はとくに大きく,辛かったことも忘れ,またあらたな設計活動へのエネルギーが湧いてくるものである.

❖1 複数の演目に対応できる多目的ホール

演劇・クラシックコンサートから講演会まで,さまざまな目的で使われる多目的ホールが各地に存在する.しかし演目によっては求められる舞台の広さや設備,残響時間などが異なり,どの演目に対しても中途半端であるという批判を受けることがある.

財政規模の大きい自治体であれば,演劇専用,音楽専用,集会専用など,複数のホールを持つことは可能である.しかし現実には,財政上の問題や稼働率を上げるために,複数の演目に対応できる多目的ホールが大多数を占めている.この状況を改善するために,多目的ではありながら,近隣の自治体のホールと連携して主演目を設定している場合もある.

❖2 計画・設計へのアドバイス

①ホワイエとその他の媒体空間が渾然一体となっていませんか

大規模施設では大・中・小ホールを核とし,さまざまなスペースが複合している.また,小規模施設においても,核となるホール空間以外に,日常利用の練習室・ギャラリー・研修室・カフェなどが併設されている.したがって,平面計画においては,目的が異なる来館者が同時に諸室を利用できるよう,ホールのホワイエ空間が開催イベントに対応した専用空間になるような考慮をしなければならない.例えば,施設全体のエントランスホールとホールのホワイエが渾然一体となり,諸室を利用する一般来館者とチケット予約の鑑賞者が入り混じる状態になっていないか.また,空間性能や省エネルギーからも,ホールエリアと日常利用エリアをガラススクリーンなどで区切ることにより,音を遮断したり,空調設備のゾーン分けを行うことも重要である.

②多人数の観客が一時に集中して動けるような対応ができていますか

千人を超えるホールで満席予約の演目が開催される時,開演前後の一時に来館者の出入りが集中する.開場前の待ちスペース,チケット確認のカウンターまわり,幕間の休憩スペースやトイレ,終演後の出口の数や通路の幅など,一時に集中して人々が動けるようなスペースの余裕をとらなければならない.また,緊急時の避難経路が多方向に確保され,各扉が避難方向に開くようにするなど,大人数を収容する施設としての条件を満たしていなければならない.

③フライタワーや客席部の大壁面の建築表現について,景観・意匠上の配慮がありますか

舞台機構や各種吊りものを内包するフライタワーの高さや,多人数を収容し大きな気積を要する客席の巨大な壁面をいかに表現するかで,外観意匠のイメージは大きく異なる.この巨大なヴォリュームに形態上の工夫を凝らし,象徴的な建築表現として扱う場合もあれば,周囲を歩く人に圧迫感を与えないよう,巨大空間のまわりに諸室を配置し,ヒューマンスケールに近づける配慮をする場合もある.いずれにしても,都市景観に大きな影響を与えるスケールの建築表現であり,単に平面計画を機能的に整理するだけに留まらず,その造型が見る人に何を語りかけるか,環境にどのような影響をあたえるかを考えて設計を進めなければならない.

事例1　演劇・音楽・講演などさまざまな演目に対応する多目的ホール（三原市芸術文化センター）

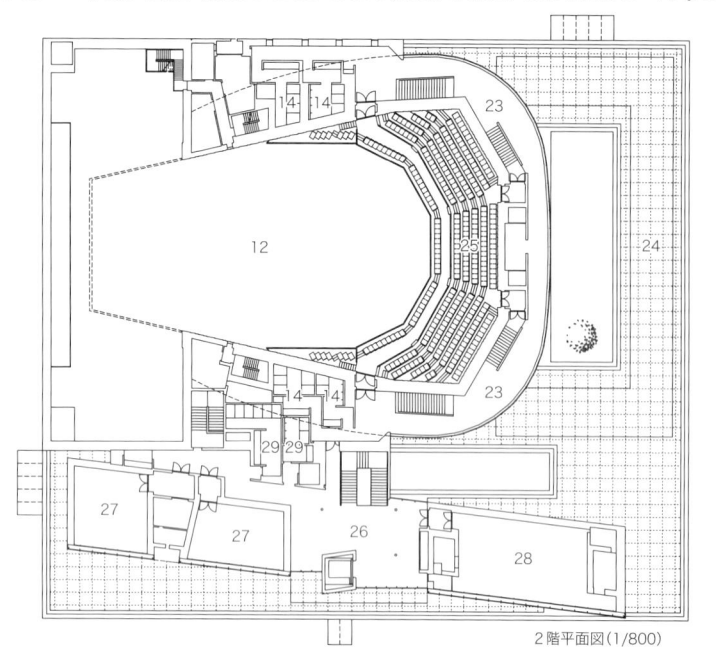

東側から見た外観全景

中庭を内包したホワイエ

1階：853席、2階：356席のホール

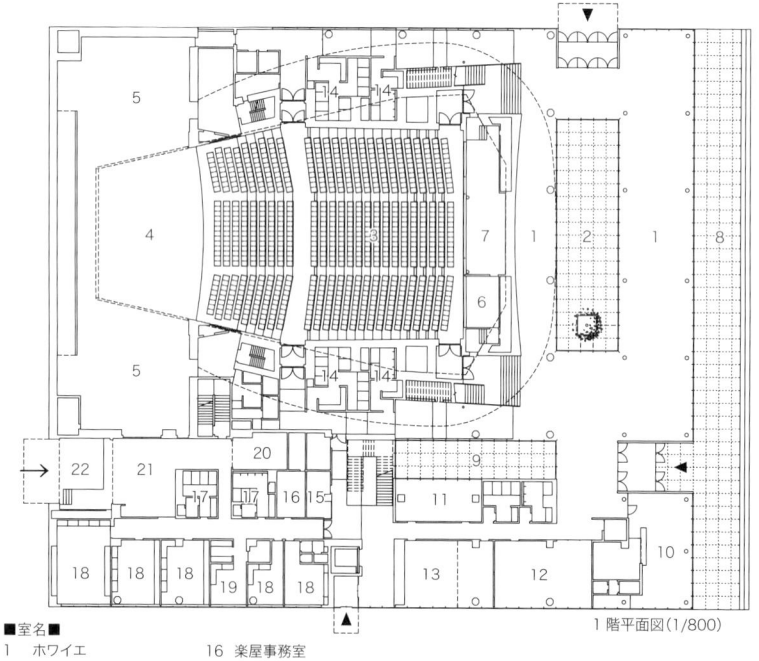

2階平面図(1/800)

1階平面図(1/800)

■室名■
1　ホワイエ
2　中庭
3　客席
4　舞台
5　袖舞台
6　親子室
7　音響照明調整室
8　デッキテラス
9　中庭
10　カフェ
11　ボランティア室
12　事務室
13　会議室
14　ホワイエ用トイレ
15　守衛室
16　楽屋事務室
17　トイレ・シャワー
18　楽屋
19　アーテイストラウンジ
20　楽器庫
21　荷解室
22　搬入口
23　ラウンジ（ホワイエ）
24　屋上テラス
25　バルコニー席
26　練習用ロビー
27　練習室
28　リハーサル室
29　練習用トイレ

■基本データ■
設計：槇総合計画事務所
所在地：広島県三原市
竣工：2007年

（図面提供：槇総合計画事務所、写真：蜂谷俊雄）

■ホールの特徴■
講演会や式典、クラシックコンサート、合唱や歌手のコンサート、演劇や演芸など、さまざまな活動で利用される多目的ホールである。ステージまわりには緞帳や各種幕類・昇降バトン・スポットライト、可動の音響反射板・オーケストラピットなどの舞台機構・設備があり、これらが多目的な演目を可能にしている。客席は約1200席あり、その一部が2階のバルコニー席になっている。外観表現は、ホールまわりの巨大ヴォリュームをスケールダウンさせようとする一般的な手法ではなく、客席・フライタワー・ホワイエやロビー・楽屋や練習ゾーンの各々に完結した強い形態を与え、これらが対比的に組み合わされたデザインになっている。

事例2　式典・講演・国際会議などに対応する集会系専用ホール（富山国際会議場）

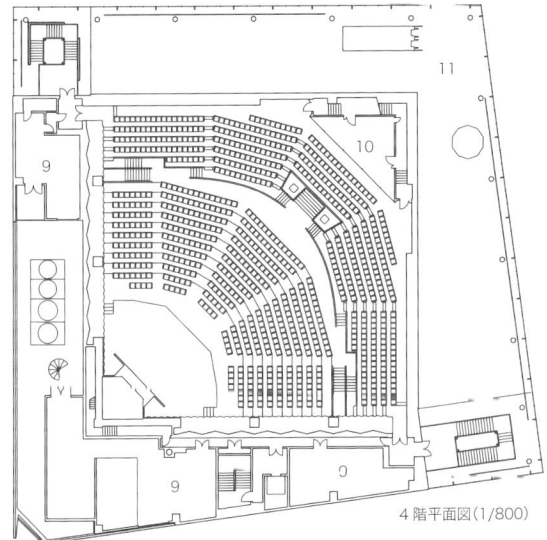

4階平面図(1/800)

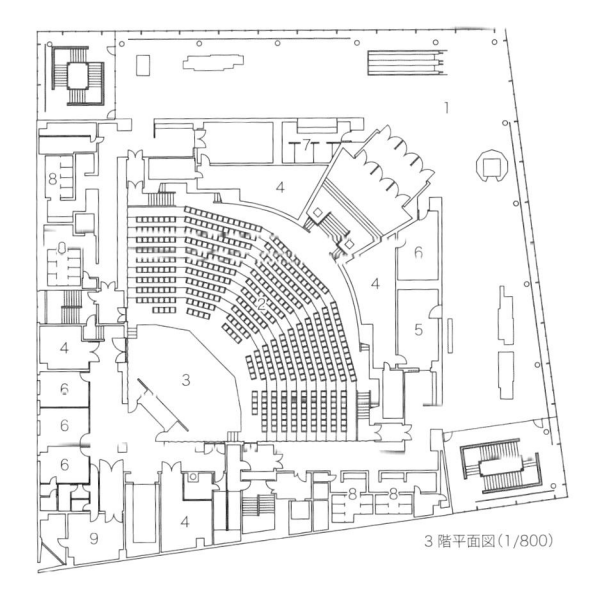

3階平面図(1/800)

メインホール

二段構成の客席形式

モール側の外観 　　ホワイエ

■室名■
1　ホワイエ
2　メインホール
3　ステージ
4　倉庫
5　パントリー
6　控え室
7　クローク
8　トイレ
9　機械室
10　音響照明調整室
11　ホワイエ上部吹抜

■基本データ■
設計：槇総合計画事務所
所在地：富山県富山市
竣工：1999年

(図面提供：槇総合計画事務所，
写真：蜂谷俊雄)

■ホールの特徴■
国際会議にも対応できる825席の集会系専用ホールである．電気音響が前提であり，シューボックス型を前提とする必要がなく，正方形を45°に使った座席配置により，空間の広がりとステージを囲む一体感が感じられる．また，演劇ホールやコンサートホールとは異なる集会系ホールの特徴が，いすの仕様，ステージの形式，ホール前室，同時通訳ブースなどに表れている．また，座席配置の断面構成においても，一般席と上段席のレベル差を最小限に抑え，数段の移動で一般席と上段席のコミュニケーションが容易にとれるように配置されている．(バルコニー形式のホールではホワイエを経由して階段を上下しなければならない) その結果として，ワンスロープ形式の単調さがなく，また，バルコニー形式の完全に上下に分かれた表現でもない，一部ワインヤード的な魅力も加味した，求心性のある二段構成のホール空間になっている．

6・3　劇場・ホール

図版出典

- 6-1
- 図6・1-1～4　川﨑寧史
- 図6・1-5　日本建築学会編『第3版コンパクト建築設計資料集成』丸善，2005，p.244の「閲覧机・書架の配置と収容力」の図の一部を参考に作図
- 図6・1-6　図面提供：槇総合計画事務所
- 図6・1-7，8　川﨑寧史
- 図6・1-9　図面提供：槇総合計画事務所
- 図6・1-10～16　川﨑寧史
- 図6・1-17　図面提供：槇総合計画事務所
- 図6・1-18～21　川﨑寧史
- コラム❖1図　川﨑寧史
- コラム❖2図　川﨑寧史
- 6-2
- 図6・2-1～4　川﨑寧史
- 図6・2-5　長澤泰，在塚礼子，西出和彦『建築計画』市ヶ谷出版，2005，p.199，図3.82をもとに作成
- 図6・2-6，7　川﨑寧史
- 図6・2-8　蜂谷俊雄
- 図6・2-9，10　川﨑寧史
- 図6・2-11　中森勉
- 図6・2-12　図面提供：槇総合計画事務所，写真：蜂谷俊雄
- 図6・2-13，14　川﨑寧史
- コラム❖1図　川﨑寧史，図面提供：槇総合計画事務所
- 6-3
- 図6・3-1，2　蜂谷俊雄
- 図6・3-3　写真提供：三原市芸術文化センター
- 図6・3-4　蜂谷俊雄
- 図6・3-5　日本建築学会編『第2版コンパクト建築設計資料集成「作図により床こう配を求める方法④」』丸善，1994，p.220をもとに作成
- 図6・3-6～12　蜂谷俊雄
- 図6・3-13　写真提供：三原市芸術文化センター
- 図6・3-14～20　蜂谷俊雄
- タイトル図
- 「集まる」写真提供：三原市芸術文化センター
- 「観る」下中2点：山田あすか
- 「観る」右端：前田裕資

参考文献

- ▶岡田光正，柏原士郎，辻正矩，森田孝夫，吉村英祐『現代建築学　建築計画2［新版］』鹿島出版会，2003
- ▶長澤泰編著，在塚礼子，西出和彦『建築計画』市ヶ谷出版社，2005
- ▶建築思潮研究所編『建築設計資料7　図書館』建築資料研究社／日建学院，1984
- ▶建築思潮研究所編『建築設計資料43　図書館2―マルチメディア時代の読書空間―』建築資料研究社／日建学院，1993
- ▶日本建築学会編『第3版コンパクト建築設計資料集成』丸善，2005
- ▶『新建築』09，新建築社，2003
- ▶『GA ARCHITECT 17 TOYO ITO 1970-2001』A.D.A.EDITA Tokyo，2001
- ▶『GA JAPAN』64，A.D.A.EDITA Tokyo，2003
- ▶『建築大辞典第2版』彰国社，1993
- ▶建築思潮研究所編『建築設計資料13　美術館』建築資料研究社／日建学院，1986
- ▶建築思潮研究所編『建築設計資料49　美術館2―文化の時代にふさわしい活動の場―』建築資料研究社／日建学院，1994
- ▶建築思潮研究所編『建築設計資料]102　美術館3―多様化する芸術表現，変容する展示空間―』建築資料研究社／日建学院，2005
- ▶『新建築』06，新建築社，2007
- ▶『GA JAPAN』71，A.D.A.EDITA Tokyo，2004
- ▶『新建築』11，新建築社，1999
- ▶『新建築』01，新建築社，2008
- ▶谷口汎邦編『［公共ホール］建築計画・設計シリーズ12』市ヶ谷出版社，1999

第7章 働く・利用する

7・1 オフィスビル
7・2 庁舎

オフィスビル 7・1

7・1・1 活動フレーム

オフィスビルはデスクワークに特化した働く場のための建築である．デスクが配置された執務スペースがフロア面積の多くを占め，業種や組織規模に応じた働きかたの違いが，家具のレイアウトや空間の設えの多様性を生み出す．

オフィスビルには多くの来客者が訪れるため，接客用のさまざまなスペースが用意される．来客者に自社の活動や製品をPRすることもオフィスビルで行われる活動であり，展示コーナーやショールームが併設されることも多い．

豊かな環境のなかで人間らしい時間を過ごすことが，生産性の高い活動を支えている．そのため，単に働く場としての機能性や効率性だけを追求するのでなく，快適な時間を過ごすことのできるアメニティへの配慮も求められる．心身ともにリフレッシュするために，休憩や飲食もオフィスビルで行われる大切な活動である．

7・1・2 活動フレームに対応した場

● 1 働く ——執務スペース

「働く」ことはオフィスビルの中心的な活動である．執務スペースは機能性やスペース効率を高めるために，できるだけ整形で均質な平面形状とすることが望ましい．貸オフィスビルでは，ワンフロアを一社で使用する場合と数社で分割して使用する場合の両方に対応できるように，最小区画ごとに出入りできる動線や区画ごとに制御できる設備システムを計画する．デスクや収納棚のサイズにあわせた空間のモデュール[1]を設定し，これを基準として構造スパン[2]を決定することは，執務スペースのフレキシビリティを高める有効な手法である．

近年，フレックスタイム[3]やワークシェアリング[4]などの採用によってワークスタイル

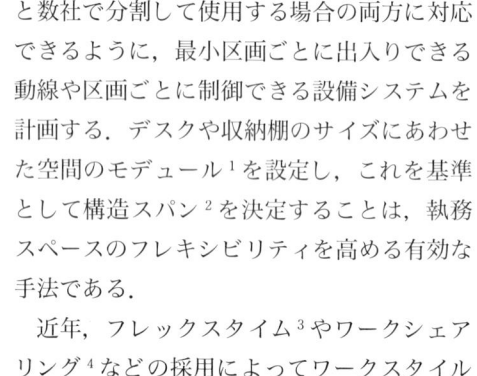

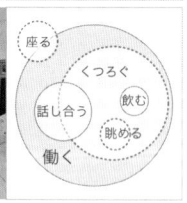

図 7・1-1 「働く」活動フレーム
上：フリーアドレスオフィスでは，複数で囲む大テーブルや一人用のテーブルが配置され，自由に選択できる．
下：テラスを活用した執務スペースは，リラックス効果による仕事の能率アップが期待される．

1) モデュール：規格化された構成単位や寸法．西洋古典建築では円柱の直径がモデュールとされ，日本建築では「尺」や「間」が用いられる．モデュールによって工業製品の効率的な生産が可能となる（⇨ p.197, 10・2・1「寸法システム」）．

2) 構造スパン：2～3モデュールを桁行方向の構造スパンとすると，構造的に合理性や経済性が高い．

3) フレックスタイム：自由な時間に出退社し，所定の時間数を勤務する制度．1987年の労働基準法改正で法制化された．多くの場合，コミュニケーションを円滑に行うために全員が勤務しなくてはならないコアタイムが設けられる．

4) ワークシェアリング：一つの仕事を複数の人で分担すること．雇用機会が減少する不景気時に，一人あたりの労働時間を短縮し仕事の配分を見直すことで，雇用を確保し失業率の上昇を防ぐ．

5) フリーアドレス：省スペース化や資料の減量化を目的に、個人が固定したデスクを持たずに必要とするあいだだけデスクを占有する方式．

6) モバイル技術：ノートパソコンの高性能化と軽量化、情報のデジタル化、オフィス電話の無線化、無線LANの高速化とセキュリティの強化などが挙げられる．

7) オフィスランドスケープ：執務スペースを小部屋に仕切るスタイルに変わり、チームや個人間のコミュニケーションを重視したオープン化されたスペースによって、ワークスタイルや組織構成の多様化に伴う複雑な要求に対応するための概念．

＊一人あたりの床面積：一人あたりに必要な執務スペースの床面積の目安は10㎡程度とされている．ただし、インテリジェント化にともないこの値は増加傾向にある．建物全体では、20㎡程度である（⇒p.198，10・2・1「原単位方式」）

＊構造計画：構造の選択はオフィスビルの規模や空間の特徴を考慮して決定する．従来、中規模のオフィスビルでは鉄筋コンクリート造（RC造）が多く用いられてきたが、内部空間の大スパン化によって鉄骨造（S造）が、高層化にともないS造や鉄骨鉄筋コンクリート造（SRC造）が選択されるようになった．

が多様化しており、これにともなって執務スペースも進化を遂げている．社員が個人専用のデスクを持たないフリーアドレス[5]オフィスは、日本のオフィスビルが抱える狭隘や省スペース化の問題を解決する概念として以前から提唱されていたが、モバイル技術[6]の進歩と普及によってようやく実用的なスタイルとなった．公園計画のように家具、パーティション、プランター植物を配置し、チームのまとまりや視線のコントロールを生み出すオフィスランドスケープ[7]は、オープン化された執務スペースのレイアウトにとって欠かすことのできない概念となっている．

執務スペースは、そこで働く者たちにとって一日の最も長い時間を過ごす生活の場でもある．仕事の効率性と空間の快適性は決して切り離して考えることができない．

● 2 集まる・話し合う
——会議室・ミーティングスペース

コミュニケーションのためのスペースに求められる条件は、いつ、どのような人たちに、どのような目的で、どれくらいの頻度で使用されるかによって異なる．

会議室は、社内の打ち合わせだけでなく社外の取引先との打ち合わせにも使用される．秘匿性を確保することのできる個室形式の静穏な環境であることが要求されるため、デスクから少し離れた場所や別の階に配置することが望ましい．使用人数や用途に応じて部屋の広さや設備の仕様を決定し、使用頻度に基づいて適切な部屋数を用意する．使用頻度が低い大会議室は、可動間仕切りを設けて普段は使用頻度が高い小会議室として使用するとスペース効率が良い．

チームミーティングのためのスペースは、気軽に利用することができるようにデスクからアクセスしやすい場所に配置する．会議室とは異なりオープンなスペースとして計画し、4〜6人程度の使用に適したブースやテーブルを執務スペース内に分散して配置すると共有の作業スペースを兼ねることができて使い勝手が良い．まとめて広いスペースを配置する場合には、ローパーティションや可動間仕切りを用い、必要に応じてレイアウトを自由に組み替えられるように計画する．

● 3 くつろぐ・休息する
——リフレッシュスペース・喫煙スペース・社員食堂

知的労働の生産性を高めるためには、適度な休息をとって心身ともにリフレッシュすることが大切である．リフレッシュスペースはチームミーティングのためのスペースと同様に気軽に利用することができる場所に設置する考えかたが一般的である．一方で、執務スペースと近すぎたり、人の通りが多い場所に設けると人の目が気になり休憩を取りづらいという問題が生じるため、執務スペースからの距離や視線への充分な配慮が必要である．仕事と休憩のON−OFFをスムーズに切り替えられるように、色彩、香り、緑化などの効果を取り入れて執務スペースとは趣の異なる

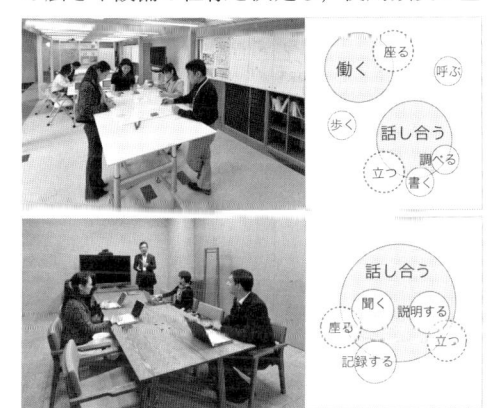

図7・1-2 「話し合う」活動フレーム
左：デスクの近くに設けられたスタンディングスタイルのミーティングスペースは、チームの話し合いや作業をスピーディーで効率的にする．
右：会議スタイルは、成果報告や長時間の話し合いに適している．

図7・1-3 リフレッシュするための活動フレーム
上：リフレッシュコーナーは、執務スペースの付近に配置しながらも視覚的には切り離し、自販機を設置すると短時間の息抜きには便利である．
下：緑や眺望を取り入れた開放的な雰囲気は、ON-OFFの切替えに効果的である．

ゆったりとした空間づくりを心掛ける．

喫煙スペースは非喫煙者の受動喫煙を避けるためにパーティションによって個室化し，完全に分煙[8]することが望ましい．空気清浄機の設置や換気設備の強化が必要である．

ランチや喫茶は大切なくつろぎのひと時である．社員食堂や喫茶スペースは，採光や外部の眺望を効果的に取り込み，開放的で楽しげな雰囲気をつくり出す．食堂は一般にセルフサービスによるカフェテリア形式か定食形式で運営されるが，混雑時に人の流れが滞らないように，レジからの人の流れと返却口へ向う人の流れが重ならないように食堂内の動線を充分に検討する．

● 4　商談する・接客する
──ロビー・応接室・会議室

オフィスビルには商談のために顧客や取引先などの多くの来客者が訪れるため，接客スペースが必要である．執務スペースには機密書類などの社外者には見られたくない情報も置かれているため，情報の漏洩防止の観点から，接客スペースを配置する際には来客者の動線が執務スペースを通り抜けないように計画する．接客には，目的や利用人数に応じてオープンタイプと個室タイプのスペースが使い分けられる．簡易な打ち合わせにはエントランスホールや各階のロビーに設けられた接客コーナーも用いられ，秘匿性を要する商談やプレゼンテーションには個室タイプの応接室や会議室が使用される．個室タイプの接客スペースは，社内の打ち合わせに使用する会議室と兼用されることも多い．

● 5　迎える・案内する
──エントランスホール・ロビー・受付カウンター・展示スペース

エントランスホールやロビーは，オフィスビルへの来客者を最初に迎え入れる企業の顔となるスペースである．自社ビルの場合，エントランスホールとロビーが一体となった開放的なスペースのなかに受付カウンターや接客コーナーが配置され，自社の活動や製品などを紹介する展示スペースが併設される．賃貸オフィスビルの場合，共有スペースであるエントランスホールは来客者を各企業の入居

8) 分煙：喫煙場所を明確に分離することで，非喫煙者の受動喫煙を防止する．2002年に施行された健康増進法によって，多数の人々が利用する施設の管理者に対し，受動喫煙の防止に関する必要な措置が求められるようになり，分煙への関心が高まっている．

9) モバイルワーク：オフィスやデスク以外の移動中や滞在先で行う仕事．電話による打ち合わせや，ノートパソコンとデータ通信機器を使った作業など，時間や場所にとらわれないワークスタイルとして普及している．

10) 耐震壁：構造物の剛性や強度を高めるために用いられる壁．鉄筋コンクリート造，鉄骨鉄筋コンクリート造などの壁が多く用いられる．

11) 偏心：構造物の重心と構造物に加わる力の中心がズレている状態．このズレが大きいほど，地震などの外力に対してねじれが生じやすく，構造的に好ましくない．

12) 二方向避難：6階以上の建物では，原則として2か所以上の直通階段を

❖ 1　空間単位とレイアウト

執務スペースには，家具やパーティションで自由に区切ることのできるフレキシビリティが求められる．単に無柱で均質な広い空間を用意するだけでは不十分で，あらかじめ自由で合理的なレイアウトのためのモジュール（空間を構成するときに基準となる寸法），階高，空調システムなどを綿密に計画する必要がある．

モジュールは，規則的でシステマチックなレイアウトを目的に，構造スパン，照明や空調機などの割付けを総合的に考慮して決定する．一般的には，スプリンクラーの配置や駐車場の納まりを優先して3,000〜3,200mmのモジュールが採用されるが，最近はOA機器や什器の設置に配慮して空間にゆとりの生まれる3,600mm程度のやや大きめのモジュールが用いられる事例も多い．

執務スペースでは，人や機器のレイアウトに応じて空調を個別に制御し，配線を自由に変更できるようにしなくてはならない．そのため，階高はOA配線のための床下スペースと空調ダクトなどの設備配管を引き回すための天井スペースを確保した上で，2,600mm程度の天井高を確保できるように決定する．新しいオフィスビルの階高は，4,000mm程度の余裕ある寸法で計画されている．

業種，組織規模，仕事の進めかたによって執務スペースのレイアウトの考えかたは大きく異なる．日本では，オープンな執務スペースのなかにデスクの配置で部課のまとまりをつくり出すアイランド型レイアウトが一般的であるが，個人主義の欧米ではパーティションやブースによる個人単位のスペースを基本とする個室型レイアウトが好まれる．近年のオフィスでは，働きかたの多様化にともない，作業チームの規模やコミュニケーションの頻度に応じて両者の利点を組み合わせたさまざまなタイプのレイアウトが採用されている．

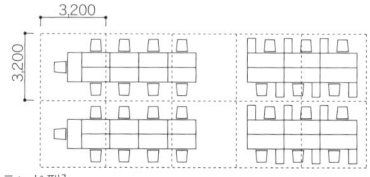

［アイランド型］
デスクを向かい合わせて部課ごとのまとまりを構成．スペース効率がよく，コミュニケーションを取りやすい．

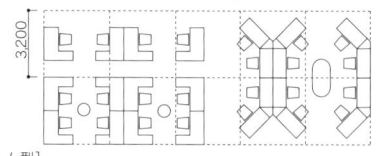

［チーム型］
4〜8人程度のチームでブースを形成．集中して作業ができると同時に，チームのコミュニケーションも取りやすい．

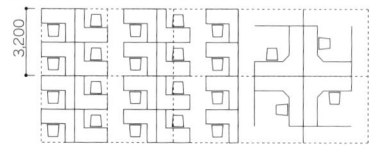

［セミオープン型］
個人作業を重視し，ローパーティションでワークステーションを構成．ワークステーションの組み合わせかたのバリエーションが豊富．

3,200mmモジュールとデスクレイアウト　　　（図作成：岩田伸一郎）

設ける必要があり、それ以外の建物でも床面積の条件などで必要になる場合がある。建物内の全ての場所から避難階までの歩行距離や経路の重複距離が法規で定められている（⇨ p.202, 10·2·4）。

＊廊下幅：片廊下タイプでは 1,500mm 以上とし、中廊下タイプでは 1,800mm 以上とする。執務スペース内の通路については、600mm 以上を確保する。

＊EV台数の算定：出勤時間のピークにおける利用者数に基づき、5分間輸送能力や待ち行列を考慮したシミュレーション結果から決定される。目安としては、1台で床面積約 3,000m² の交通量を賄うことができると考える。

＊EVゾーニング方式：高層建築においてエレベーターの輸送能力を高めるための手法。低層用と高層用を分けて運転し、乗り継ぎ階を設けることで、待ち時間を短縮する。200m を超える超高層建築では、建物の中間階に乗継ロビー（スカイロビー）を設け、地上ロビーとを結ぶシャトルエレベーターを運転するスカイロビー方式が採用される。

フロアへ振り分けるシンプルな機能となり、来客者を迎えるロビーは各企業の専有スペースのなかに設けられる。

エントランスホールやロビーは、来客者を迎えるためのスペースであると同時に、関係者以外の者の入室を防ぎセキュリティを確保する重要な役割を持つ。執務スペースへの社員や来客者の入退出を管理できるように、死角のできない位置に受付カウンターや防犯カメラを設置したり ID カードによるセキュリティゲートを設ける。セキュリティゲートの外側に接客スペースを設けると、来客者が面倒なセキュリティチェックを受けずに簡単な打ち合わせを行うことができるため便利である。

来客者にとって、エントランスホールやロビーは打ち合わせ前後の確認作業を行うためのモバイルワーク[9]の拠点と位置づけることができる。来客者の業務をサポートする環境を充実させることは、これからの「迎える」空間に求められる条件の一つになると考えられる。

● 6　調べる —— 図書室・資料室

オフィスワークでは、報告書や資料を作成するために情報を検索する作業が頻繁に発生する。最近はインターネットを用いて情報収集を行う機会が増えているが、専門的な知識に関する情報量はまだまだ不十分である。関連書籍やファイリングされた過去の資料の必要性は依然として高いため、専用の図書室や資料室を持ち、管理のための専門スタッフを置く企業も少なくない。

図 7·1-4 「迎える」活動フレーム
上：顧客用に専用のラウンジが設けられた海外のオフィス。
下：セキュリティゲートによって、オフィス専用エレベーターへのアクセスが管理される。

❖2　コアタイプとレンタブル比

オフィスビルの計画では、基準階と呼ばれる規格化された平面プランを積層する手法が一般に用いられる。基準階プランは、執務スペースが配置される有効スペース（貸オフィスビルでは専用部分と呼ばれる）と、階段、エレベーター、廊下、トイレ、給湯室などの共用サービス機能が集約されたコア（貸オフィスビルでは共用部分と呼ばれる）で構成される。

コアの配置形態によって建物は「センターコア」「両端コア」「サイドコア」といったさまざまなコアタイプに分類される。コアタイプごとに利点や欠点が異なり、計画に適したコアタイプとその配置は、ビルの規模、フロアの分割方法、立地条件などに応じて決定される。

コアには耐震壁[10]が配置されて建物の強度を確保する構造的な役割を持つことから、構造コアとも呼ばれる。また、コアは人・モノの動線や設備配管の要であり、コアの機能性がオフィスビル全体の質や使い勝手を大きく左右する。設備配管はコアに集約されることで管理やメンテナンスが容易となり、また有効スペースのフレキシブルな利用が可能となる。

貸オフィスビルの計画では、収益性は最も重要な評価基準である。延床面積に対して賃料を得ることのできる有効スペースの比率はレンタブル比と呼ばれ、経済効率の観点から、高いレンタブル比を確保することが求められる。採算性の目安として、建物全体のレンタブル比を 65〜80％程度、基準階のレンタブル比を建物全体よりもやや高い 75〜85％とすることが目標とされる。高いレンタブル比を実現するためには、コンパクトで合理的なコアの計画が不可欠である。

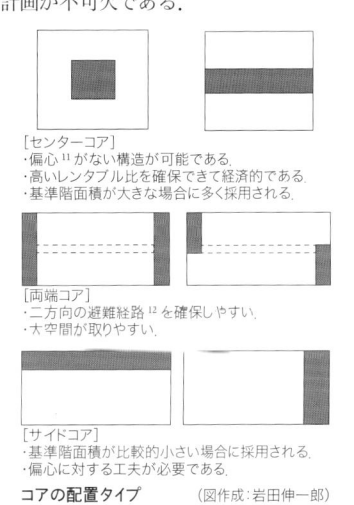

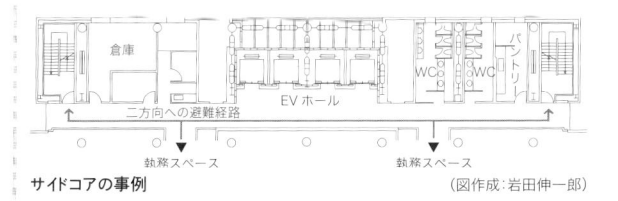

[センターコア]
・偏心[11]がない構造が可能である。
・高いレンタブル比を確保できて経済的である。
・基準階面積が大きな場合に多く採用される。

[両端コア]
・二方向の避難経路[12]を確保しやすい。
・大空間が取りやすい。

[サイドコア]
・基準階面積が比較的小さい場合に採用される。
・偏心に対する工夫が必要である。

サイドコアの事例　　　　　　　　　（図作成：岩田伸一郎）

コアの配置タイプ　　　　　　　　　（図作成：岩田伸一郎）

● 7　移動する
――廊下・階段・エレベーターホール

廊下や階段は日常的な移動空間としての役割にくわえ，災害時における避難経路としての役割にも充分に配慮して計画する．単純な動線計画は合理的な移動を可能にすると同時に，共用スペースの面積を削減するためレンタブル比（⇨ p.141，コラム❖2）を高める上でも有効である．

エレベーターの必要台数は混雑時の利用者数にもとづいて算定するが，概算として1台で3,000〜5,000㎡の床面積をまかなうことができると考えてよい．通勤時間帯や帰宅時間帯，昼食時間帯には待ち行列が発生することを考慮し，エレベーターホールには十分な待ちスペースを設ける．

廊下やエレベーターホールでは，出会い頭をきっかけとした立ち話や移動しながらの会話が生まれやすい．また，作業の合い間のちょっとした移動時間は気分転換になる．このようにリフレッシュスペースと同様の効果も期待されるスペースであることを念頭に置き，快適性を高めるインテリアや採光への配慮も必要である．

7・1・3　場と空間の組み立てかた

● 1　周辺環境への配慮

建物を建設することが周辺環境に与える影響について充分に配慮することが求められる．具体的な項目としては，日影の問題[13]，圧迫感の問題，ビル風[14]の問題，電波障害の問題，プライバシー侵害の問題，などが挙げられる．これらの影響は目に見えないものではあるが，周辺環境の居住性を大きく悪化させる危険性を含んでいる．周辺建物の利用者や地域住人の立場に立って想像力を働かせ，コンピューターシミュレーションによる検証などを行うことで問題を未然に防ぐように努めなくてはならない．

建物ボリュームやファサードデザインは都市の景観や町並みとの調和を考慮して決定す

---

13) 日影規制：冬至において建物が日中（8:00〜16:00）に落とす日影を制限することで，周辺環境の日照権を確保する．敷地境界線から5m・10m以内の測定領域に指定時間を超えて日影を生じさせてはならない．

14) ビル風：規模の大きな建物のまわりに局所的に発生する複雑な気流で，さまざまな風害の原因となる．

15) ランドマーク：歴史的建造物や高層建築物など人工物や，山や樹木などの自然物で，地域の景観を特徴づけ目印となる環境構成要素．

16) 総合設計制度：敷地内に市街地環境の整備改善に有効な公開空地を設けることで，容積率・高さ制限・斜線制限などの緩和を認める制度．基準は特定行政庁によって定められ，屋上緑化が緩和措置の対象となる地域もある．

17) ユニバーサルスペース：多目的に使うことのできる空間．柱や壁の少ない均質空間を可動間仕切りで仕切ってフレキシブルに使用する（⇨ p.207，コラム）．

❖ 3　オフィスビルの種類

オフィスビルには，数百㎡から数十万㎡に至るまで幅広い規模の事例が存在し，建物形態も低層から200mを超える超高層まで，立地や使いかたに応じて実に多様である．しかし，オフィスビルの多様性は単に規模や形態によるものではない．

まず，オフィスビルは利用形態によって一社が所有して入居する「自社オフィスビル」と，複数の会社がフロアを間借する「賃オフィスビル」の2種類に分類される．自社オフィスビルでは，計画の初期段階から利用者側の細かな要求を設計に反映させることができるため，個性的で業務内容に特化した空間を計画することができる．一方の貸オフィスでは，入居企業の多種多様な要求にも対応できるように，自社オフィス以上に合理的で自由度の高い基準階フロアの分割方法と動線計画を検討することが求められる．また，各企業の専用部分については，他の入居企業に対するセキュリティを確保しなければならない．

一つの建物内にオフィスと商業施設や集合住宅などの異種用途が入居する複合オフィスビルが増加しており，複合のされかたによってさまざまなタイプに分類することができる．複合化の背景には，オフィス街が単に働くだけの場から生活の場として考えられるようになったことで，個々のオフィスビルに街の活気を生み出すための要素としての役割が求められるようになったことが挙げられる．異なる用途が複合することでさまざまな相乗効果が期待されるが，同時に各用途の機能を成立させるための多くの配慮も必要となる．特に異種用途間の動線の管理は重要な課題であり，各ゾーンの利用時間帯を考慮した上で平面的かつ立体的なゾーニングを行って区画し，オフィスゾーンについては専用のエントランスホールとエレベーターホールを設けて関係者以外の入場をチェックできるように計画する．

商業施設との複合化では，アクセスの良い低層階に路面店舗などを配置し，眺望のよい最上階にはオフィスで働く人々の需要も見込まれる飲食店を入居させるケースが多い．ホテルとの複合化では，商談スペース，ゲストルーム，福利厚生施設としてホテル機能を活用したり，会議や接客時にケータリングサービスを利用するなど，ホテルとの提携によって質の高いオフィス機能を経済的に実現できるメリットがある．自社オフィスビルにおいては，居住スペースとして人気が高い高層階部分を集合住宅として計画すると，安定した収益性を見込むことができコストプランニングの点で有利となる．

オフィスビルと聞くと，まず市街地の高層建物をイメージするが，最近では郊外に生産の場としての性格を強めた低層大平面型のオフィスビルも登場している．ワークスタイルやコミュニケーションの変化が，オフィスビルの立地や概念を多様化させている．

18) ダブルスキン：2重のガラスによって構成されたファサード．2枚のガラスの間の空気層が日射によってあたためられて上昇気流が生じる煙突効果を利用して，夏季には熱を外部に排出し，冬季には熱を室内に取り込む．

19) Low-Eガラス：Low-EはLow Emissivity（低放射）の略．ガラス表面の金属膜コーティングが赤外線を反射するため，断熱性が高い．

20) パッシブ方式：設備機械による動力を使わずに，太陽光，自然風，地熱といった自然エネルギーを活用して室内環境をの調整を行う方式．CO₂排出を抑えるため，地球環境にやさしい．これに対し，自然エネルギーを活用する点では共通するが，熱交換や送風を行う設備機器を必要とするシステムをアクティブ方式と呼ぶ．設備機器の動力エネルギーを太陽光によって発電するソーラーシステムは後者に該当する．

る．周囲の建物に対して突出した高さとなる高層・超高層オフィスビルは，地域のランドマーク[15]の役割も担うことを考慮する．

● 2　配置計画

都心部のオフィスビルは，敷地を高度利用するために，一般に法規で定められた最大限の面積を確保するように計画される．比較的規模の小さなオフィスビルにおいて，コアの形状とその配置は建物へのアクセスや採光を大きく左右するため，計画のアウトラインを決定する重要なポイントである．

都市環境の向上と土地の高度利用のために行政が定める都市開発の制度[16]を適用することで，容積率や高さ制限の緩和を受けることができる．敷地内に設ける地域に開放された公開空地は，緑やモニュメントを配置することでまちの魅力を高めるスペースとして機能する．多くの利用者が気軽に利用できるように，オフィスビルの出入口や前面道路からアクセスしやすく計画する．

● 3　部門構成

自社オフィスビルの一般的な部門構成を表7・1-1に示す．中高層オフィスビルでは，フロアに分散配置された諸室を結びつけるノードとして，エレベーターホールの役割がとくに重要となる．貸オフィスビルでは，各企業の専用部分をユニバーサルスペース[17]として計画し，必要に応じてパーティションや家具によって自由に仕切り領域や個室をつくり出す．

異種用途と複合化したオフィスビルでは，

表7・1-1　自社オフィスビルの部門構成

①執務部門	執務スペース，ミーティングスペース，コピー・FAX室など
②役員部門	社長室，役員室，役員会議室，秘書室など
③コミュニケーション部門	会議室，プレゼンテーション室，応接室，打ち合せ室など
④情報部門	書庫，資料室，ショールーム，サーバールームなど
⑤福利厚生部門	更衣・ロッカー室，食堂，喫茶室，売店，医務室，給湯室，リフレッシュスペースなど
⑥共用部門	エントランスホール，受付ロビー，トイレ，階段，エレベーター，通路，給湯室など
⑦建物管理部門	管理室，防災センター，守衛室，宿直室，清掃員控室など
⑧機械設備部門	空調機械室，電気室，受水槽など
⑨その他	駐車場，駐輪場，ごみ置き場など

❖ 4　ファサードデザインとペリメータゾーンの熱負荷制御

オフィスビルの外観は企業イメージとの結び付きが強い．重厚で古典的なデザインのファサードは堅実で威厳ある企業を連想させ，ガラスや金属素材のファサードはクリーンで先進的な印象を与える．斬新な構造システムを前面に出したファサードは，高い技術力に裏付けられた発展的なイメージをもたらす．

初期のオフィスビルの外壁は，柱とともに建物の荷重を支える構造的な役割を担っていたため，大きな開口部を取ることは難しかった．高層化にともなって建物の自重を軽減させる必要が生じたことで，外壁を軽量化して構造体から独立させるカーテンウォール工法が誕生し，外壁デザインの自由度が飛躍的に高まった．ガラス，アルミ，チタン，セラミックなど外壁の多様な素材が採用されるようになり，コンクリート素材の外壁についても，工場で製作して現場で組み立てるプレキャストコンクリート（PCa）カーテンウォール工法が主流となったことで，繊細で高い精度が要求される個性的な表現が可能になった．

快適な内部環境を生み出すためには，外部から開口部を通して日射，音，眺望を適切に取り入れる必要がある．一方で，開口部を通して外部からの熱負荷の影響を強く受けるため，大きな開口はランニングコストを増加させるデメリットにもなる．外気からの影響を強く受ける窓際から5m以内の境界部分はペリメータゾーンと呼ばれ，さらに内部のインテリアゾーンと区別して集中的に空調が行われる．全面ガラスファサードを持つ開放的な建物では，ペリメータゾーンにおける採光・熱環境・視線をどのように制御するかが設計の重要課題となる．ダブルスキン[18]，Low-Eガラス[19]，ルーバーなどを用いて自然エネルギーの有効活用と制御を両立させるパッシブな空調システム[20]を持つファサードは，技術とデザインの融合によってオフィスビルの個性を生み出す．

ランダムに配置されたプレースがつくる表情は，活動的で挑戦的な企業をイメージさせる．（乃村工藝社本社ビル）

複層発熱ガラス面に日射に合わせて制御されたアルミ製電動ブラインドを外付けすることで，ペリメータゾーンの空調が不用となる．（日建設計東京本社ビル）

個性的なファサードデザイン　　（写真：岩田伸一郎）

ゾーン間におけるセキュリティの確保や利用時間の差への対処が課題となる．アクセスしやすい低層階や付加価値の高い最上階を店舗に割り当て中間階にオフィスを配置するといった立体的なゾーニングを行い，オフィス専用のエントランスホールやエレベーターを設けて動線を明確に分離する．

● 4　平面計画

什器の具体的なレイアウトを行う前に，部門ごとの必要面積にもとづいてフロアの形状や開口部の位置を生かしたゾーニングを行う．ゾーンを分ける通路については，コアからデスクに至る動線をできるだけ単純化し，会議室や打ち合わせ室といった個室群を一角にまとめて配置することで，整った形状の執務スペースを確保する．

執務スペースの開口部からの奥行は，自然光が届く10m前後とすることが望ましいが，人工照明が改良されてきたことで，15mを超える事例も多くなっている．

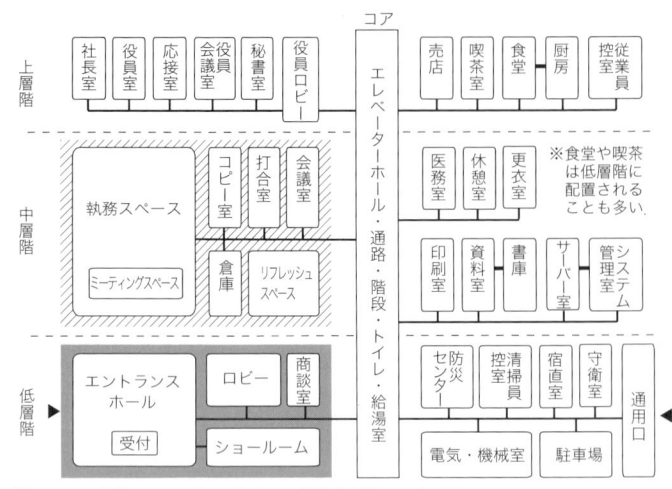

図7·1·5　自社オフィスビルにおける一般的な部屋のつながり

7·1·4　建築類型への適用

● 1　オフィス建築の歴史

オフィスビルのはじまりは，倉庫や工場の一角に設けられたわずかな事務スペースであった．産業革命以降の大量生産化は流通や販売の仕組みを大きく変身させ，これにともなう事務作業を劇的に増大させた．事務作業の合理化と効率化を目指して事務スペースが工

＊天空率：ある地点から天空をどれだけ見ることができるかを示す立体角投射率．斜線制限に従って建てられる建物と同等以上の天空率を確保することで斜線制限が緩和される．

❖ 5　ライフサイクル評価と耐用計画

ライフサイクル評価とは，建物の建設から運用，廃棄に至るすべての過程で環境に与える負荷を，二酸化炭素排出量（$LCCO_2$）によって定量的かつ科学的に評価することである．メタンやフロンなどの温室効果ガスについても，$LCCO_2$に換算して評価される．建物のライフサイクルを考えるとき，一般にはランニング時の設備による負荷を低減させる技術に関心が寄せられるが，ここでは，建物を長く使い続けることや，無駄な資源を出さないことで環境負荷を低減させるための設計の基本的な考えかたについて説明する．

建物を長く使い続けるためには，建物の設計段階から中期的・長期的視点で利用方法を検討することが大切である．需要の変化に応じてレイアウト変更を容易に行うことができる自由度の高い平面計画を行い，将来的に必要となる修繕，改修，拡張を想定して設備の点検や交換を容易に行える仕組みを計画する．

建設資材や施工技術の進歩によって建物の耐久性能が向上し，耐用年数（物理的寿命）が長くなっている．しかし，その一方で景気動向の変化や技術開発の速度が増し，建物の使いかたや性能に対する要求が変化するサイクル（社会的寿命）は短くなっている．物理的寿命と社会的寿命のギャップへの対処方法については，いくつかの考えかたが挙げられる．

一つ目の考えかたとして，建物の物理的寿命に社会的寿命をあわせる方法がある．計画段階から将来的な需要の変化に十分に対応できるようにフレキシビリティの高い空間を用意し，需要に応じて住宅や店舗などの他用途へ転換できるように設計することである．2010年以降には団塊世代の定年退職にともなって就労人口の激減が生じるため，オフィス需要が減少して既存のオフィスビルから多くの過剰面積が発生することが予想される．当面はオフィスビルの用途転換は築年数の古い建物の問題であるが，これから新築するオフィスビルの計画についても，長期的な視点で用途転換を含む可能性を想定しておくことは特別な設計条件ではなくなりつつある．

全く反対の考えかたとして，建物の社会的寿命に物理的寿命をあわせる方法がある．比較的短い期間で事業の採算性を成立させることを前提として，耐久性や設備更新の仕組みを簡略化したり，建材を再利用できるように規格化することで，建設コストの削減が図られる．この方法については，需要の変化が速い都心部の商業施設に多く見られ，オフィスビルの手法としては確立されていない．しかし，今後のオフィス需要が縮小していくことを考慮すると，オフィスビルの計画手法として取り入れる事例が登場するかもしれない．

21) OA化：Office automationの略．事務作業を電子化し，効率化すること．

22) 京都議定書：1997年に京都で開催された第3回気候変動枠組条約締約会議において採択された議定書．温室効果ガスの削減数値目標や排出量取引の方法が示された．当時のアメリカのブッシュ政権は経済への悪影響などを理由に不支持を表明した．

23) ⇒ p.193, 10・1・2「いすのかたちと滞在」

場から独立したことによってオフィスビルというあらたな建築種別が誕生し，20世紀に入って量的にも質的にも急速に発展を遂げた．

オフィス業務の増加と建設技術の進歩にともなってオフィスビルは巨大化の道を進んできた．生産性が重視されるオフィスビルは，少ない敷地面積に最大人数を収容できること（スペース効率）が優先度の高い評価基準とされ，大規模化や高層化が最も早くはじまった建築種別である．日本では1919年にエレベーターの本格的な生産がはじまったことで，オフィスビルの高層化の流れが加速した．1963年には31m高さ制限が撤廃されて都心部の超高層化が推し進められ，1968年にアメリカに約70年遅れて日本初の超高層ビル（三井霞が関ビル）が登場した．

オフィス空間の大きな変化軸としてインテリジェント化が挙げられる．業務のOA化[21]やIT技術の普及にともない，情報・通信ネットワークや管理・制御システムが積極的に導入されるようになった．計画の初期段階からシステム導入に適した空間のモジュールが決定され，将来的な拡張方法についても検討がなされる．モジュールに従ってパネル化された照明や空調機器を設置するシステム天井や，通信用配線や電気ケーブルを床下に自由に配線することのできるフリーアクセスフロアやアンダーカーペット方式はインテリジェント化の代表的な手法で，ゆとりのある階高が必要とされる．

事業規模の拡大によりオフィスプレイスそのものもネットワーク化され，本社オフィスを核として支社オフィスや海外オフィスが登場した．最近ではサテライトオフィスやホームオフィスなどの新しいオフィスプレイスの概念も生まれている．

● 2　これからの時代に求められるオフィスビル

これからのオフィスビルに求められる重要なテーマとして「環境」と「安全」が挙げられる．これらはオフィスビルに限られたテーマではないが，都市空間における総延床面積の大きな割合を占め，施設の稼働時間も長いオフィスビルに課されている責任は大きい．

「環境」については，1997年の京都議定書[22]でCO_2排出量の削減目標が定められたにも関わらず，その後もオフィスビルを含む「業務その他部門」のCO_2排出量は増加を続けており，2003年には1990年比で3割以上の増加となっている．この部門のCO_2排出量は，「産業部門」「運輸部門」に次ぐ高い値である．2008年には，全国に先駆けて東京都が企業に対して排出量削減を義務づけた環境確保条例の改正を可決しており，賃貸オフィスビルも対象に含まれている．「安全」とは，災害に対する建物の物理的な耐震性能と，情報のセキュリティの二つの安全性を意味する．今日の情報化時代におけるオフィスビルでは，企業の所有する知的財産を守るセーフティーボックスとしての役割が，年々強化されている．

❖ 6　計画・設計へのアドバイス

①居心地のよい空間となっていますか？

オフィス環境のアメニティ（快適性）は，仕事に対する意欲を駆り立て創造力を喚起するためにも十分に検討しなくてはならない．オフィスは社員にとって長時間を過ごす生活環境でもあり，作業に集中できる環境と，リラックスできる環境の両方をあわせ持つことが求められる．「明るさ」，「温度」，「湿度」，「音」，「色彩」，「緑化」，「香り」，「アート」の効果を適宜取り入れ，空間の用途や活動にあわせて空間のイメージやアメニティのレベルを使い分けるとよい．

家具の選択やそのレイアウトも居心地の良さを大きく左右する[23]．その空間で過ごす時間の長さ，姿勢，視線の方向，そこで行われるコミュニケーションの種類やその人数，人の動線，プライバシーなど，さまざまな項目にもとづいて場の使われ方をできる限り具体的にイメージした上で，スペースの面積や形状を決定してもらいたい．

②環境への対策を考えよう

CO_2排出量の削減は地球規模の課題であり，日本では排出量の約4割を建設業が占める．ワークスタイルの多様化や業務の国際化によるオフィス稼働の長時間化が，CO_2増加の一つの要因に挙げられる．CO_2の削減にとって，採光，通風，太陽光発電，雨水利用など，自然エネルギーを積極的に有効利用することが望ましい．屋上緑化は屋根面の断熱性能を高める有効な手法で，深夜電力の利用や排熱の再利用を行う蓄熱システムは省エネルギー効果を高める．ゾーンごとに空調機や照明の稼働を細かくコントロールしやすい空間構成や設備システムも効果的である．ルーバーやダブルスキンを用いたファサードのデザインは，熱負荷の高いペリメーターゾーンの環境を効率的に制御することができる．

事例1　コミュニケーションとアメニティを重視したオフィス環境（鹿島建設KIビル）

■概要■

豊かなアメニティスペースを取り込んだオフィスビルの先駆けとなった事例である．オフィスビルの中心として業務の大半を占める打ち合わせや会議などのコミュニケーションのための場がアトリウム空間として提案されている．建物2階中央に位置する4層吹き抜けのアトリウムには十数種類の樹木とゆるやかに流れる水面が設けられ，トップライトからの自然光が時間とともに変化し半屋外的な開放感を生み出している．アトリウムは主に来客者との打ち合わせに使用され，周囲には個室タイプの打ち合わせ室やプレゼンテーションルームが配置されている．社員のためのリフレッシュスペースとしても利用され，植栽・アートによる視覚作用や水のせせらぎによる聴覚作用でリラックス効果を高めている．

2008年の改修によって執務スペースのセキュリティが強化され，IDカードによる入室管理システムが導入されている．来客者に対して入室可能なゾーンを制限するだけではなく，社員に対しても担当する業務内容に応じてゾーンごとの入室の権限を管理している．

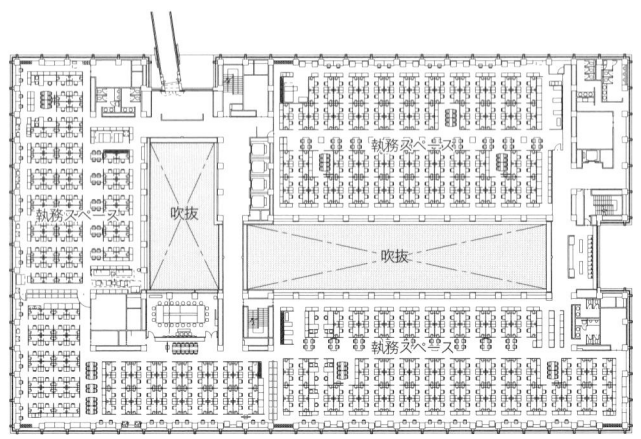

■基本データ■
設計：鹿島建設建築設計部
所在地：東京都港区
竣工：1989年
敷地面積：7,965.99㎡
建築面積：5,080.39㎡
延床面積：29,553.26㎡

構造：SRC造
階数：(A棟)地上5階地下1階
　　　(B棟)地上9階
スパン：(A棟)18m
　　　　(B棟)21.6m

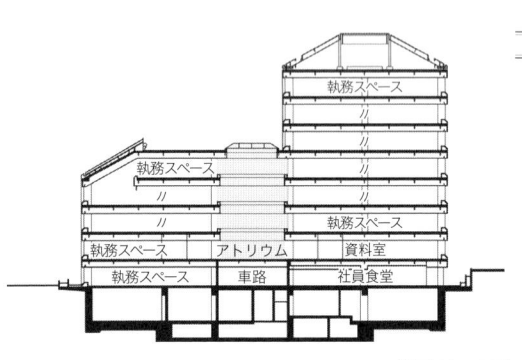

5階平面図(1/1000)

断面図(1/1000)

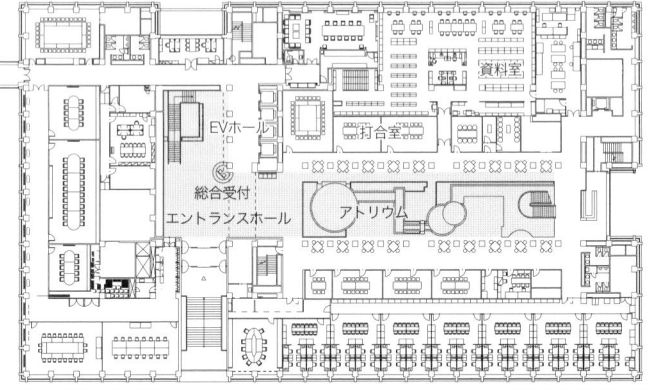

（図面提供：鹿島建設）

2階平面図(1/1000)

（写真：岩田伸一郎）

アトリウムは，接客，ミーティング，リフレッシュのため多目的スペースとして使用される．

アトリウムを介してオフィス全体の気配がつながっている．

2008年のレイアウト更新時に，パーティションの高さが従来よりも低く変更された．

ペリメータゾーンには，フロアで共有する資料棚，OA機器，作業スペースが配置される．

事例2　地球環境時代のサステナブル・オフィスビル（竹中工務店東京本店）

■概要■
環境負荷低減のためのさまざまな汎用技術を集積し，一つの建築として高いレベルで統合した地球にやさしいオフィスビルである．長方形平面の中心軸上には光庭を核に人が集まるコミュニケーションスペース，サポートスペース，コアが配置され，執務スペースの機能性と居住性を高めている．古紙を再利用したアルミコーティング段ボールダクト，自然エネルギーを積極的に利用した空調システム，太陽熱集熱ダクトによる給排気システムなど，数々の設備技術がイニシャルおよびランニングにおけるローコスト化を実現している．廃材を再生粗骨材として再利用するなどリサイクルやリユースを徹底し，施工時におけるCO$_2$排出量も削減している．

■基本データ■

設計：竹中工務店	構造：S造
所在地：東京都江東区新砂	階数：地上7階
竣工：2004年	最高高さ：30.95m
敷地面積：23,383.15m²	主なスパン：10.8m×10.8m
建築面積：5,904.53m²	
延床面積：29,747.96m²	

カラフルな開口部が印象的な研ぎ出しPCa板を用いたファサードデザイン．
（上記写真2点：小川泰祐）

ミーティングスペース．

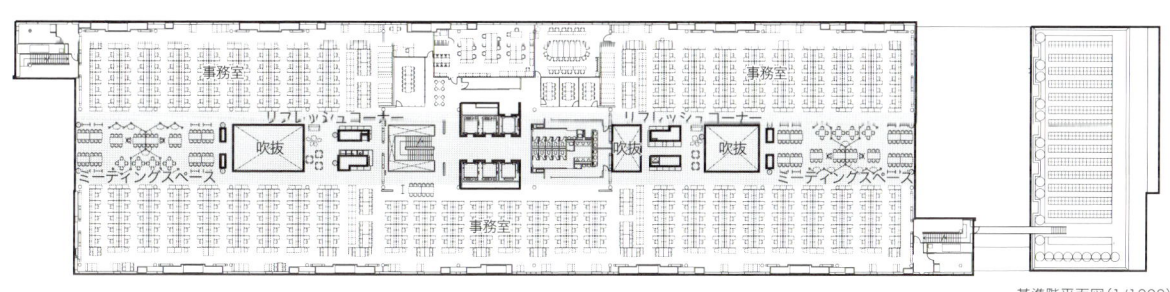

基準階平面図(1/1000)

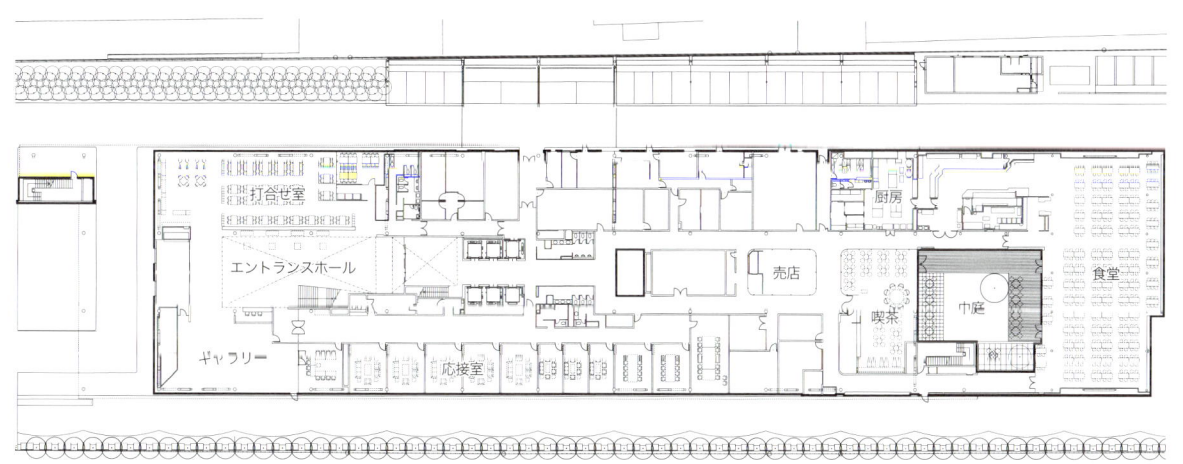

（特記なき写真／図面提供：竹中工務店）

1階平面図(1/1000)

個人のスペースを最小限に絞り，コミュニケーションスペースの利用を促す．（小川泰祐）

吹き抜けに面して配置されたリフレッシュコーナーはミーティングにも活用される．（小川泰祐）

デッキと芝が貼られた中庭を囲んで福利厚生部門（食堂や喫茶）が配置されている．

エントランスホールは2層吹き抜けの大空間で，ギャラリーが併設されている．

7・1　オフィスビル

手続きする　発信する
議論する　話し合う　働く　集う

庁舎　7・2

7・2・1 活動フレーム

　庁舎は，国や地方自治体が住民の安全で豊かな生活を支援するための公共施設である．住民の誰もが利用できる開かれた施設であり，住民は必要な「行政サービスを受ける」ことができる．どこに行けばどのようなサービスを受けることができるのかが明快でアクセスしやすい空間構成とし，お年寄り，こども，障碍者にも気配りの行き届いたユニバーサルデザイン[1]とすることが重要である．行政サービスを提供する側の職員にとっては「働く」ための場であり，オフィスと同様に生産性を高める環境であることが求められる．

　行政サービスの拡大とともに，庁舎建築は増築や建て替えによって大規模化してきた．これは，業務スペースの拡大だけによるものではなく，住民に開かれたパブリックスペースの増加も大きな要因となっている．展示コーナーや多目的スペースが設けられ，かつての堅苦しい庁舎のイメージは，開かれた親しみやすい地域住民の「交流する」活動の拠点へと変化している．

　庁舎のもう一つの重要な機能に議会部門がある．住民の代表として選出された議員たちが自治体の運営に関するさまざまな取り決めについて「審議・決議する」活動を行っている．

7・2・2 活動フレームに対応した場

● 1　来庁する・集まる
　　　——エントランスホール・ロビー

　エントランスホールやロビーは来庁者がまず最初に訪れるスペースである．大勢の来庁者を受け入れることができる十分な広さを設け，開かれた庁舎のイメージを象徴する開放的で明るい場として計画する．来庁者の目的や滞在時間はさまざまで，迎え入れた来庁者の動線を整理することがエントランスホールの役割である．建物全体の構成や行き先のわかりやすさに配慮することが求められ，とく

図7・2-1　エントランス付近の活動フレーム
上：ホールから庁舎全体を見渡すことのできる階段状の構成（掛川市庁舎），
下：ロビーの一角に設けられた情報コーナー（江東区役所）．

1) ユニバーサルデザイン：年齢，性別，国籍，能力，障碍の有無に関わらず，できるだけ多くの人々が快適かつ容易に利用できるよう環境や製品のデザインすること．「公平性」「柔軟性」「単純性・直感性」「安全性」「認知性」「効率性」「快適性」がユニバーサルデザインの7原則として挙げられる．障害を取り除く「バリアフリー」の概念の上位概念として位置付けられる．

＊バリアフリー：「高齢者，障害者などの移動などの円滑化の促進に関する法律（バリアフリー新法：2006年施行）」において，不特定多数の者が利用する建築物はバリアフリーの措置を講じることが定められている．特定建築物（学校・病院・博物館など）では努力義務とされ，特別特定建築物（特別支援学校・官公署など）は義務として求められるが，庁舎は特別特定建築物に該当する（⇒p.202, 10・2・5「弱者・高齢者」）．

＊議員定数：地方自治体の議員定数は各自治体の条例で定められている．都道府県議会および市町村議会の議員定数は，人口に応じた上限がそれぞれ地方自治法第90条，同91条に決められている．

2) ⇨ p.195, 10・1・2「ウェイファインディングデザイン」

＊証明書自動交付機：専用のカードや事前に登録した暗証番号を用い、銀行のATMと同様の簡単な操作によって住民票の写しや印鑑登録証明書などを受け取ることができる機械。発行手数料の割引や夜間・休日の利用を可能とすることで利用者の増加を促し、窓口業務の街時間の短縮や省力化を図る。

（写真：岩田伸一郎）

＊電子番号表示機：住民票の写しや印鑑登録証明書の発行申請受付時に番号札をもらい、電子番号表示機の案内に従ってお渡し専用窓口で受け取りを行う。受け取りの間違いがなくなり、交付準備の整った番号が一定の間表示されるため、待ち時間の行動も自由になる。

（写真：岩田伸一郎）

＊議場の天井高：庁舎の中で最大空間である議場の後方には、一般に議場フロアとレベルを隔ててアリーナ形状の傍聴席が設けられる。そのため充分な天井高（6,000～8,000mm）が必要でとなり、2層分を目安に断面計画を行う

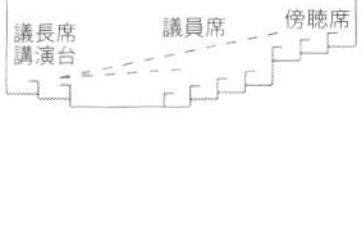

に、利用者が最も多いカウンター業務スペースや、他階へ移動するためのエレベーター、階段、エスカレーターへの動線を単純化したり視覚的に連続させることが重要である[2]。

エントランスホールやロビーには総合カウンターが設置され、施設や行政サービスの案内が行われるほか、人が集まるスペースであることを利用したさまざまな催しも行われる。

● 2　利用する・相談する
──カウンタースペース

一般来庁者の約8割はカウンタースペースを訪れる。そのため、多くの来庁者に対して迅速かつ正確にサービスを提供しなくてはならない。カウンターでは、各種申請の手続き、証明書の発行、生活についての相談などが行われる。カウンターには受付窓口と交付窓口を設け、受付窓口付近には記帳台を設置し、交付窓口付近には待ち合い用のベンチが必要となる。これらのレイアウトを検討する時には人の流れを妨げないように配慮することが必要である。カウンターの奥には事務スペースが配置され、カウンターは来庁者のためのスペースと職員の事務スペースを隔てる境界の役割も果たす。

● 3　働く・提供する　──事務スペース

事務スペースは、カウンター業務に関連する事務を行うスペースと、それ以外の一般事務を行うスペースに分類することができる。一般事務スペースでは、総務、企画、商工、農林水産、環境、観光、都市整備、教育委員会、選挙管理委員会といった住民が直接接する機会の少ない業務に携わる職員が働いている。一般来庁者への対応数が多いカウンター業務を行う部課ほど、メインアプローチ階付近の低層階に配置する。

事務スペースには、オフィスと同じくミーティングスペース、会議室、ロッカー室、資料室などの業務を支援するさまざまな所要室や設備が必要である。事務スペースが複数階に分散する場合には、これらのスペースを各フロアに分散して設置する方がよいのか、あるいはまとめて配置する方がよいのか、部課のゾーニングと利用効率をあわせて検討する。

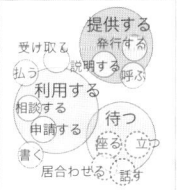

事務スペースは、組織の変更や職員数の増減に柔軟に対応できる空間であることが望ましい。固定の間仕切り壁をできるだけ少なくし、家具や可動間仕切りでフレキシブルに区切って利用できるように、空間のモジュールや設備システムを計画する（⇨p.140, コラム❖1）。

● 4　審議する・議論する　──議場

議会部門は、議員たちが自治体に関する重要な取り決めについて審議する議場を中心に、議会の運営業務を行う議会事務局、議員活動に使用される委員会室、議員控え室、資料室、議長室などによって構成される。議場は無柱の大スパン空間で、十分な天井高が必要である。そのため、議場の大スパン空間をどのように確保するかについての考えかたが、庁舎建築の構造計画や空間構成の方向性を大きく左右する重要なポイントとなる。議場に必要なボリュームをしっかりと抑え、力学的に無理のない架構とゾーニングを計画することが大切である。一般に、議場部門を別棟とする事例や建物の最上階に配置する事例が多いが、これは庁舎の他の機能から議会部門の独立性を確保する上でも理にかなっている。

議場内には議席以外にも議長席や書記席があり、さらには議場の後方には議会を傍聴する人々のための傍聴席や記者席が配置される。平面計画では議員と傍聴者の動線はしっかりと分離し、断面計画ではすべての議席や傍聴席から議長席への視線を遮らないようにフロアを階段状に計画することが一般的である。しかし、議会の閉会期間に議場を多目的スペースとして有効利用できるように、フロアをフラットにして座席や机を可動式とする事例もある。

● 5　憩う・くつろぐ
──ロビー・食堂・屋外スペース

庁舎にはくつろぐためのたくさんのスペー

図7・2-2　カウンター付近の活動フレーム

7・2　庁舎

149

スが用意されている．最も人の集まるロビーは単なる待ちスペースではなく，自治体から住民への情報発信の場としての高い価値を有している．自治体の活動を紹介するさまざまな掲示や展示がなされ，定期的に各種相談会や講習会なども開催される．住民どうしの情報交換の場として，あるいは文化活動の発表やロビーコンサートなどの催しを行う場として，多目的に活用される．これらの憩いのスペースは住民がアクセスしやすい低層階に配置すると利便性が高いが，東京都庁や神戸市役所などの高層庁舎では，最上階を展望室として開放しているケースも見られる．

食事をとることもくつろぐための大切な活動の一つである．食堂や喫茶コーナーは職員だけではなく来庁者も利用できるように配置する．眺望や採光など環境条件や家具のレイアウトにも気を配り，しっかりとリフレッシュできるゆとりのある雰囲気づくりを心がける．

屋外スペースも安らぎを与えてくれる大切な場である．ベンチに腰を下ろし，季節の花や水面の揺らぎを眺めたり，そよ風に当たって過ごすひと時は，大変心地よくリフレッシュに効果的である．また，屋外スペースの緑は室内へも視覚的作用によるリラックス効果をもたらす．さらに，屋外スペースは集会，物産展，お祭り，野外コンサート，フリーマーケット，などのさまざまなイベント活動の受け皿となる多目的スペースとして実用性が高い．

3） PFI：従来，国や地方自治体が行ってきた公共サービスを民間主体に移管すること．民間の資本と経営ノウハウを用いて効率性の高い事業を行うことで，財政支出の削減につながる．1992年にイギリスで導入され，日本では1998年にPFI推進法が施行された．

4） アウトソーシング：業務の一部を外部の企業に委託すること．コストの削減や固定費の変動費化といった経済的なメリットがある．専門的な能力を必要とする業務をアウトソーシングすることで，業務の効率化やサービスの向上にもつながる．

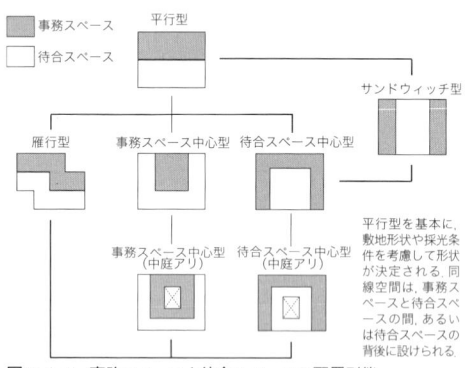

図7・2・3 事務スペースと待合スペースの配置形態

図7・2・4 「集う」活動フレーム
上：ロビーコンサートの様子．
下：庁舎前広場でのイベントの様子．（上記写真：野々市町役場）

❖ 1　庁舎の種類

庁舎と一言でいってもその種類は実に多様で，運営する組織もさまざまある．すぐにイメージされるのは「町村庁舎」「市庁舎」「区役所」「県庁舎」「支所」「出張所」などの生活に身近で直接的にサービスを受ける機会のある公共施設である．この他に，地域サービスを行う公共施設として，「警察署」「交番」「消防署」「保健センター」「税務署」なども庁舎に含まれる．

住民に直接的なサービスを提供する上記に挙げた庁舎に対し，日常生活で利用する機会の少ない国の庁舎がある．「国会議事堂」「中央省庁舎」といった国政に従事する国会議員や公務員らが働く施設や，「大使館」「裁判所」といった特殊な用途の施設がこれに該当する．

合同庁舎と呼ばれる複合タイプの庁舎ではそれぞれ別の場所に設けられていた行政サービス機能を一つの施設としてまとめることで，利用者の利便性の向上と地域コミュニティの核としての位置付けが強化される．合同庁舎が建設されるようになった背景には，1993年にはじまった「シビックコア地区整備制度」がある．これは，恵まれた庁舎の立地条件を活用して敷地内に地域住民の憩いの場となる豊かな屋外スペースを整備し，住民が気軽に利用することのできるロビーや展示スペースを拡充することで，まちづくりの拠点として再整備することを推進する制度である．多目的ホール，展示スペース，図書館，カルチャーセンター，集会室，カフェといった文化的な機能が併設されるタイプの庁舎は「シビックセンター」と呼ばれ，行政のための施設という枠組みを越えて住民生活により身近な施設となっている．

民間資本を導入したPFI[3]による建設方式や運用のアウトソーシング[4]により，今後さらに新しいタイプの庁舎が登場して質の高い住民サービスを提供するようになっていくと考えられる．

岡崎市シビックプラザ
交流広場を中心に，市役所支所・公証役場・司法書士会・土地家屋調査士会・音楽ホール・図書館・レストランなどが入ったシビックセンター棟，税務署・法務局・検察庁・ハローワーク・労働基準監督署・統計事務所が入居する合同庁舎棟，立体駐車場が配置される． （写真：岩田伸一郎）

150

5) 公開設計競技：公共建築物の建設において，公募により広く優れた設計案を求めて公正に設計者の選定を行う方式．同じく入札によらず選定者との随意契約が行われる「指名設計競技」や「プロポーザル方式」と比べて，指名の偏りの問題がなく透明性がより高い．

6) プロポーザル方式：複数の設計者から企画や技術に関する提案書を募り，その内容や業務遂行能力を審査して最も優秀な設計者を選定する方式．参加者は公募される場合もある．選定した業者に対して提案書として具体的な設計案を求める場合は，「指名設計競技」と呼ばれる．

くつろいだりリフレッシュするためのスペースは，ふっと思い立った時に気軽に利用できることが望ましい．一か所に広いスペースまとめて取るのではなく，いろいろな場所に分散させて配置するとよい．くつろぎかたや過ごす時間の長さも考慮して，適した家具の選択やレイアウトの決定を行う．

7・2・3 場と空間の組み立てかた

● 1 立地

アクセスが容易な市街地中心部に庁舎が核となって他の行政施設とともに住民生活の拠点を形成することが好ましい．しかし，諸事情により郊外の広大な敷地に建設される事例も多い．敷地の選定においては，災害時における防災拠点としての機能も考慮し，地盤が脆弱な場所や水害の危険性のある低地は避けなくてはならない．

● 2 配置計画

都心部の狭隘な敷地に建つ場合を除き，庁舎の配置計画は「建物」「オープンスペース」「駐車スペース」の3要素で構成される．計画ごとに敷地条件や設計条件が異なるため，庁舎にはこれといった一般解は存在しない．建物の配置や形態については周辺環境との調和や将来的な拡張性などに配慮しながら決定する．

▶ 1 建物

建物のボリューム構成は，敷地条件，自治体の規模，組織構成に基づいて，分棟タイプ，低層タイプ，高層タイプを選択する．関連部署の窓口を別棟や別階に分散配置してしまうと，業務の効率や利用者の利便性においてデメリットとなるため，複数棟で構成する場合には各組織のまとまりや業務上の関連性を充分に考慮して棟の数や規模を決定する．敷地に対する建物の配置に関しては，採光条件や周辺建物への日影に気をつけなくてはならない．

▶ 2 オープンスペース

オープンスペースは，庁舎へのアプローチ空間であると同時に，住民にいつでも開かれた憩いの場である．オープンスペースのデザインは，庁舎が事務的な申請や手続きを行うだけの場所ではなく，自由に訪れることのできる地域交流の場としてのイメージづくりに重要な役割を果たす．季節を感じることのできる樹木やベンチを配置し，アメニティの高い公園や多目的スペースとして整備する．

▶ 3 駐車スペース

駐車スペースは充分な台数を確保し，合わせるスペースを設けたり，地域の憩いの場となるオープンスペースを設けることで，庁舎がまちづくりを先導する交流の核となることを期待されている．

❖ 2 「住民参加型」による庁舎建設

近年は，公共建築の建設へ住民が参画する機会が増加している．新しく計画される庁舎では，ほとんどのケースにおいてワークショップや説明会が開催され，住民に対する積極的な情報発信と意見収集が行われている．庁舎建設への住民参画のブームは，行政に対する住民の関心と，住民自治の拠点としての庁舎の重要性が従来よりも増していることを示している．また，今日の経済状況においては，莫大な税金を投入する建設事業を遂行する上で，事業の透明性と住民の十分な理解が不可欠になっているという背景もある．

住民の意見を反映させた庁舎建設にとって，住民が設計に継続的に参加できる仕組みづくりをすることが大切である．一般的な住民参加型のプロセスでは，まず専門家や有識者で構成される検討委員会が立ち上げられ，庁舎の基本骨子の作成，設計者の選定，プロジェクト進行に関するマネジメントが行われる．設計者の選定については，公開設計競技[5]やプロポーザル方式[6]などの透明性の高い方法が採用され，基本的に選考過程はすべて公開される．設計者が決定された後は，設計者，職員，住民らによるワークショップや報告会が定期的に開催され，施設の仕様から運用方法に至るまで，住民の意見に広く耳を傾けながら，時間をかけて設計案の検討と修正が進められる．ワークショップへ参加する住民ボランティアは一般的に公募によって選定され，話し合いの内容や決定事項についても，報紙やホームページで積極的に公開される．

住民参加型で建設される庁舎の特徴として，住民のための豊かなスペースの計画が挙げられる．閉庁時にも住民が利用

現在建設が進んでいる東京都立川市の新庁舎
2005年に設計者選定競技が行われた．最優秀案をもとに，設計者，市民ボランティア，職員，議員が参加する市民協議会において計画の詳細が詰められた．
（写真提供：立川市）

せて数台分の庁用駐車場も設ける．自動車の動きは人の動きに比べて自由度が少ないため，シンプルな動線を心掛ける．また，駐車スペースの大きな面積を建物の配置が決まった後に敷地の余白に納めることは容易ではない．そのため，駐車スペースの配置と自動車の動線計画は建物やオープンスペースの配置に先立って大枠を決定する．

● 3　部門構成

庁舎は一般的に①カウンター業務部門，②一般事務部門，③議会部門，④管理・厚生部門の4つの部門から構成される．①と③の配置によって庁舎の空間構成の大枠が決定される．市民の利用が多い①を低層階に配置し，

表7・2-1　庁舎の部門構成

①カウンター業務部門	住民に対して証明書の発行や福祉や納税の相談窓口など，住民生活に直接関係した各種サービスを提供する．常に多くの外来者が訪れるため，エントランスとの円滑なつながりに配慮し，低層部に配置される．
②一般事務部門	住民に対して直接的な応対を必要としない部課が配置される．オフィスと同等の仕様が要求される．市長室・助役室・応接室・秘書室などの執行部のためのスペースが含まれる．
③議会部門	議場，議長室，議員控え室，委員会室，議会事務局など．他の部門からの独立性が強く，専用のエントランスや動線が設けられたり，別棟で計画される．
④管理・厚生部門	防災センター・警備員室などの建物の管理を行う諸室．食堂・売店・職員用休憩室など．
⑤その他	インテリジェント化された庁舎では，空調やインフラのための機械室・電気室・コンピューター室などの多くの部屋が必要である．騒音を発生させる部屋については，地下や屋上に配置する．

＊防火区画：大規模建築物や不特定多数の人々が利用する特殊建築物において，一定の面積以内ごとに防火壁や耐火構造の床で区画すること（⇨ p.202, 10・2・4　2「避難計画」）．

＊スクラップアンドビルド：建物の躯体や設備の老朽化や需要との不一致に対し，取り壊してあらたにつくりかえて対応すること．根本的に問題を解決する更新手法として有効な手法であるが，資源やエネルギーを大量に消費する手法であるため，地球環境の視点から多くの問題も指摘されている（⇨ p.204, 10・2・6「用途変更（コンバージョン）」）．

図7・2-5　市役所における一般的な部屋のつながり例

❖ 3　地球環境問題への積極的な取り組み

庁舎建築は，各自治体にとって地球環境問題に取り組む自らの姿勢をアピールする重要な媒体である．そのため，「余熱の利用」「太陽光発電」「屋上緑化」「雨水利用」「地熱利用」など，省エネルギーや環境負荷低減のための先進的な技術を積極的に取り入れる事例が多い．

1998年の「環境配慮型官庁施設計画指針」において環境負荷低減に配慮した官庁施設はグリーン庁舎と定義された．環境へ与えるインパクトについては，建設から解体に至るライフサイクルを通して建物が発生させる二酸化炭素排出量（$LCCO_2$）にもとづいた評価が定められた．また，「周辺環境への配慮」「運用段階の省エネルギー・省資源」「長寿命化」「エコマテリアルの使用」「適正使用・適正処理」の五つの項目が環境負荷を低減するガイドラインとして定められた．2000年には「官庁施設の環境配慮診断・改修計画指針」が発表され，既存施設の診断や改修についても，同様のガイドラインが定められた．

建築物を環境性能で評価し格付けする手法として，2001年から「CASBEE（建築物総合環境性能評価システム）」の開発がはじまり，2002年の「CASBEE-事務所版」を皮切りにさまざまな目的に応じたツールが完成している．CASBEEは，省エネルギーや省資源などの環境負荷を低減する性能L（Load）と快適性や景観などに関する品質Q（Quality）をライフサイクルを通じて総合的に評価するシステムであり，「環境効率」の概念にもとづいて「BEE（Building Environ-ment Efficiency／建築物の環境性能効率）」という新しい評価指標が提案されている．庁舎の建設においては，今後CASBEEによる評価が積極的に採用されていくものと予想される．

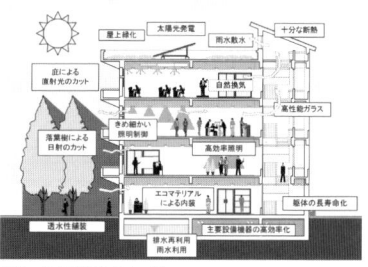

グリーン庁舎のイメージ
（出典：国土交通省ホームページ http://www.mlit.go.jp）

7) インテリジェント化：通信システム，LAN，設備システムを強化して高度に情報化されたネットワークを構築し，これらを総合的に管理することで生産性に優れた作業環境をつくり出すこと．

8) 免震：地震力に対し，建物の基礎と上部構造の間に積層ゴムやダンパーを入れて振動の伝達を軽減させること．

9) 制振：地震のエネルギーを建物内部に設けられたダンパーによって吸収することで振動を軽減させること．

10) ストック重視型社会：ストックとは，社会が所有する既存の施設や資産を意味する．資源の枯渇問題や地球温暖化の問題を背景に，従来の生産性を重視し資源やエネルギーを浪費するフロー重視型社会が見直されている．フローを増やすことを評価するのではなく，ストックの質を高めて維持することを目指す新たなパラダイムの社会がストック重視型社会である（⇨ p.204，10・2・6 3「用途変更（コンバージョン）」）．大量生産・大量消費にかわり，適正生産・適正消費がキーワードとされる．

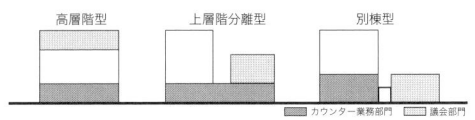

図 7・2-6　議会部門の配置にもとづく基本的な空間構成

大スパンを必要とする議場を含む③を最上階に配置する断面計画は利用者数と利用頻度の観点において合理的であり，また議会部門を別棟に分離する計画は議会部門の独立性の観点から高く評価される．

7・2・4　建築類型への適用

● 1　庁舎建築の歴史

日本における庁舎建築の歴史は明治初期に遡る．1888年の市制・町村制や1890年の府県制・郡制の制定以降は，西洋建築の影響を強く受けたシンメトリーな平面やファサードを持つシンボリックな庁舎建築が各地に建設された．大正期に入ると，行政サービスの拡大とともに庁舎が大規模化し，この頃に建設されたいくつかの庁舎は今日も活躍している（京都市庁舎（1927）・名古屋市庁舎（1933）など）．戦後の高度成長期には，市町村の統合を期に国の補助を受けて各地に庁舎が建設された．この頃の庁舎は拡大する業務のためのワークスペースとしての性格が強く，オフィスビルタイプが主流であった．近年に新築された庁舎については，IT や環境制御の新しい技術を取り込むインテリジェント化[7]が進み，また，地域のシンボルとして個性的なデザインとなる傾向が強い．

● 2　これからの時代に求められる庁舎

21世紀の庁舎のキーワードとして，「住民参画」（⇨ p.151，コラム❖2）「環境」（⇨ p.152，コラム❖3）「地域防災」を挙げることができる．地域防災に関しては，たび重なる大震災（1995年の阪神・淡路大震災，2007年の新潟中越沖地震，2008年の岩手・宮城内陸地震）によって地震防災に対する関心が年々高まっている．災害時において，庁舎は消防署・病院・保健所と連携して救援・救助や復旧活動の中枢を担う．庁舎内には災害対策本部が設置されて拠点施設（小・中学校や公民館などの避難所）や支援施設（救援物資の受け入れや配給を行う施設）とのネットワークが形成される．そのため，庁舎は地震に対して生命の安全を守るだけにとどまらず，その機能が維持できる極めて高いレベルの耐震性能を満たしていなくてはならない．高い耐震性能を実現する手法として免震装置[8]や制振装置[9]を採用した構造システムが有効である．

❖ 4　持続可能な庁舎

市制・町村制が制定された明治以降，財政の合理化や質の高いサービスの提供を目指して自治体の合併が断続的に行われてきた．戦後，1953年の町村合併推進法と1956年の新市町村建設推進法の施行により，1万程あった市町村数は5年間で約3分の1に減少した．高度経済成長期には再び合併ブームが活発化し，「地方の中核都市を形成するための大規模合併」「都市が隣接する小規模な町村を吸収する合併」「市制を施行するための規模拡大のための合併」が数多く実施された．1995年に新・合併特例法として期限付きで合併に伴う緩和措置が示され，さらに，2001年発足の小泉内閣によって「三位一体改革」として地方交付税が削減されると，政令指定都市，中核市，特例市への指定によって移譲されるさまざまな権限と財政力の強化を目的とした合併ブームが三度起こった．これにより1999年には3,200を超えていた市町村数が2009年8月末には1,774まで減少した．現在，複数の都道府県を合併して行政権，財政権，立法権をもった新たな広域行政体を導入する同道州制が検討されており，行政単位の再構築は庁舎の建設において常に意識しておかなければならない問題である．

庁舎を需要の変化に対応させる手段として，従来は建替えや第二庁舎の増築といったハードの更新が行われてきたが，少子高齢化と経済低成長の時代を迎えた今日では，多額の税金を投入する庁舎を目の前の需要だけにあわせて新築することは許されない．

ストック重視型社会[10]における建設活動は「持続可能性（Sustainability）」への配慮が重要なテーマとなる．「持続可能性」は建物の物理的な長寿命化や省エネルギー化によって環境負荷の低減を図ることだけではなく，空間のフレキシビリティや拡張性を高め，予測される将来のさまざまな状況に対して大掛かりなハードの更新を行うことなく順応できることも意味する．これからの庁舎の設計に携わる者には，建物の用途や所有者が変更される可能性についても想定し，長期的な視点に基づいて使い続けられる建物を計画することが求められる．

庁舎の新築時には，既存庁舎の再活用方法も検討課題となる．つくば市では，旧町村時代からの建物を含む全7庁舎で業務を行ってきたが，これらを統合する新庁舎の完成後，大穂庁舎（右）と春日庁舎（左）を含む3庁舎については，民間への売却または貸し付け，外郭団体による利用など，継続使用が検討されている．（写真：岩田伸一郎）

❖ 5　計画・設計へのアドバイス

①地域性について考えよう

　住民生活をサポートする拠点となる庁舎は，地域のシンボルとなる施設でもある．従来の庁舎は，行政の威厳を表現した重厚感のある権威的なデザインが好まれていたが，そのことが住民に近寄り難い閉鎖的なイメージを与えてきた．近年は，住民の交流の場としての性格が強く打ち出されるようになり，気軽に立ち寄りたくなる開放的で親しみやすい雰囲気づくりが重視されている．地域性をデザインに反映させることは，庁舎のシンボル性を高める上で効果的である．地場産の建材を用いたり，伝統建築のモチーフを用いることは，地域の伝統文化や産業を支援する意味合いも含んでいる．地域性の表現は，環境をコントロールする風土に根ざした知恵を現代的な技術に解釈して積極的に取り込むことにもつながり，省エネルギー化などの地球環境問題への対策と一体的に検討されることが多い（⇨ p.155，事例1）．

伝統的な沖縄の民家　　　（写真：山田あすか）

②利用されているシーンを具体的にイメージしていますか？

　施設をどのように使ってもらいたいか，住民や働く職員にとって庁舎はどのような場であってほしいかを具体的にイメージし，その価値観がダイレクトに伝わるような設計を心がけることが大切である．機能をしっかりと納めて明快なゾーニングを行うことはもちろん必要であるが，それだけでは地域コミュニティの中枢として人々を引き付ける魅力的な庁舎とはなりにくい．「庁舎が地域にとってどのような意味を持つ場なのか」という明確なメッセージを持った特徴的なスペースや仕掛けを用意することが庁舎の個性を生み出す．また，そのようなスペースに親しみやすい呼び名や愛称をつけることも効果がある．特別な機能を追加するのではなく，一般的な庁舎に備わっている空間（ロビー・カウンター・ピロティーなど）や要素（屋根・壁・柱・植栽など）を特化させてデザインすることで，庁舎の個性やアメニティ性を大きく向上させることができる．

③複合化による新しい庁舎の可能性を提案しよう

　庁舎に求められる役割は多様化している．住民に開かれた生活拠点として庁舎は身近な施設に変化しているが，他の公共施設と複合することでその可能性はさらに広がっていく．

　複合施設として庁舎を計画する場合，どのような用途の施設と一体化させることでどのような相乗効果とデメリットが起こり得るのかについて充分に検討を行い，組み合わせやゾーニングを決定する．複合化においては，各施設の運営時間や管理する管轄の違い，異種用途を複合させる時の防火区画（⇨ p.202，10・2・4「防火対策」）などの法規上の問題を整理し，明確に分離しなくてはならないスペースと共有するスペースの使い分けを工夫する．とくに，施設間をつなぐスペースの計画が施設全体の質を大きく左右する．

事例1　地場産のブロックが生み出す風土に根付いた伝統的デザイン（名護市庁舎）

■概要■
1町4村の合併によって誕生した名護市の10周年記念事業として建設された，地場産のブロック，地域の伝統的な民家に見られる赤い瓦による寄棟屋根，花ブロックなどの土着的なエレメントが，地域のシンボルとして強い存在感を示している．前面の広場に対して階段状に雁行配置された「アサギテラス」と呼ばれる深い軒下の中間領域は，沖縄特有の亜熱帯気候の強い日差しをやわらかく遮り，涼しい自然風を取り込むパッシブな空調システムとして機能してランニングコストの削減に貢献している．「アサギテラス」のスペースは，地域住民や職員の憩いの場となり，地域コミュニティの拠点として市民に開かれた市庁舎を強く印象づけている．ダブルグリッドのフレームは，将来的な増築の要求に対して動線のネットワークを築きながらあらたな空間をつなげていくことのできるフレキシビリティの高い構造システムである．

■基本データ■
設計：象設計集団＋アトリエ・モビル
所在地：沖縄県名護市
竣工：1981年
敷地面積：12,201.1㎡
建築面積：4,774㎡
延床面積：6,149.1㎡
1981年日本建築学会賞

構造：SRC造
階数：地上3階
最高高さ：21.6m

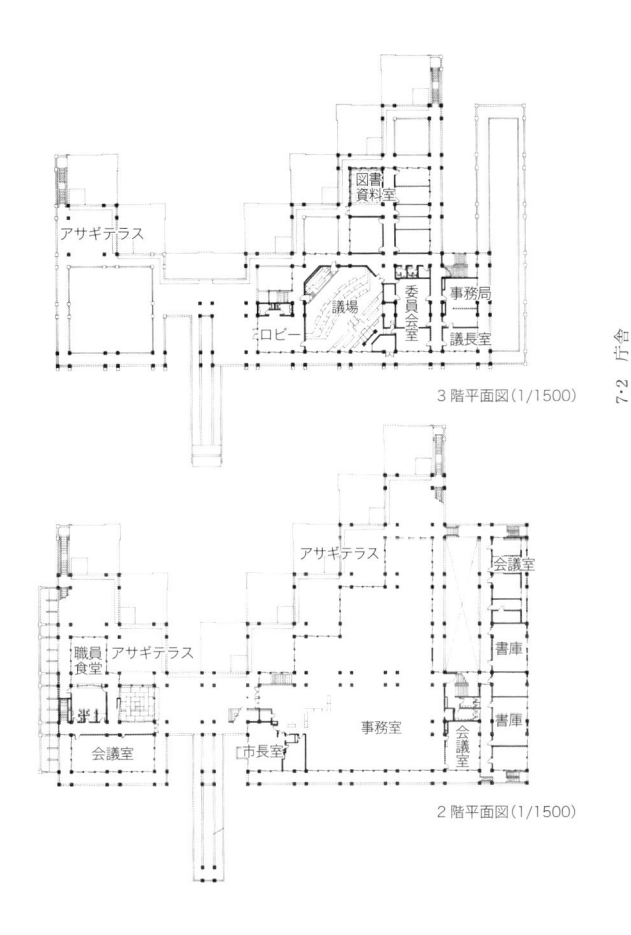

3階平面図(1/1500)

2階平面図(1/1500)

広場に面して設けられたテラスは，雁行しながら連続する回廊をつくり出している．建物は上階になるにつれて階段状にセットバックしているため，広場に対して圧迫感を感じさせない．

花ブロックや紅白のブロックによって沖縄らしさが表現されている．

内と外を連続させる「アサギテラス」が各階に設けられ，いつでも誰でも利用できる．

カウンターの様子．

前面に設けられた広場は市民の憩いの場として活用されている．

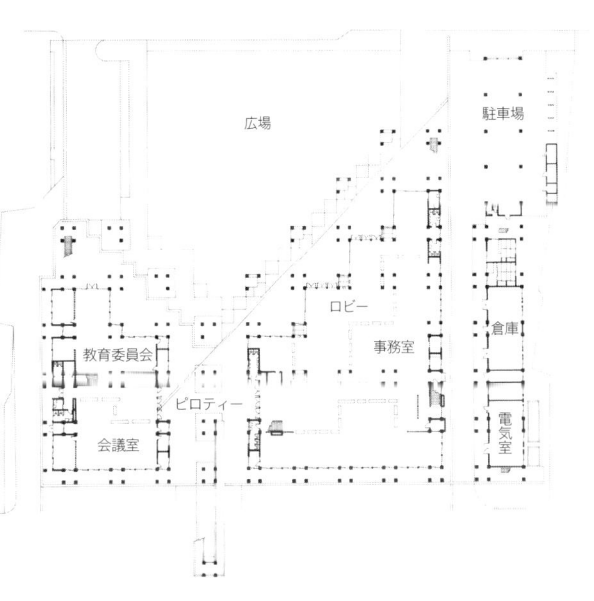

1階平面図(1/1400)

（図面出典：『《現代建築家》象設計集団』（鹿島出版会），写真：山田あすか）

事例2　公園と一体化した庁舎（福生市庁舎）

格子状ファサードのツインタワーは地域のランドマークとなっている（写真：Sergio Pirrone）．

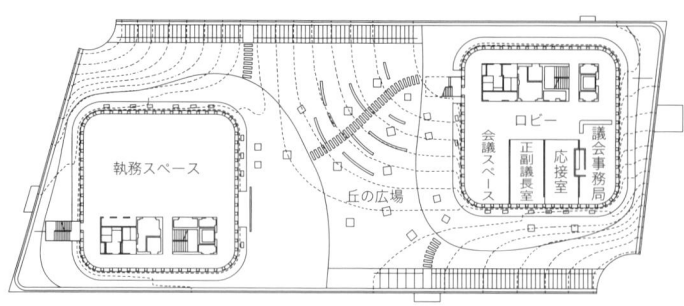

屋上に設けられた丘の広場（写真：藤塚光政）．

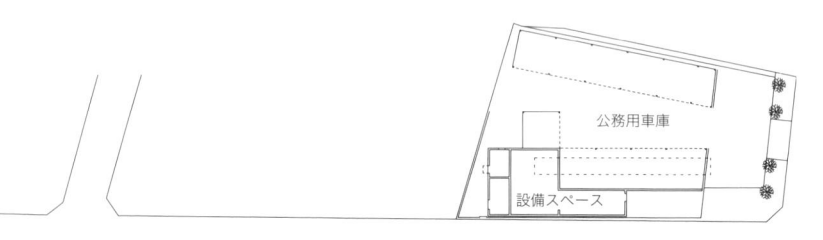

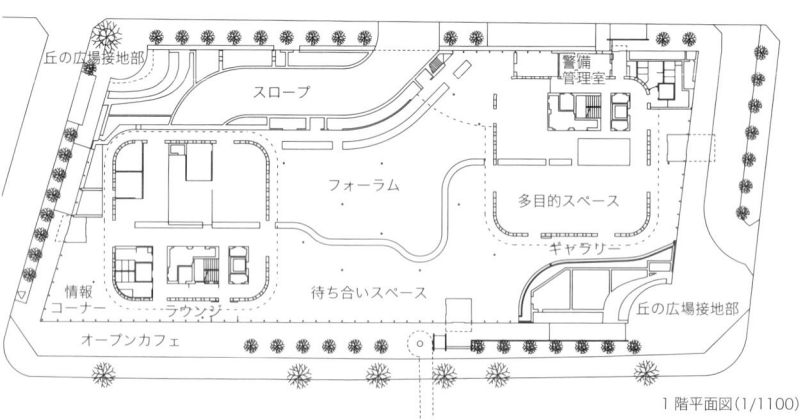

自然光を取り込んだ議場（写真提供：山本理顕設計工場）．

3階平面図(1/1100)

1階平面図(1/1100)

■基本データ■
設計：山本理顕設計工場
所在地：東京都福生市
竣工：2008年
敷地面積：4,757.94㎡
建築面積：3,200.75㎡
延床面積：10,228.77㎡

構造：RC造プレキャストコンクリート造
　　　一部SRC造
階数：地上5階地下1階
　　　（区役所部分）

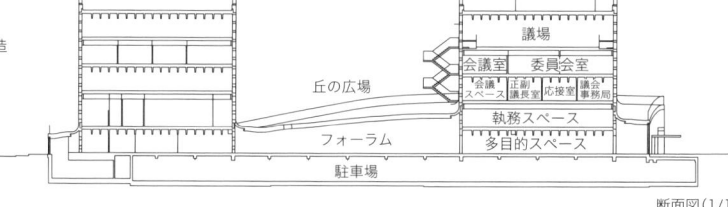

断面図(1/1100)
（図面提供：山本理顕設計工場）

■概要■
敷地全体の地表面が隆起したような造形の低層部と，格子状ファサードを持つ2棟のタワーで構成される．低層部の屋根面は「丘の広場」と名付けられ，市街地の環境に対して地上と連続していつでもアクセス可能な開かれた屋上庭園を提供している．市民がよく利用する機能はすべて1階部分にフラットに配置されてガラスファサードを介してまちとの視覚的な一体感がつくり出されているため，開放的で気軽に立ち寄ることのできる市民のための場であることを強く印象づけられる．2棟のタワーによる構成は，工期を2期に分けることで旧市庁舎を使い続けながら新しい市庁舎へスムーズに移行するための解決であった．大規模な市庁舎がまちを分断することなく周辺環境のスケールに調和する効果をもたらしている．

1枚の大きな屋根の下に市民サービスのための機能がフラットに配置されている（写真提供：山本理顕設計工場）

事例3　地域複合施設の核としての区役所（戸畑区役所）

■概要■

「区役所」「保育所」「障害者地域活動センター」「高齢者向け市営住宅」「住宅供給公社賃貸住宅」「民間分譲集合住宅」「公共駐車場」の七つの機能が複合してまちのあらたなコアを形成している．機能ごとに明確な区分がなされる一般的な再開発に対し，七つの機能が一つの建物として有機的にまとめあげられている．区役所は複合施設の核として大通りに面する低層部分に配置され，階段状のファサードと屋上の広場がつくるランドスケープは，施設どうしを結びつけ憩いや交流の場として区民に開かれている．

内部から見たときにはロビーやカウンタースペースに採光を得るためのルーバーとしてデザインされている階段状のファサードは，夏の戸畑祇園大山笠行事の際には，大観覧席として機能するように計画されており，地域のシンボル的な場となっている．

■基本データ■

設計：隈研吾建築都市設計事務所
所在地：福岡県北九州市
竣工：2006年
敷地面積：5,559.05㎡
建築面積：5,066.50㎡
延床面積：14,441.25㎡
構造：RC造
階数：地上3階地下1階（区役所）
最高高さ：44.96m
※上記は戸畑区役所・ふれあいむらゾーンのデータ

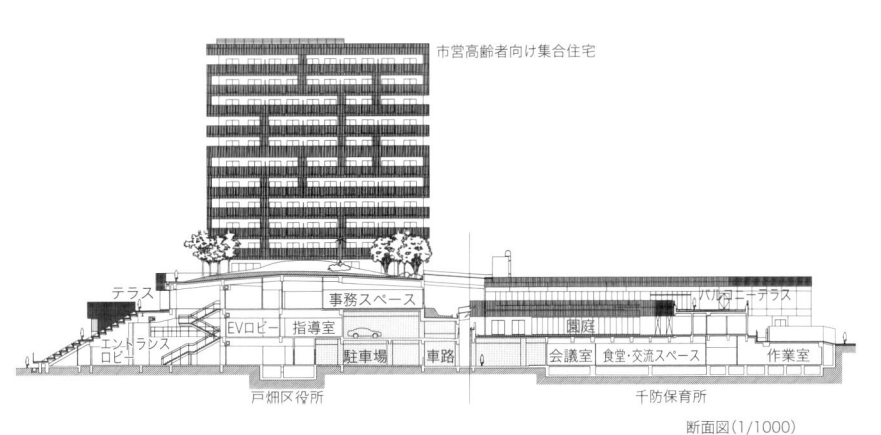

階段状のファサードを持つ低層部分に区役所が配置されている．

区役所の屋上には広場が設けられている．

戸畑祇園大山笠の際にファサードの階段は観覧席として利用される．
（上記写真3点：隈研吾建築都市設計事務所）

階段蹴上のスリットから採光の射し込む待ち合いスペース．

市民の憩いの場として併設されたレストラン．
（上記写真2点：岩田伸一郎）

断面図（1/1000）

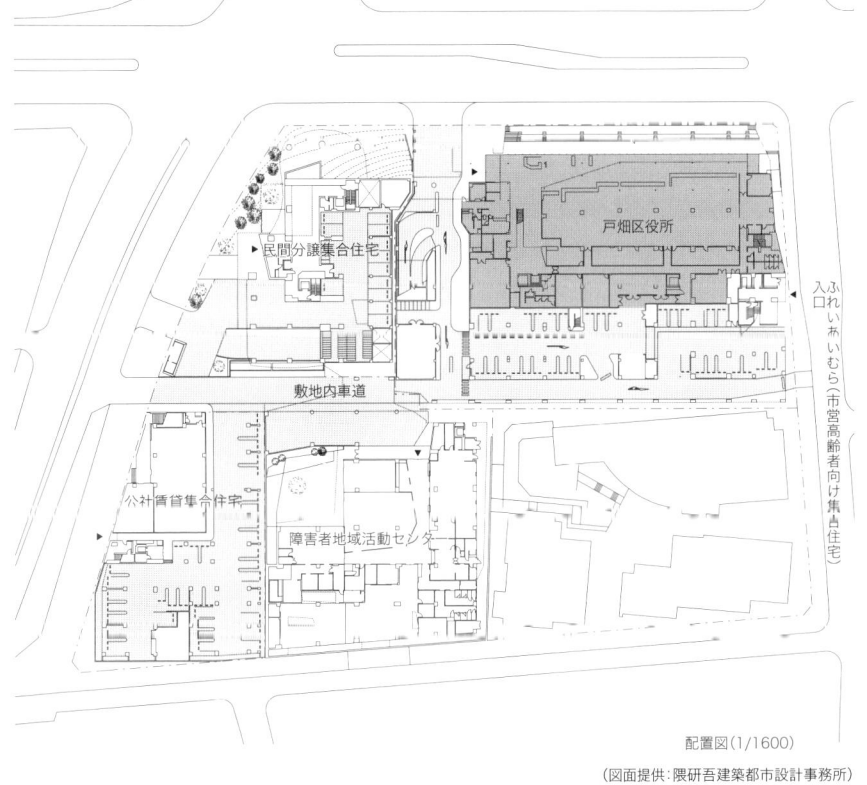

配置図（1/1600）

（図面提供：隈研吾建築都市設計事務所）

図版出典

● 7-1
図7・1-1, 2　写真提供:コクヨ株式会社
図7・1-3, 4　岩田伸一郎
図7・1-5　図作成:岩田伸一郎
コラム❖1, 2　図作成:岩田伸一郎
コラム❖3　岩田伸一郎
タイトル図　「話し合う」　写真提供:コクヨ株式会社
● 7-2
図7・2-1, 2　岩田伸一郎
図7・2-3　図作成:岩田伸一郎
図7・2-4　写真提供:野々市町
図7・2-5, 6　図作成:岩田伸一郎
コラム❖1　岩田伸一郎
コラム❖2　写真提供:立川市
コラム❖3　国土交通省ホームページより
コラム❖4　岩田伸一郎
コラム❖5　写真提供:山田あすか

第8章 診る・治す

8・1 クリニック
8・2 病院

写真キャプション: 診る／採る／相談する／訪ねる／待つ／保存する

クリニック　　8・1

8・1・1　活動フレーム

　クリニック（診療所）は病院と同様に病気を抱えた患者に対して診察や治療を行う医療施設である．病院との法的な違いは，抱えている入院ベッド数が病院より少ない，あるいは全くない[1]ということだけだが，実際には院長が専門とする診療科のみを対象とする施設が多い．

　医療施設の特徴は，利用者がスタッフと患者というサービスの与え手と受け手に二分され，活動フレームが双方にとって異なる意味を持つことである．スタッフにとって日常的な業務である治療は，患者にとっては非日常的なイベントであり，スタッフの作業に効率のよい建築は，患者にとって非人間的な空間となり得ることに注意が必要である（⇒p.168，コラム❖1）．

　また病気を抱えた患者が利用する施設ゆえ，利用者が疲労や混乱をきたすような空間であってはならないことはもちろん，感染予防のように医療施設特有の設計要求に応えねばならないことも他の施設と異なる特徴である．

8・1・2　活動フレームに対応した場

　クリニックと病院の違いは主に建物の規模である．本節では室内の活動フレームを中心に，次節の「病院」（⇒p.168）では部屋をまたいで行われる大きな活動フレームを中心に記述する．

● 1　診る：スタッフと患者のインタラクションの場　——診察室

　外来機能を中心とするクリニックにとって，「診る」「診られる」は最も重要な活動である．一般的な診察室の大きさは幅2.5〜3m，奥行き3〜5m程度と大変に小さい．必要な家具は医師のための机といす，患者のためのいすと診察台（幅の狭いベッド）程度で，これに加えて医師が用いるパソコンやX線（レントゲン）画像を見るためのPACS[2]用モニターが設置されるのが一般的である（図8・1-1）．

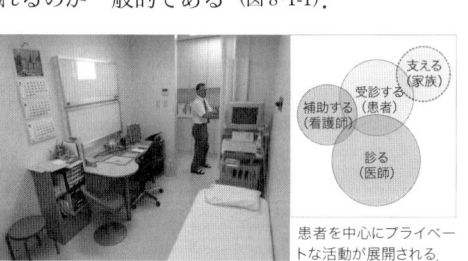

図8・1-1　診察室の写真と活動フレーム　一般的な診察室．患者は背中も見せられるように回転するいすに座ることが多い．医師の机の奥にパソコンが置かれている．

患者を中心にプライベートな活動が展開される．

---

1) 医療法第一条の五：この法律において，「病院」とは，医師又は歯科医師が，公衆又は特定多数人のため医業又は歯科医業を行う場所であって，二十人以上の患者を入院させるための施設を有するものをいう．病院は，傷病者が，科学的でかつ適正な診療を受けることができる便宜を与えることを主たる目的として組織され，かつ，運営されるものでなければならない．
2　この法律において，「診療所」とは，医師又は歯科医師が，公衆又は特定多数人のため医業又は歯科医業を行う場所であって，患者を入院させるための施設を有しないもの又は十九人以下の患者を入院させるための施設を有するものをいう．

2) PACS (Picture Archiving and Communication System) とは，X線やCTの画像を管理するシステムをいう．

3) 建築基準法第二十八条：住宅，学校，病院，診療所，寄宿舎，下宿その他これらに類する建築物で政令で定めるものの居室（居住のための居室，学校の教室，病院の病室その他これらに類するものとして政令で定めるものに限る．）には，採光のための窓その他の開口部を設け，その採光に有効な部分の面積は，その居室の床面積に対して，住宅にあっては七分の一以上，その他の建築物にあっては五分の一から十分の一までの間において政令で定める割合以上としなければならない．ただし，地階若しくは地下工作物内に設ける居室その他これらに類する居室又は温湿度調整を必要とする作業を行う作業室その他の用途上やむを得ない居室については，この限りでない（⇨p.200，10・2・3「明るさ」）．

4) ほとんどの診療所は無床である．2020年度厚生労働省医療施設調査による全国の診療所の数（歯科を除く）は以下の通り．

無床 96,309
1〜9床 1,787
10〜19床 4,516
合計 102,612

5) 病室内にトイレが設置されていること．病棟内に男子便所，女子便所がまとめて設置される従来の方式を集中便所という．

診察室の大きさは診察科によって多少異なり，神経内科のように歩行の様子から診断を下す科では歩行できる広さを，耳鼻科や眼科のようにレンズの付いた大型観察装置を用いる科は，設置するための固定スペースを設けなければならない．歯科の場合は専用のいすが必要となる（図8・1-2）．また，どの診察科にも車いすが入るスペースを確保する必要がある．

診察室では医師と患者だけでなく，看護師はもちろん，小児や高齢の患者に付き添う家族など，3名以上が同時に部屋に入ることも多いため，部屋の大きさだけではなく家具の配置にも配慮するとよい．複数の診察室を持つ場合にはスタッフが行き来しやすいように，各診察室をスタッフの専用通路でつなぐことも多いが，この場合診察室のオモテ側には待合室が，ウラ側には通路があるために窓をとることが困難となる．法的には適用除外[3]を受けられるが，狭い空間で他者と向き合う，あるいは病気という深刻な話題を扱うなど，できるだけ閉塞感をとり除きたい部屋なので，採光や眺望がとれるように設計するのが望ましい．

複数の診察室をスタッフ専用通路でつなぐ場合には，スタッフの便宜を考慮して扉を設けず，カーテンなど簡単な仕切りだけで済ませることも多い．しかしこの場合は隣の診察室の音が漏れ聞こえることがあり，手術や病状の説明などプライバシーの高い話をする場合には注意が必要である．

診察が診察室の中だけで終わることは少ない．診察を補強するためのX線撮影（撮る）や，治療のための点滴（観る）など，次の活動フレームに移る場合がほとんどである．

● 2　看る：患者にとって生活のすべての場
　　──病室

病室の機能はクリニックも病院も全く変わりはない．先に述べたように，抱える病床数が19床以下[4]であることだけが違いである．しかし，病棟の平面計画においてこの病床数のもつ意味は大きい．病院における一般的な病棟は一看護単位40〜60床であり，スタッフステーションを中心に病室が周囲に配置されるために，一部の病室での採光不足や個室数増加の断念など制約が生じることも多い（病棟計画についてはp.168，8・2「病院」の節を参照）．それに対してクリニックではこの問題から解放されることで，よりよい療養環境を実現できることから，建築家の腕の見せ所となると同時に，クリニック自体のセールスポイントにもすることができる（図8・1-3）．

病室内での患者の活動は単調で，歩ける場合でも一日の大半を病室で寝て過ごす人がほとんどである．これは「入院＝安静＝ベッドで寝ていること」という認識が患者にあることに加え，病室以外に時間を過ごす場所が不足していることも影響しているだろう．また，近年は分散便所[5]の普及や，ベッドサイドテレビの一般化により，病室の外に出なくても事足りるようになったことも大きい．

病室内でのスタッフとの関わりは，看護師による検温や点滴といった定期的なケアが中心で，医師も一日に数度診察に来る程度であり，一人で過ごす時間が長い．したがって病室内でのスタッフと患者のインタラクションは少ないが，患者につながれたモニタリング機器の信号やナースコールによる電子的なインタラクションは少なくない．むしろ患者に

図8・1-2　診察室の写真と活動フレーム　歯科の診察室は個室，間間仕切りあり，間仕切りなしさまざまなタイプがある（難波歯科，間仕切りで患者どうしの視線を防いでいる）．

図8・1-3　ゆとりある産科病棟のラウンジ　産科は「患者」といえども多くは病気ではなく健康なので（それゆえ健康保険もきかない），病室外の空間づくりも重要である（エンゼル病院）．

必要なのは家族や友人とのインタラクションであろう（図8・1-4）．家族が身のまわりの世話や簡単な介助をすることでスタッフがより重要な作業に集中できるだけでなく，緊張や不安を強いられる入院生活にとっては，彼らがそばにいるだけでも大きな支えとなる．しかし多床室では会話をすることさえはばかられるため，家族がその役割を発揮するためには不十分だといえる．

フィンランドのある産科病棟では，従来3床室だった病室を広さはそのままに個室に改修し，分娩の前後も家族が一室で過ごしながら，父親におむつ交換など育児の基礎的な訓練を行っている（図8・1-5）．家族の視点を取り入れた新しい形態の病室といえるだろう．

● 3 観る：点滴など安静の場 ——処置室

処置室は名前のとおりさまざまな処置を行う部屋であり，診察科によってその処置内容は異なる．字の持つ意味から切開や縫合を行うイメージが強いが，それらは実際には診察室で行うことが多く，またその処置時間は短い．診察室外で処置を行う理由は，時間がかかるためにいったん患者を別室に移して次の患者の診察を行うためであり，具体的には点滴が多く行われている．

患者が点滴をしている間は安静が要求されると同時に，不測の事態に備えてスタッフが常に観察している必要がある．したがって独立した部屋にスタッフが常駐しているのが理想だが，現実にはスタッフ不足により，スタッフの通る通路から見通しのよい場所に処置室を設けたり，通路自体を広くして処置室を兼ねる場合や，空いている診察室をあてがう場合もある．いずれの場合も患者にとっては観察されているという安心感よりも，スタッフが行き来したり別の作業をする落ちつかなさが勝ることが多く，その兼ね合いが難しい．また，複数の患者が利用している場合は相互のプライバシーを確保することも忘れてはならないし，点滴を受けるとトイレが近くなるなど設備的なことにも注意したい．

● 4 採る・録る・撮る：医療機器があふれる場 ——検査室，撮影室

現代の医療は機器による検査が大きな役割を持っている．クリニックも例外ではなく，高機能な検査機器を持つことが宣伝にもなるため，病院ほどではないにしろ，下記のような活動を行うための種々の医療機器を保有し，そのための部屋を準備している．いずれの場合もスタッフが機器を介して患者と関わることが特徴である（図8・1-6）．

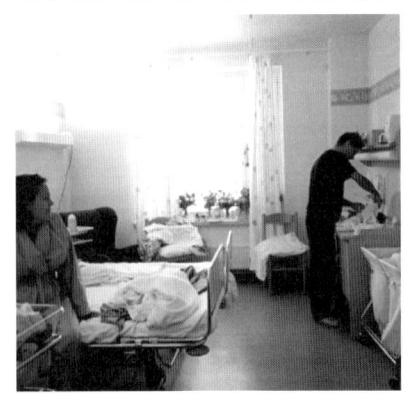

図8・1-4 アメリカの個室病室モックアップ 壁際のソファーは家族が座るためのもので，広げてベッドにして泊まることができる．個室が標準のアメリカでは近年，家族が過ごすための空間を積極的に導入する傾向にある．

図8・1-5 家族で過ごす産科病室 夫や家族が一緒に過ごすことで，今後の暮らしをシミュレートしながら生活指導することができる（フィンランド，ウィミンズホスピタル）．

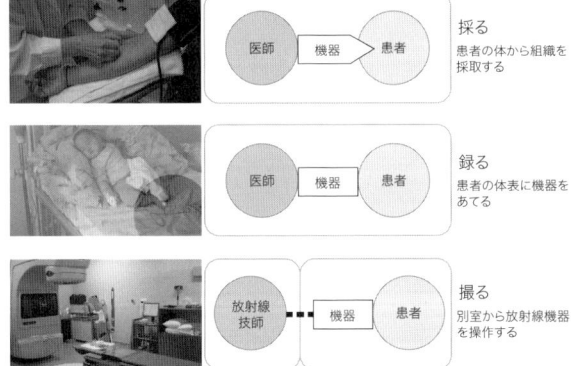

図8・1-6 採る・録る・撮るの活動フレーム 「とる」行為は患者の内部を知るための行為であり，そのためにはなんらかの手段で患者にふれる必要がある．

6) 医師法第二十四条：医師は、診療をしたときは、遅滞なく診療に関する事項を診療録に記載しなければならない。
2　前項の診療録であって、病院又は診療所に勤務する医師のした診療に関するものは、その病院又は診療所の管理者において、その他の診療に関するものは、その医師において、五年間これを保存しなければならない。

▶1　「採る」

人体から組織などを採取し、分析することを指し、医療施設では検体検査と呼ばれることが多い．病院では手術や胃カメラによって採取した組織片を検査するといった大がかりな検体検査も行われるが、クリニックでは採血や採尿といった簡易な検体検査が多い．そのためクリニックでは検体検査のために検査室を特別に設けることは少なく、採血は診察室で、採尿は患者やスタッフ用のトイレ（小窓から検査機器のある部屋へ尿を渡せるようにする場合もある）で行うことが多い．

▶2　「録る」

機器を人体に直接あてて人体の活動の様子を記録するものである．生理検査と呼ばれ、心電図や脳波の記録を指すことが多い．エコー（超音波）をあてて体内の様子を見ることもここに含まれるだろう．

▶3　「撮る」

電磁波によって人体の内部を透視撮影するもので、X線、CT（コンピュータ断層撮影）、MRI（核磁気共鳴画像法）などが代表的なものである．スタッフが患者を見ながら機器を操作するための操作室と、患者が着替える更衣室が隣接する（図8・1-7）．

● 5　待つ：人によっては最も長時間過ごす場
　　　　──待合室

「待つ」行為は診察の前だけでなく、診察から処置や検査に移る間、処置や検査が終わってしばらく安静が必要なとき、あるいは会計の前など多くの場面に存在する．病院であればそれぞれのための待合室が準備されるが、クリニックではたいてい一か所の待合室がすべてを兼ねるため、待合室は患者が使う主要な空間すべてに接続される動線を兼ねた重要な部屋である．また、想定される患者の数だけでなく付き添いの家族も含めた広さが求められよう．ここでは退屈せず、他の患者に気兼ねなく待てるような工夫も必要である（図8・1-8）．

● 6　相談する：高度なプライバシーが要求される場　──面談室

病状など、他人に聞かれたくない話を行う空間は診察室だけに限らない．診察後に薬の説明を受けたり、連携するケアサービスについての相談をしたり、あるいは医療費の支払いについて話し合いをしなければいけない場合もある．このような場合、大きな病院では「お薬相談室」や「入退院窓口」といった専用の空間が設けられることが多いが、スタッフや面積の限られるクリニックではなかなか難しい．しかし、このような空間は例えば授乳のような、直接医療とは関係がないプライベートな活動にも利用でき、極めて有用であるために、多目的な空間として設けることが望ましい．

● 7　保存する：絶えずものが増え続ける場
　　　　──倉庫

クリニックで保存するものは多岐にわたるが、他の建物種別に比べて特筆すべきは紙カルテとX線フィルムであろう．病院では電子カルテの導入が進んでいるが、クリニックでは従来の紙カルテを利用するところも多く、その量は増える一方である[6]．X線について

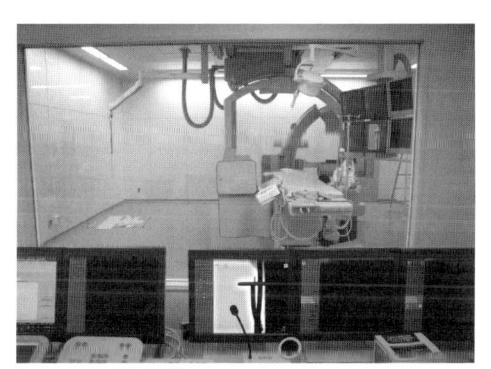

図8・1-7　大型撮影機　放射線を浴びることがないように、放射線技師は別室からマイクを通じて患者に指示を出す．部屋の壁やガラスは放射線を通さない特殊な処理がされている．

図8・1-8　待合室　外部への眺望とともに、テレビ、雑誌などが用意されている．こどもが多い診療所では別に遊び場を設ける場合もある（みやた眼科）．

8・1　クリニック

163

はCR（コンピューテッド・ラジオグラフィ）の導入が進み、デジタルデータで保管される（図8・1-9）ために大きなフィルムは減りつつあるが、以前のフィルムを保存する必要はある[7]ほか、両者は研究や訴訟対策の資料の意味も持つ．

電子カルテがない場合，予約患者に対しては前日に紙カルテを準備して診察に備えるが，予約のない患者は来院してから紙カルテを準備する必要があるため，カルテ庫には取り出しやすさが求められる．加えてこれらは患者の病状が記録されている極めてプライバシーの高い個人情報であり，セキュリティも重要なポイントであろう．

● 8　訪ねる：建物を越える診療の場
　——クリニックから自宅へ

これまで述べてきた活動フレームに先立って行われる行為が，患者によるクリニックへの訪問である．しかし，訪ねるのは何も患者に限る必要はなく，医師が患者の家に出向いて治療しても構わない．実際に，高齢で動けない患者に対しては訪問診療や訪問看護という名で治療やケアが自宅で行われている．訪問を専門に行うクリニックからは診察室や放射線撮影室は姿を消し，スタッフの事務室と倉庫を中心としたオフィスのような建物となる．

8・1・3　場と空間の組み立てかた

● 1　ウラとオモテ：スタッフと患者の分離

クリニックで行われる診療は，衣服の着脱や病気の話をともなうため，極めてプライベートな行為である．これらが行われる「みる」「とる」「相談する」ための部屋は，スタッフが患者とプライバシーを共有する空間であり，これらより奥にあるスタッフが活動する場所がウラ，手前にある患者が滞在する空間がオモテと呼ばれる（図8・1-10）．スタッフがオモテに出ない理由はいくつかある．一つは限られたオモテのスペースをスタッフが行き来するには狭いこと，また行き来の最中にほかの患者から話しかけられると仕事の効率が落ちること，さらに物品（とくに診察後に汚れたもの）を運ぶ姿は見た目がよくないだけでなく，感染の恐れもあることなどが挙げられる．

診察室が複数ある場合はウラ側からスタッフが行き来できるようになっていることが多い（スタッフ動線やウラ動線と呼ばれる）．スタッフや物品の移動もさることながら，患者が放射線撮影や点滴を受ける場合に通れるように設計する場合もある．これは誘導のしやすさだけでなく，どのような検査を受けているかということも，患者にとっては知られたくないプライバシーであることも考慮されている．

● 2　待合室の重要性：クリニックを構成する空間の要

クリニックにおいて表の空間とはほとんどの場合，待合室を指す．待合室は文字通り診察や会計を待つ場所であると同時に，診察室や会計窓口へとつながる通路の役割も兼ねる．したがって患者は待合室を中心として，図8・1-10のように放射状に移動しながらさまざまな行為を行う．さらに，自然光や豊かな眺望を提供するために，待合室に面した中庭やランドスケープを整備することも多く，クリニ

7）医療法施行規則第二十条：法第二十一条第一項第二号から第六号まで，第八号，第九号及び第十一号の規定による施設及び記録は，次の各号による．
（中略）
十　診療に関する諸記録　過去二年間の病院日誌，各科診療日誌，処方せん，手術記録，看護記録，検査所見記録，エックス線写真，入院患者及び外来患者の数を明らかにする帳簿並びに入院診療計画書とする．

図8・1-9　スタッフステーションで放射線画像を見る医師　デジタル化により院内のどこからも放射線画像やカルテを見ることができるようになった．

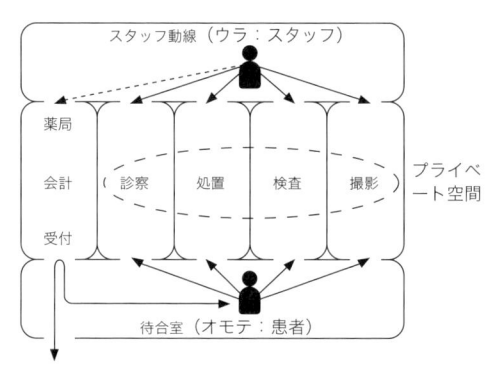

図8・1-10　診察室まわりダイアグラム　オモテ（患者空間）とウラ（スタッフ空間）が診察室を中心とするプライベート空間を挟んで向かいあっていることがわかる．

ックと外部空間をつなぐ役割を果たすことも多い（図8・1-11）．長時間を過ごす患者の快適さに直結することから，クリニックの設計において最も重要となる空間といえよう．

● 3　クリニックの集合：連携の必要性

先に述べたように，クリニックは基本的に単科の診療を提供するため，病気によっては別のクリニックに紹介して患者を受け渡す必要がある．また，高齢患者は多くの疾病を抱えていることが多く，複数のクリニックに通う場合もある．このため，クリニックの連携は近年特に重要視されるようになり，建築的にも一つの敷地内に複数のクリニックが集まる「クリニックモール」と呼ばれる形態が生まれている．集まることにより，放射線機器など高価な医療機器を各クリニックで共有できるというメリットもある．広い敷地を取得することが困難な都心では，ビルの各フロアに一つずつクリニックを抱えた「クリニックビル（ビル診）」（図8・1-12）や，高架線路の下に線状に集合する例も見られる．

8・1・4　建築類型への適用

● 1　住宅か，公共建築か

クリニックは院長の住宅に併設されることが多く，住宅街に設計される場合には，周囲の町並みとの調和や患者の駐車場の扱いなど，住宅特有の設計課題も解決しなければならない．病院よりも住宅的な要素が増え，設計にも住宅的な細やかさが求められる．

しかしクリニックが住宅的スケールの小さな建築であっても，クリニックには地域住民の健康を守る核としての役割があり，その重要性が改めて認識されている．公共建築の複合体にクリニックが組み込まれる例はそのことをよく示している（⇨ p.167, 事例2）．

一方，市街地のビルのなかにクリニックを設計する場合，基本的にはフロアの内部改修となり，上で述べたような課題は回避することができるが，設計者が町並みをデザインすることはほとんどできない．また，内部改修といってもクリニックの場合は水を多用したり電気容量の大きな医療機器を使用したりするので，その設計の範囲は内装だけにとどまらず，設備改修の占める割合が大きいといった特有の難しさがある．

● 2　病院に組み込まれるクリニック

病院とクリニックは互いに役割を分担し，その役割の違いが建物の規模や数に反映されてきた．この連携をより密接にするために，あるいは病院の機能や集客をクリニックの医師の力を借りて強化するために，病院の中には病床の一部を周辺のクリニックのために確保しているところがある．クリニックの医師のためのオフィスも準備され，クリニックが病院に間借りするような形になる．先に述べたクリニックビルがさらに拡張し，クリニックと病院が複合したと考えられよう．クリニックが自前の病床を持つには，24時間入院患者の面倒をみるスタッフを雇わなければならないため，経済的にかなりの負担だが，こうすることでクリニックは実質的な病床を持つのと同じ状況となり，双方に利点が生まれることから，将来はクリニックと病院の建築的境界が曖昧になる可能性をはらんでいる．

図8・1-11　待合室　ランドスケープによって待合室と車通り・駐車場を適度にさえぎることで，静かな雰囲気をつくり出している（八木クリニック）．

図8・1-12　都心部のクリニックビル　ペンシルビルの3階から8階までがクリニックで占められている．

事例1　郊外に建つクリニック（八木クリニック）

■基本データ■
設計：関根裕司 / アルボス一級建築士事務所
所在地：神奈川県愛川町
竣工：2007年

■概要■
オモテ（患者）の空間とウラ（スタッフ）の空間を緩やかな弧状に平行配置し，機能的な要求に応えている．ランドスケープに面した待合室の他に，地域住民が交流できる足湯待合室を別に設けているのも大きな特徴である．

（図面提供：関根裕司 / アルボス一級建築士事務所）
（写真：岡本和彦）

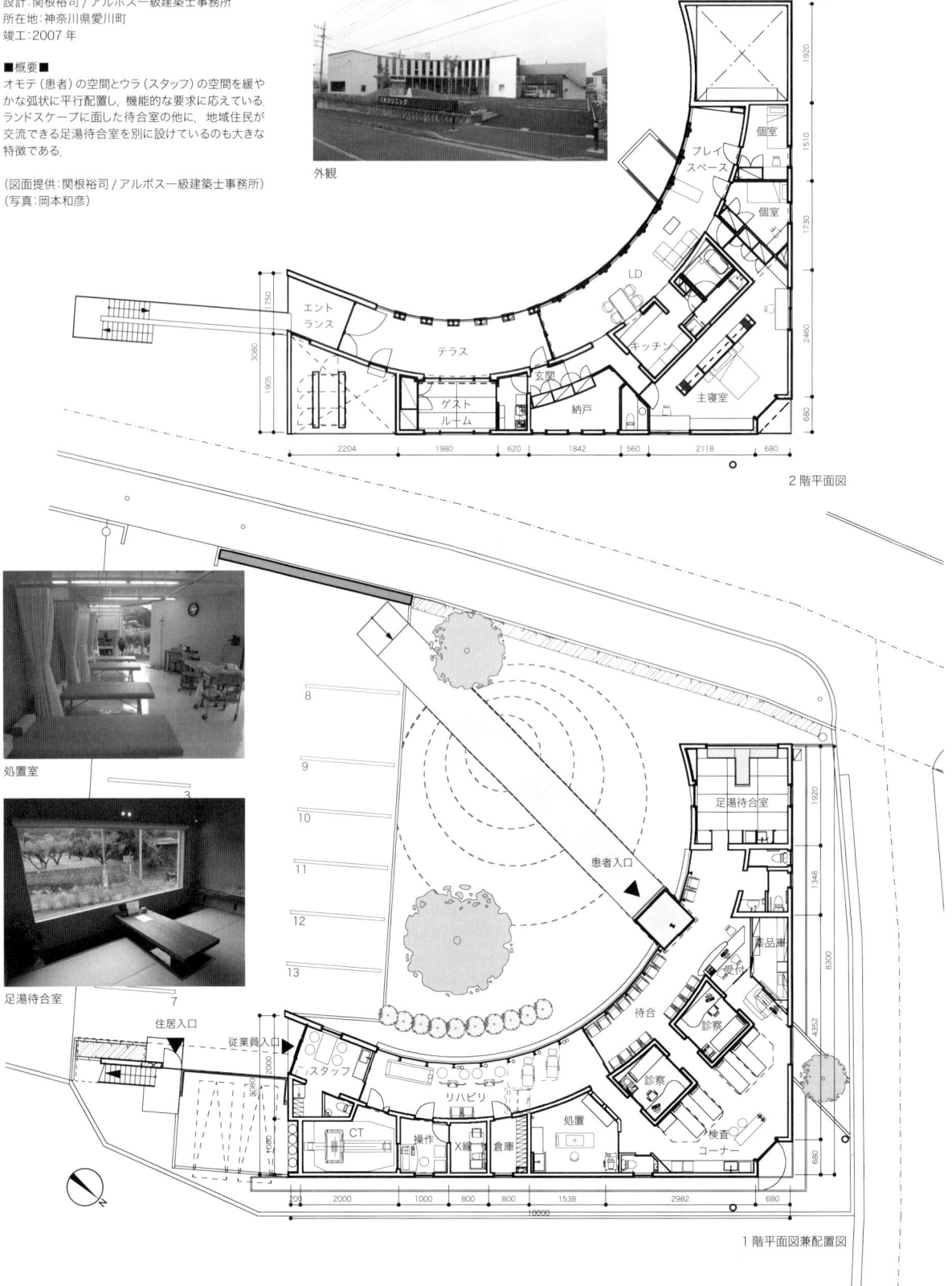

外観

処置室

足湯待合室

2階平面図

1階平面図兼配置図

事例2　地域施設に併設されたクリニック（ひらたタウンセンター）

■基本データ■
設計：富永讓＋フォルムシステム設計研究所
所在地：山形県酒田市（旧平田町）
竣工：2002年

■概要■
劇場や生涯学習施設にとどまらず，健康福祉センターとして保健室やトレーニング室とともにクリニックが併設されている総合地域施設である．クリニックは最小限の機能で構成されているが，診察室が1室しかないにもかかわらず，処置室が3室あるが，複数の医師が診察する場合には診察室2室，処置室2室としても利用できるようになっている．

（図面提供：富永讓＋フォルムシステム設計研究所）
（写真：岡本和彦）

外観

2階からクリニックを見る．

パッサージュホール

図書館

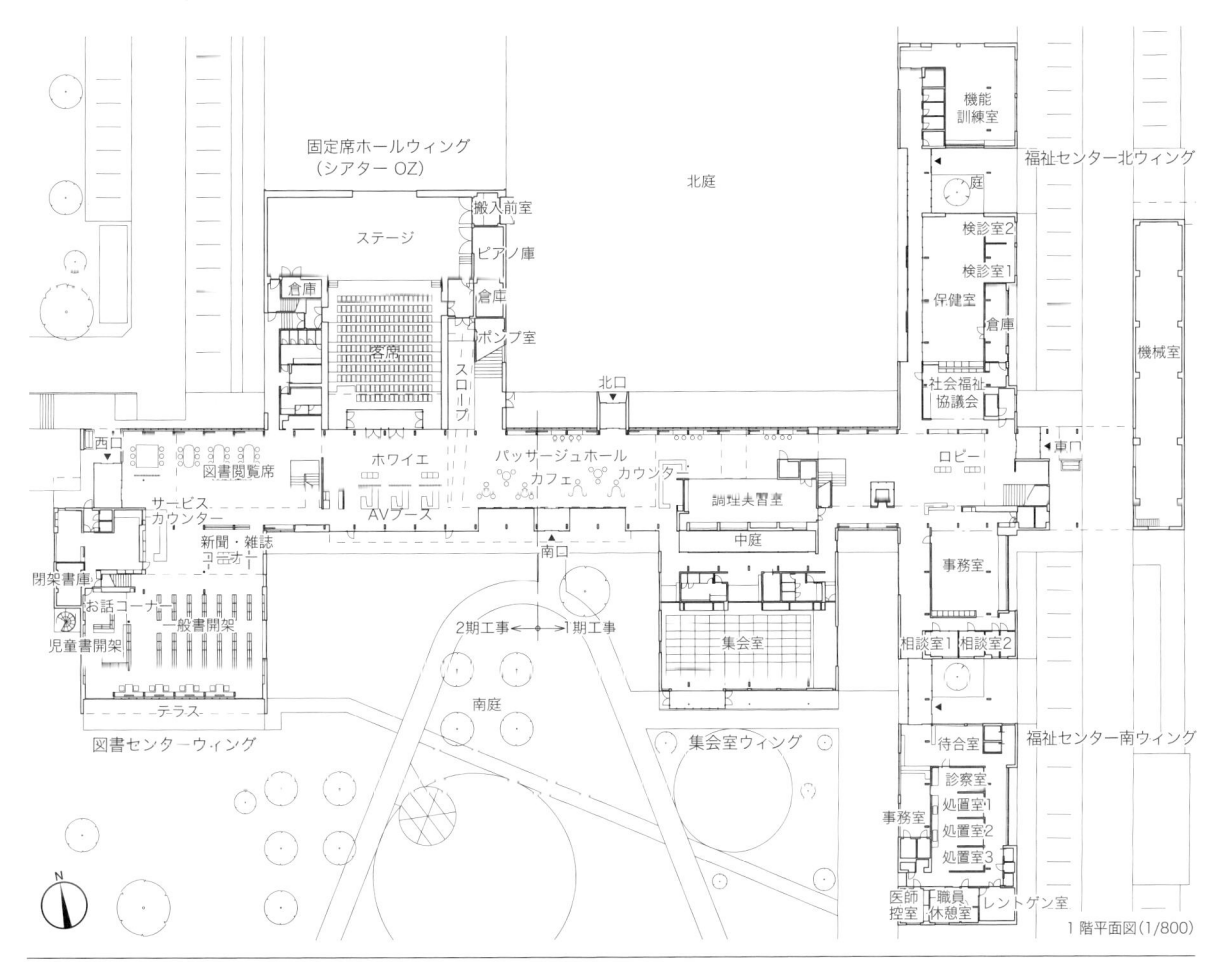

1階平面図（1/800）

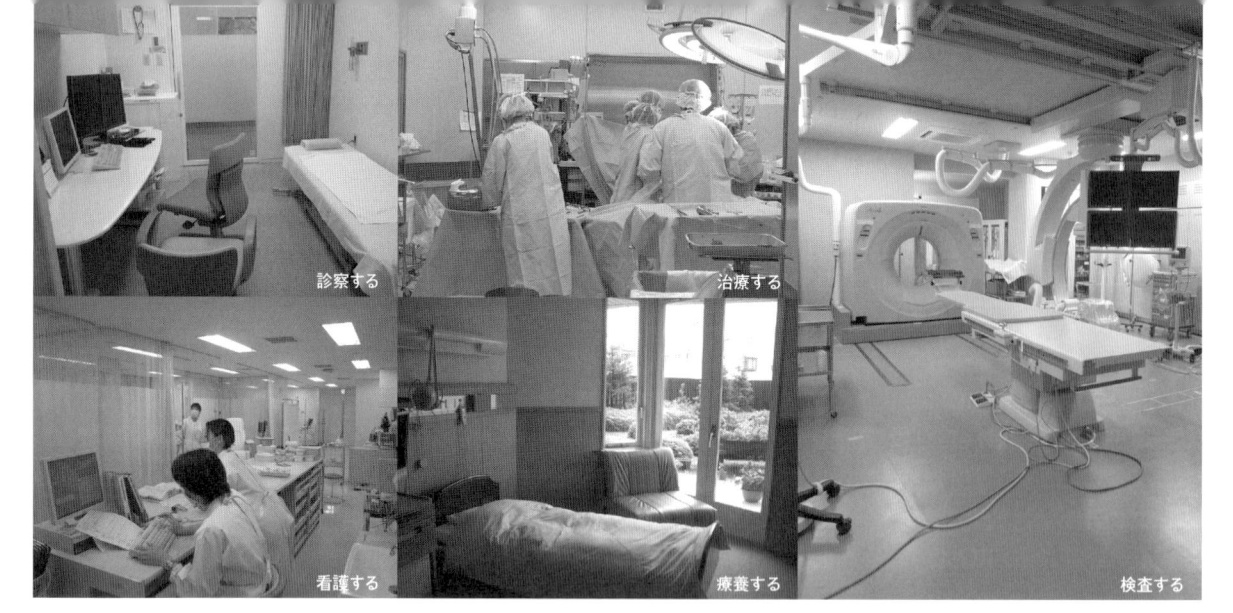

診察する　治療する
看護する　療養する　検査する

病院　　　　　　　　　　　　　　　　　　　8・2

8・2・1　活動フレーム

　病院は、疾病や怪我などで心身が故障した人に対し、診察・検査を行うことで原因をつきとめ、治療するための施設である。また近年は、発生した傷病を治療するだけでなく、健康診断や保健指導により、疾病を予防する役割も期待されている[1]。

　同様の機能を持つクリニックとの違いは、法的には入院用ベッド（病床）の数である[2]。また、クリニックが通院治療を中心に比較的軽度な疾病を取り扱うのに対し、病院は入院治療を中心に高度医療を提供する施設であり、クリニックと病院とが機能的に連携して人々の健康を支えることが期待されている。

　病院での諸活動の特徴として、患者（および家族・見舞客など）と病院スタッフとの間で、サービスの利用者と提供者という構図が必然的にできあがっていることが挙げられよう（⇒p.168、コラム❖1）。これに応じて、病院の活動フレームは、サービス提供者を主体として設定され、それに対応した場が計画されることが多い。

1) この背景には、近年わが国では食生活や運動習慣などに起因する生活習慣病が広まってきたという疾病構造の変化がある。

2) 病院は20床以上のベッドを有するのに対し、クリニックは19床以下もしくは病床を持たないものと定義されている。

3) 医師法、看護師助産師保健師法、薬剤師法など、医療スタッフの身分と実施可能な行為を定める法令が多くある。

❖1　病院における「役割」（人々の活動を規定する要因）

①患者の活動を規定するもの

　一般に患者や家族は、医療に関して十分な知識はなく、診療を受けるにあたっての行動・ふるまいは専門職であるスタッフの指示に従うことが求められる。そのため患者・家族・見舞客らが、主体的に行動する（できる）場面は限定されている。この、スタッフからの指示は、診療上の理由から出される指示もあれば、効率的な運用（すなわちスタッフ側の都合）に協力させるための指示も含まれている。このため患者は「患者役割行動」と呼ばれる、医療スタッフにとって「よい」患者を演じるような場面が観察されることもある。

②スタッフの活動を規定するもの

　一方で病院の組織を見ると、医師・看護師・コメディカル・事務・委託業者など、委託業者を含めて多種多様な専門職のスタッフが協働し、効率的な運営管理を行うことで病院の活動を支えている。各スタッフが実施できる行為は職種ごとに定められており[3]、また各スタッフが活動する場所（室）についても、診察室は医師と看護師、検査室は放射線技師、薬局は薬剤師、病棟は看護師など、「各部門の諸室に居るべき職種」などが法により規定されている。つまり病院で展開される活動と、それに対応する場（室）は、法令により制限されているものが多くある。

　さらに病院における活動を規定する要因として、各種の診療機器を使用するための制限が挙げられる。例えば放射線を応用した診療行為では、診療と同時に無用な被爆を防ぐ配慮が求められる。このように、病院では検査機器・診療機器を安全かつ効果的に使用するための建築的配慮と運用上の工夫が求められる。いわば「装置としての建築」という側面がある。

8・2・2 活動フレームに対応した場

病院では「活動」の内容により，環境工学的性能や動線計画が厳しく規定される室がある．場を構成する要素には，スタッフ，患者，診療機器，什器などがあり，診療のための機器が適切に使用できることを最重要な目的として，それにかなう建築計画が求められる．病院は，さまざまな室やスペースの集合である「部門」で構成される（表8・2-1）．以下，部門ごとに活動フレームとの対応をみよう．

● 1 診察する・検査する・治療する

▶ 1 外来部門・診察室，処置室，通院治療室

外来部門は，通院により診察・検査・治療を行う部門である．病院の外来部門は原則として，クリニックでは対応できない専門医療を提供することとされているが，実態としては高度・専門的な診療を必要としない患者も病院を受診するため[4]，さまざまな症状の患者が多数おとずれ，混雑や長い待ち時間などの原因となっている．

そのため外来部門の計画では，必要諸室のほかに，待ち時間を過ごす「場所」の計画が重要となる．「待つ」場所としては，「待合室」

4) わが国では国民誰もがあらゆる病院・クリニックを自由に受診できる（フリーアクセス）という特徴がある．セーフティーネットとして優れた制度である一方で，重症でないにも関わらず医療機関を受診する「コンビニ受診」と呼ばれる現象が社会問題化している．

表8・2-1 病院の「部門」の機能と面積割合

部門 （面積割合）	機能
病棟部門 (35～40%)	患者が入院し療養する部門である．患者にとっては生活行為のための空間であり，スタッフにとっては看護行為・診療行為を行う空間となる．病院の中心的機能であり，面積的にも大部分を占める．
外来部門 (10～15%)	通院により患者が診療を受ける部門である．がんの化学療法や手術など，入院せずに通院のみで治療可能な技術も進歩している．
診療部門 (15～20%)	検査部門・放射線部門・手術部門などの諸部門をまとめて診療部門とよぶ．医師のほかにコメディカルと呼ばれる専門職員により運営される．
供給部門 (15～20%)	薬品・滅菌材料・食事など，病院の各部門で使用・消費される物品を供給する部門である．エネルギーや廃棄物処理などの部門もここに含まれる．
管理部門 (10～15%)	病院組織全体を管理・統括する部門である．外来受付や入退院計画など患者に対応する事務部門や，組織の運営を司る総務部門を含む．病院は専門性の高い各部門が協働して機能を発揮する施設であるため，適切な管理の必要性が特に高い．

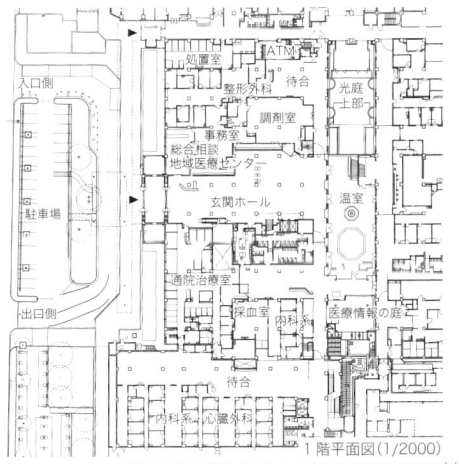

図8・2-1 外来部門の計画例1（倉敷中央病院，岡山県倉敷市）
1階平面図(1/2000)

温室：ランドマークとして古くから患者や職員らに親しまれている．病院は増築により規模拡大することが多く，利用者にとってわかりにくい空間構成になりがちである．ランドマークとなる空間を計画することが有効である

外来部門の計画では，診療に関する諸室（診察室，処置室，検査室など）にくわえて，患者がストレスを感じず快適に待つことができるための空間計画が重要である．

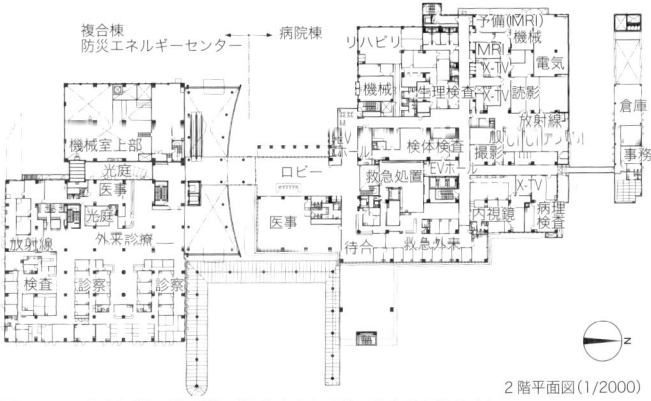

図8・2-2 外来部門の計画例2（徳島赤十字病院，徳島県小松島市）
2階平面図(1/2000)

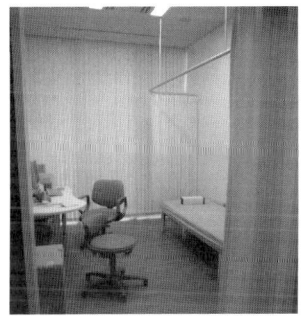

外部に面しており，自然光がはいる診察室．患者やスタッフのための環境向上という意義もあるが，皮膚科など自然光により観察する必要が高い診療科もある．

と名付けられた空間だけでなく，レストランやカフェ，患者図書館，あるいは病院外の施設など，さまざまな空間を患者が見い出し，利用することが考えられる．近年は診察予約制の浸透や，診察時間を知らせるポケットベルの活用などにより，場所に縛られずに診察までの時間を過ごすための工夫が見られる．

▶ 2 検査部門

検査には，患者から採取した検体（もの）について行う検体検査と，患者に対して直接行う生理検査[5]とがある．前者の対象は血液・尿・便・細胞などで，件数が多い血液・尿の検査は処置室で行われる（⇨ p.174，コラム❖4）．

生理検査では，心電図，脳波，超音波，内視鏡などが用いられる．なかでも近年，内視鏡の利用が増している[6]．

内視鏡検査（治療）を行う室では，患者がベッドに横たわり，その脇に医師が立って内視鏡を操作する．プライバシーの確保が求められるほか，モニタを見ながら操作するため調光（カーテンなど）の必要がある．ほかに検査衣への更衣スペース，検査前処置の局部麻酔を行うスペースなどが設けられる．

▶ 3 放射線部門

X線・ガンマ線・陽子線などを照射することで，患者の体内の状態を観察したり（画像診断）[7]，がん細胞を治療したり（放射線治療）する．放射線以外にも磁気を利用したMRI（核磁気共鳴画像法）などとまとめて画像診断部として計画されることも多くなっている．

放射線部門では，撮影室を中心として，患者の待合・更衣室と放射線技師の操作室とが配される．患者の動線と放射線技師の作業スペースが交錯しないような平面計画が一般的である．撮影室はそこで使用される機器の寸法により面積が規定され，鉛やコンクリート壁による放射線遮蔽が必要となる．

▶ 4 手術部門

手術は患者の体を切開し，病巣の除去や組織形成などを行う，外科的処置の中心となる医療行為である．人体を切開するため，手術室内の空気や使用する器械には高い清浄度が求められる．手術部門の平面計画は，患者，医師（執刀医・麻酔医），看護師，物品供給スタッフといった「ひと」の動線と，手術に使用する滅菌材料や使用済み物品など「もの」の動線とを総合的に調整して決定される．

● 2 療養する：病室，病棟

▶ 1 病棟とは何か

患者が入院する部門が病棟である．入院し

5）病院の規模によっては，採取した血液や尿の検査を外部委託する場合もある．

6）内視鏡はファイバースコープを用いて，モニタに映し出された臓器を観察する検査法であり，上部消化管内視鏡（食道や胃などを観察）や大腸内視鏡（直腸などを観察）などさまざまな種類がある．内視鏡はファイバースコープに鉗子をつけ，ポリープを切除するなど治療目的でも用いられ，切開手術よりも身体へのダメージが少ない（低侵襲治療という）ことから普及が進んでいる．

7）X線を用いた画像診断は，かつてはフィルム撮影していたが，現在はコンピュータ化され電子情報として処理されるようになった．

8）看護師だけでなく医師やコメディカルスタッフなどの拠点として「スタッフステーション」と称する病院も増えている．

9）「病院の設計は廊下の設計である」と表現されることもある．

❖ 2 病棟内の所要室構成

①病棟内の所要室

病棟内には，病室（病棟面積の約40％，個室・2床室・4床室・重症観察室・隔離室），患者諸室（トイレ・浴室・デイルーム・食堂・面談室など），看護諸室（ナースステーション[8]・処置室・汚物処理室・スタッフ休憩室），ユーティリティ（リネン庫・器材庫・薬品庫，など），通路（病棟面積の約30〜40％，廊下・階段・エレベーター・物品搬送リフト），などが含まれる．患者の快適性と円滑な医療行為のため，これら諸室を適切に計画する（右図）．

②病棟内のゾーニング，所要室構成

病棟内の諸室構成においては，看護師の動線が短いこと，各病室の観察がしやすいことなどが重視される[9]．例えば，緊急時に備えて重症観察室はナースステーション（NS）の近くに置かれる．また，看護師が医療器材の準備や記録のために立ち寄るナースコーナーが設置されることもある．またNSは，患者や見舞客の出入りを把握し案内がしやすいよう，病棟の入り口に近い位置に置かれることが多い．

さらに，小児病棟など病棟の種別（⇨ p.172，コラム❖3）ごとに患者の属性に応じて考慮するべき事柄がある．

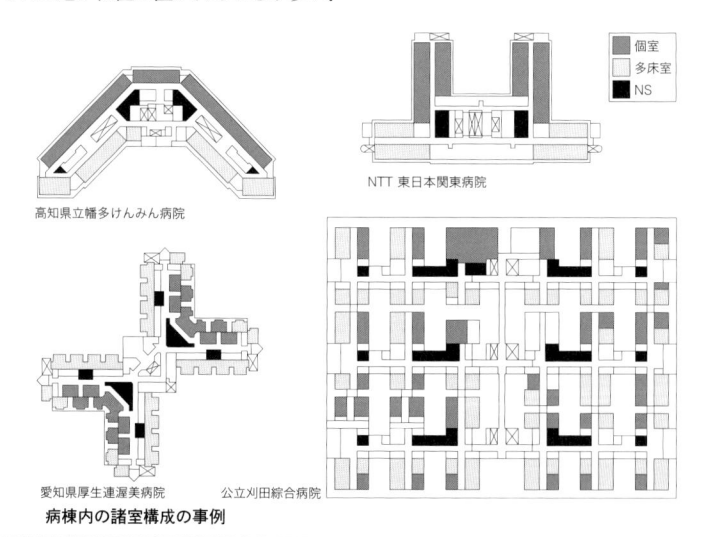

病棟内の諸室構成の事例
高知県立幡多けんみん病院
NTT東日本関東病院
愛知県厚生連渥美病院　公立刈田綜合病院
（凡例：個室／多床室／NS）

病棟は病院の延床面積の約4割を占める主要な部門である。看護師が効率的に看護行為を行うことが計画目標の第一であり、各病室とスタッフステーションなどをつなぐ動線をコンパクトにまとめることが求められる。

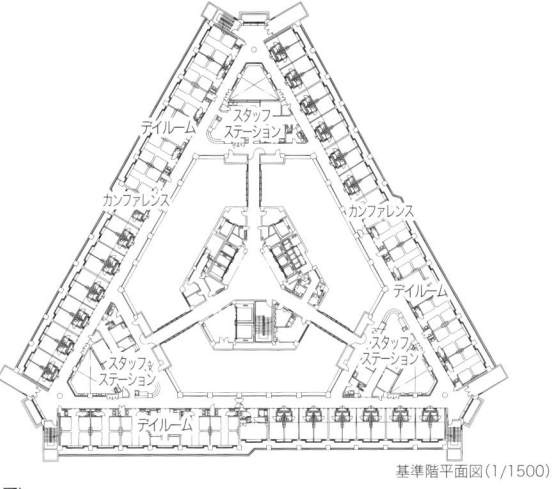

図8・2-3 病棟の計画例1(東京臨海病院、東京都江戸川区)
病棟は、三つの看護単位(診療科などにより分けられた患者グループと、ケアを担当する看護師の集団)が1フロアに収められ、中央のエレベーターなどのコア部からブリッジでつながれた計画。電子カルテを先進的に採用しており、看護師はノートパソコンを持ち歩き、入力作業を行う。

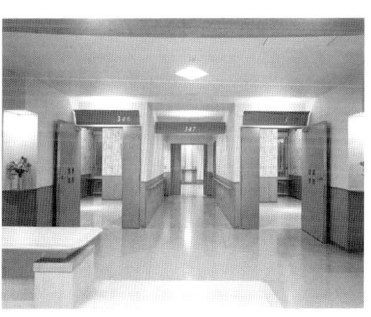

図8・2-4 病棟の計画例2(愛知厚生連海南病院、愛知県弥富市)
病棟は、スタッフステーションに近いゾーンに個室を、外側に4床室をレイアウトした計画となっている。病室面積が拡大するにつれ、看護師の動線は長くなるが、この病棟は廊下を短くしコンパクトな計画としている。

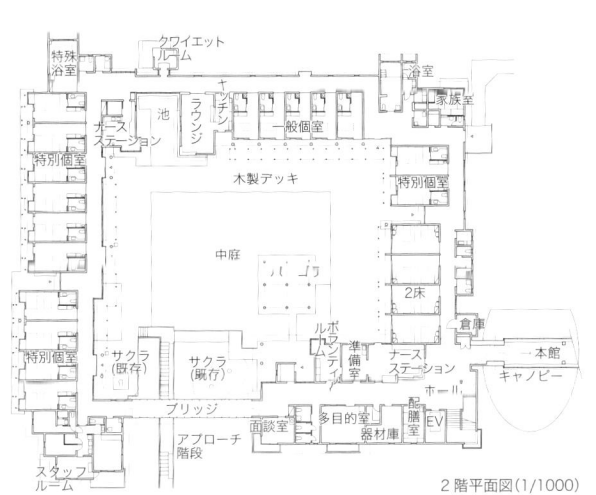

図8・2-5 病棟の計画例3(宮城県立がんセンター、宮城県名取市)
緩和ケア病棟では、中庭を囲む木製デッキへ出て外気に触れることができる。疼痛ケアなどを中心とした医療行為が施される緩和ケア病棟は、家族とともに過ごすことができる個室病室が中心となっている。

た患者は病室に宿泊し，病棟で生活しながら治療を受ける．病室・病棟は患者にとって，療養の場であると同時に長い時間を過ごす生活の場であり，その計画は非常に重要である．

入院患者はいくつかのグループに分けられ，そのグループの担当看護師チームにより看護される．このグループ（組織）のことを看護単位と呼ぶが，病棟はこの看護単位が使用する病室，食堂・浴室・トイレなどの共用室，スタッフステーションなどを含む施設（建物）のことを指す[10]．病棟は，診療科や病床種別[11]，看護必要度，患者の年齢，診療報酬上の加算区分などにより分類される．分類方法は病院によって異なるが，コラムの表のような分類が一般的である（⇨コラム❖3の表参照）．

▶2 病室の計画

病室は，看護・医療行為が行われると同時に，患者がもっとも長い時間を過ごす生活の場であり，プライバシーの確保が求められる．個室と多床室があるが，スタッフと患者の視点から表8・2-2のようなメリットが挙げられる．

表8・2-2 個室と多床室のメリット

	個室のメリット	多床室のメリット
患者の視点	・プライバシー	・同室者との会話・励まし合いが可能 ・経済的（差額なし）
看護師（スタッフ）の視点	・病室内での処置・看護がしやすい ・感染症・重症・終末期患者に対応（医療上の理由）	・一度に多数の患者を観察できる ・動線が短縮される

かつては多数のベッドを入れた総室と呼ばれる病室がみられたが，現在では4床室が中心になっており，これに個室・2床室が組み合わされて病棟が構成される．わが国では4床室が中心となっているが，プライバシー確保に考慮した病室計画の工夫がさまざまに試みられている（図8・2-6，8・2-7）．個室の意義としては，プライバシー確保の他に，感染症・重症・終末期の患者に対応できるという医療上の理由がある．わが国ではまだ少数であるが，すべての病室を個室とした病院もある．

病室の最低面積は医療法や診療報酬の算定要件により定められ，現在は1ベッドあたり $6.4m^2$ と規定されている[12]．ただしこの面積ではベッドまわりでさまざまな生活行為を行うには十分とはいえず，スタッフが診察・処置・看護行為や患者の搬送を行うために必要な領域についても考慮する必要がある．

● 3 予防する・学習する

患者や家族への情報提供の場として，患者図書館がある．法的な設置義務はないが，患者や家族が疾病や健康についての知識を得られるよう，医学書などの専門図書を含めた図書室を整備する病院が増えている．とくに近年増加している生活習慣病は，治療とともに食生活や運動習慣などを改善してゆく必要があるため，患者教育の重要性が叫ばれている．

---

10) ただし組織である看護単位のことを，病棟と呼称することもある．

11) 医療法による病床種別は，一般病床，療養病床，精神病床，感染症病床，結核病床の5種類である．

12) ⇨ p.198, 10・2・1「原単位方式」

❖3 病棟の種類と配慮するべきポイント

①小児病棟

15歳までの小児の患者（患児という）は感染を起こしやすく，症状が急変しやすいことから，小児病棟としてまとめて収容されることが多い．療養しながら学習するための場（図書室や院内学級），遊びのための場（プレイルーム）など，成人の病棟には見られない諸室・設えが求められる．付き添いの家族のために，病室内にソファーベッドなどを置くこともある．

病棟の分類例

分類の軸	病棟名の例
診療科	内科病棟，外科病棟，産科病棟など
病床種別	精神病棟，結核病棟など
看護必要度	ICU，HCUなど
年齢	小児病棟など
診療報酬	回復期リハビリテーション病棟，緩和ケア病棟など

②回復期リハビリテーション病棟

脳卒中などの患者が急性期治療を終えたあと，発症から1か月程度の段階で集中的なリハビリテーションを行うために入院するのが回復期リハビリテーション病棟である．この病棟では，看護師にくわえてリハビリテーションスタッフ（理学療法士・作業療法士など）が病棟専従として配属され，機能訓練回復室ばかりでなく病室・病棟において営まれる生活行為を通じてリハビリテーションを行う．ベッドの配置やトイレなど，あらゆる生活環境がリハビリテーションと関連付けて計画される．

③緩和ケア病棟

がんやエイズなど，現在の医療技術では治療が難しい疾病の患者に対して，治癒を目的とするのではなく痛みのコントロールや心理的サポートなどを提供する病棟である．人生の最期に質の高い時間を過ごすことができるよう，家族の控え室や患者専用台所，談話室などが設けられる．

④精神病棟

精神疾患の患者は他の患者と混合して収容することが難しく，多くの場合は病床のみを持つ「精神病院」として，病院単位で整備されている．収容する患者の容態により，患者の出入りに制限をする閉鎖病棟を設ける病院も多い．興奮し自傷他害の恐れがある状態の患者を収容するための保護室，集団療法を行うための部屋，談話室などが設けられる．

8・2・3 場と空間の組み立てかた

● 1 部門間のつながり

病院は前項まで見た諸室・諸部門により構成されるが，計画するにあたり最も重要なのは，各部門をいかにつなぐかという点，すなわち全体計画である．各部門は関連の強さによりアクセスしやすい位置に配置される．一般に，外来部門（救急を含む），診療部門（検査・放射線・手術など）の諸室は，患者やスタッフの行き来が多くあるため，水平もしくは垂直（上下階）に近接して配置される．病院はこの診療関係諸部門を中心として，患者が入院し療養する病棟部門や，薬局・物品・厨房といった供給部門，事務部門などが配置される（図8・2-9，8・2-10）．

● 2 成長と変化への対応

病院は，人口増減や高齢化などの社会情勢の変化，医療技術の進歩などに大きく影響される施設である．必要とされる医療機能が，数十年のうちに変わってしまうことも少なくない．したがって病院の計画では，これまで見てきた外来・検査・手術・病棟などの各部門をいかにつないでゆくか，長期的展望にたって検討することが重要である．各部門をつなぐメイン動線を設定しておき，各部門の諸室が必要（もしくは不要）になった際に，他部門に影響を与えることなく増設（廃止）できるよう，マスタープランとよばれる長期計画を立てておくことが必要である．

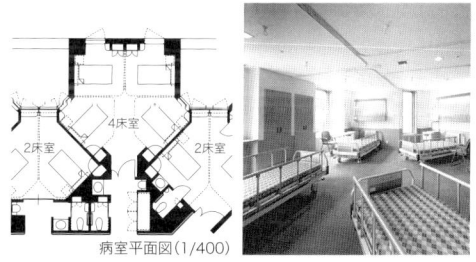

図8・2-6 病室の計画例1（稲城市立病院，東京都稲城市）
4床室であっても各ベッドに窓があり，採光や換気が可能な病室計画となっている．このような多床室は「個室的多床室」と呼ばれている．

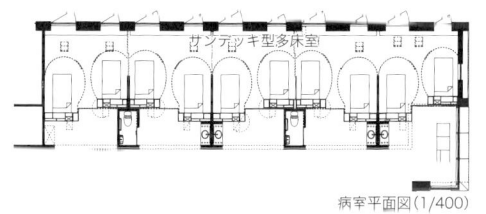

図8・2-7 病室の計画例2（近藤内科病院，徳島県徳島市）
「サンデッキ型病床」と名付けられた病室計画を採用しており，いくつものベッドが窓に向かって並行配置されている．

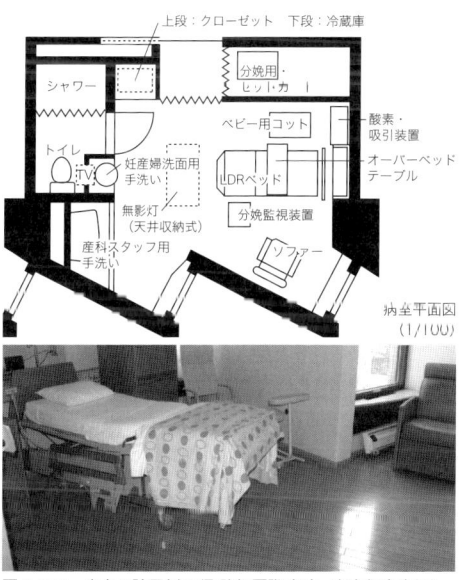

図8・2-8 病室の計画例3（聖路加国際病院，東京都中央区）
LDR室．陣痛・出産・回復を，妊婦が部屋移動することなく行うことができる．

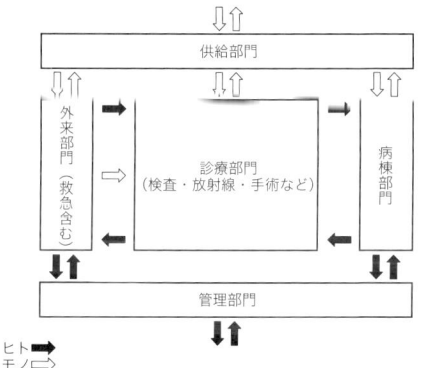

図8・2-9 病院の「部門」間の関係

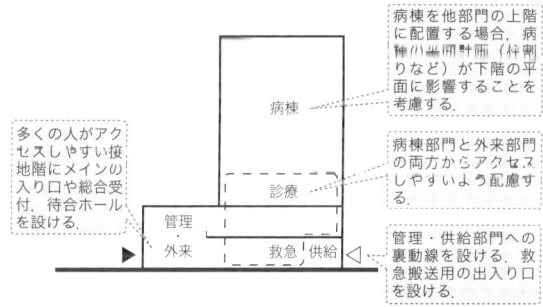

図8・2-10 病院の立体的ダイアグラムと部門配置のイメージ

事例1　複数の行政地域をカバーする地域医療施設の中核（公立阿伎留医療センター）

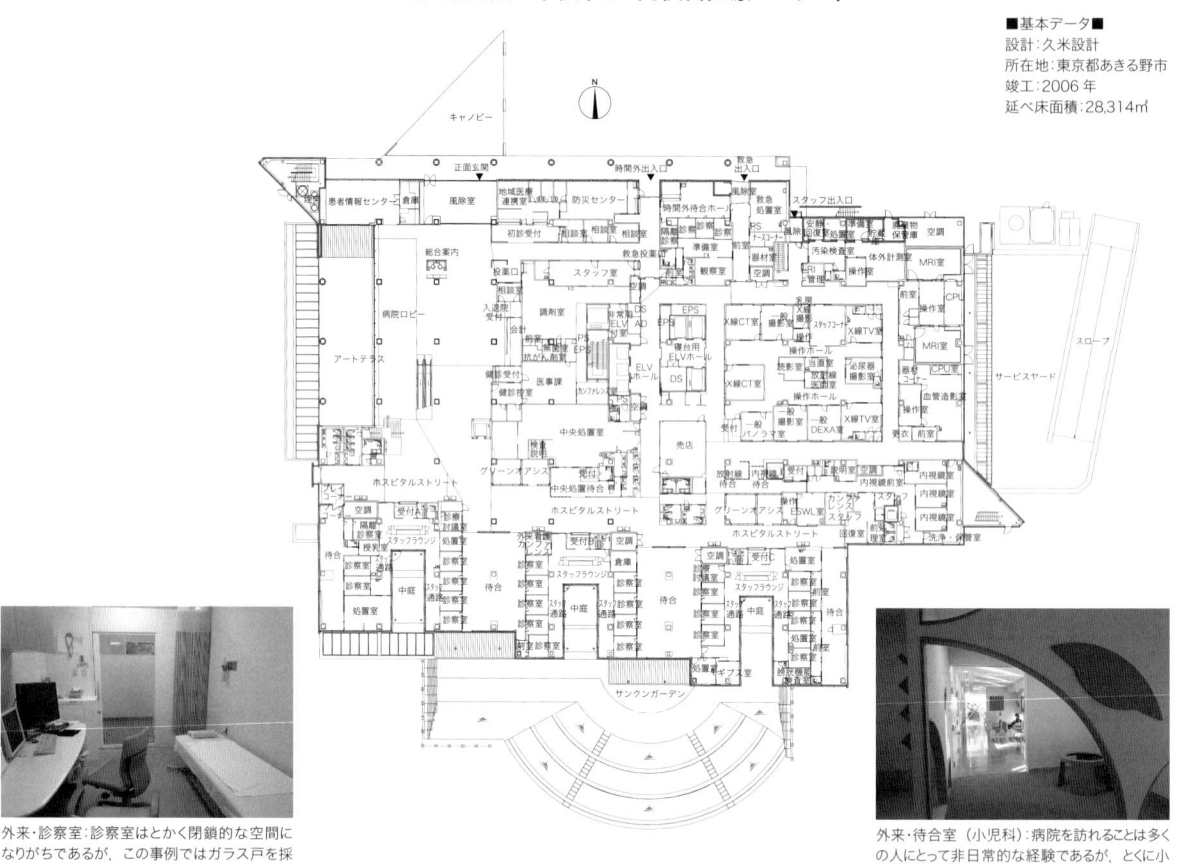

■基本データ■
設計：久米設計
所在地：東京都あきる野市
竣工：2006年
延べ床面積：28,314㎡

1階平面図(1/1000)

外来・診察室：診察室はとかく閉鎖的な空間になりがちであるが、この事例ではガラス戸を採用することにより、スタッフエリアを通じて中庭の緑が見えるように計画されている．

外来・待合室（小児科）：病院を訪れることは多くの人にとって非日常的な経験であるが、とくに小児にとっては「怖いところ」というイメージを抱かせないよう、暖かみのあるデザインが有効である．

❖4　医療を支える検査・治療機器

①医療機器について

医療機器の進化はとどまることを知らず、次々と高性能な機器が開発されている．それにともなって検査のために特別に設けられる部屋や設備も増え、さまざまな機器を揃える病院では総建設費の半分以上が医療機器を含めた設備費のために費やされることもある（一般の建築では約3割）．日本はとくに医療機器が多く、例えば世界にあるCT（コンピューター断層撮影）の1/3以上が集まっているといわれる．誰もが好きな病院で詳細な（ある時には不必要な）大型機器による検査を受けられるという、国民皆保険制度がもたらしたものといえよう．

②検体検査

採取した検体を顕微鏡で見たり、機器がすぐに血液の数値をはじき出すといった検査部門はすべて院内の検査室で行われてきた．近年は詳細な検体検査を行う専門の機関が発達し、とくに小規模な医療施設では検体を送って分析を委託することが一般的になりつつあり、院内での検体採取後、結果が出るまで一週間ほど待つことが多い．

③生理検査

機器自体の小型化・ポータブル化が進んでいる．心電図にはいくつかの種類があり、ベッドに寝て記録するものは診察室でもすぐに行うことができるが、運動中の心臓の活動を記録するためには踏み台昇降やトレッドミル（いわゆるルームランナー）を用いるので別の部屋が必要となる．また、脳波は微弱で検出が難しく電磁波の影響を受けやすく、正確な測定には部屋を金属でシールドし、頭に塗ったジェルを洗い落とすための洗髪用流しも必要となるなど、いずれの場合も付随する活動に必要な空間を考慮しなければならない．

④放射線診断・治療

放射線診断に用いるX線やCTは患者以外の人を被曝から守るために部屋をシールドしなければならず、強い磁場が発生するMRIは金属を吸い付けたり電子機器を故障させるため、やはり部屋をシールドしなければならない．歯科用や健康診断の胸部撮影用のX線機器は比較的小さいが、横になって四肢を撮影するものや、バリウムを飲んでベッドが回転するX線テレビと呼ばれるものは大きな部屋を必要とし、CTやMRIも装置の中をベッドが移動して人体を細かく断層撮影するために大型である．

放射線治療機器はさらに大型で、ガンマ線などの粒子を患部にあてるための放射線加速器など、物理研究所なみの重装備が必要となる．

2階平面図(1/1000)

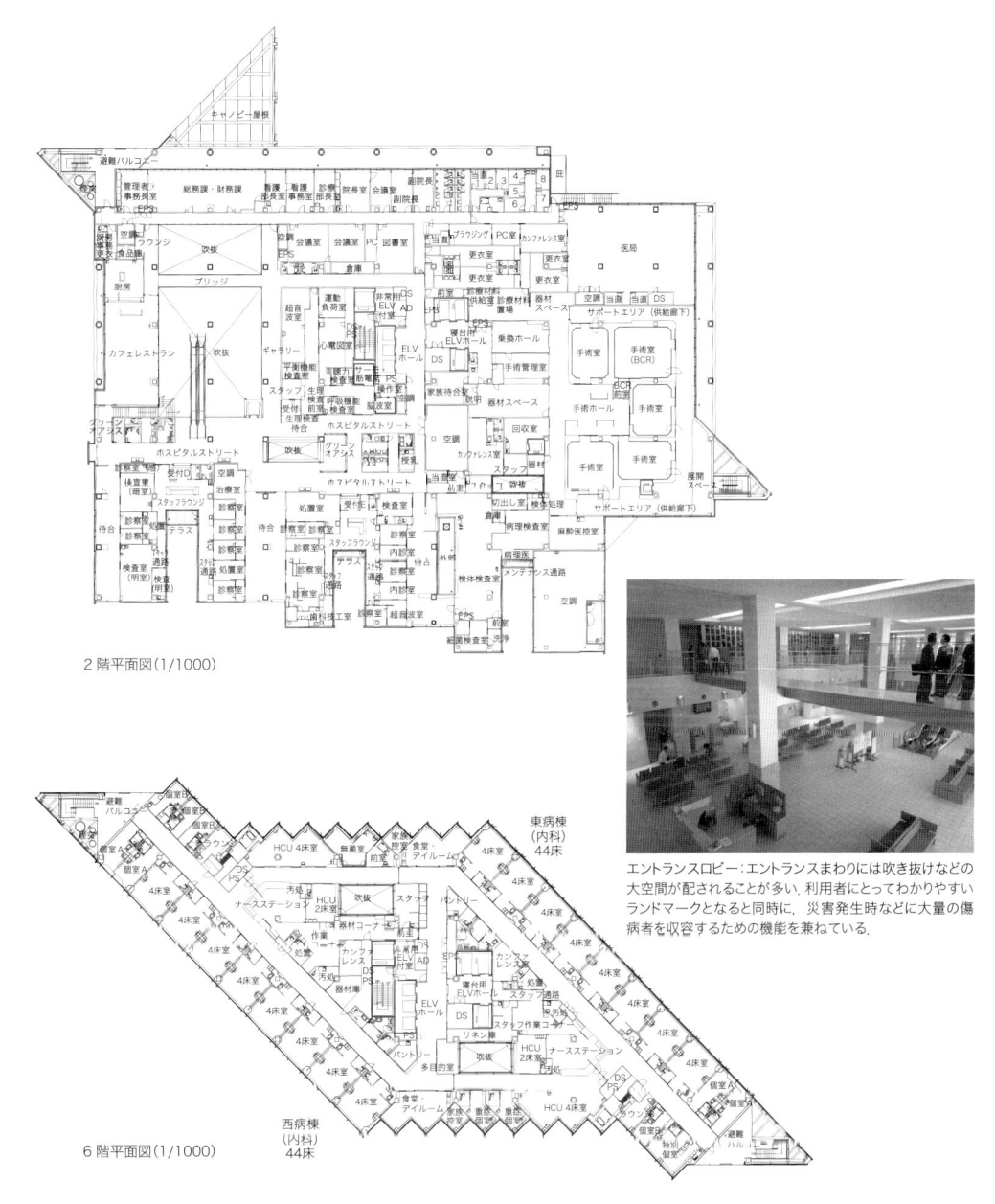

6階平面図(1/1000)

(図面提供:久米設計)
(写真:小林健一)

8・2 病院

エントランスロビー:エントランスまわりには吹き抜けなどの大空間が配されることが多い. 利用者にとってわかりやすいランドマークとなると同時に, 災害発生時などに大量の傷病者を収容するための機能を兼ねている.

患者用図書館:患者や家族が疾病についての情報を得ることができるよう, 医学専門書を含む図書室を持つ病院が増えている. パソコン端末を用意しインターネットでも情報探索できる図書室も多い.

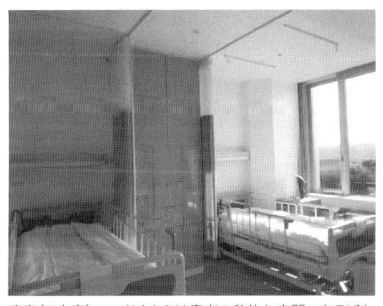

病室(4床室):ベッドまわりは患者の私的な空間であるばかりでなく, 看護行為・処置行為が行われる場でもあるため, 十分な広さをもった空間が求められる.

病棟の食堂・デイルーム:療養生活を送る患者は行動範囲が限られることも多い. 病棟内に食堂・デイルームなどが複数か所あると, 日中の居場所としての選択肢が増える.

175

図版出典

図8・1-1〜5　岡本和彦
図8・1-6　岡本和彦，山田あすか
図8・1-7〜12　岡本和彦
図8・2-1　倉敷中央病院（設計：UR設計）／社団法人日本医療福祉建築協会『保健・医療・福祉施設建築情報シート集2003』p.153．写真：小林健一
図8・2-2　徳島赤十字病院（設計：日建設計（病院棟），安井建築設計事務所（複合棟・防災エネルギーセンター））／社団法人日本医療福祉建築協会『医療福祉建築』No.160．写真：小林健一
図8・2-3　東京臨海病院（設計：佐藤総合計画）／社団法人日本医療福祉建築協会『医療福祉建築』No.142．写真：小林健一
図8・2-4　愛知厚生連海南病院（設計：共同建築設計事務所・日建設計共同企業体）／社団法人日本医療福祉建築協会『医療福祉建築』No.150．写真：センターフォト
図8・2-5　宮城県立がんセンター（設計：藤木隆男建築研究所）／社団法人日本医療福祉建築協会『医療福祉建築』No.138．写真：小林健一
図8・2-6　稲城市立病院（設計：共同建築設計事務所）病室写真：三輪晃久写真事務所／社団法人日本医療福祉建築協会『医療福祉建築』No.158
図8・2-7　近藤内科病院（設計：ナスカ一級建築士事務所）／社団法人日本医療福祉建築協会『医療福祉建築』No.158
図8・2-8　聖路加国際病院（設計：日建設計）／社団法人日本医療福祉建築協会『病院建築』No.9．写真提供：聖路加国際病院広報課
図8・2-9　小林健一
図8・2-10　山田あすか

＊掲載協力：社団法人日本医療福祉建築協会（JIHa）

参考文献

▶山下哲郎『クリニック時代のクリニック建築』永井書店，2007
▶伊藤誠，小滝一正，河口豊，長澤泰『新建築学大系31　病院の設計　第二版』彰国社，2000

関連文献

▶長澤泰，伊藤俊介，岡本和彦『建築地理学　―新しい建築計画の試み』東京大学出版会，2007

第9章 外部空間を計画する

9·1 建築と都市空間

建築に関連する都市空間　　　　　　　　　　　建築に関連しない都市空間

移動する・滞留する　　　　　　　　　　　　　移動する・滞留する

滞留を誘発する都市空間　　　　　　　　　　　滞留を誘発しない都市空間

ゾーン　　　経路　　　外構　　　　ゾーン　　　経路　　　外構

建築と都市空間　9・1

9・1・1　活動フレームの広がりと都市空間

　建築は都市を構成する重要な要素であるが，都市の空間は建築以外にも道路や広場，構造物，自然物などさまざまな要素から成り立っている．したがって，建築計画の技法だけを応用しても，都市空間すべてを計画することはできない．「都市計画」という用語があるが，現代の都市づくりの文脈においてこの言葉が本来的に意味するのは土地利用[1]の計画や都市施設[2]の計画などであって，「建築計画」という用語の「建築」を単純に「都市」に置き換えた意味にはならない．

　その場所に想定される人々の活動だけを頼りにして都市空間を計画することは難しい．その都市の成り立ち，変化の歴史，地形や自然環境の条件など，そもそもそこに建築や都市が成立する上での大前提というものがある．例えば極端な例で示すと，活動量が多く想定されるからといって2階建ての町並みのなかに10階建ての建物を計画するのは明らかに場違いである．この場合は想定する活動フレームそのものを見直すことが適切であろう．このように建築や都市空間の計画に際しては，その場所の文脈を読むことが求められる．

　一方で，都市には建築の集合体としての物的側面があることも事実である．仮に都市から「建築の集合体としての都市」を切り出したとして，そこから建築を取り除くと，残りは建築の集合体に対する「残余空間」すなわち建築以外のヴォイド（⇨ p.23, 傍注 29）となる（図9・1-1）．それ故に，建築を計画することと表裏一体の問題として，この残余空間を建築同様に人々の活動にもとづく場所として計画するにはどうしたらよいかという問題が生じる．したがって，残余空間の在りかたは残余空間だけで扱うのではなく，それと対になる建築（群）との関係のなかで計画されることが望まれる．通常は，残余空間はあわせて一つではなく，適度な大きさの都市空間に分割

図9・1-1　建築の集合体（黒）と残余空間（白）　建築と都市空間は図と地の関係にある．図は金沢市堅町近辺を表したものである．

1) 土地利用とは，土地の状態や利用状況を表す概念である．ある都市における将来の土地利用の需要などを予測し，基本的な考えかたや指針を定めておくことは都市計画の基本的な仕事の一つである．

2) 都市計画法第11条第1項第1号～第11号に定められ，都市計画決定により設置を決める施設である．道路などの交通施設，公園などの公共空地，上下水道などの供給処理施設，学校などの教育文化施設，病院などの医療福祉施設，などがある．広義には，公的サービス機能を持つ施設の全体を意味する．

3) 一般通念上は都市空間といえば公共性を有する空間のみを指すものと考えられる．そこで本章では，建築以外の残余空間（外部空間）として都市空間を認識しつつも，住宅の庭や企業本社ビルの屋外空間など極めてプライベート性の高い外部空間は除外し，公共性を有する空間を主たる計画対象として念頭に置きながら解説を進めることにする．

4) 市民が公共空間にアクセスする権利のこと．

5) 人の移動を主目的として設けられた空間を「移動空間」，人がしばらく留まることを主目的として設けられた空間を「滞留空間」と呼ぶ．

されて計画の対象となる．

以上の見立てのなかで本書が扱う「活動フレーム」の概念を都市空間の計画にも適用するならば，①いずれかの建築の活動フレームと対になる都市空間すなわち「建築に関連する都市空間」，②いずれの建築の活動フレームにも含まれない都市空間すなわち「建築に関連しない都市空間」，という二つのタイプの都市空間を計画対象として考えることができる[3]．

①の例としては，建築と同じ敷地内にある庭，商店街のオープンカフェなど建築側の利用形態が滲み出した街路などが挙げられる．建築に含まれている「観る・集う・遊ぶ」などの活動が外へと広がっていく都市空間として特徴づけられる（図9・1-2）．②の例としては，一般的な道路，公園や広場，緑地や河川などの都市内自然空間などが挙げられる．建築に関連しないさまざまな活動を受け入れ，建築から外部に広がるさまざまな活動とスムーズに連続させる都市空間として特徴づけられる（図9・1-3）．

図9・1-2 建築に関連する都市空間の例 建築の活動が外へと滲み出している（サンアントニオ市リバーマーケット）．

図9・1-3 建築に関連しない都市空間の例 川沿いのオープンスペースを快適に歩くための歩行者空間が設けられている（プロビデンス市リバーウォーク）．

また，①は建築に関連するが故に，建築の用途次第ではパブリックアクセス[4]が限定されることになる．一方で後者は建築に関連しないため，原則としてパブリックアクセスが確保されている．

1　建築に関連する都市空間

建築に関連する都市空間は，建築に関連する屋外空間と考えても差し障りない．建築の配置が固まってくると，残された屋外空間の形状が見えてくる．この屋外空間へと建築側から広がる人の活動を想定して移動空間や滞留空間[5]などの計画を進める．

どこまでが建築に関連する都市空間なのかという問いに対しては「建築物と連動した計画が可能な屋外空間」と限定するのが一般的であろう．建築物と屋外空間の計画を連動させるためには，両方の土地所有者が一致している場合は問題が生じない．しかし，両者が一致しない場合には，両者の合意や協調が必要となる．さらに，建物から街路など公共空間に対しての活動の滲み出しは，特別な使用許可が必要になる．

建築に関連する都市空間の計画においては，敷地全体のバランス，建物各室の用途，開口部の位置や大きさ，道路との関係などを考慮しつつ，敷地内に「ゾーン」「経路」「外構」

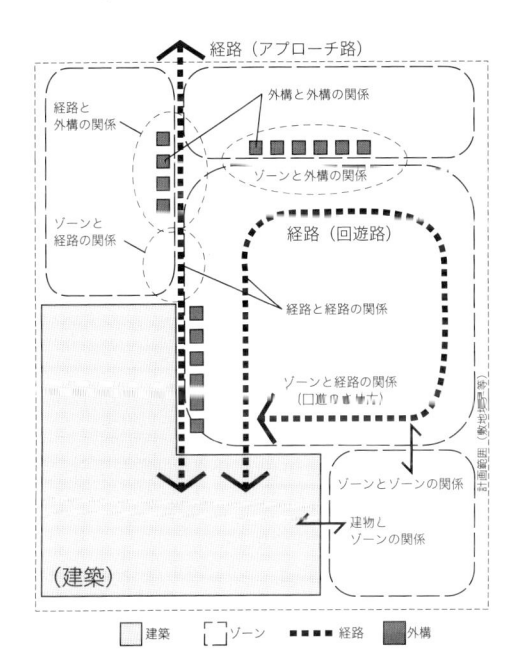

図9・1-4　ゾーン・経路・外構の関係図

の三つの要素を配置していく（図9·1-4）．

● 2 建築に関連しない都市空間

一般に，建築に関連しないさまざまな活動は，道路・公園・広場・緑地・河川といった都市内の空地において発生する．建築に関連しない都市空間は，これら「空地」とそれを取り囲む「建築群」が計画の対象となる[6]．例えば道路であれば，単に路面だけを考えるのではなく，沿道の建物群を含めた街路空間の全体を計画するということである．

建築に関連しない都市空間を建築がどのようにかたちづくるのか．基本的には両者の関係に対応した三つの類型があり，それぞれの考えかたを理解しておくことが建築計画においては重要である（図9·1-5）．

▶ 1 建物と空地の関係の計画

空地とそれを囲む建築群がつくる空間のプロポーションなどを操作して，開放感や圧迫感を制御しつつ，都市空間としての一体感を計画することが基本となる．

▶ 2 隣接する建物群と空地の関係の計画

いわゆる「町並み景観」の計画である．建物のファサードを構成する要素の揃え・並べ・分節など形態操作や，建物高さ・壁面線位置の制御を行い，建築群としての一体感をつくることが町並み景観を形成する基本である．

▶ 3 分散した建築群と空地の関係の計画

都市空間における歩行者の視点移動を想定することによって，分散した建築群の景観面における関係づけを図ること，つまり都市景観をゆるやかにかたちづくることが可能である．

9·1·2 建築に関連する都市空間での場のつくりかた

三つの要素について，最初に敷地内を大まかに「ゾーニング」した上で，建物と各要素を人と車両の「経路」に分けてつなぎ，全体のバランスを考えながら計画を進めて，最終案として固めていく．

● 1 ゾーンの計画

建築に関連する都市空間のなかで，人の活動のために頻繁に計画されるゾーンは「庭」である．一般に，敷地内にあって建築のない領域を総称して庭と呼ぶが，その位置や建物との関係を考慮して，前庭・主庭・中庭・裏庭（サービスヤード）など役割の違う庭の計画が必要である．一方で，人の活動ではなく車両のために計画されるゾーンとして「交通広場」「駐車場・駐輪場」がある．

6）空地そのもの（広場や道路など）についての計画論はランドスケープデザインの分野に蓄積があるので，当該分野の解説書などを参照してほしい．

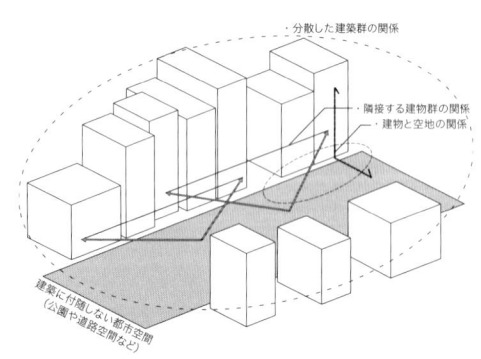

図9·1-5 建築に付属しない都市空間

❖ 1 ゾーン／経路／外構

①ゾーン

機能や役割など特徴によって他と区別される区域のことである．多くの建物外部に共通して見られるゾーンとしては，庭（前庭・主庭・中庭・裏庭），サービスヤード，駐車スペースなどがある．ゾーンを配置する作業を「ゾーニング」という．

②経路

人やもの，車両が通る道筋のことである．ある特定の地点へと導く経路を「アプローチ路」，少なくとも一つのつながりを持ち周回できる経路を「回遊路」と呼ぶ．アプローチ路は，敷地入り口から建物入り口までの通路部分であり，建物玄関へのアプローチ路，各庭へのアプローチ路，休憩施設へのアプローチ路，駐車場へのアプローチ路，公共交通などの乗り換え場所へのアプローチ路などが挙げられる．一方の回遊路は，庭のなかを回遊する園路などの独立した回遊路，アプローチ路を経由しつつ点在した各場所を結ぶ回遊路などがある．人の回遊行動は，目的地が決まっている空間では，最短経路を選択する行動が多く見られる．しかし，回遊路にはメインルートとして計画する回遊路の他に，寄り道，回り道，近道などを計画し，人が状況に応じてその経路を選択できることが望ましい．

③外構

建物に付随して外部空間に設ける構造物全体を指す．狭義には，居住や生活のための建物に付随して人々の生活に密着した構造物を外構と呼ぶが，この定義を一般的な建物に拡張することは可能である．外構の具体例としては，門，車庫，塀，柵，垣根，植栽，デッキ，パーゴラ，ベンチ，その他のファニチャ類などがある．

7) ⇨ p.124, 事例 1

8) コンベンションとは，国内外の人たちが行う各種大会や会議，見本市，イベントなどの催しのことで，それらを行うための大型ホール建築がコンベンションホールである．

9) ⇨ p.186, 図 9·1-21

10) ⇨ p.182, コラム❖2

11) ⇨ p.182, コラム❖2

▶ 1　前庭

　前庭は，敷地入口にあたる門のまわりからアプローチ通路沿いに建物玄関まで配置し，訪れる人を出迎え，出かける人を見送るために設ける空間である．主庭や中庭など他の庭がプライベート性の高い庭であるのに対して，前庭は多くの人の目に触れる機会の多い庭である．門やアプローチ通路と一体になって建物の顔となる．通る人に単調さや圧迫感を感じさせないよう，ランドスケープの演出が必要となる[7]．建物用途によっては，玄関と敷地外をつなぐ人の移動空間というだけでなく，歩行者の滞留に対応できる空間として規模や設えを計画する必要がある．例えば，大規模商業施設やコンベンションホール[8]などの集客施設を含む大型複合開発では，大人数の来客の移動と滞留をスムーズにさばく場所として前庭を設けることになる．鉄道駅の駅前広場も駅舎にとっての前庭と見ることができる．駅の顔としての雰囲気をどうつくるか，鉄道乗降客を一時滞留させる機能をどう確保するか，鉄道とその他交通機関とをどうつなぐかなど，歩行者の活動要請に応えられるよう計画しなくてはならない（図 9·1-6）．

▶ 2　中庭

　中庭は建物に囲まれた空間である．建築内部への通風や採光を確保するように配置し，なおかつ，建築に屋外空間としてのアメニティを与えるための庭として計画する．囲まれたことにより生まれる視線と動線の特徴を考えて庭の計画（および建築の計画）に反映させる．外の通りから守られているか，囲んでいる部屋と中庭のつながりはどうか，中庭を介して周辺の風景を見通すことができるか，木や水などの自然要素を取り込むことは可能かなどの観点から計画内容を吟味してみる（図 9·1-7）．

▶ 3　主庭

　主庭は建物の主室に面してつくられるメインの庭である．十分な日照を確保するために日当たりのよい南側に配置するのが一般的である．建物とのつながりや一体的な利用の可能な計画が好ましい．主庭は観賞用の庭と実用的な庭に大きく分けられる．前者の場合は，室内からの視線に対して，ビスタ効果[9]，フレーム効果[10]，借景[11]など組み合わせて風景を演出する．後者の場合は，活動のための空地を確保し，日照と通風の確保にも配慮する．プライベート性の高い空間であれば目隠しのための生垣や塀などが必要になる．ただし実際の主庭は両方の性質を組み合わせて計画することになる．例えば，建築内部から外部へと建物内の活動の広がりを連続的に見せることで，外部へと歩行者の活動を誘うなど，建築内部から外部への視線の制御と屋外空間で

図 9·1-6　大規模施設の前庭　店舗による囲みと植栽による演出によって，前面街路と異なる雰囲気をつくり出している（東京ミッドタウン）．

図 9·1-7　中庭　中庭を囲む 3 層分の店舗がにぎわいを生み出している（新風館）．

図 9·1-8　大規模施設の主庭　建物内から活動が連続的に広がる．周辺の建物群を借景にしている．主庭への眺めは建物によってフレーミングされている（東京ミッドタウン）．

の活動の誘発を組み合わせて計画することも可能である（図9·1-8）．

▶ 4　裏庭

　裏庭は日当たりの悪い北側などに配置されるのが一般的であるため，植栽による演出などは難しい．管理用動線など，実用的かつ機能的な動線や空間構成を考慮した上で，建物内部の活動フレームに即して全体を計画することになる．裏庭はサービスヤードとして利用されることが多い．サービスヤードとは，物置などの収納場所，ゴミ置き・ゴミ処理などの場所，機材搬出入などの作業場所である．サービスヤード機能を建物内に取り込む場合は別として，一般には他人に見せたくない場所である．なおかつ建築内のサービス動線と連動させるなど，作業動線的に便利な場所として計画する必要がある．屋外作業を行うスペースの確保も必要となる（図9·1-9）．

▶ 5　駐車場・駐輪場

　駐車場[12]は設置形態によって，平面駐車場，自走式立体駐車場（同地下駐車場），機械式立体駐車場（同地下駐車場）に区別される．駐車場は一般に占有面積が広くなりがちで，景観に与える影響が大きい．そのため，少なくとも建物の主たる部屋の開口部前に配置することは避けるべきである．また，南側道路に面した敷地の場合は道路から近く一番良い場所を占めてしまうことが多いので注意が必要である．平面駐車場であれば空車時の床面デザインに配慮が求められ（図9·1-10），立体駐車場であれ

12) ⇨ p.197, 10·2·1「物品寸法」

図9·1-9　サービスヤードとしての裏庭　博物館横の水路沿い空間を利用している（インディアナ州立博物館）．

図9·1-10　駐車場の修景　舗装面の植栽が，駐車スペースと走行スペースの違いを明確化するとともに，周辺の植栽と調和している（東京ミッドタウン）．

❖ 2　フレーム効果／借景

①フレーム効果

　建物内から庭の風景を見せるとき，窓などの枠を通して見る景色は遠近感が強調され，より印象的に見える．これをフレーム効果（額縁効果）と呼ぶ．例えば，竹や樹木などの植栽によって山並み風景をフレーミングしたり，鴨居と敷居，柱や障子などを額縁と見立てて庭園の風景を切り取って見せることにより庭園の風景を印象的に見せるなどの方法がある．

②借景

　庭園外の山や樹木などの自然物などを庭園内の風景に背景として取り込むことによって，前景の庭園と背景の借景とを一体化させて景観を形成する手法を言う．例えば，松林越しの比叡山を遠景として庭の一部に取り込んだ円通寺庭園からの眺望が有名である．

樹木によるフレーム効果　散策路の奥行感が強調されている．（リバーウォーク／サンアントニオ市）

借景　庭園の眺望は，松林越しに見る比叡山を遠景として取り込んでいる．（円通寺庭園からの眺望）

13) ⇨ p.203, 10・2・5「バリアフリーの実施」

14) ⇨ p.199, 10・2・2「動線計画」

15) 日本建築学会『空間学辞典』p. 63

ば壁面のデザインに配慮が求められる．

利便性の面では，雨天時の建物玄関への経路，主庭やサービスヤードへの経路を考慮する必要がある．駐車場への入口道路は自動車の回転を容易にするために，必要があるときは隅切りを設ける．駐輪場（自転車駐車場）は自転車の無秩序な駐輪による問題の解消を図る上で重要な施設であるが，不便な位置に固めて配置してしまうと，結局は使われずエントランス周囲の迷惑駐輪が増えるなどの悪影響が出ることもあるので，便利な位置に分散して配置するなど工夫する．

▶6　交通広場

交通広場は鉄道駅の前面や大規模施設の関連する空間として整備される．鉄道の駅前広場では，交通の集中発生量が多く，これらの円滑な処理が求められる一方で，都市の玄関としての美観やにぎわいを備えることが求められる．したがって，鉄道以外の交通機関の乗降・待機空間と動線空間，歩行者の滞留・休憩と移動空間，イベントなどに用いる多目的空間などを極端な相互干渉のないように配置し，かつ駅舎とあわせてまちの顔にふさわしいデザインとなるよう計画する（図9・1-11, 9・1-12）．

● 2　経路の計画

経路の計画にあたっては，人の動線と車両の動線を区別して行う．安全性の観点から言うと，両者は交差部分が少ないほど危険性が少なくなるので望ましい．しかし，自動車を利用する人も最後は必ず歩行移動をともなうため，人の動線と車両の動線は何らかの接点を持つ必要がある．ここでは安全性と利便性のバランスが求められる．

▶1　人の動線

人の動線を計画する際には次の三つの点に注意する必要がある．第一に「安全性と円滑性」の観点から人と車両の各動線の交錯が少なくなるよう計画する．第二に「歩きやすさ」の観点からバリアフリー[13]（またはユニバーサルデザイン）に配慮する．人や車いすの対面すれ違いが可能な幅員を確保できているか，車いすでアクセスできない場所が発生していないかなどである．歩きやすい舗装を選び，表面はすべりにくい仕上げとする．第三に「わかりやすさ」の観点から舗装や照明による動線空間の明確化に配慮する．場合によっては案内誘導サインなどの併設も考えておく．

人の動線は，通路としての機能性を重視した場合，構成が単純で比較的距離を短く計画することが基本[14]である．しかし，庭の園路などとして景観性も重視する場合は，ある程度長い動線であっても，歩くこと自体を楽しませる仕掛けやランドスケープなどによる空間演出を積極的に施し，魅力的な空間づくりを行うことが求められる．例えば，建物正面玄関へのアプローチは来訪者にとって建物を印象づける場所にもなるので，単に機能的な動線空間とするのではなく，形状の工夫や楽しさを演出する仕掛けなど変化のある空間としての計画が求められる．狭い敷地では，門から玄関までの経路はできるだけ距離を取り，奥行感を出すことが大切である．

動線空間の計画においては，人の移動行動だけでなく滞留行動に対する配慮も必要である．滞留行動とは人がある場所で，歩みを緩め，止まり，溜まる行動をいう．滞留行動に

図9・1-11　駅前広場　ロータリーを駅舎東側に配置し，歴史的建造物である駅舎の全面は石畳舗装によって歩行者空間化している（門司港レトロ駅）．

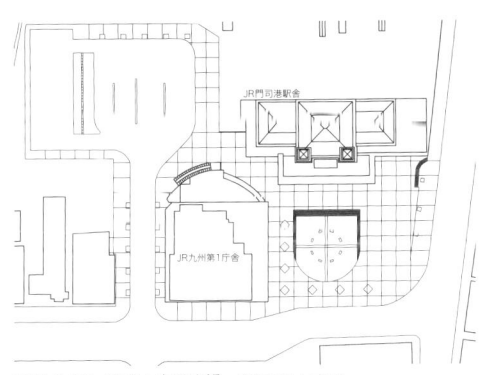

図9・1-12　駅舎と交通広場　（門司港レトロ駅）

9・1　建築と都市空間

183

は待ち合わせや休憩などの自由な意志によるものと，駅のラッシュ時に混雑で移動が困難になる場合など人の意志によらないものがある[15].

人の滞留行動を促すためには，カフェなどの休憩施設や，アーケードやベンチといった屋外家具などの設置が有効に働く．敷地全体の歩行者動線や建築の活動フレームとの関係を踏まえて，滞留行動を誘発する休憩施設や屋外家具の配置を計画することが必要である．このような人の移動空間と滞留空間の配置によって生じる「見る・見られる」の関係も計画することができる(図9・1-13)．それにくわえて，階段や段差，柵への寄りかかりなど，ちょっとした設備や空間性が思わぬ滞留行動に結びつくことも理解しておくと良い．

▶ 2 車両の動線

車両動線は，施設利用者動線，管理者動線，機材の搬出入動線などたどり着きたい目的地と車両を用いる目的の違いによって区別される．施設利用者動線については，自動車・バイク・自転車・バス・タクシーなど車両の種類別に駐車場や待合空間などの利用者動線計画が必要になる．駐車場の入出庫口は，周辺の道路状況・交通状況・土地利用状況などを考慮の上，歩行者の安全と周辺道路への影響が少なく，かつ円滑な出入りが可能となるよう配慮が必要である．入庫待ち動線を施設内に取り込むのも有効である．管理者動線と搬出入動線はそれぞれの目的作業に支障を与えないように機能面からのチェックが必要である．目的作業時には敷地内の歩行者動線と交錯することが少ないように計画されることが望ましい（図9・1-14）．

動線となる通路の幅員や車線数，歩道の有無，回転半径などの平面形状は，標準的な数値を踏まえつつ敷地条件にあわせて計画する．地下通路の場合，斜路は滑りにくい材料で仕上げ，勾配は走行面であれば17%以下，出入口であれば10%以下とする．

車両動線は音の問題，景観の問題，歩行者の安全性の問題とも関係している．音や景観については，建物主室の開口部前面を横断する車両動線，広場を横断する車両動線，建物出入口付近の車両動線などがある場合は，問題を生じないかどうか十分な検討が必要である．

歩行者の安全性については，建物出入口やアプローチ動線付近など多数の施設利用者が想定される場所において問題がないかどうか十分な検討が必要である．この場合に歩車共存と歩車分離の二つの考えかたがある[16]．歩車共存においては車両速度の制御を考える．ハンプ[17]やイメージハンプ[18]などの設置，ボンエルフ[19]など道路形状の工夫が行われている（図9・1-15）．一方の歩車分離については，歩道の設置やクル・ド・サック[20]の計画（図9・1-16）といった平面分離方式と立体交差や地下道路など立体分離方式がある．

16) ⇨ p.206, 10・2・7「歩車共存・歩車分離」

17) ハンプ：通行する自動車の速度を抑制するために道路上に設けられたカマボコ状の突起のこと．生活道路における車両の走行速度を低減させる対策の一つとして導入される（⇨ p.206, 図10・2-38）．

18) イメージハンプ：ハンプのような物的な突起を設けない代わりに，走行車両のドライバーに対してハンプをイメージさせるよう施す部分的な舗装配色のこと．生活道路における車両の走行速度を低減させる対策の一つとして導入される．

19) ボンエルフ：生活道路を蛇行させたりして自動車の速度を下げさせ，歩行者との共存を図ろうとする道路のこと．オランダ語で「生活の庭」を意味する．

20) クル・ド・サック：住宅地における宅地割りの際につくられる袋小路状の道のこと．フランス語で袋小路を意味する．自動車は通り抜けできないが，末端がロータリー状でUターン可能になっており，道路沿いの区画に住む居住者が使用する道として機能する．クル・ド・サックが計画的に配置された宅地開発として，米国のラドバーンが有名である（⇨ p.206, 図10・2-39）．

図9・1-13 IDSセンター　表通りからの動線と屋内2Fレベルの回遊動線をアトリウムで立体的に接続し，見る・見られるの関係を形成している（ミネアポリス市）．

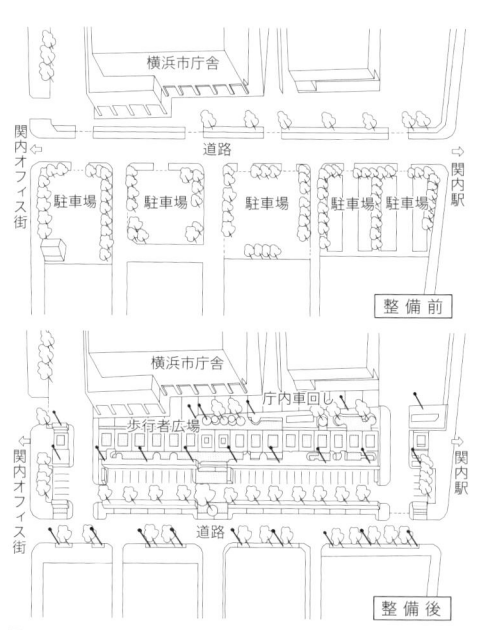

図9・1-14 くすのき広場　庁舎周辺の駐車場動線を整理して駅と市庁舎とオフィス街方面をスムーズにつなぐ歩行者広場を整備（横浜関内地区）．

21) ⇨ p.180, コラム❖1

22) ⇨ p.203, 10・2・6「環境・建築」

23) 植物については多数の図鑑や専門書において種類や特性などが詳しく解説されているので参考にしてほしい.

● 3 外構の計画

外構[21]の主な要素としては，植物（低中高木，地被・草本類），舗装材，休憩施設，水景施設，照明施設，修景施設（彫刻・モニュメント，花壇・プランター，ほか），その他の各種構造物（門，塀，柵，車止め，ほか）などがある．外構の計画は，ゾーンの計画や経路の計画がおおむね固まると必要な外構が見えてくる．全体のデザイン的調和などに配慮しながら個々に詳細を詰めていく．外構は素材の持つ特徴を生かし，建築と調和しつつ引き立たせるよう計画する．ゾーンや経路など全体の計画，あるいは建築の計画が不透明な段階で外構だけを先行して個別に計画することは避けたい．外構は建築を補完する関係にあり，各ゾーンや経路を具体的に構成する要素の一つだからである．

外構には建築を補完する二つの効果がある．一つは，屋内外を一体的に活用するための場所をつくる効果である．例えば，建築内から連続的に半屋外空間を創出するパーゴラ（日陰棚）やウッドデッキ（舗装材），そこに配置されるベンチ（休憩施設）などは屋内外一体の領域を形成し，建築内から屋外へと連続する活動を支える役割を担っている（図9・1-17）．また，近年は環境負荷低減[22]の視点から建築の屋上・壁面緑化も積極的に行われているが，これらの緑も外構の植栽の一部と考えて一体的に計画することが望ましい．

もう一つは，建築内部から屋外を見たときの眺望風景の演出を行う効果である．遠方に山並みが見える何気ない風景であっても，前景として高木を植栽し，借景となる山並み風景をフレーミングすることで印象的な風景をつくることができる．つまり，遠景・中景・近景の構図をデザインする要素として外構を計画するのである．こうした風景の構図をつくる際に有効な要素は植栽である（図9・1-18）．植栽樹種の選定に際しては視覚的効果やイメージだけでなく土地の気象条件や土壌条件などを考慮しなければならない[23]．

9・1・3 建築に関連しない都市空間での場のつくりかた

建築に関連しない都市空間を建築がかたちづくるためには，建物と空地の関係の制御，隣り合う建物群による町並みの形成，分散す

図9・1-15 ボンエルフ型の道路　蛇行形状が自動車の速度抑制につながる（東京都文京区）．

図9・1-16 クル・ド・サックの計画　宅地の表には袋小路状の車道，裏には歩行者専用路のネットワークが形成して歩車動線の平面分離が行われている（ラドバーン）．

図9・1-17 外構を構成する要素　パーゴラ，植栽，ベンチが建物と屋外をつなぐ快適な歩行者空間を形成している（六本木ヒルズ）．

図9・1-18 遠景・中景・近景　公園の植栽で近景をつくり，中景となる市街地越しに，遠景となる七尾湾と能登島を見せている（石川県和倉温泉なごみの丘公園展望小屋）．

る建物群のゆるやかな関係づけを計画することが重要である．全体として一体感のある都市空間を計画する．

● 1　建物と空地の関係

建物と空地の寸法関係を操作することで，都市空間の開放感や圧迫感を演出し，都市空間としての一体感を計画することができる．街路の幅員Dと沿道建物の高さHの比率D/H（ディー・バイ・エイチ）は街路空間のまとまりを表す指標として重要である．広場の場合は，ある一つの断面を切り出せば同様の指標を設定できる．D/Hは都市空間の断面方向のプロポーションを数値化したものであり，街路や広場の景観を決定する基本要素の一つである．D/Hの値が大きくなるほど都市空間の開放感は強まり，逆にD/Hの値が小さくなるほど圧迫感が強まる．一般に，D/H＝1.0～2.0前後が均衡のとれた安定的な空間と評価されている．D/Hの値が4.0を上回ると空地に対する建物の影響が少なくなり，都市空間として茫洋な印象を与える．逆に，D/Hの値が0.25を下回ると圧迫感の強い都市空間になるといわれている（図9・1-19, 9・1-20）．

● 2　隣接する建物群と空地の関係

町並み景観形成の基本は，その町並みを構成する要素（建物，建物のファサードなど）を揃えることである．街路沿いに建物を揃えることは，日照や道路幅員など必要とされる空間性能の確保と街路景観を整えるという二つの側面がある．

直線的な街路においては，沿道両側の建物壁面線や軒線を揃えることにより，街路方向の深い見通しを強調した風景が得られる．これをビスタ（見通し景）と呼ぶ（図9・1-21）．建物が揃っていることで，整然としたまとまり感のある都市空間がつくられる．ビスタは左右対称な構図を持ち一方向に強い方向性（＝軸性）をつくることから，多くの活動が集中する目抜き通りなどにおいて，都市軸としての威厳や格を表現するために計画されることが多い．街路沿いの規則的な並木もビスタをより効果的に演出する要素に用いられる．ビスタの先に視点の集中する象徴的な対象物を配置すると，都市空間としての一体感が強調される．この対象物をアイストップと呼ぶ．ビスタのアイストップには，その都市の象徴となる建物やモニュメントを配置することが多い．

町並み景観は景観条例[24]や地区計画[25]などの制度を通じて個別建物の規制・誘導を進めることによって形成される．建築を計画する者は，その敷地に課せられた制度（町並みのルール）の趣旨を汲み取って，周辺の町並み景観と

24）都道府県や市町村単位で，良好な都市景観の形成を図るために制定する条例．2005年6月1日景観法が全面施行され，景観行政団体である地方自治体が定める景観条例（法委任条例）は，景観法を背景に，景観問題に対して大きな役割を果たすことも可能になった．

25）都市計画法第十二条の四第一項第一号に定められている．住民の合意にもとづいて，それぞれの地区の特性にふさわしいまちづくりを誘導するための計画のこと．都市計画制度の一つである．地区計画のなかに含まれる「地区整備計画」において，地区計画区域の全部または一部に，道路，公園，広場などの配置や建築物などに関する制限などのうち必要なものを詳しく定める．建築物などに関する制限項目としては，建築物の用途や形態・意匠の制限，容積率の最高限度・最低限度，建ぺい率制限，敷地面積の最低限度，建物高さの最高限度・最低限度，壁面の位置，外壁後退を含めることができる．

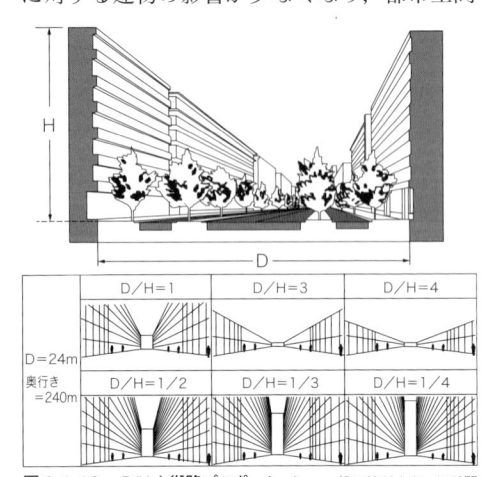

図9・1-19　D/Hと街路プロポーション　一般に値が大きいほど開放感が強まり，値が小さいほど圧迫感が強まる．

図9・1-20　幕張ベイタウン　D/H＝1.0～2.0になるよう街路幅と建物高さが計画されている．

図9・1-21　ビスタの際立つ通り　欅並木がビスタを強調している（表参道）．

調和する建築を計画しなければならない．

● 3　分散する建物群と空地の関係

隣接しない建物群であっても，複数の建築群に対して共通する要素や意匠あるいは何らかの関連性を与えることによって都市空間としての一体感を強調することは可能である．

ある都市空間やその連続する領域の中で，歩行者の主な移動(視点移動)の経路が定まっている時，その経路沿いにある建物などを対象にした都市景観の「シークエンス」[26]を印象的なものとして計画することで，その都市空間の一体感を強めることができる．一体感を持ちながらも変化のあるシークエンスは印象的である．性格の曖昧な都市景観を延々とつづけるのではなく，各シーンの分節や印象的な建築などを要所に組み合わせることで変化のあるシークエンスをつくることができる．

印象的なシークエンスの一つに「見え隠れ」の風景がある．見え隠れとは，例えば神社の参道空間や回遊式庭園が経路の折れ曲がりや高低差などで直接全体を見せないことによって心理的変化を与えているように，視点の移動にともなって対象を見せたり隠したりすることで，これらの要素を印象深く見せるための方法のことである．都市空間に「奥」，すなわち表から内へ深く入った場所を設けることで，見え隠れの空間を演出することが可能である（図9・1-22）．

26) シークエンスとは，移動にともなう景観(シーン)の連続や変化，継起的なつながりのことをいう．ある視点場から得られる風景がシーンであり，シークエンスはシーンのつながった一連の風景である．視点移動をともなわない光景，風景，映画・演劇などの一場面をシーンというのに対して，人が移動することで都市空間はシーンの連続として視覚的にとらえられる．

①C棟(左)と猿楽塚(右)の間からE棟に向かって歩く．

②E棟のピロティ空間が猿楽塚の右奥に抜けていく．

③ピロティ沿いに抜けると正面にコンクリート壁と樹木が現れる．

④樹木に近づくと，右奥へとさらに樹木が続く．

⑤樹木とD棟(右)の回廊に入る．

⑥回廊を抜けると道路越しに広場が見える．

⑦F棟(左)とG棟(右)に囲まれた広場にたどり着く．

⑧広場から左奥に空間が抜けていく．

⑨抜けた先にN棟と前庭が見える．

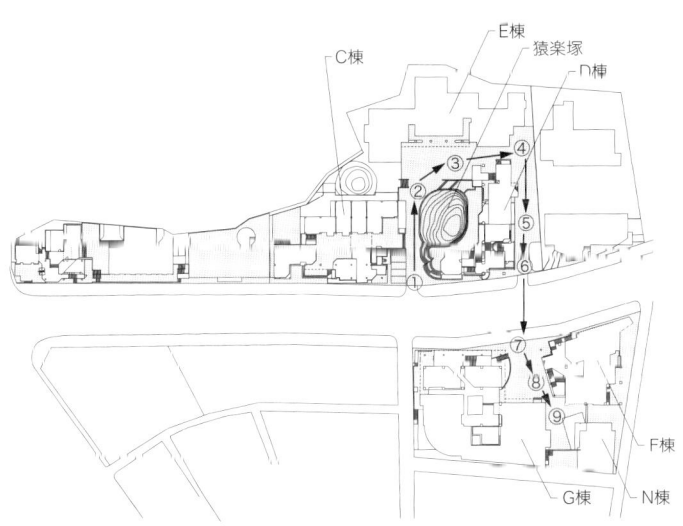

図9・1-22　シークエンス　中庭を移動する視点に対してのシーン変化(代官山ヒルサイドテラス)．

事例1　施設群をつなぐ都市空間（ゲートウェイ・スポーツ施設開発 周辺広場）

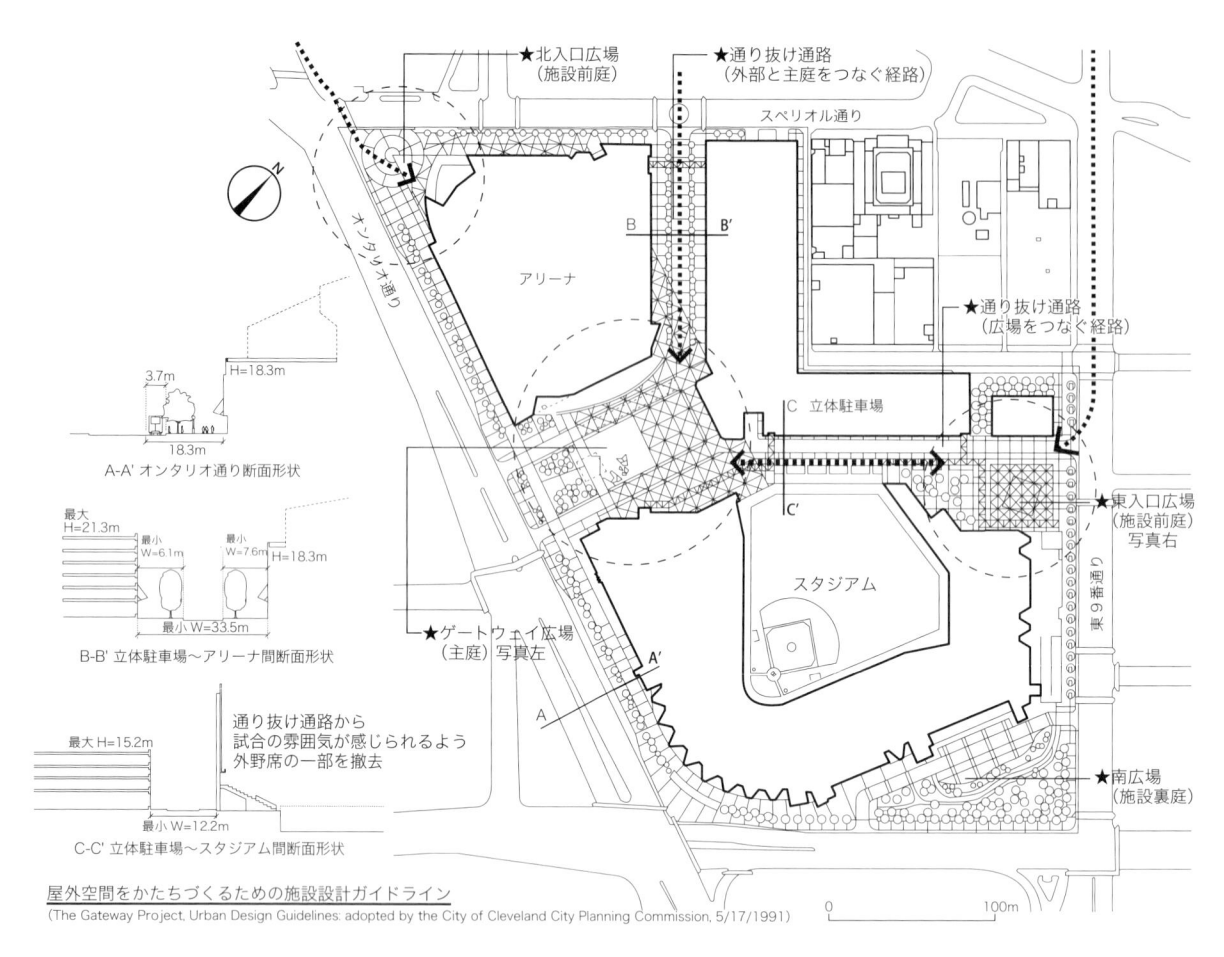

図中ラベル：
- ★北入口広場（施設前庭）
- ★通り抜け通路（外部と主庭をつなぐ経路）
- スペリオル通り
- アリーナ
- オンタリオ通り
- C 立体駐車場
- ★通り抜け通路（広場をつなぐ経路）
- スタジアム
- ★東入口広場（施設前庭）写真右
- ★ゲートウェイ広場（主庭）写真左
- ★南広場（施設裏庭）
- 東第9番通り

断面図：
- A-A' オンタリオ通り断面形状（3.7m、H=18.3m、18.3m）
- B-B' 立体駐車場～アリーナ間断面形状（最大 H=21.3m、最小 W=6.1m、最小 W=7.6m、H=18.3m、最小 W=33.5m）
- C-C' 立体駐車場～スタジアム間断面形状（最大 H=15.2m、最小 W=12.2m）
- 通り抜け通路から試合の雰囲気が感じられるよう外野席の一部を撤去

屋外空間をかたちづくるための施設設計ガイドライン
(The Gateway Project, Urban Design Guidelines: adopted by the City of Cleveland City Planning Commission, 5/17/1991)

0　100m

ゲートウェイ広場　現況
- 全施設の主要入口が面する（施設収容人数を勘案して広さを設定）
- 広場の中心性を高める芝生舗装（他舗装との差別化）
- 主庭を囲む建築のファサードは開放的にデザイン
- 試合の雰囲気が感じられるよう外野席の一部を撤去

■基本データ■
設計：Sasaki Associates, Inc.（全体計画＋ガイドライン＋広場設計）
所在地：米国オハイオ州クリーブランド市中心部
竣工：1994年

東入口広場　現況
- 町並みとしてのボリューム感の連続性をつくる樹木群
- 樹木を主体にして主庭と表情を差別化
- 試合の雰囲気が感じられるよう外野席の一部を撤去

■概要■
クリーブランド市中心市街地南端のフリーウエイランプ付近におけるスポーツ施設群開発計画である。中心市街地における歩行者の回遊動線と連動した広場および通路の計画により、既成市街地と一体感のある大規模集客施設整備を実現させている。

事例2　居間のような都市空間（COREDO 日本橋アネックス広場リニューアル）

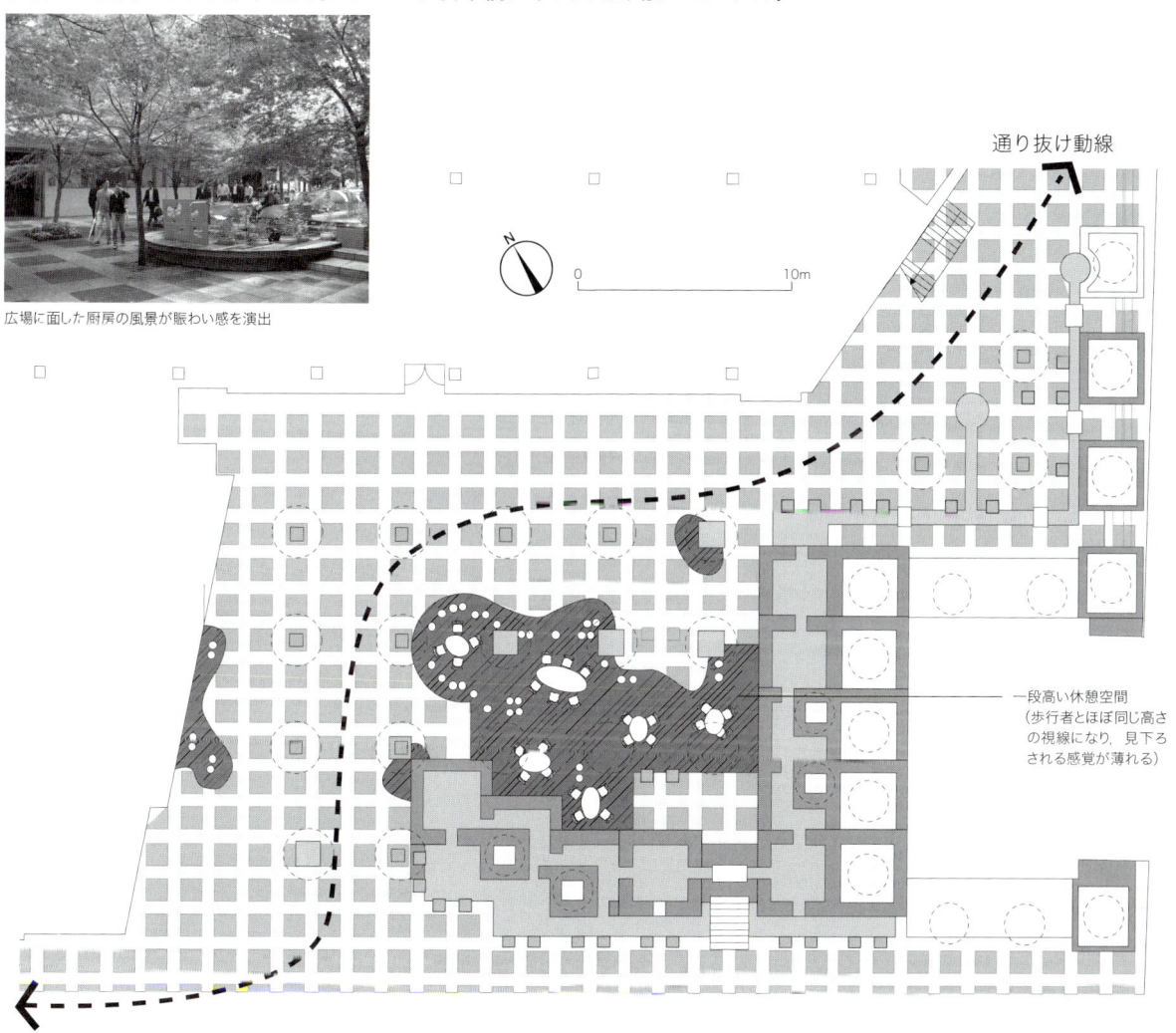

広場に面した厨房の風景が賑わい感を演出

通り抜け動線

一段高い休憩空間
（歩行者とほぼ同じ高さの視線になり，見下ろされる感覚が薄れる）

植栽ポットによる段差の安全対策と季節感の演出

樹木で覆われた休憩空間
水面による滞留空間と動線空間の分節

ウッドデッキによる舗装の差別化

（写真提供：studio on site）

■基本データ■
設計者：オンサイト計画設計事務所，オープン・エー
発注者：三井不動産
事業プロデューサー：博報堂
所在地：東京都中央区
竣工：2005年

■概要■
コレド日本橋に隣接する公開空地の改修計画である．グリッド状に敷き詰めたブロック舗装の上にデッキ空間を設け，ガラステーブルやパーティション，照明器具などの装備により居住性の高い屋外空間を創出している．歩行者の通り抜け（＝にぎわい）に対して，落ち着ける雰囲気の滞留空間を実現している．

図版出典

図 9・1-1 〜 11　遠藤新
図 9・1-12　建設省中部地方建設局シビックデザイン検討委員会『シビックデザイン』大成出版社, 1997, p.55
図 9・1-13　遠藤新
図 9.1-14　田村明『都市ヨコハマをつくる』中公新書, 1997, p.148
図 9・1-15　遠藤新
図 9.1-16　日笠端『都市計画』共立出版, 1993, p.19
図 9・1-17, 18　遠藤新
図 9.1-19　鳴海邦碩, 田端修, 榊原和彦『都市デザインの手法』学芸出版社, pp.49-50
図 9・1-20 〜 22　遠藤新

参考文献

▶彰国社編『環境・景観デザイン百科』建築文化　11月号別冊, 彰国社, 2001
▶日本建築学会編『建築設計資料集成 [総合編]』丸善, 2001

関連文献

▶ American Planning Association, *Planning and Urban Design Standards*, John Wiley & Sons, Inc., 2006
▶ Donald Watson, Alan Plattus, Robert Shibley, *Time-Saver Standards for Urban Design*, McGraw-Hill, 2003

第10章 計画の基礎と手順

10・1 人間の行動特性
10・2 計画の基礎
10・3 計画・設計の手順

人間の行動特性　　　　　　　　　　　　　　　10・1

10・1・1　はじめに

人は環境のなかで，環境からの影響を受けたり，自らが環境を変えたりする相互の関係を構築している[1]．こうした人間と環境の関係に着目した研究分野は，人間−環境系の研究などと呼ばれ，環境のなかでの人間の行動特性についての知を蓄積している．こうした知識を活用することで，よりわかりやすく・快適な建物や空間の計画を実現させうる．ここでは，人間の行動特性について，主要なトピックスに触れよう．

10・1・2　人間の行動特性

● 1　パーソナルスペース

パーソナルスペースとは，人間が心理的に持つ「持ち運び可能なテリトリー」のことである．それは，他者との間にあけておきたい物理的な距離（境界）ともいえ，ちょうどタマゴのような前方に長いかたちをしているといわれる（図10・1-1）．その領域のなかに，理由もなく進入されると，人は不快感を覚える．

パーソナルスペースの大きさは，周囲の状況や相手によって異なる．満員電車のなかでは，パーソナルスペースは小さくなり，近くに人がいてもその状況は受容できる．しかし，見渡す限りの平原にいるのに自分の近くに来られると，不愉快に思うだろう．また，知っている人に対してはパーソナルスペースは小さくなり，知らない人に対しては大きくなる．この他，社交的か内向的かなどの個人の性格，文化や年齢，性別によってもパーソナルスペースの大きさは異なる．

このような他者の進入を嫌うテリトリーの存在は，人に限らない．同じように，住宅をはじめとする建物にも他者の進入を嫌い，暗に空間の支配権を主張するテリトリーがある．人の顔の側，「前方」にあたるのは，居間など大きく開口部がとられ，なかにいる住人の視線が向く方向（「生活の向き」）で，日本では多くの場合南側に一致する．戸建住宅地での家の建ちかたを見ると，北（背中）側の窓は小さく南側には開口部を大きくとる．その結果，住宅の南（開口部）側に支配権が主張され，例えば通行人は遠慮しながら歩く（図10・1-2）．

● 2　人間どうしの距離（相互距離）

誰か一人，知人を想像してみよう．相手はあなたに近づき，あなたとの距離が一定に縮まったところで，相手は立ち止まる．それは，あなたと相手との適切な距離であり，あなたと相手の関係を如実に表している（図10・1-3）．

人の持つパーソナルスペースの大きさが，相手や状況によって異なるように，この人間どうしの相互距離も，相手や状況によって異なる．親密な関係にある人どうしの場合には，その距離は45〜120cmと言われ，講義のような公的な対話場面では360cm以上といわれる．

人が適切だと思う相互距離は，家具の選定にも現れる．あるいは，家具の選定によって相互距離は影響を受ける．例えばソファーとローテーブルをはさむ対面距離は150cm程度であり，こたつをはさむ対面距離は90cm程度である（図10・1-4）．家族での親密な団らんを

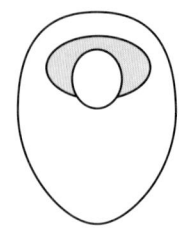

1) 相互作用論 (Interactional) や相互浸透理論 (Transactional) などと表現される．

図10・1-1　パーソナルスペース
前方に人がいるときには警戒しがちだが，横や後ろに人がいることには，前方に比べて気になりにくい．

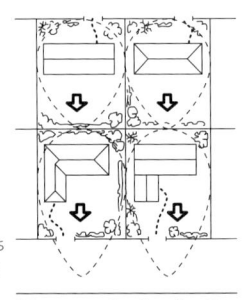

図10・1-2　家の持つパーソナルスペース（「生活の向き」）

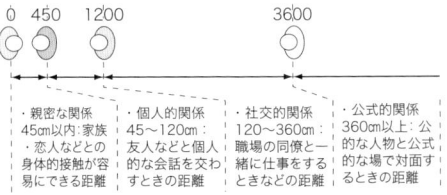

図10・1-3　対人距離
・親密な関係 45cm以内：家族・恋人などとの身体的接触が容易にできる距離
・個人的関係 45〜120cm：友人などと個人的な会話を交わすときの距離
・社交的関係 120〜360cm：職場の同僚と一緒に仕事をするときなどの距離
・公式的関係 360cm以上：公式的な人物と公式的な場面で対面するときの距離

2) アフォーダンス（J・J・ギブソン）：人間は，環境から刺激を入力し，それを中枢で加工することで意味のある情報に変換している，とする初期の認知科学の情報処理モデルに対して，ギブソンはこの考え方と真っ向から対立するアフォーダンスという概念を提唱した（1960年代）．アフォーダンスとは，知覚者の状態に係わらず環境の中に常に存在する，知覚者が「獲得し」「発見する」，知覚者にとって価値のある情報である．

期待する場合，あるいは互いに深い干渉を好まないがなんとなく居合わせていたい家族の場合，どのように家具を選び，置けばよいだろう（図10・1-5）．このように，建築空間の計画には，空間をかたちづくる建築物だけでなく，そのなかの家具の種類や置きかたなどのインテリアのデザインも欠かせない．

● 3 いすのかたちと滞在

家具のかたちや置きかたは人々の距離に影響を与える．とくに，いす（座る設え）に注目してみると，いすのかたちによって人の姿勢が異なる（図10・1-6）．姿勢が変わると，相手との関係や，座っていられる時間が変わる．例えば座面が高く，奥行が浅いいすは，ちょっとした腰掛けに向くが長時間では疲れてしまう．反対に，座面が低く奥行が深いいすでは，ゆっくりくつろげるが立ち上がりにくい．前者は回転率の高い喫茶店やバーなどに使われ，後者はゆったりとしたホテルのラウンジなどに採用される．望ましい滞在の仕方にあわせて，いすを選ぶ必要がある．この場合，当然，面積などとも関係する．

いすは，平面的な形状も人の滞在に影響を与える．例えば，上から見たときに曲線を描くいすがある．このとき，外向きのいすでは座る人どうしの交流は起きにくく（ソシオフーガル ⇨ p.29, 図2・1-3），内向きのいすでは自然に身体的な距離が近くなり人が互いに関わりやすい（ソシオペタル ⇨ p.29, 図2・1-3）．前者は駅などの人が待ち合わせる場所などにあると，滞在する人々が互いにお互いを気にせずに待ったり，休憩したりできる．後者は，数人が連れ立って休憩をしたり，食事をしたりする都市空間の設えとして好まれる（図10・1-7）．単体の家具にも，親子が並んで座ると身体が寄り添い，絵本の読み聞かせなどができるソシオペタルないすなどもある．

● 4 アフォーダンス

前述したいすは，厳密にいえば「いす」ではなく，「座れる高さ，座れる奥行の物体」である．例えば駅前の植え込みの縁に腰掛ける人を見たことがあるだろう（図10・1-8）．とくに都市空間には，このようなちょっとした設えに腰かけたりよりかかったりして滞留する人々が多い．そのとき人が考えるのは，「それがいすであるかどうか」ではない．「そこに座ることができるかどうか」である．

このような，生物が「できる」という価値を環境のなかに見い出すという考えかたを，アフォーダンス[2]という．この用語を用いる

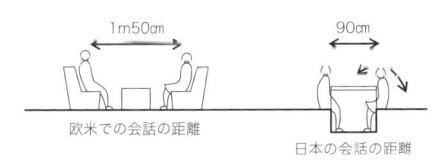

図10・1-4 家具と会話距離の関係

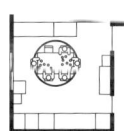

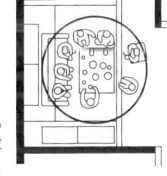

食卓やこたつを囲む団らんは，直径1.5mの輪の大きさにある．応接セットなど多人数での団らんや接客は，最大3mの輪となる．これは会話のできる上限距離（約3m）に対応する．

図10・1-5 家具・団らんの人数と会話距離の関係

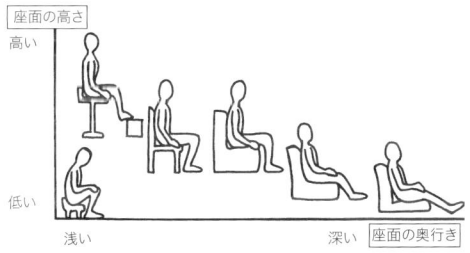

図10・1-6 いすのかたちと姿勢

図10・1-7 左：ソシオフーガルなベンチ，右：ソシオペタルな大階段

図10・1-8 左：駅前の植え込みの縁に座る人々，右：公園の切り株に座る人

図10・1-9 小学校での活動場面を誘発する設え

と，例えば"階段の段差が，人々に座ることをアフォードした"などと表現する．

　環境のなかに，このような「できる」可能性，すなわち行為や活動の手がかりを埋め込むことは，建築空間とそこでの人々の過ごしかたを豊かにする．例えば図10・1-9は，小学校の休み時間でのこどもたちの活動風景である．この写真の場面に，窓越しに屋内外で話せる窓やテラス，絨毯とローテーブルの設えがなかったら，これらの場面は成立するだろうか？　アフォーダンスの概念は，既成の価値観を超える可能性を環境にもたらしうる．

● 5　物理的環境と心理的環境

　アフォーダンスとは，本人にとっての行動面から見た環境の価値であった．さらに，人がその環境や建築空間をどのようにとらえているのかという意味（心理）の面からも環境への評価は変わる．

　例えば，和風の座敷に人々が座るシーンを想像しよう．座敷の奥は「上座」と呼ばれ，一同のなかで最も地位の高い人が座る．また入り口の近くは「下座」と呼ばれ，場の世話役や，あまり地位が高くない人が座る．実際の社会での人間の行動は，単なる行為としてではなく，感情や心理，社会的立場や状況，慣習，知識などさまざまなバッククラウンドを持ったふるまいとしてようやく説明できる．

　環境心理学の分野では，単純な事実にもとづく「物理的な環境」と，その物理的な環境を人間がどのように認知しているかという「心理的な環境」を分けて考える．K・コフカは，これを凍った湖の上を行く旅人の話を例にして説明している．見渡す限りの雪原を，旅人が歩いて行く．しかしその雪原は，実は凍った湖の上に雪が積もっていたのだった．もしも旅人がそのことを知っていたなら，旅人はそこをゆくことはなかっただろう．ここでいう，凍った湖が物理的環境であり，見渡す限りの雪原が旅人の持っていた心理的環境である．物理的環境は主体の条件によらず不変だが，心理的環境は，人の状況や知識，認知，判断の能力によって変わる．そして，人の行動のもとになるのは，物理的環境ではなく，旅人にとってそこがあくまでも一面の雪原であったように，その人固有の心理的環境だと言うことができる（図10・1-11）．

● 6　居方（場面としてとらえる）

　「居方」とは，ある人の滞在の様子を誰が（属性），どこで（建築空間，場所，設え），何をしているか（行為）だけではなく，「どのように」過ごしているかを，周囲の状況を含めて広くとらえる概念である．

　「居方」は風景であり，他者と本人を含む社会的な関係や，建物や家具などの物理的な環境との関係を含めた，個々の要素に分割しがたい包括的な状況でもある．

　例えば，向かい合う二つのいすに座る二人の人を想像してみよう．二つのいすのかたちや距離，柔らかさ，二人の関係によって，二人の「居方」は異なる．物理的な環境と，社会的な環境とはお互いに影響し合う．個人的な嗜好や，気分，行為内容によってもそこに生じる「居方」は変化する．そして，ある人の居方は，他の人の居方に影響を与える．つまり，ある人は他の人の居方の一部であり，他の人もある人の居方の一部となっている．

　例えば高齢者施設にお年寄りの滞在場所をつくろうとするとき，そこでお年寄りがどのように過ごすのか，行為の内容や視界に入る

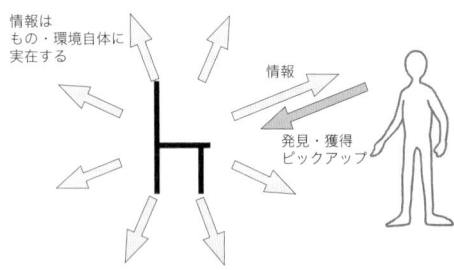

図10・1-10　アフォーダンスの概念

図10・1-11　我々が判断の対象にしているのは，心理的環境である

風景，他者との関係も含めて考える必要があることを，「居方」の概念は示唆している．

● 7　ウェイファインディングデザイン

ウェイファインディングデザインとは，人が向かおうとする先を正しく認識し，迷わず安全に目的地へたどり着けるようにデザインすることである（図10·1-13）．「迷わないように」目印を意識的に覚えながら移動することはそれ自体がストレスとなる．そのため，無意識のうちに認識しやすく，覚えやすい環境要素が用いられていると良いデザインだといえる．

医療施設での患者や家族の動きをイメージしてみよう．人々は，診療の流れに沿って総合受付→診療科受付→診察・処置室→会計→薬局と移動する．このような流れに沿って次の目的地や目的地へのサインが視認しやすい

よう配慮されているとよい．例えば光庭や吹き抜けは，目的地や縦動線の視認性を高め，通風・採光が得られ環境の向上にも寄与する（⇨ p.168，8·2「病院」）．またこうした建築要素はフロア全体でのランドマークにもなるので，目指しやすく，記憶が強化される．

空間全体の構成の他，色やかたち，マークなどで覚えやすく工夫したサインも有効である．

● 8　その他の行動特性

その他の人々の行動特性として，左回り行動（経路を選択する際，反時計回りに移動する傾向がある），獣道行動（多少の障害は気にせず，最短距離を移動する，図10·1-14），イノシシ口行動（出口の選択の際，最も近い出口でなく，入った箇所から出て行く），縦動線優先（三次元的な移動の際，縦の移動を優先する），追従（前の人に続いて，同じように振る舞う）などの特性が一般に知られている．

高齢者のグループホームでの居方．畳敷きの居間に掘りごたつやソファが置かれ，お年寄りが思い思いの姿勢で過ごしている．

こども施設での居方．半屋外空間があることで，屋内外での連続した遊びやそれぞれの場所での遊びが創発的に発生する．この半屋外空間は，動的・静的，さまざまな規模での多彩な居方を誘う．

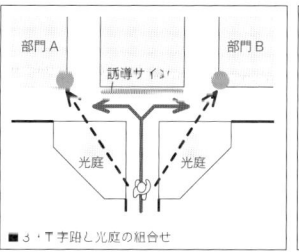

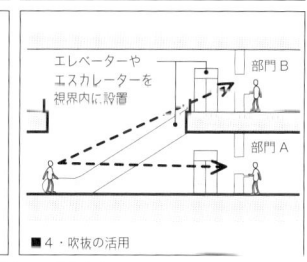

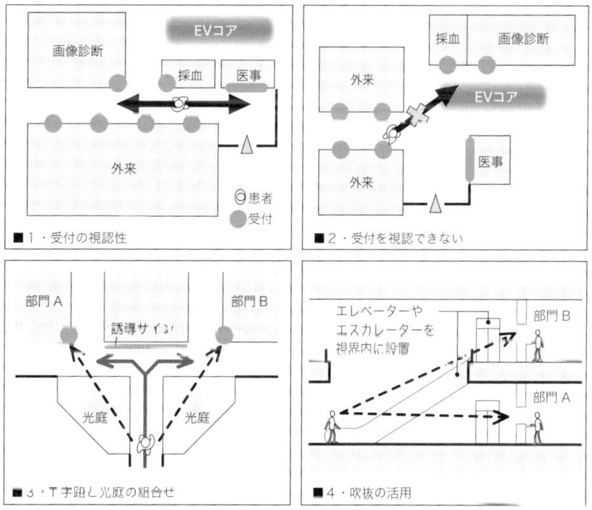

図10·1-13　ウェイファインディングデザインの考えかた

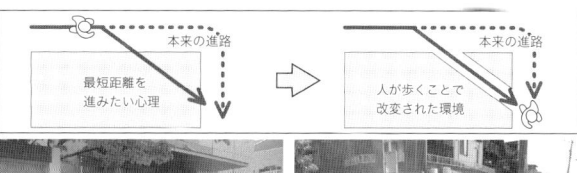

オープンスペースをもつ小学校での教室周りの居方．絨毯敷きのオープンスペースでは，こどもたちが床座で学習活動をしたり，遊んだりして過ごす．この教室周りでは自由に居方を選べる．

図10·1-12　さまざまな場面での「居方」

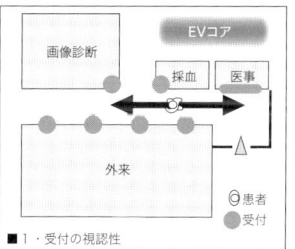

写真左手前と建物入口とを人が行き来するために芝がはげている．もしここが隔切りされていたら獣道行動は起きていただろうか．

写真手前にバス停，写真奥には住宅街がある．道路が「遠回りの道」になるため，人は最短距離を歩こうとし獣道行動が起こる．

図10·1-14　獣道行動（上：概念図，下：獣道行動が起こっている箇所の事例）
獣道行動が起きるのは，環境と人の動きとに不整合が起こっている箇所かもしれない．

計画の基礎　　　　　　　　　　　　　　　　　　　　　　　　　　10・2

建築を計画するに際して，2〜9章で学んできたような建築種別を問わず，建築全般に共通する基礎的な知識が必要となる．そこで，本節ではこれらを以下の7項目に大別しその基礎的な内容について説明する．建築計画を行うにあたっては，常にこれらの基礎的内容に留意しながら，それぞれの目的に合致した良好な計画を行っていく必要がある．

①寸法・規模　：適正な寸法や規模の算定
②利便・動線　：使いやすさや動きやすさ
③快適・健康　：快適な空間と利用者の健全
④安全・防災　：防火対策と災害時の避難
⑤弱者・高齢者：バリアフリー対策
⑥環境・建築　：環境負荷低減と持続可能性
⑦都市・建築　：都市における建築と都市空間

なお，これらの各項目については，現在まで膨大な量の調査や研究が行われ，さまざまなかたちで報告されている．これについては，建築計画の専門書や研究論文，各種報告書，さらに法令など[1]によりその詳細を知ることができる．

10・2・1　寸法・規模

● 1　寸法

▶ 1　寸法の要素
――人体寸法・動作寸法・物品寸法

活動の受け皿となるさまざまな空間に対しては，空間の幅・高さなどの寸法を決定する必要がある．この場合，例えば個人活動や集団活動，こどもや高齢者・障碍者などの身体・行動能力，生活・学習・スポーツといった活動目的などのちがいを諸条件として，それぞれの活動が円滑に実施されるよう空間の寸法が決定されなければならない．この際に，寸法を決定する基本的な尺度として①人体寸法・②動作寸法・③物品寸法という寸法基準が適用される．これら三つの寸法基準の相互の組み合わせにより，活動の目的や内容により適した寸法が決定されることになる．

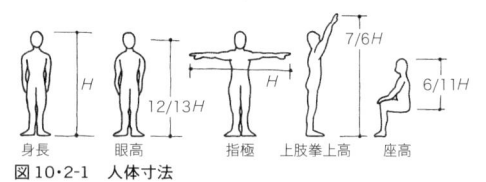

①人体寸法

体格や人体の各部の長さを基準とする長さ（高さ）を人体寸法という．これには年齢や人種，性別，計測年代などで異なり，同じ条件のなかでも個体差や計測差がある．そのため，標準値を示す場合にはこれらの条件を明記しておく必要がある．図10・2-1で示したように，人体寸法には身長を基準として，例えば次のようなものがある．

○身長
○眼高：目の高さ
○指極：肩幅・両腕を広げた長さ
○上肢挙上高：挙手の際の足元から指先までの高さ
○座高：座ったときの足元から腰までの高さ

また，図10・2-2には乳幼児の発育に対応した寸法が示されている．とくに乳幼児の寸法は保育園や幼稚園といった「就学前乳幼児施設」（⇨ p.64，4・1）や「こどものための地域施設」（⇨ p.88，5・1）の計画には重要な寸法基準となる．

②動作寸法

人間が目的を持って動作する際の寸法を動作寸法という．例えば家事などを立って行う場合の作業面の高さ・座作業の作業面の高さ・

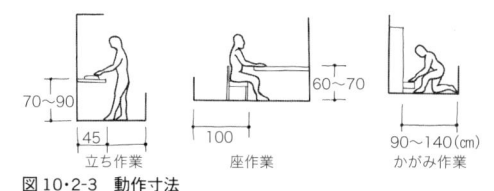

1) ここで言う法令とは，建築基準法，建築基準法施行令，都市計画法などの建築や都市空間に関わる法令を示す．

2) ⇨ p.64，コラム❖1

図10・2-1　人体寸法

図10・2-2　こどもの身体寸法[2]

図10・2-3　動作寸法

3) p.109, 図6·1-5と同一.
4) ⇨p.90, コラム❖1
5) 自動車1台あたり2.5m×6.0m程度の駐車スペースが必要となる．また移動道路の幅も両側駐車の場合6.0m程度必要となる．
6) 古代ギリシアの建築では円柱の基底部の半径を基準（モドゥルス）として，部材間の寸法が比例関係により決定された．
7) 木割り：日本の伝統的建築の各部の比例関係を示すものである．江戸時代初期に書かれた平内家伝書「匠明」には建築各部の木割りが詳細に記されている．
8) プレハブ建築：プレファブリケーション（prefabrication）の略語で，現場施工の前にあらかじめ部材の加工，組み立てを行っておくことを示す．生産性や精度向上，均質化などを目的とした建築生産技術である．
9) ⇨p.140, コラム❖1

かがみ姿勢での手の届く範囲・手荷物や皿などを運ぶ際の通り抜け幅などのさまざまな動作寸法がある（図10·2-3）．また近年では車いすなど介護設備を使用した動作寸法も計画を行う上で重要となっている（図10·2-4）．そのため，想定される複数の活動が円滑に実施できるよう，これらの動作寸法を基準とした空間の確保や家具・設備のレイアウトを事前に考慮しておく必要がある．

③物品寸法

活動に際して使用する家具や設備，自動車などの寸法を物品寸法という．物品寸法は幅・奥行・高さといった個々の物品の寸法が基本となるが，必要量を配置した場合の全体的な利用性もしくは稼働性も重要な計画条件となってくる．これには，例えば「図書館」（⇨p.108, 6·1）で学習した開架閲覧室での書架配列の寸法[3]（図10·2-5），あるいは「こどものための地域施設」（⇨p.88, 5·1）の幼児用トイレ[4]の寸法（図10·2-6）などがこれにあたる．この他，駐車場の計画では，自動車の寸法や運転時の回転半径などが，駐車場全体の規模，パーキングスペースの寸法や配置[5]（図10·2-7）に重要な計画指標となる．

▶ 2　寸法システム
　——モジュール・モジュラーコーディネーション

①モジュール

建築を構成する基本寸法のことで，柱直径や柱間などがその基準となる．また，これらを単位とした比例関係により，各種部材の寸法や部材間の間隔などが決定される．モジュールは，古くは古代ギリシアの建築術[6]に利用されており，また日本の木造建築でも「木割り」[7]という同様な比例寸法がある．建築は基本寸法の比例関係により，かたちや構成の美しさが求められるため，モジュールという基本寸法が用いられるようになった．

②モジュラーコーディネーション

現代建築を構成するさまざまな構成材の寸法を，モジュールにより調整する寸法体系をいう．モジュラーコーディネーションは，工業化社会での建築生産の合理性から出てきた概念であり，プレハブ建築[8]の部材生産やオフィス建築の平面計画などに利用されている．「オフィスビル」（⇨p.138, 7·1）では，コアとオフィスフロアの領域，またオフィスフロアでのOA設備や家具配置などが柱間隔を基準とした寸法で合理的に計画される[9]（図10·2-8）．

▶ 3　単位空間の寸法
　——ロビー・ホール，廊下，階段・スロープ，トイレ，駐車場，機械室など

さまざまな活動の実施に際しては，移動・昇降・排泄といった副次的行動が発生し，そのための空間確保が必要となる．具体的には，ロビーやホールでの待合や休憩，廊下での移動，階段やエレベーターなどでの昇降，トイ

図10·2-4　車いすでのトイレの動作

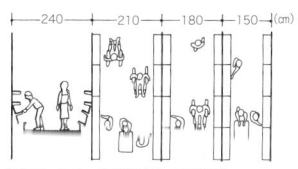

図10·2-5　開架書架の配列[3]

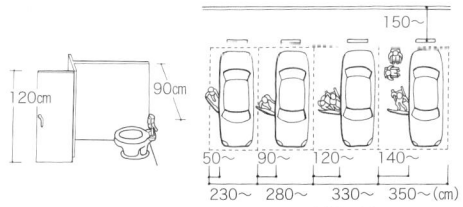

図10·2-6　幼児用トイレ[4]　図10·2-7　駐車場配置

図10·2-8　モジュラーコーディネーション

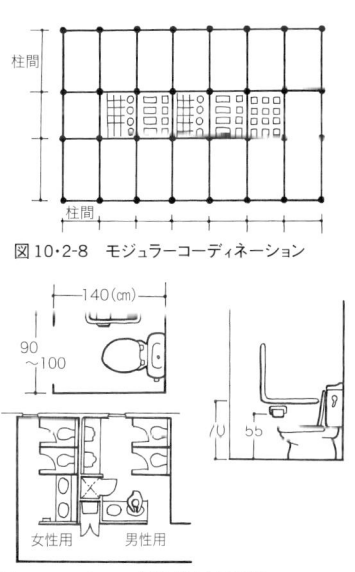

図10·2-9　トイレの標準寸法と配置例

レ（図10·2-9）での洗面や排泄，駐車・駐輪場での駐車・駐輪などがある．さらに，これらを支える電気・ガス・上下水道などのエネルギー供給・処理の空間[10]も必要となる．以上は想定される活動量や使用量から空間規模や配置などが計画される．さらに，廊下幅（図10·2-10），階段の蹴上・踏面[11]（図10·2-11），斜路の勾配などの各部空間の寸法については，安全・利便・快適などの面から法的規制による基準値がある．以上のような基礎的空間は「単位空間」と呼ばれ，建築の用途や規模などから合理的に計画される．

● 2 規模

▶ 1 規模算定

計画される空間の規模は，そこで実施される活動の内容および使用量・使用頻度などを条件として算定される．このような規模決定のプロセスを規模計画と呼ぶ．個人住宅など規模の小さいプライベート性の高い建築では，世帯構成や利用者の個性，家具レイアウトなどの条件を積み上げて，必要諸室やその空間規模を決定していくことができる．これに対して，公共性が高く多人数の利用が予定される建築施設では，利用者やこれにともなう設備の数を条件として面積規模を算定する方法がある．

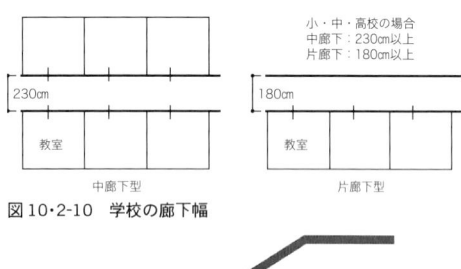

▶ 2 原単位方式

人間や座席などを1つの単位として，その活動に必要な面積をあらかじめ決定しておくことを面積原単位（㎡/人）と呼ぶ．例えば通常の劇場の1座席に必要な面積が0.5〜1.0㎡程度とわかっている場合，これに必要となる座席数を乗ずれば計画する劇場の客席面積が算定できる．このような規模の算定方法を原単位方式という．原単位方式の基礎となる面積原単位については，例えば劇場の客席（㎡/座席），学校の普通教室（㎡/生徒），病院の病室（㎡/ベッド）など，さまざまな建築の所要室に対する標準的な数値が知られている（図10·2-12·左）．

▶ 3 各種建築の面積原単位

建築施設は必要諸室にくわえて，ロビーや廊下，トイレなどの単位空間があり，これらの合計が延床面積となる．また必要諸室のなかにも，主な活動を行う主体室とこれを補助する室空間がある．例えば「劇場・ホール」（⇒p.126, 6·3）の場合，主体室である客席空間にくわえて，ホワイエ[12]やクローク，トイレなどの一般利用のスペースが必要となる．さらに舞台活動を支援するための楽屋・リハーサル室・大道具置場など裏方スペースも必要となる（図10·2-13）．つまり劇場の客室の原単位では客席空間の面積しか算定できず（主体室面積），劇場建築全体の規模（延べ面積）を算定することはできない．そこで，劇場や学校，図書館，病院など建築施設全体の面積に対する原単位が調査され，各種建築の面積原単位（図10·2-12·右）として規模計画の基礎資料[13]とされている．

図10·2-10 学校の廊下幅

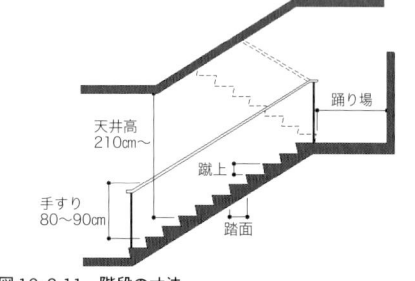

図10·2-11 階段の寸法

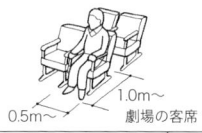

図10·2-12 建築の面積原単位（主体室と延床面積）

		主体室（㎡）	延べ面積（㎡）
幼稚園	保育室	1.5〜2.0／園児	3.0〜5.0／園児
小学校	教室	1.4〜1.8／児童	3.5〜5.5／児童
病院	病室	6.0〜10／ベッド	30〜50／ベッド
図書館	閲覧室（数人掛）	1.5〜2.0／1席	3.5〜8.0／1席
	閲覧室（個人掛）	2.5〜3.5／1席	
劇場	客席	0.5〜0.7／1席	3.0〜4.0／1席
事務所	事務室	5.0〜10／1人	10〜13／1人

10) 機械室・電気室などがこれにあたる．建築の種別や規模などにも関係するが，述べ床面積に対して約5％程度のスペースが必要となる．

11) 蹴上：階段の1段の高さ．踏面とは階段の1段の上面をいう．

12) ホワイエ：ホールの前にある広い空間で，休憩や歓談などに利用される．

13) 例えば岡田光正・柏原士郎・森田孝夫・鈴木克彦『現代建築学 建築計画I［新版］』，鹿島出版会，2002，p.116などを参照

14) p.132, 図 6·3-18 と同一.
15) p.121, 図 6·2-13 と同一.

10·2·2 利便・動線

● 1 機能性を重視した室配置

▶ 1 機能と諸室

建築の諸室は利用目的（機能）の定められているものが多く，これに準じて規模・室内環境・内装や家具レイアウトなどの空間性能が与えられている．また各室の間には，それぞれの機能を補完もしくは補助するという関係がある．例えば，住宅における食事室と台所，学校における実験室と準備室，体育室と倉庫，映画館の客室と映写室などの密接な相互関係があり，これらの室配置にはある程度の近接性が求められる．

▶ 2 部門構成

大規模で複雑な機能を有する建築では，上述したような機能が関連する諸室の集まりとして部門という考えかたがある．それぞれの部門の配置関係は，その建築が全体として機能を発揮するのに重要な計画上の問題となる．これに関しては，本書の2～8章で学習したように，例えば「博物館・美術館」（⇒ p.118, 6·2）における展示・教育普及・調査研究・収蔵部門，あるいは「病院」（⇒ p.168, 8·2）における病棟・外来・診療・供給・管理部門などのさまざまな部門がある．この場合，部門機能による部門間の近さや移動しやすさという配置関係が重要となる．また，各部門に対する利用者や利用目的が異なる場合があり，部門間の出入りに対する制限などの問題も発生する．「博物館・美術館」（⇒ p.118, 6·2）などの文化施設では，一般利用のスペース（オモテ）と職員の専門利用のスペース（ウラ）を分離し，それぞれの施設サービスや職員業務の合理性を図るよう部門およびこれに準じた室配置の計画が必要であることを説明している（図 10·2-14）．

● 2 動線計画

建築や敷地の内部で，人や物品が移動・運搬されるルートを動線という．動線は建築の機能を発揮する上で重要な計画の問題であり，前項で述べた部門構成や室配置とも密接に関係してくる．動線を計画する上では，「どのような目的で，どのような人や物品が移動するか」を合理的に考えておく必要がある（図 10·2-15）．また安全・避難の観点からは，動線空間の寸法や配置，移動距離などについての法的規制がある．このような理由を含めて，動線計画では，次のような点に留意する必要がある．

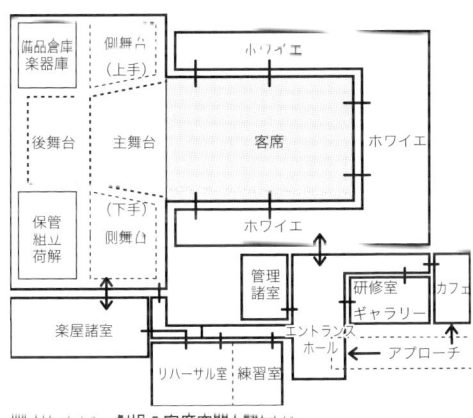

図 10·2-13　劇場の客席空間計画室 14

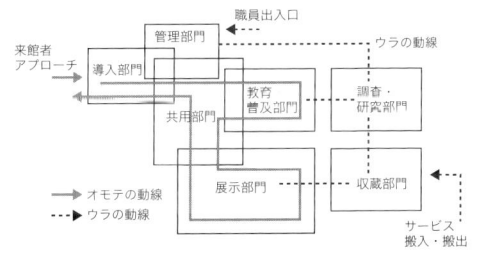

図 10·2-14　美術館における利用者・職員のスペース分離 15

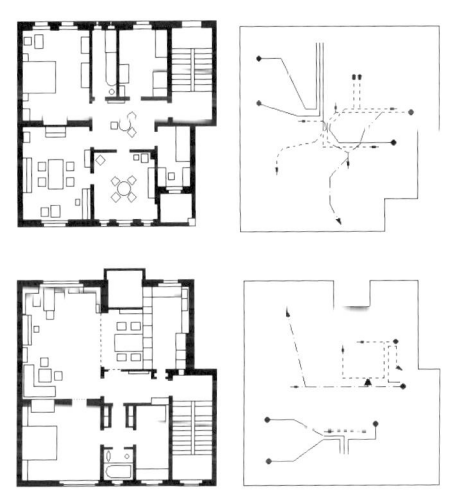

伝統的プランは中央のホールを中心に生活動線が交差している（上），提案プランは食事や団らんといった昼間の動線と風呂や就寝といった夜の動線が分離できている

図 10·2-15　クラインの動線図

▶1 異なる目的の動線は交差させない

利用者スペースと職員専用スペース，あるいはプライバシーの高いスペースとパブリックスペースを混在させると，目的の異なる動線が交差することになる．この場合，利用上の不都合や不合理が生じ，建築機能を著しく低下させることになる．

▶2 移動量が多い場合，動線の規模を大きくし短い動線とする

大勢の人が移動する動線は，十分な動線空間の確保や移動距離について考慮しておく必要がある．これは動線空間を移動する人の利便のみならず，別の目的で建築を利用する人の迷惑を避ける目的もある．

▶3 動線はわかりやすい構成とする

建築の利用には，恒常的に利用する場合や単発的に利用する場合，あるいははじめて利用する場合などの状況がさまざまにある．その意味から，規模が大きく複雑な機能構成の建築では，これらの利用状況に対応するわかりやすい動線計画が求められる．

10・2・3 快適・健康

建築を長い間快適に利用するためには，建築まわりの衛生，居室の採光や換気，照明・音響，防湿・防水，建材などに含まれる有害物質に対する対策について事前に十分配慮しておく必要がある．

● 1 明るさ

▶1 居室の採光

居室とは生活や社会活動などの目的で，継続的に使用される室のことを言う．これらの室は採光や換気，天井高などに一定の条件を設け，快適かつ衛生的に利用できるよう配慮する．採光に関しては，住宅や学校，病院，寄宿舎などの居室に対しては，快適性および健康の面から十分な採光をとることが求められる．これらについては，床面積に対する一定割合での採光面積（窓などの面積）を確保することが法的に義務づけられている（図10・2-16）[16]．

▶2 室内の明るさ

明るさを示す単位には光束（lm），照度（lx），光度（cd），輝度（cd/㎡）がある[17]．このなかで，照度は光源で照らされる面に入る光の量を示し，照明計画の明るさの基準となっている．照明を計画する際には，部屋全体の明るさを考える全般照明と，必要な部分の明るさを考える局部照明がある．図10・2-17ではJIS[18]によって定められている全般照度の基準（JIS Z9110）を参考に，住宅における諸活動に必要な照度値を示している．この基準からは，勉強や読書，手芸などの活動が必要とされる場所は明るく，団らんやくつろぎ，遊びなどの場所は明るさが控えられていることがわかる．このような場所では全体照明にくわえて，必要に応じて局部照明が施され，これらの活動に支障がきたさぬよう配慮される．なお，室内照明に関してはグレア[19]の問題に配慮する必要がある．

● 2 音の大きさと騒音

▶1 音の強さと大きさ

音の強さとは，音波の進行する断面1㎡内を1秒間に通過するエネルギーの量（I）[20]で定義されている．これに対して，音の大きさの感覚は音の強さに比例していない．人間の感覚は，物理量の変化に対して対数的な変化のように感じることがわかっているため（Weber-Fechnerの法則），音の強さの基準値に対する比

16) 例えば幼稚園や学校では，採光面積が床面積の1/5以上などと定められている．なお同じ面積の開口部（窓）であっても，採光条件が同じとは限らない．そこで建築基準法では開口部の採光性能を評価し，採光上有効な面積を得ることとしている．

17) 光束（lm）：見える領域の光のエネルギー量．照度（lx）：単位面積あたりに入射する光束の量．光度（cd）：光源からある方向に放射される立体角あたりの光束の量．輝度（cd/㎡）：単位面積あたりのその方向への光度．なお詳しくは建築環境工学の専門書を参照のこと．

18) JIS（Japan Industrial Standards）：日本工業規格の略で，主務大臣が制定する工業標準のこと．

19) グレア：照明器具などによる周辺との輝度対比により起こる"まぶしさ"や"見難さ"のことを示す．計画においては，天井に埋込型の照明設備にするなどして，光源が直接目に映らないよう工夫したりする．

20) 音の強さは以下の式で表される．
$I = p^2 / \rho c$
I：音の強さ p：音圧
ρ：空気の密度 c：音速

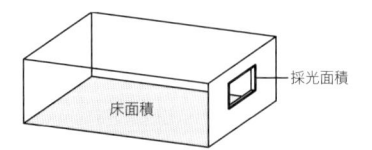

居室の種類	採光面積/床面積
保育所の保育室，幼稚園・小・中・高校の教室	1/5
住宅・共同住宅，病院・診療所の病室，寄宿舎の宿泊室など	1/7
その他学校の教室，福祉施設や病院などの談話室など	1/10

図10・2-16　居室の採光面積

図10・2-17　日常活動に必要な照度

21) 水蒸気が壁面などで冷やされて凝結し水滴がつくこと．

22) ホルムアルデヒドとは接着剤や塗料に含まれる化学物質で使用制限がある．またシロアリ駆除などに使用されるクロルピリホスは使用禁止となっている．

の対数値を音の強さのレベルとする尺度（dB, デシベル）が用いられている．

$$L_I = 10 \log (I / I_0) \quad (dB)$$

L_I：音の強さレベル　　I_0：基準値

$I_0 = 10^{-12}$ (W/m²)：耳で聞くことのできる最小値

一方，音圧 (p) も音量として以下のようにレベルに変換される．

$$L_p = 10 \log (p^2/p_0^2) \quad (dB)$$

L_p：音圧のレベル　　p_0：基準値

$p_0 = 2 \times 10^{-5}$ (Pa)：耳で聞くことのできる最小値

以上のように定義すると，音波が平面波である場合，L_I と L_p はほぼ一致することになる．

▶ 2　A特性重み付け音圧レベル（騒音レベル）

人間の聴覚の周波数特性に近似させたA特性という周波数の重みを加えた音圧レベル「A特性重み付け音圧レベル」という評価量があり，騒音の評価にも用いられている．日常生活で発生するさまざまな音から騒音となる音までは，例えば図10・2-18に示したようなレベルとなることが知られている．

100dB	電車通過時の高架下
90dB	工場・作業場
70dB	騒々しい事務所
60dB	通常の会話
40dB	静寂な住宅街
20dB	木の葉のすれる音
0dB	最小可聴値

図10・2-18　A特性重み付け音圧レベル（騒音レベル）

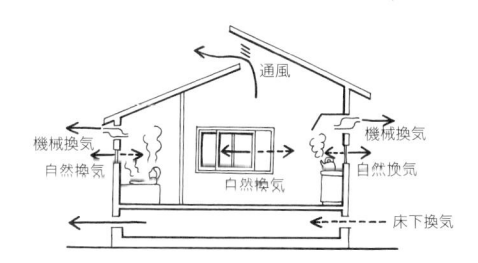

図10・2-19　家の中における換気方法

図10・2-20　機械換気設備

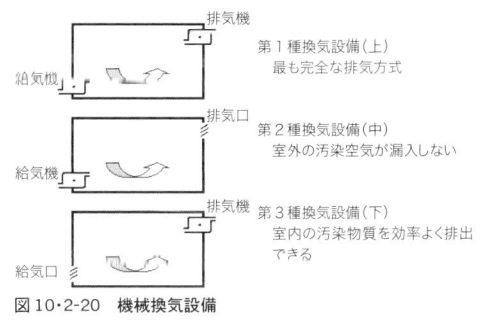

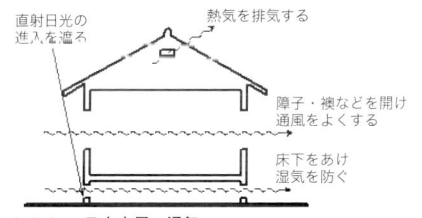

図10・2-21　日本家屋の通気

● 3　換気と防湿

居室に対する換気は，人間に必要な酸素の供給とともに，二酸化炭素や室内で発生した汚染物質の排除が目的となる．このため，居室には適度な換気を行うための開口部や設備が必要となる．換気方法として，窓などの開口部による換気を自然換気，換気扇などの設備による換気を機械換気という（図10・2-19）．換気に関しては，居室の種類や活動の状態により，換気方法（図10・2-20）や換気量などが法的に定められている．建築計画に際しては，一般の居室では自然換気で対応できるような十分な開口部の確保が求められる．

日本は降雨量が多く湿度の高い気候である．そのため，床下の不衛生や室内の結露[21]などの問題が生じやすく，これらに対する防湿の対策が必要となる．床下の防湿については換気孔の設置や基準が法的に義務づけられており，風通しをよくする必要がある．室内については結露の問題が大きく，壁体に対する断熱などの対処の他，換気による除湿，家具や押入にすきまを設けて通気性を高めるなどの工夫を行う必要がある．例えば，日本の伝統的家屋は自然換気による通風性の確保や防湿に対する建築的工夫がなされてきた（図10・2-21）．

● 4　有害物質と健康被害

建材や家具の接着材に含まれるホルムアルデヒドなど[22]による空気汚染がある場合，吐き気や目鼻の痛みなどの健康被害が生じることがある．これらは「シックハウス症候群」と呼ばれており，有害化学物質の使用制限とともに一定条件での換気も義務づけられている．このように，とくに近年では室内の高気密化と有害物質との関連で，建築と健康の問題が重要視されるようになっている．

10·2·4 安全・防災

日本の建築は地震に対する耐震，また建詰りや木造建築などの問題から火災に対する耐火・防火の対策を十分施しておく必要がある．火災に対しては，主要構造部[23]の耐久性能（耐火性能）[24]のみならず，出火・延焼・排煙などの対策や避難経路の確保などの避難計画が必要となる．これらの方法や基準は法的に義務づけられている．

● 1 防火対策

火災の延焼を防止し，利用者がすみやかに避難できるように防火区画や避難などの計画的対処，およびこれに対応した建築施工（耐火構造[25]，不燃材料[26]による内装制限など），スプリンクラーや防火戸などの設備設置を行う必要がある．防火区画とは耐火・準耐火建築物[27]の床・壁・防火設備などで一定面積を区画[28]することや，階段・吹き抜け部分などの竪穴部分を区画することで，延焼や煙の侵入を防ぐことをいう（図10·2-22）．

● 2 避難計画

学校や病院，劇場などの公共的な建築や一定以上の規模の建築に関しては，災害時に廊下・出入口・階段を対象とした避難の基準が法的に定められている．例えば，廊下に関しては片廊下・中廊下の廊下幅，階段に関しては避難階[29]に到達する直通階段[30]の数，階段までの歩行距離，避難階段の設置などがある．直通階段を2以上設置しなければならない場合は，2方向の避難経路を確保するという意味であり，火元とは別方向での避難が可能となる（図10·2-23）．

出入口に関しては，例えば劇場・映画館などの多人数が集まる施設では，客席からの出口や野外への出口は内開きとしてはならない（外開きとする）．これは緊急時の避難の際に，内側の出口に集まる群衆の圧力方向（内から外）に抵抗せずドアが開放できるためである（⇒ p.134，事例1, ⇒ p.135，事例2）（図10·2-24）．

10·2·5 弱者・高齢者

少子・高齢化の時代を向かえ，弱者や高齢者，ハンディキャップ[31]を負った人などの行動や運動能力に配慮した計画が必要となっている．このため，空間移動に際して障壁となる部分を取り除くバリアフリーや，健常者から弱者・高齢者までの幅広い人々が利用できるデザインとしてのユニバーサルデザインが建築計画にも適用されるようになっている．

---

23) 防火上の見地から定められた建築の主要部分で壁，柱，床，梁，屋根または階段がこれに当たる．

24) 建築材料や構造部材，室内火災に対する耐久性をいう．耐火性能には1時間耐火，2時間耐火などの等級区分がある．

25) 鉄筋コンクリート，レンガ造などの構造で，法令で定められた一定時間以上の火熱に耐えられる構造のことをいう．耐火構造は部位別や階別で耐火性能が定められている．

26) コンクリートやレンガ，鉄，ガラスなどで20分以上の不燃性能を有するもの．

27) 耐火建築物とは主要構造部を耐火構造とし，延焼の恐れのある外壁の開口部分に防火戸や防火設備を有するもの，準耐火建築物とは主要構造部を準耐火構造とし，延焼の恐れのある外壁の開口部分に防火設備を有するもの．

28) 火災の拡大を防ぐため耐火構造・準耐火構造の壁・床，防火戸により所定の面積以内ごとに区画される．

29) 地上へ避難できる出入り口のある階をいう．

30) 避難階や地上に直接通じる階段．

31) さまざまな障碍によりもたらされるその人間の社会的不利益．

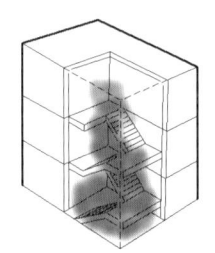

図10·2-22 竪穴区画
階段や吹き抜け部分では延焼や煙が速く上がるので上部階への被害が拡大する．

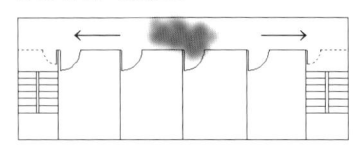

図10·2-23 二方向避難

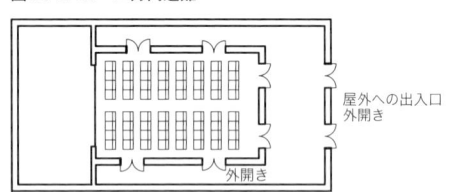

図10·2-24 劇場出入口の開き方向

図10·2-25 バリアフリーの多目的トイレ

図10·2-26 都市の中のバリアフリー事例
歩道上のバス停にある点字ブロック（左）と乗車しやすい低床バス（右）

● 1　バリアフリーの実施

段差，階段，通路幅，出入口の開閉方式，便所の寸法・規模・設備などが弱者や高齢者，車いす使用者などにとって物理的な障壁となっている場合，これらを取り除く設計をバリアフリーという．例えば，段差や階段の解消として斜路やリフトの設置，車いす移動に対する通路幅の拡幅，開き戸から引き戸・自動ドアへの変更，多目的トイレ[32]（図10·2-25）の設置などが積極的に実施されている．この他，交通機関におけるバリアフリー対策，また「建築と都市空間」（⇨ p.178, 9·1）でも学習したように，都市空間においても乗降しやすい低床バスや視覚弱者に対する誘導としての歩道における点字ブロックなど（図10·2-26）多くの実施例がある．

● 2　バリアフリーの法的規制

高齢者やハンディキャップを負った人が建築や都市での活動や移動を円滑に行えることを促進する目的で法整備が行われている．これまでの経緯としては，平成18年にハートビル法（通称）と交通バリアフリー法（通称）[33]が統合され，バリアフリー新法（通称）[34]として施行された．前項で紹介したバリアフリー事例は，この法的規制を根拠に実施されたものの一部である．その内容は，学校・オフィス・集会所・文化施設・商業施設・旅客施設・公衆便所などの都市施設，道路・通路・広場・公園などの都市空間，車両などの幅広い対象について，空間寸法や勾配，バリアフリー設備の設置などの基準を設けている．これには基礎的基準と誘導的基準が示されており，前者は達成目標の最小基準，また後者はよりバリアフリー効果が高まる基準として設定されている．

10·2·6　環境・建築

地球環境の保全を目的として，建築の計画や建設全般に対しても人的に発生する環境負荷を低減させる取り組みが積極的になされている．その内容は多岐にわたるが，例えば省エネルギー，再生・再利用，CO_2排出削減などに対する技術開発や実施がこれにあたる．人間の活動を止めることはできないため，あらゆる側面から環境負荷低減への取り組みを行い，持続可能性（サスティナビリティ）のある社会構築を目指していくことが，21世紀の大きな目標となっている．

● 1　持続可能性

人間の活動に関わるさまざまな物事が将来にわたり持続できるかどうかを表す概念であり，環境保全や生態系維持[35]，長寿命化[36]などの根底となる目標である．これを達成する具体的な方法として，自然力の利用，再生・再利用（リサイクル）などがある．建築においては，室温調節，温水供給，水消費，照明などでできるだけエネルギー消費を軽減する方法の研究や実施が進んでいる．また平成14年には「建設リサイクル法」が施行され，木材やコンクリート・アスファルトの古材の再利用が義務づけられている．一方，都市計画のレベルではコンパクトシティ[37]という考えかたがある．これは，郊外の無秩序な開発やそれにともなう自然破壊を抑えるとともに，中心部を高度に開発して，持続可能性の高い都市環境を構築する計画概念である．

● 2　ライフサイクル

ライフサイクルとは生涯の発展段階における循環的な時期区分をいい，家族の成長段階などがわかりやすい事例となる．住宅の計画では，時間とともに家族構成や年齢の変化などがあり，これらに対応した柔軟な間取りやスペース確保のできる計画であることが望ましい（図10·2-27）．またライフサイクルは建築自身にも当てはめて考えられ，建設から運

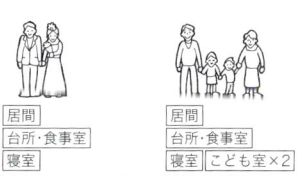

---

[32] 車いす使用者や高齢者，こども連れなどに対応した広いトイレで，バリアフリーの工夫が随所に施されている．

[33] ハートビル法（通称）は平成6年に制定された高齢者や身体障碍者などが安心して利用できる建築を促進するための法律である．交通バリアフリー法（通称）は高齢者や身体障碍者などが公共交通機関の円滑な移動を促進するための法律で平成12年に施行された．

[34] 平成18年にハートビル法と交通バリアフリー法が統合されバリアフリー新法（通称）ができた．正式名は「高齢者，障害者等の移動等の円滑化の促進に関する法律」

[35] 生物と環境が相互に作用しあう系である．建築や都市などの人工構造物も生態系を過度に破壊することなく，共生して豊かな将来を築いていくことが望まれている．

[36] 建築の長寿命化とは，環境保全や省エネルギーを目的に，できるだけ長く建築を使い続けられるよう計画や構法，材料などにさまざまな工夫を行うことを示す．

[37] 中心市街地のスケールを小さく保ち，その部分を高度に開発していく都市計画の考えかたである．この場合，都心部が歩行可能な生活圏となるほか周辺の環境が保全されるといったメリットがある．

図10·2-27　家族の成長段階と間取り

図10·2-28　建物のライフサイクル

図10・2-29　駅舎を再生したオルセー美術館

図10・2-30　旧京都中央電話局の建物を改装した新風館

38）改修：劣化した建築性能の現状回復にくわえ，機能を向上させるような改造・変更をくわえるための工事をいう．

39）現状として利用価値の無くなった建築を取り壊し，新しい機能にあわせて建て直す建設行為を示す．従来の建設はこのような考えかたで行われてきた．

40）現状として利用価値の無くなった建築の外観，空間，部材などの価値を発見し，これらをストックとして再利用しようとする建設姿勢をいう．スクラップ・アンド・ビルドとは反対となる概念である．

用・改修[38]・廃棄・再生といった長い間の循環のなかで，エネルギー消費やCO_2などの発生量をできるだけ抑えていこうという考えかたが必要になる（図10・2-28）．

● 3　用途変更（コンバージョン）

　建築の利用が中止されたり用途の変更が生じた場合など，既存の建築に改修・補強などを施し新しい用途の建築に再生することである．従来のような，老朽化した建築を廃棄し新築するスクラップ・アンド・ビルド[39]という考えかたではなく，建築に手をくわえてできるだけ長寿命化するストック重視型[40]の建築方法である．コンバージョンの事例としては，歴史的な駅舎が再生され，世界的に注目される美術館に生まれ変わったオルセー美術館（図10・2-29），古城を美術館に再生したカステル・ベッキオ，また日本では旧京都中央電話局が再生され複合商業施設として生まれ変わった新風館（図10・2-30）など数多くの事例がある．

10・2・7　都市・建築

● 1　良好な都市形成に対する建築の規制

▶ 1　都市計画区域・用途地域

　都市計画区域とは都市の中心市街地から郊外の農村に至るまで，都市の発展も見通した上での一体の都市としてとらえる必要のある区域をいう．このような都市計画区域は都道府県ごとに定められる．都市計画区域内では，計画的な市街化を図る市街化区域と，市街化を抑制する市街化調整区域に区域区分できる．市街化区域では都市計画法や建築基準法にもとづいて12種類の用途地域を指定し，住環

用途地域12種と指定外地域
第1種低層住居専用地域　第2種低層住居専用地域
第1種中高層住居専用地域　第2種中高層住居専用地域
第1種住居地域　第2種住居地域　準住居地域
近隣商業地域　商業地域　準工業地域　工業地域
工業専用地域　指定外地域

建築物の用途制限	
容積率 建蔽率 外壁の後退制限 絶対高さ制限 斜線制限 日影規制	具体的な数値の設定

図10・2-31　用途地域

41) 用途地域のうち，低層住宅に関わる良好な環境を保護する地域．第2種では小規模な店舗の立地が認められている．

42) クラレンス・アーサー・ペリー．アメリカの地域計画研究者で「近隣住区論」を体系化させた．

境の保護や商業・工業などの土地利用の効率化を図っている．これらの用途地域内では建物の用途，建蔽率，容積率，高さなどに規制を定め，計画的な土地利用の実現が図られている（図10・2-31）．

▶ 2 建蔽率・容積率

建蔽率とは敷地面積に対する建築面積の割合である．また容積率とは敷地面積に対する建築の延べ面積（延床面積）の割合である（図10・2-32）．これらの値は，敷地や都市空間に対する空地の比率や土地利用の高度化などを設定する指標となり，良好な市街地や住環境の形成を図るための目安となる．このため，都市計画区域内では用途地域の種別と対応して建蔽率や容積率に制限が加わる．

▶ 3 高さ制限・形態規制

用途地域のうち第1種・第2種低層住居専用地域[41]内では，建築物の高さ（絶対高さ）が10mもしくは12m以下の指定がある．建築物の各部の高さについては，道路や隣地を条件とした斜線制限（図10・2-33, 10・2-34）がある．

この他，都市計画法では用途地域内における建築物の高さの最高限度や最低限度を定める高度地区という規定もある．このように，建蔽率や容積率，高さ制限などから立体的に建築できる範囲が決まってしまうことを形態規制（図10・2-35, 10・2-36）という．

● 2 住区の計画

▶ 1 近隣住区・近隣分区

近隣住区とは1つの小学校を中心とする生活区域であり，8,000～10,000人程度の人口で計画され，交通量の多い幹線道路はこの周囲の境とする．中心部に小学校や店舗，公園などの公共的な施設が配置され，日常生活の最低限の機能を有した住宅地の単位となる（図10・2-37）．近隣分区とは近隣住区の半分の構成単位である．「近隣住区理論」はC・A・ペリー[42]によりはじめて体系化され，ハーロ

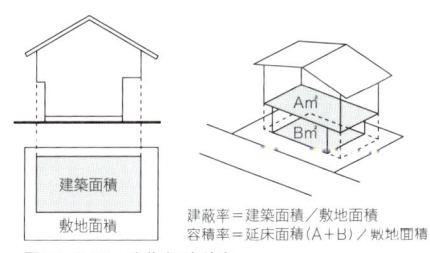

図10・2-32　建蔽率・容積率

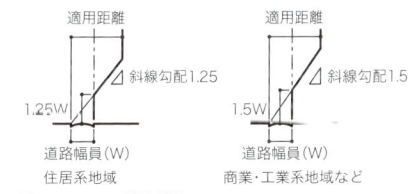

図10・2-33　道路斜線

図10・2-34　隣地斜線

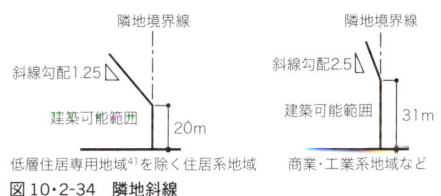

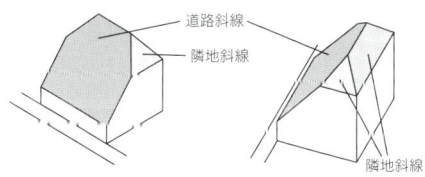

図10・2-35　斜線制限による形態規制

図10・2-36　形態規制が生み出した外観デザイン（プラダブティック青山店）

図10・2-37　近隣住区

ウ・ニュータウン（英国）や日本の千里ニュータウンなどの計画で採用された．

▶ 2　歩車共存・歩車分離

　安全な住区を形成させるには人と車の移動について計画的に整理することが重要である．このなかで，歩車共存とは人と車の交通を共存させる方法のことである．この場合，衝突などの重大な事故ができるだけ生じないよう，車道を蛇行させる，小半径のカーブ（シケイン）やゆるやかな突起部分（ハンプ）をつくるなどして，自動車の速度を落とす工夫がなされる．このような道路は歩車共存道路，あるいはコミュニティ道路（もしくはボンエルフ道路）[43]と呼ばれ，住宅地や住宅団地に適用されている（図10・2-38）．

　歩車分離とは人と車の交通を完全に分離する方法であり，例えば立体交差などがこれにあたる．この他，平面計画的には各住宅へのアクセス道路を袋小路（クル・ド・サック⇒p.184, 傍注20）形式にして，生活空間内に通過交通が入らないよう工夫する方法もある（図10・2-39）．この場合，歩行者は生活空間の歩行者専用道路を利用し，通学やその他の生活活動を行うことができる．この方法は米国のラドバーン地区で採用され，ラドバーン方式としてニュータウン計画に大きな影響を与えた（図10・2-40）．

図10・2-38　コミュニティ道路の事例

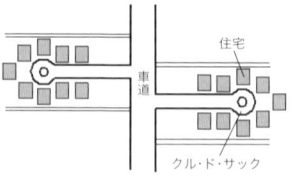

図10・2-39　ラドバーン方式のクル・ド・サック

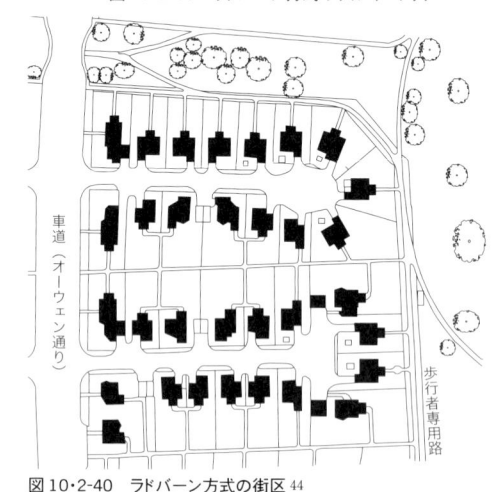

図10・2-40　ラドバーン方式の街区[44]

43）ボンエルフ：オランダのデルフトではじめて導入された歩車共存の道路方式（⇒p.184, 傍注19）.

44）p.185, 図9・1-16と同一.

❖ 20世紀の三巨匠とその建築（現代建築の計画・設計に影響を与えた思想と作品）

20世紀前半の近代から現代への移行期に，現代建築の礎となる建築家とその思想，作品の出現があった．彼らの思想や作品は，現代建築が形成される上で画期的なものであり，建築計画にも大きな影響をもたらしている．その意味から，計画の基礎知識として初学者に是非知っておいてもらいたい内容である．

①ル・コルビュジエ

ル・コルビュジエはフランスで活躍した建築家である．過去の建築様式にとらわれず，現代建築の原型や都市計画に新しい考えかたを導入した．

▶1 建築の原型——ドミノシステム

鉄筋コンクリート構造による量産住宅のシステムである．建築の主要部分をスラブ，柱，階段ととらえ，従来様式の壁が荷重を支える役割を開放した．そのことにより，自由な平面や大きな開口部（窓など）の計画が実現できるようになった．

▶2 新しい建築の五原則

ドミノシステムを導入することにより，新しく獲得できる五つの画期的原則が提唱された．すなわちピロティ，屋上庭園，自由な平面，横長連続窓，自由な立面である．ドミノシステムにより柱が荷重を支え，壁を自由に開放したことから，これら五つの原則が実現されるようになった．フランス・ポワシーにあるサヴォワ邸はこの五つの原則がすべて実現された世界的に有名な住宅である．

②ミース・ファン・デル・ローエ

ミース・ファン・デル・ローエはドイツとアメリカで活躍した建築家である．合理主義・機能主義に徹し，鉄とガラスによるモダニズム建築の開拓者となった．

▶1 モダニズム建築

ヨーロッパで起こった近代建築運動は合理主義・機能主義・実用主義を共通の思想として，機能優先の平面計画，伝統的様式に見られる装飾の排除などを特徴としたモダニズム建築がさまざまに提案されていった．その背景には工業化社会の到来や鉄筋コンクリート造の普及などが深く関わっている．ミースの初期作品には「鉄とガラスの摩天楼案」といった現代オフィスの原型になるものがあるが，その名を世界的に知らしめた作品にバルセロナ博覧会ドイツ館がある．この建築は鉄とガラス，必要に応じて間仕切りされた大理石の壁で構成され，内部にはいす（バルセロナ・チェア）のみが置かれているというモダニズム建築の傑作である．

▶2 ユニバーサルスペース

ミースが提唱した空間概念であり，特定の用途機能を持たず，また間仕切りなどにより必要に応じて可変性を有する無限定で柔軟な空間である．これは空間利用の多様性・柔軟性，また機能主義の否定にもつながる画期的な考えかたである．作品としてはアメリカ・イリノイにあるファンズワース邸やイリノイ工科大学クラウンホールなどがある．

③フランク・ロイド・ライト

フランク・ロイド・ライトはアメリカや日本でも活躍した建築家である．工業社会により画一化する建築に相対して，自然と調和する建築のありかたを目指した．

▶有機的建築

土地，自然，装飾，家具調度などのすべてが調和し一体となるような建築の考えかたである．ここでは工業技術や構造の合理性を積極的に応用しながらも，自然と融合する建築のありかたをめざしている．その最も典型的な作品としてアメリカ・ペンシルバニアにある落水荘（カウフマン邸）があり，世界的に有名な住宅となった．

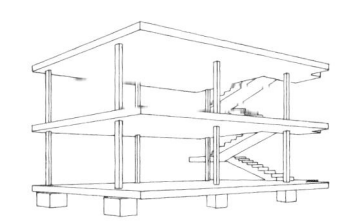

ドミノシステム
6本の柱，床スラブ，階段というシンプルな構成．柱で荷重を支え壁を開放した．

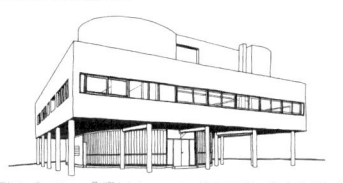

サヴォア邸
1階のピロティ，屋上庭園，横長の窓，自由な平・立面といった五原則が実現されている．
1階平面　　2階平面

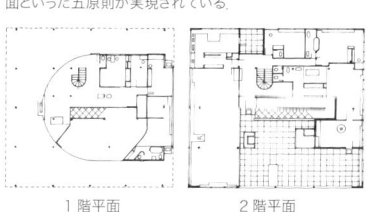

バルセロナ博覧会ドイツ館

ファンズワース邸
トイレなどのある中央コア部分以外は間仕切りのない空間（ユニバーサルスペース）が実現されている．一段下のエントランステラスにも広いスペースが取られている．

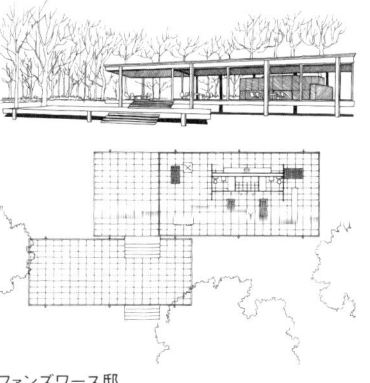

落水荘
清流が流れ落ちる自然豊かな場所に立つ住宅．片持ち梁により，滝の上に大きく張り出すテラスが印象的である．

計画・設計の手順　　　　　　　　　　　　　　10・3

10・3・1 計画・設計のプロセス

計画・設計行為には，すすめるべき手順のモデルとして「設計プロセス（design process）」[1]という考えかたが存在し，実務レベルでは「契約段階別モデル」として「企画・構想→基本計画→基本設計→実施設計」の流れが広く認められている．また，これとは別にデザイナー自身のクリエイティビティー（創造性）向上のために体系化された，『設計者の思考操作や作業に注目したモデル』がある．まずは後者の設計思考モデルから見よう．

● 1　計画アプローチによるバリエーション

▶ 1　設計思考の位相モデル

図10・3-1は川﨑清による「設計思考の位相モデル」と呼ばれるものである．デザイン思考の流れを整理するため，X軸に「計画・設計の対象」のレベル，Y軸に「具象化の水準」レベルが設定されている．

一般的な「全体構想→空間構成→ディテール構成」の手順による設計思考は，対象のレベルを「全体から部分へ（大から小へ）」，具象化のレベルを「抽象から具象へ」と展開する．すなわちマトリクス左上から右下への展開として進めるイメージを持つのが良い．

▶ 2　エントリーポイントのバリエーション

しかしデザイナーの設計思考の展開は，経験を重ねるに従って，対象となる建築種別や設計者の志向などを反映し，プロジェクトごとに少しずつ異なってくる．

例えば，①住宅の計画・設計では，活動に対応する身近な「部分」から発想し，「全体」に向かい，最後に部分をチェックするという流れが多くなる（図10・3-2 ケース1）．また，②建築家の意匠表現上のかたちに対する強い関心にもとづいた「フォルム[2]主導型」のプロセス（ケース2）や，③大学のキャンパス計画など「外部環境との建築の関係」からスタートするもの（ケース3）など多様なパターンがありえる[3]．こうした設計思考の展開の違いは，設計プロセスにおける「エントリーポイントのバリエーション」と呼ばれる．

▶ 3　タイプの違いとプロセス管理

ここまでに学んできたように，建築計画には大別して，①利用者・生活者の活動を観察し，丁寧に空間対応していくアプローチと，②文化施設・公共施設のように，社会要求を空間機能として合理的に構成していくアプローチが存在する．計画・設計ではこうしたアプローチの違いを認識し，エントリーポイントのバリエーションの概念を用いて，部分からの発想・全体からの発想，その組み合わせ順序などをプロセス管理する．

● 2　フィードバックとスパイラル

▶ 1　フィードバック

計画・設計では，優れた案を探るためのスタディ[4]を（プロセスモデルなどを参考にしながら）順序だてて行うが，実際の作業進行はスタートからゴールへの一方通行ではない．多くの場合，あるステップで検討した結果（アウトプット）が，以前のステップで検討した結果と矛盾する，あるいは，新しい問題発見・提起につながるといった現象が見られる．こうした際，計画・設計者は，次の段階に進むことを

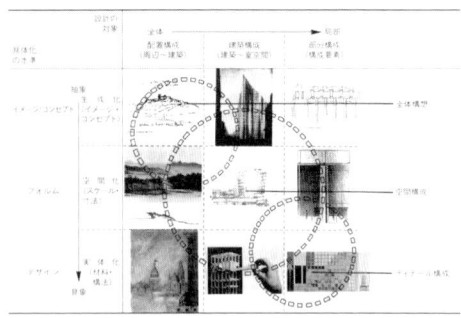

図10・3-1　設計思考の位相モデル

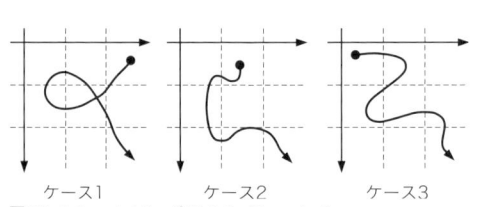

図10・3-2　エントリーポイントのバリエーション

---

1) 設計プロセス（design process）：設計する際に通過する手順．通常，企画→構想→計画→基本設計→実施設計の順になるが，とくに区切りはなく後戻りもある．企画に近いほどコンセプチュアルでイメージに近く，実施設計に近いほど具体的で細部まで数量化されたものになる．

2) フォルム（form）：建築作品において感覚に直接与えられるもの，すなわち色・音・かたちなどの現象的組織のこと．森田慶一『建築論』東海大学出版会，1978，p.49

3) 川崎清編著『設計とその表現 空間の位相と展開』鹿島出版会，1990，pp.20-32

4) スタディ（study）：熱心に考えること，検討，調査

5) B.アーチャーのモデルは「サイバネティクス(生きている有機体の制御機構の研究)」の考えかたにたっており，ここで最も重要な点はフィードバックであるとされる．吉田武夫『デザイン方法論の試み』東海大学出版会，1996, p.86

6) 日本建築学会編『設計方法Ⅳ 設計方法論』彰国社, 1981, p.18

7) ジョン・ラング著，今井ゆりか訳『建築理論の創造』鹿島出版会, 1992, p.53

8) Synthesis 統合・総合・合成：①個々別々のものを一つにまとめること，②二種類以上の物質の化合によって別の物質をつくること，また簡単な化合物から複雑な化合物をつくること，③ヘーゲル哲学で，矛盾対立する定立と反定立を止揚すること．

9) 分析・統合によるデザイン行為については B・R・ローソンの学生実験による下記の2概念がある．
①分析-統合：いくつかの規則を探し，それを満足する解を提案する．演繹型（建築以外の学生に多）
②推測-評価：いくつかの代替案をつくり，規則にあうかテストする．帰納型（建築学生に多）

10) 企画は「調査・企画」と表記されたり，「企画＋基本計画」と基本設計の前半部分を区分して含める場合（企画設計と呼ばれることもある）もあり，プロジェクトによって位置づけが異なってくる（⇒p.211, 傍注18）．日本建築学会編『設計方法Ⅴ 設計方法と設計主体』彰国社, 1989, pp.33〜37

止め，以前のステップまでいったん戻って案全体の整合性を再検討する必要があり，こうした後戻りの行為は「フィードバック」と呼ばれる．図10・3-3は日本建築学会設計方法小委員会(1967)がB.アーチャーの理論[5]をベースに作成した設計思考のプロセスモデルである[6]．この図の点線で描いた矢印がフィードバックに該当しており，こうした後戻りを計画では避けることはできない．

▶2　分析・統合・評価のスパイラル

前述のフィードバック作業をはじめ，計画・設計の思考プロセスは，単なる独立した行為の一方向的連続体ではなく，さまざまな思考がネットワークのように関連しあったものととらえられている．アメリカのデザイン学者ツァイベルは①デザイン・プロセスにはかなりの「逆戻り」が存在すること，②デザイン行為は「スパイラル（らせん）型プロセス」であることを1980年代に明言した[7]．スパイラル（らせん）型モデルについては，ワッツの「Analyses 分析→Synthesis 総合[8]→Evaluation 評価」の円筒モデル[9]が代表的であり（図10・3-4），案が分析・統合・評価を繰り返しながら，徐々に充実していくイメージが示されている．

10・3・2 プロセスモデルの例

次に，知っていると便利な，基本的かつ汎用的なプロセスモデルを以下に整理しよう．

● 1　実務タイプのプロセスモデル

▶1　企画―計画―設計―施工の簡易モデル

近代以降の建物の生産活動では，「クライアント（施主）―設計者―施工者」という主体の区分に対応して，「企画[10]―設計―施工」というプロセスのとらえかたが安定したモデルとなってきた（図10・3-5のA）．その後，わが国では「広義の設計」が「計画」と「狭義の設計」に分化し（B），さらに近年では「企画」「計画」「設計」が一連のものとして広義の設

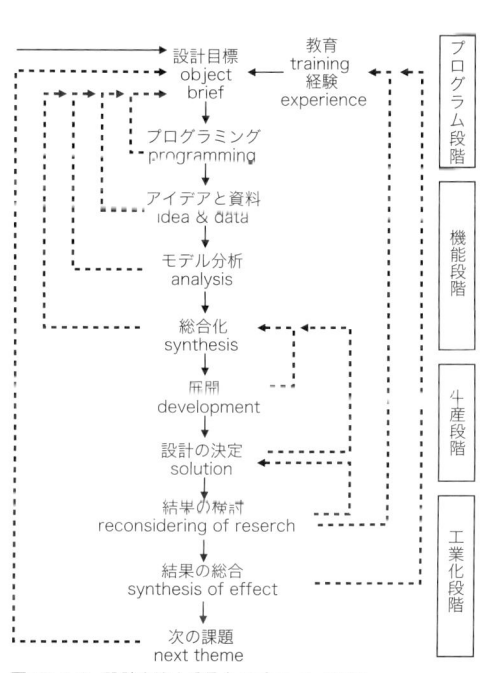

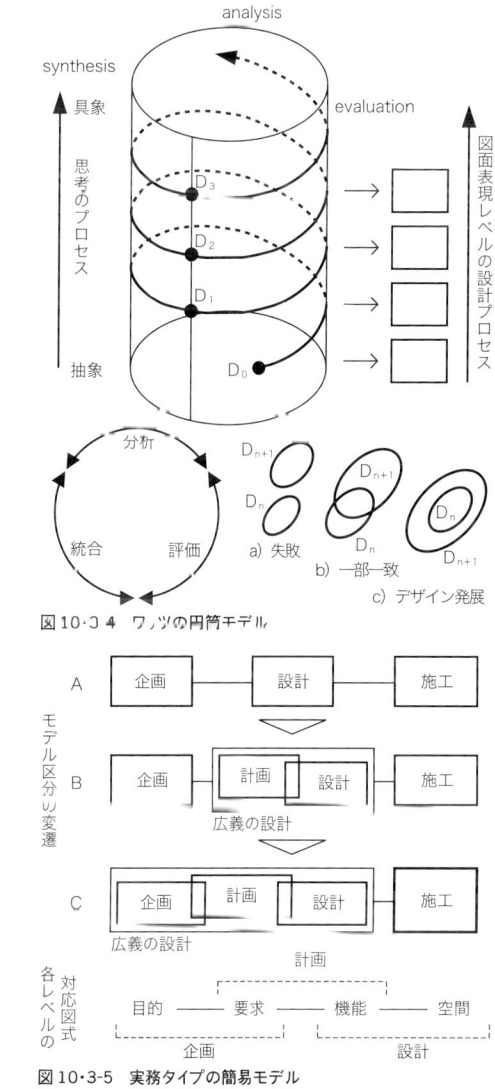

図10・3-3　設計方法小委員会のプロセス・モデル

図10・3・4　ワッツの円筒モデル

図10・3-5　実務タイプの簡易モデル

計を構成している（C）といった考えかたが一般化している[11].

▶ 2　設計契約段階別モデル

実務におけるマクロな設計プロセスは，計画を「基本計画」[12]の名のもとに「基本設計」[13]の一部ととらえ，「企画→基本設計→実施設計」の3段階に，「施工監理」[14]をくわえたものが一般的に用いられている（図10・3-6）．これは設計作業の成果物に着目し，設計報酬の算定根拠ならびに設計契約関係の基準と位置づけられているため，実務のなかでは広く受け入れられているモデルである．

● 2　思考タイプのプロセスモデル

▶ 1　アシモウ・モデル

設計思考に着目したプロセスモデルには，先述のB・アーチャーやワッツのモデルにくわえ，工学設計学者アシモウのモデルが代表的である[15].図10・3-7にはアシモウ理論をベースに，「アイデア発散と収束」の原則を盛り込んだモデルを示した．ここでは，第1ステップとして課題分析＋情報収集により「課題を把握」し，第2ステップで発散と収束（統合）により数多くの「代替案を作成」した上で，第3ステップで「評価」するという，基本的プロセスが示されている．また代替案の作成過程ではフィードバックが組み込まれている．

▶ 2　発散→収束型のスタディ

スタディでは「発散的に多くのアイデアを出し，そのなかから収束的に計画案を絞り込んでいく」といったプロセスが重要となる．

最初に思いついたアイデアのみに固執することなく，設計の初期段階では①「数多くのアイデアのタネを出し」→②「それらを組み合わせ（合成・統合 Synthesis），まとまりのある案をつくり」→③「機能相互の関係性は大丈夫か？」「敷地の特性を生かしきれているか？」「設計条件をどの程度満たしているか？」など，適宜評価をくわえながら，案をブラッシュアップしていく[16].

10・3・3　具体的な作業の流れ

図10・3-6で示した契約段階別モデルをもとに，作業項目の内容を以下に確認しておこう．

● 1　各種調査・データの収集

「計画すること・計画学を学ぶこと」（⇒ p.18, 1・2）ですでに触れたように，計画・設計の初

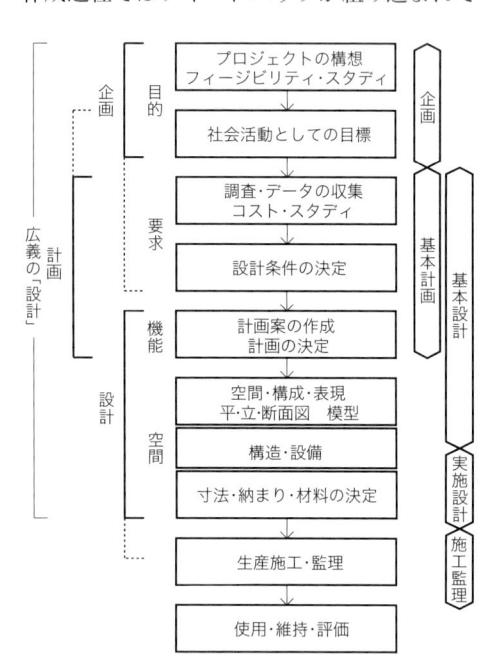

図10・3-6　設計契約段階別モデルとその作業

図10・3-7　アシモウのモデル

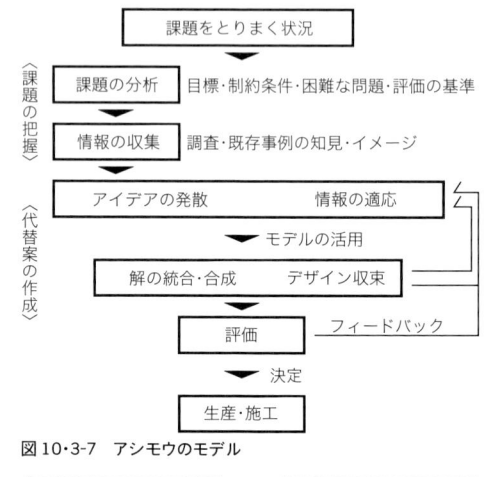

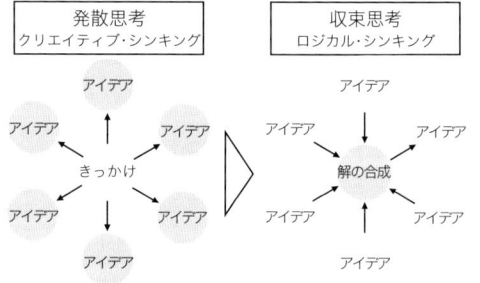

図10・3-8　発散思考と収束思考

11) 日本建築学会建築計画委員会編『設計方法』，1968，p.2

12) 基本計画（master plan, general plan）：一般的に構想から実現に至るまでの一連の計画・設計のうち，全体に対して基本的な方向を確定する段階の計画を指す．企画―基本設計―実施設計―監理という4段階業務区分による建築設計プロセスでは，基本計画は基本設計の前半段階に位置づけられることが一般的であり，敷地配置，基本的な間取り，各ブロックの相互関係などが決定される．

13) 基本設計（preliminary design）：建築主が意図している目的や，その建築を実現することに関連する各種の条件を組織だて，これに対応した十分の価値と効用を持つ建築を基本設計図書の形式で表現し提案する，建築設計の過程または建築家の業務．

14) 施工監理：設計図書に定められた建築物を適切な品質，価格，工期で安全に施工するために，施工者側が行う工事の計画および監理の行為．主な内容としては，工程，品質，原価，労務，資材，機械設備，安全，賃金などの施工計画および監理がある．

15) 吉田武夫『デザイン方法論の歩み』東海大学出版会，1996，pp.40～58

16) 詳しくは，平尾和洋／立命館大学平尾研究室『建築デザイン発想法 21のアイデアツール』学芸出版社，2009 を参照

17) 永森一夫『建築計画テキスト』井上書院，2004，p.32

18) 建築企画 (planning, programming)：建築主（クライアント）の構想や要求を整理し，その意図する建築物の実現可能性を検討すること，および設計の前提や条件となる計画諸元を定めること．建築プロジェクトにおける最初の段階として，発注者が行うことが一般的だが，近年は「事業コンペ」のように設計者が企画に参加する機会が増えている．検討内容は立地・敷地条件・市場動向・法規制・経済的条件などがあり，それらの過程で各種の調査や諸官庁との打ち合わせを行うことも多い．企画が近年重要視されるようになった背景として，①事業スケール・内容の巨大化・複雑化・高度化，②設計事務所にとっての業務拡大や安定化の動機，③近隣環境への社会的インパクトに対する調整的な業務の必要性が高まったこと，などの理由がある．
参考文献：岩下秀雄ほか『新建築学大系22 建築企画』彰国社，1982

19) エディス・チェリー，上利益弘訳『建築プログラミング』彰国社，2003，pp.7～14

期段階では，建築計画学の知見を含めたデータの収集作業を行う．その手法として①現地調査，②文献からの資料収集，③類似建物の使われかた調査（実態調査や意識調査）があり，②と③がとくに計画学研究の情報収集ノウハウと蓄積データが生かされる場面である．

収集目的となるデータ種は，図10・3-9に示すように①予条件，②敷地データ（現地調査＋自治体への問合せ），③類似施設データに大別される．学生課題におけるデータ収集では③をしっかり行うことが肝要である．

● 2　設計条件の設定・建築プログラミング

データ収集の後，設計条件の決定が行われる．近年ではこれに関わり「建築プログラミング」という，「活動と空間」の関係とその規範性に着目した概念が生まれている．

▶ 1　設計条件の設定

設計実務では建築主からの要望が「予条件」と呼ばれるのに対して，設計者による既存の計画設計資料などの調査・検討を経て見直され，最終的に建築主によって承認された設計の目標を「設計条件」と呼ぶ[17]．図10・3-11のメニューは，学生の設計課題でもそのまま使える内容であり，①〜⑧を課題ごとに独自に書き出した上で，不明な点は資料などを参考に確認する作業を行う必要がある．設計条件の基本的事項がリスト化されたものは「設計チェックリスト」と呼ばれる．

▶ 2　建築プログラミング

建築プログラミングとは「設計によって解決されるべき課題の定義に至るまでの，調査と意思決定のプロセス」と定義され，設計課題・条件の内容を分析・理解し，明文化するプロセスのことを指す．

英国ではブリーフィングと呼ばれ，わが国ではこれと類似する概念に「建築企画」[18]という概念がある．建築プログラミングの手順は図10・3-12の3段階からなり[19]，Step 01の検討に際しては，本書の2〜8章で説明した活動と空間の関係を参考にされたい．

● 3　機能図・動線図

設計条件やチェックリストの情報をもとに，「機能図や動線図」を図式化することによって空間的・抽象的モデルを作成し，それをもとに平面計画を行う手法がある．機能図・動線図は，「設計条件→平面計画」のプロセス展開における橋渡し的な位置づけを持つため，平

予条件	①建築主 ②敷地 　：場所とアクセス・敷地面積・所有関係など ③建物一般 　：用途・使用目的・構造種別・建築主の参考建物・所要室 ④必要設備 ⑤付帯工事：家具・機器・外構・サインなど ⑥予算：総工費・融資条件など ⑦工事期間：竣工時期など ⑧工事発注方式：競争入札・見積り・特命・指名業者など
敷地データ	①形状・高低差・面積（測量図）・地質（ボーリング調査結果） ②都市計画法上の地域地区（用途地域や防火） ③建築基準法（施行令）による規制や道路斜線・北側斜線 ④高度地域・風致地区など地方条例・指導要項による規制 ⑤消防法など ⑥上下水道・ガス・電気などのインフラ施設の状況 ⑦前面道路幅員・高さ・位置指定，都市計画道路の有無 ⑧近隣地などの周辺環境 ⑨近隣同意・障害補償（日照・電波など）の要不要
類似施設情報	①所要室と機能 ②動線など所要空間のつながれかた・関係 ③利用者と面積規模 ④その施設独自の特徴は何か？ ⑤家具・備品

図10・3-9　データ収集の対象リスト

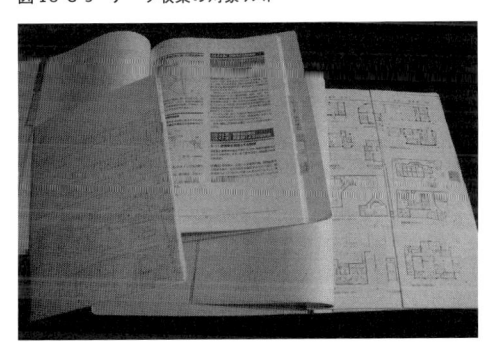

図10・3-10　スクラッピングされた資料

①所要室の確認
②各所要室の一般的な使われかた・必要な性能
③各所要室の利用人数
④所要室どうしの関連
⑤所要室の必要寸法・基準の洗い出し
⑥面積原単位に代表される規模計画の基本的考え方
⑦家具などの必要備品のレイアウト
⑧動線ならびに行動寸法

図10・3-11　設計条件の基本メニュー

Step 01 〈建築プログラミングの手順〉
クライアントの施設運営を支援するために，行われるアクティビティとスペースの関係についてクライテリア（規範）を開発する

Step 02
クライアントの予算と建設意図との調停の結果として，必要なスペースのリストを作成する

Step 03
最後に情報を統合し，設計によって解決されるべき課題を要約したステートメントを作成する

図10・3-12　建築プログラミングの手順

面計画に入る前に行うべき作業である.

▶ 1 機能図

機能図は「空間組織図」「空間構造図」「機能組織図」とも呼ばれ，図5・3-13 (p.103)のように所要室相互の関係を整理したものである．建物の構成を，計画者が理解するための第1ステップとなる．

▶ 2 動線図

動線には，施設利用者・管理者などの「人の動線[20]」と物品・食材などの「モノの動線」の区分にくわえ，一般に公開された「オモテの動線」と管理者ベースの「ウラの動線」の区別がある．図6・2-13 (p.121) は，展示施設における動線図の例である．

動線の検討は計画・設計の基礎作業の1つであり，機能図を描いたのち，そこに動線を描いてみることによって，所要室の連関性の良し悪しを含めチェックできる．一般的に図10・3-13のポイントを確認することが望ましい．

● 4 部門とゾーニング

機能図や動線図を描く際に必要な概念に「部門とゾーニング」がある.

▶ 1 部門

「部門」とは，グループ分けとも呼ばれる計画上の作業であり，施設タイプによって異なるが，基本的には「専用部門」「管理部門」「共用部門」の三つに大別して把握される．設計条件の確定プロセスで所要室をリストアップした後，グループ化を行う．

専用部門はその施設の主要な用途に使用される部分であり，表5・3-1 (p.103)の「研修・保養施設」(⇒p.100, 5・3)の部門分けの場合，「研修」「宿泊」「厚生」の3部門がこれに該当する．

▶ 2 ゾーニング

建築計画における「ゾーニング」とは，その施設・建築空間を，機能・用途・法的条件などの指標をもとに，いくつかの部分(ゾーン)に区分する作業を指す．その施設の所要室のなかに，共通の性格を持つものを発見し，同種同系の所要室とその相互関係を図的にまとめる作業を行うことで，その施設の性格を体系的にプレゼンテーションする際にとくに有効となる．図5・3-12 (p.103)の場合，「生活」と「研修」という二つの性格を設定して部門構成をわかりやすく整理した例である．

● 5 施設配置計画（敷地利用計画）

大規模な施設の計画では，上記の作業と平行して，敷地利用に関するゾーニングも行う必要がある．設計条件で定められた建物の面積と高さを反映したボリューム模型（スタイロ模型）を作成し（図10・3-14），敷地模型の上で配置のスタディを行うと同時に，ラフな配置図（スケールの入ったスケッチでも可）を描き，①敷地内動線や②外構計画（ランドスケープ）もここで最初の検討を行う[21].

● 6 平面計画・断面計画

基本設計は，設計条件の充足を目的としてスタディを重ねつつ建物全体を計画しつつ，意匠のみならず構造方式・設備方式も検討していくプロセスである．基本となる図面は平面図・断面図・立面図であり，縮尺は1/200, 1/100～1/20程度と多段階に及ぶ．

▶ 1 平面計画

平面計画は単なる間取りではなく，立体的な建築空間を，2次元平面モデルを用いて検討する作業ととらえたい．最初は1/100～1/200程度のスケールを用い，一つの案に固執せず数多くのエスキス[22]を行うことが肝要である（図10・3-15）．また部屋の規模・部分寸法，開口部・家具，動線・室の並びなど，あ

---

①わかりやすく単純なものとする
②異種の動線は分離する
③動線の短縮化を図る
④経路だけでなく人・ものの滞留空間も考える
⑤ものの動線では物品寸法を考慮する

図10・3-13　動線計画のポイント

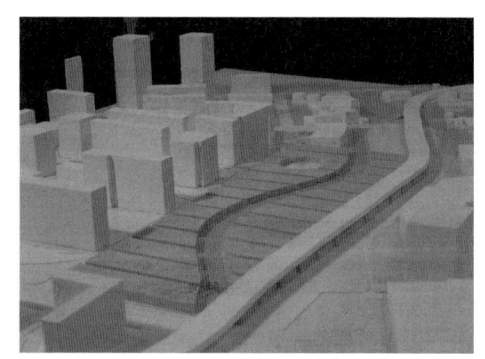

図10・3-14　施設配置レベルのボリューム模型

---

20) 人の動線には，平常時の動線以外に緊急時・災害避難に関わる動線（法令上の避難通路や避難階段を含む）も含まれる．

21) 大規模施設では周辺環境に与える影響が大きいため，建物だけでなく①敷地進入路（搬入経路含む），②敷地内動線計画のチェック，③外構計画の概要（ランドスケープ計画，駐車場，屋外施設）なども方針を検討しておく．②敷地内動線は，発生動線を列挙するとともに，人ともの（車）の動線を考慮し，以下のような基本方針に則る．
①動線の分離：歩道と車道の分離のみならず，人の動線も利用者，管理者，外来者で分離する考えかたもある
②安全性の確保：避難通路・場所，緊急車両アクセス
③利便性の確保：使いやすさとわかりやすさ
④快適性の確保：樹木やベンチの配置，材料

22) エスキス (esquisse)：スケッチ，素描の意．建築分野では設計の構想を進めるためのスケッチ，あるいはその構想を意味する．

23) 道路斜線，北側斜線，隣地斜線については⇨ p.205, 10·2·7「高さ制限・形態規制」

らかじめ用意した設計条件をチェックし，それらを満足するようにしなければならない．

平面（または断面）エスキスを描いたら，スタディ模型を作成する．模型はデザインのあらゆる段階での検討にもっとも有効なツールである．模型のスケールを挙げながら（1/100 → 1/10, 1/5），検討対象を「ボリューム，光，素材，空間体感，詳細ディテールの美しさ」などのテーマで自由展開していくと，設計の醍醐味を感じることができる．

▶ 2　断面計画

断面計画は建物の各部高さを検討する作業であり，道路斜線，北側斜線，隣地斜線，採光制限[23]といった法規制をチェックするためにも不可欠な作業である．また断面スタディ図面（図10·3-17）は，構造計画や設備計画との調整に有効となる．とくに床下や天井裏には梁や設備ダクト・パイプが収納されるので，そのルートの検討には慎重さが求められる．天井高（居室天井高2.1m以上など）と階高を区別して「天井ふところ」の寸法を考慮するとともに，構造体や設備部分の断面寸法について，常識的な寸法を頭に入れておく必要がある．

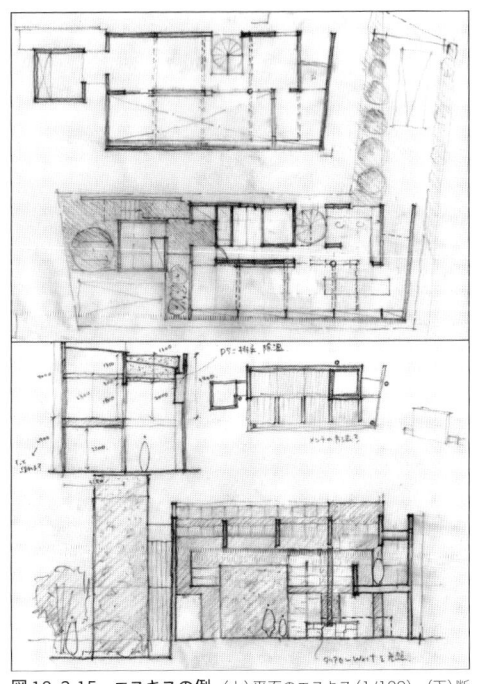

図10·3-15　エスキスの例　（上）平面のエスキス(1/100)，（下）断面のエスキス(1/100)

図10·3-16　模型のスケールと検討対象の変遷　（上左）初期スタディ(1/100)，（上右）素材感の確認(1/20)，（下）空間構成・光のスタディ(1/30)

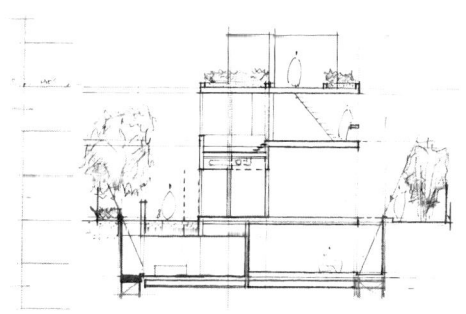

図10·3-17　断面の検討スケッチ

図版出典

● 10-1
図10・1-1　山田あすか
図10・1-2　友田博通『心の住む家』理工図書, 1994, p.43
図10・1-3　山田あすか
図10・1-4　友田博通『心の住む家』理工図書, 1994, p.55
図10・1-5　高橋鷹志＋チームABS『環境行動のデータファイル』彰国社, 2003, p.39
図10・1-6～8　山田あすか
図10・1-9　写真提供：倉斗綾子
図10・1-10, 11　山田あすか
図10・1-12　山田あすか, 写真提供：山田あすか, 佐藤将之, 倉斗綾子
図10・1-13　川島浩孝「建築計画とウェイファインディング」(『病院建築』No.154, 2007, p.28) を元に作成
図10・1-14　山田あすか

● 10-2
図10・2-1　小原二郎, 内田祥哉, 宇野英隆『建築・室内・人間工学』鹿島出版会, 1969, p.135図-Hを参考に作成
図10・2-2　山田あすか
図10・2-3　小原二郎, 内田祥哉, 宇野英隆『建築・室内・人間工学』鹿島出版会, 1969, pp.224～226の中の図を参考に作成
図10・2-4　川﨑寧史
図10・2-5　日本建築学会編『第3版コンパクト建築設計資料集成』丸善, 2005, p.244の「閲覧机・書架の配置と収容力」の図の一部をもとに作成
図10・2-6　川﨑寧史
図10・2-7　日本建築学会編『第3版コンパクト建築設計資料集成』丸善, 2005, p.96の「乗用車の車体間隔〔1〕」図を参考に作成
図10・2-8　川﨑寧史
図10・2-9　日本建築学会編『第3版コンパクト建築設計資料集成』丸善, 2005, p.86「個人用の衛生機器標準取付け寸法」および p.89「便所設計の基本作法」の挿入図を参考に作成
図10・2-10　川﨑寧史
図10・2-11　岡田光正, 柏原士郎, 森田孝夫, 鈴木克彦『現代建築学　建築計画1〔新版〕』鹿島出版会, 2002, p.98 図3-17を参考に作成
図10・2-12　川﨑寧史
図10・2-13　蜂谷俊雄
図10・2-14　川﨑寧史
図10・2-15　レオナルド・ベネヴォロ著, 武藤章訳『近代建築の歴史・下』鹿島出版会, 1979, p.146の図591, 592を参考に作成
図10・2-16～20　川﨑寧史
図10・2-21　岡田光正, 柏原士郎, 森田孝夫, 鈴木克彦『現代建築学　建築計画1〔新版〕』鹿島出版会, 2002, p.124 図4-4を参考に作成
図10・2-22～26　川﨑寧史
図10・2-27　岡田光正, 柏原士郎, 森田孝夫, 鈴木克彦『現代建築学　建築計画1〔新版〕』鹿島出版会, 2002, p.136 図4-10を参考に作成
図10・2-28　岡田光正, 柏原士郎, 森田孝夫, 鈴木克彦『現代建築学　建築計画1〔新版〕』鹿島出版会, 2002, p.153 図4-19を参考に作成
図10・2-29～35　川﨑寧史
図10・2-36　遠藤新
図10・2-37　J・バーネット著, 兼田敏之訳『都市デザイン〔野望と誤算〕』SD選書, 鹿島出版会, 2000, p.132の図84として掲載されたクラレンス・ペリーによる近隣住区のダイアグラムを参考に作成

図10・2-38, 39　川﨑寧史
図10・2-40　遠藤新
コラム❖1　西田雅嗣, 矢ヶ崎善太郎編『図説 建築の歴史』学芸出版社, 2003

● 10-3
図10・3-1　川﨑清ほか『設計とその表現 空間の位相と展開』鹿島出版会, 1990, p.31
図10・3-2　川﨑清ほか『設計とその表現 空間の位相と展開』鹿島出版会, 1990, p.32 より作成
図10・3-3　日本建築学会『設計方法』彰国社, 1968, p.4 より作成
図10・3-4　日本建築学会『設計方法』彰国社, 1968, p.2 より作成
図10・3-5　日本建築学会編『設計方法V 設計方法と設計主体』彰国社, 1989, p.18 より作成
図10・3-6　平尾和洋
図10・3-7　吉田武夫『デザイン方法論の試み』東海大学出版会, 1996, pp.40-58の内容をもとに作成
図10・3-8　松林博文『クリエイティブ・シンキング』ダイヤモンド社, 2003, p.23 より作成
図10・2-9　平尾和洋
図10・3-10　VIDZ／ヴィズ建築設計事務所
図10・3-11　永森一夫『建築計画テキスト』井上書院, 2004, p.32-33, 53-54より作成
図10・3-12　エディス・チェリー著, 上利益弘訳『建築プログラミング』彰国社, 2003, p.7,14 より作成
図10・3-13　永森一夫『建築計画テキスト』井上書院, 2004, p.63 より作成
図10・3-14　立命館大学平尾研究室
図10・3-15　平尾和洋
図10・3-16　VIDZ／ヴィズ建築設計事務所＋立命館大学平尾研究室
図10・3-17　平尾和洋

参考文献

▶山田あすか『ひとは、なぜ、そこにいるのか ―「固有の居場所」の環境行動学』青弓社, 2007
▶友田博通『心の住む家 ―家とインテリアの心理学』理工図書, 1994
▶高橋鷹志＋チームEBS『環境行動のデータファイル』彰国社, 2003
▶長澤泰ほか『建築計画』市ヶ谷出版社, 2005
▶日本建築学会編『人間―環境系のデザイン』彰国社, 1997
▶エドワード・ホール『かくれた次元』みすず書房, 2000
▶佐々木正人『アフォーダンス―新しい認知の理論』岩波書店, 1994
▶相馬一郎, 佐古順彦『環境心理学』福村出版, 1976
▶鈴木毅「連載 人の「居方」からの環境デザイン」(『建築技術』1993.07～1995.12)
▶アラン・W・ウィッカー著, 安藤延男監訳『生態学的心理学入門』九州大学出版会, 1994
▶R・ソマー著, 穐山貞登訳『人間の空間』鹿島出版会, 1972
▶川島浩孝「建築計画とウェイファインディング」(『病院建築』No.154, 2007)
▶岡田光正, 柏原士郎, 柏原士郎, 鈴木克彦『現代建築学　建築計画1〔新版〕』鹿島出版会, 2002
▶小原二郎, 内田祥哉, 宇野英隆『建築・室内・人間工学』鹿島出版会, 1969
▶日本建築学会編『第3版コンパクト建築設計資料集成』丸善, 2005
▶L・ベネボロ著, 武藤章訳『近代建築の歴史・下』鹿島出版会, 1979
▶J・バーネット著, 兼田敏之訳『都市デザイン〔野望と誤算〕』鹿島出版会, 2000
▶加藤伸介, 土田義郎, 大岡龍三『図説テキスト　建築環境工学』彰国社, 2002
▶佐藤考一, 五十嵐太郎『初学者の建築講座　建築計画』市ヶ谷出版社, 2004
▶長澤泰編著, 在塚礼子, 西出和彦『建築計画』市ヶ谷出版社, 2005
▶高木任之『第三版イラストレーション建築基準法』学芸出版社, 2008
▶『建築大辞典第2版』彰国社, 1993

関連文献

▶落合洋文『環境とは何か ―内なる世界と外なる世界の調和を求めて』ナカニシヤ出版, 1996
▶加藤孝義『空間のエコロジー ―空間の認知とイメージ』新曜社, 1986
▶久能徹, 松本桂樹監修『心理学入門』ナツメ社, 2003
▶佐藤郁哉『フィールドワーク ―書を持って街へ出よう』新曜社, 1992
▶多鹿秀継, 竹内謙彰, 池上知子, 齋藤眞『人間行動の心理学』福村出版, 1997
▶ジョン・ラング著, 高橋鷹志監訳, 今井ゆりか訳『建築理論の創造』鹿島出版会, 1992
▶A・メーラビアン著, 岩下豊彦, 森川尚子訳『環境心理学による生活のデザイン』川島書店, 1981

索引

●英数

ADL	49
CASBEE	152
CO_2	144, 145, 152
D/H（ディー・バイ・エイチ）	186
LDK	29, 31, 32
PFI	150
POE	20
QOL	49, 53

●あ

アールトー，アルヴァ	24
アイストップ	186
遊び	66, 67, 88, 89, 90
新しい建築の五原則	207
アフォーダンス	76, 193, 194
アプローチ	40, 58, 68, 100, 118, 119, 121, 127, 181, 183, 184
アメニティ	138, 145, 146, 151
アルコーブ	49

●い

意匠（デザイン）	23
居間（リビング・リビングルーム）	28, 29, 31, 40, 59
インテリジェント化	145, 153

●う

ウェイファインディング	195
ヴォイド	23, 37, 178
運動能力	64

●え

エスキス	117, 212, 213
エレベータホール	142

●お

オーディトーリアム	119
オープンキッチン	30
オープンスクール	78
オープンステージ	126, 127
オープンスペース（多目的スペース）	78, 151
オフィスランドスケープ	139

●か

開架閲覧室（開架貸出・閲覧室）	109, 110, 112, 114, 119
開架式	112, 113
介護・看護スタッフ	51
介護単位	51, 52
外構	179, 180, 185, 212
改修	204
階段室型	41, 42
外来	169, 173
カウンター	111, 149
学芸員	118, 120, 121
各種建築（施設）	20
学童保育所（放課後児童クラブ）	89, 91, 94
学年	73, 74, 76
楽屋	129, 130, 131
片廊下（片廊下型）	41
学級	72, 73, 75, 76, 77, 78
学級担任制	73, 75
カフェ（オープンカフェ）	14, 120, 127, 129, 150, 179, 184
カリキュラム	72, 73, 78, 79
換気	33, 201
環境認知	64
看護単位	161, 172

●き

機械室	131, 197, 198
議場	149
北側斜線制限	33, 213
機能主義	21, 207
機能図	211, 212
規模計画	18, 198
基本計画	210
基本設計	210
客席	127, 128, 129
ギャラリー	119, 126, 127
教科教室（教科教室型）	75, 77, 78, 80
教科担任制	73, 75
局所照明（局部照明）	119, 200
近代建築	24
近隣住区・近隣住区論	97, 205

●く

クル・ド・サック	184, 206
グループホーム	53, 54

●け

蹴上（けあげ）	198
景観条例	186
形態規制	205
経路	179, 180
結露	201
検査	162, 163, 169, 170, 173, 174
研修・研修室	100, 101, 103, 104

建設リサイクル法⋯⋯⋯⋯⋯⋯⋯⋯⋯⋯⋯⋯⋯⋯ 203
原単位・原単位方式⋯⋯⋯⋯⋯⋯⋯⋯⋯⋯⋯⋯ 198
建築基準法⋯⋯⋯⋯⋯⋯⋯⋯⋯⋯ 32, 161, 196, 204
建築計画⋯⋯⋯⋯⋯⋯⋯⋯⋯⋯⋯⋯⋯⋯⋯ 18, 178
建築種別（ビルディングタイプ）⋯⋯⋯⋯⋯ 15, 22
建築設計⋯⋯⋯⋯⋯⋯⋯⋯⋯⋯⋯⋯⋯⋯⋯⋯⋯ 23
建築プログラミング⋯⋯⋯⋯⋯⋯⋯⋯⋯⋯⋯⋯ 211
建築面積⋯⋯⋯⋯⋯⋯⋯⋯⋯⋯⋯⋯⋯⋯⋯⋯⋯ 205
建蔽率⋯⋯⋯⋯⋯⋯⋯⋯⋯⋯⋯⋯⋯⋯⋯⋯⋯⋯ 205

●こ

コア・コアタイプ⋯⋯⋯⋯⋯⋯⋯⋯⋯⋯⋯ 34, 141
合科的活動⋯⋯⋯⋯⋯⋯⋯⋯⋯⋯⋯⋯⋯⋯⋯⋯ 74
公私分離・公私室分離型⋯⋯⋯⋯⋯⋯⋯⋯ 34, 35
構造計画⋯⋯⋯⋯⋯⋯⋯⋯⋯⋯ 104, 139, 149, 213
高低分離⋯⋯⋯⋯⋯⋯⋯⋯⋯⋯⋯⋯⋯⋯⋯⋯⋯ 75
公民館⋯⋯⋯⋯⋯⋯⋯⋯⋯⋯⋯⋯⋯⋯⋯⋯ 94, 97
コートハウス⋯⋯⋯⋯⋯⋯⋯⋯⋯⋯⋯⋯⋯⋯⋯ 34
国立国会図書館⋯⋯⋯⋯⋯⋯⋯⋯⋯⋯⋯ 113, 114
午睡⋯⋯⋯⋯⋯⋯⋯⋯⋯⋯⋯⋯⋯⋯⋯ 58, 59, 65
コミュニケーション⋯⋯⋯⋯⋯⋯⋯⋯ 30, 40, 101
コミュニティ⋯⋯⋯⋯ 78, 88, 91, 94, 95, 96, 97, 150, 154
コンセプト⋯⋯⋯⋯⋯⋯⋯⋯⋯⋯⋯⋯⋯⋯⋯⋯ 15
コンテクスト⋯⋯⋯⋯⋯⋯⋯⋯⋯⋯⋯⋯⋯ 21, 24

●さ

サービスヤード（バックヤード）
⋯⋯⋯⋯⋯⋯⋯⋯⋯⋯⋯⋯ 121, 131, 182, 183
採光⋯⋯⋯⋯⋯⋯⋯⋯⋯⋯ 32, 33, 34, 42, 161, 200
在宅高齢者⋯⋯⋯⋯⋯⋯⋯⋯⋯⋯⋯⋯⋯⋯⋯⋯ 56
サヴォア邸⋯⋯⋯⋯⋯⋯⋯⋯⋯⋯⋯⋯⋯⋯⋯ 207
残響時間⋯⋯⋯⋯⋯⋯⋯⋯⋯⋯⋯⋯⋯⋯ 128, 133

●し

シークエンス⋯⋯⋯⋯⋯⋯⋯⋯⋯⋯⋯⋯⋯⋯ 187
市街化区域・市街化調整区域⋯⋯⋯⋯⋯⋯⋯ 204
敷地面積⋯⋯⋯⋯⋯⋯⋯⋯⋯⋯⋯⋯⋯⋯⋯⋯ 205
シケイン⋯⋯⋯⋯⋯⋯⋯⋯⋯⋯⋯⋯⋯⋯⋯⋯ 206
持続可能性（サスティナビリティ）
⋯⋯⋯⋯⋯⋯⋯⋯⋯⋯⋯⋯⋯⋯ 19, 153, 203
シックハウス症候群⋯⋯⋯⋯⋯⋯⋯⋯⋯⋯⋯ 201
執務スペース（事務スペース）
⋯⋯⋯⋯⋯⋯⋯⋯⋯ 138, 139, 140, 141, 149
シビックセンター⋯⋯⋯⋯⋯⋯⋯⋯⋯⋯⋯⋯ 150
斜線制限⋯⋯⋯⋯⋯⋯⋯⋯⋯⋯⋯⋯⋯⋯⋯⋯ 205
借景⋯⋯⋯⋯⋯⋯⋯⋯⋯⋯⋯⋯⋯⋯⋯⋯ 181, 182
就学前乳幼児⋯⋯⋯⋯⋯⋯⋯⋯⋯⋯⋯⋯⋯⋯⋯ 64
収蔵庫⋯⋯⋯⋯⋯⋯⋯⋯⋯⋯⋯⋯⋯⋯⋯⋯⋯ 120
集中型（ホール型）⋯⋯⋯⋯⋯⋯⋯⋯⋯⋯ 41, 42
住戸・住戸計画⋯⋯⋯⋯⋯⋯⋯⋯⋯⋯ 38, 42, 43

収納空間⋯⋯⋯⋯⋯⋯⋯⋯⋯⋯⋯⋯⋯⋯⋯ 30, 31
住民参加・住民参加型⋯⋯⋯⋯⋯⋯⋯⋯⋯⋯ 151
住棟・住棟計画⋯⋯⋯⋯⋯⋯⋯⋯⋯⋯ 38, 41, 42
宿泊室⋯⋯⋯⋯⋯⋯⋯⋯⋯⋯⋯⋯⋯⋯⋯ 101, 104
手術⋯⋯⋯⋯⋯⋯⋯⋯⋯⋯⋯⋯⋯⋯⋯⋯ 170, 173
主寝室⋯⋯⋯⋯⋯⋯⋯⋯⋯⋯⋯⋯⋯⋯⋯⋯⋯ 30
障碍（しょうがい）⋯⋯⋯⋯⋯⋯ 32, 48, 52, 56
書架⋯⋯⋯⋯⋯⋯⋯⋯⋯ 109, 111, 112, 113, 114, 197
食寝分離⋯⋯⋯⋯⋯⋯⋯⋯⋯⋯⋯⋯⋯⋯⋯ 38, 39
書庫⋯⋯⋯⋯⋯⋯⋯⋯⋯⋯⋯⋯⋯⋯ 111, 112, 114
処置⋯⋯⋯⋯⋯⋯⋯⋯⋯⋯⋯⋯⋯⋯⋯⋯ 162, 163
診察⋯⋯⋯⋯⋯⋯⋯⋯⋯⋯⋯ 160, 161, 164, 169, 170

●す

スキップ⋯⋯⋯⋯⋯⋯⋯⋯⋯⋯⋯⋯⋯⋯⋯⋯⋯ 42
スキップフロア型⋯⋯⋯⋯⋯⋯⋯⋯⋯⋯⋯ 41, 42
スクラップ・アンド・ビルド⋯⋯⋯⋯⋯ 152, 204
ステージ（舞台）⋯⋯⋯⋯⋯⋯⋯⋯ 127, 129, 131
ストック重視型⋯⋯⋯⋯⋯⋯⋯⋯⋯⋯⋯ 153, 204
寸法⋯⋯⋯⋯⋯⋯⋯⋯⋯⋯⋯⋯⋯⋯ 196, 197, 198

●せ

生活単位⋯⋯⋯⋯⋯⋯⋯⋯⋯⋯⋯⋯⋯ 51, 52, 53
施主（クライアント）⋯⋯⋯⋯⋯⋯⋯⋯⋯⋯ 20
設計プロセス⋯⋯⋯⋯⋯⋯⋯⋯⋯⋯⋯⋯⋯⋯ 208
全体照明（全般照明）⋯⋯⋯⋯⋯⋯⋯⋯ 119, 200

●そ

騒音⋯⋯⋯⋯⋯⋯⋯⋯⋯⋯⋯⋯⋯⋯⋯⋯ 200, 201
総合教室（総合教室型）⋯⋯⋯⋯⋯ 75, 77, 78, 80
ゾーン・ゾーニング⋯⋯⋯⋯ 34, 68, 103, 149, 100, 212
ソシオフーガル⋯⋯⋯⋯⋯⋯⋯⋯⋯⋯⋯ 29, 193
ソシオペタル⋯⋯⋯⋯⋯⋯⋯⋯⋯⋯⋯⋯ 29, 193

●た

滞在場所⋯⋯⋯⋯⋯⋯⋯⋯⋯⋯⋯ 49, 51, 52, 58
滞留行動⋯⋯⋯⋯⋯⋯⋯⋯⋯⋯⋯⋯⋯⋯ 183, 184
タウンハウス⋯⋯⋯⋯⋯⋯⋯⋯⋯⋯⋯⋯⋯ 42, 43
高さ制限⋯⋯⋯⋯⋯⋯⋯⋯⋯⋯⋯⋯⋯⋯ 143, 205
多目的トイレ⋯⋯⋯⋯⋯⋯⋯⋯⋯⋯⋯⋯⋯⋯ 203
多目的ホール⋯⋯⋯⋯⋯⋯ 95, 127, 129, 132, 133, 134
単位空間⋯⋯⋯⋯⋯⋯⋯⋯⋯⋯⋯⋯⋯⋯ 197, 198
団地・団地計画⋯⋯⋯⋯⋯⋯⋯⋯⋯⋯⋯⋯ 38, 42
断面計画⋯⋯⋯⋯⋯⋯⋯⋯⋯⋯⋯⋯ 149, 212, 213

●ち

地区計画⋯⋯⋯⋯⋯⋯⋯⋯⋯⋯⋯⋯⋯⋯⋯⋯ 186
駐車場・駐車スペース⋯⋯⋯⋯ 152, 184, 197, 198
直通階段⋯⋯⋯⋯⋯⋯⋯⋯⋯⋯⋯⋯⋯⋯ 140, 202

● つ

ツインコリダー型 41, 42
通風（通気） 34, 201

● て

デイサービス 53, 59, 60
ディスプログラミング 24, 25
テラス 43, 66, 102, 115, 120, 127
テラスハウス 42, 43
テリトリー 192
天空率 144
展示室 119, 121, 122, 123
点字ブロック 203

● と

登園時刻・降園時刻 69
動線（動線計画）
　　31, 112, 121, 131, 144, 152, 164,
　　169, 182, 183, 184, 199, 200, 212
動線図 211, 212
道路斜線制限 33, 205, 213
特別教室（特別教室型） 75, 77, 78, 80
都市計画 18, 178
都市計画区域 204
ドミノシステム 207

● な

中廊下（中廊下型） 30, 41, 42

● に

ニュータウン 43, 97, 206
認知症 48, 49, 50, 58, 59
認定こども園 69, 70

● の

ノーマライゼーション 53
延床面積 30, 205

● は

パーソナルスペース 192
パーティション 139, 140
媒体空間 123
履き替え計画（上下足分離） 75
パッシブ方式 143
発達段階 64, 66, 68
パブリックアクセス 179
バリアフリー 32, 50, 95, 148, 183, 202, 203
バルセロナ博覧会ドイツ館
　（バルセロナ・パビリオン） 207

ハンプ 184, 206

● ひ

日影・日影規制 142, 151
ビスタ・ビスタ効果 181, 186
避難 140, 142, 202
病室 161, 162, 172
標準設計51C型 39
病床・病床数 161, 168, 172
病棟 172, 173
平土間形式 119
比例（プロポーション） 24, 197

● ふ

ファサード 25, 142, 143, 180
ファンズワース邸 34, 207
フィードバック 208
フォルム 208
普通教室 77
ブックモービル（BM） 111, 113
部門・部門構成
　103, 112, 121, 122, 132, 143, 152, 153, 169, 170, 199, 212
踏面（ふみづら） 198
プライバシー 30, 33, 37, 41, 42, 53, 172
ブラウジングコーナー 109, 112
フラット 42
フレーム効果 181, 182
プレハブ・プレファブリケーション 197
プロセスモデル 209, 210
プロセニアムステージ（プロセニアム）
　126, 127, 128, 129
ブロックプラン 77, 78
分離就寝（就寝分離） 38, 39

● へ

閉架方式（閉架式） 112, 113
平面計画 144, 212
ペデストリアンデッキ 98
ペリメータゾーン 143

● ほ

保育室 66, 68
保育単位 65
方位 42
防火区画 152, 154, 202
防火戸 202
放射線 164, 170, 173, 174
ホームベース 75, 78, 80
歩車共存 184, 206
歩車分離 184, 206

218

保養……………………………………… 100, 101, 102, 104
ホルムアルデヒド………………………………………… 201
ホワイエ………………………………… 126, 127, 128, 131, 133
ボンエルフ……………………………………………… 184, 206

● ま

マスタープラン…………………………………………… 173
待合室………………………………………… 163, 164, 170

● み

ミース・ファン・デル・ローエ………………………… 24, 34, 207
ミーティングスペース……………………………… 139, 149

● め

メゾネット…………………………………………………… 42, 43
面積原単位………………………………………………… 198

● も

モジュラーコーディネーション ………………………… 197
モジュラープランニング……………………………………… 114
モダニズム建築…………………………………………… 207
モダンリビング……………………………………………… 34
モデュール………………………………… 138, 140, 145, 197

● や

役割行動…………………………………………………… 22, 168

● ゆ

有機的建築………………………………………………… 207
ユニット…………………………… 50, 51, 52, 53, 55, 77, 82, 83
ユニットプラン………………………………………… 77, 82
ユニバーサルスペース…………………………………… 143, 207
ユニバーサルデザイン…………………………………… 148, 183

● よ

幼児用便器（幼児用トイレ，幼児向け小便器）
……………………………………………… 90, 91, 197
容積率………………………………………………… 143, 205
用途地域……………………………………………… 204, 205
用途変更（コンバージョン）………………… 19, 123, 204

● ら

ライト，フランク・ロイド……………………………… 207
ライフサイクル………………………… 19, 39, 144, 203
ライフスタイル（生活スタイル）………………… 22, 39
落水荘（カウフマン邸）………………………………… 207
ラドバーン方式…………………………………………… 206
ランドスケープ……………… 115, 118, 119, 181, 183, 212
ランドマーク………………………………………… 143, 195

● り

立地………………………………………… 95, 102, 131, 151
リネン室……………………………………………………… 103
リノベーション……………………………………………… 19
リハビリテーション……………………………………… 172
リフレッシュスペース…………………………… 139, 142
利用率（稼動率）……………………………………… 96, 126
隣棟間隔…………………………………………………… 42

● る

ル・コルビュジエ………………………………………… 24, 207

● れ

レクリエーション…………………………………… 102, 103
レファレンス……………………………………… 110, 111, 112
レンタブル比……………………………………………… 141

● ろ

廊下幅……………………………………………………… 141

著者略歴

〈編著者〉

川﨑寧史（かわさき・やすし）
金沢工業大学建築学部建築学科教授
1963年生まれ，大阪大学工学部環境工学科卒業，大阪大学大学院修了，京都大学大学院博士後期課程中退，大阪大学工学部助手，京都大学大学院助手，ハーバード大学大学院客員研究員を経て現職．博士（工学）．2009年度グッドデザイン賞，および，2015，2019年石川県デザイン展観光連盟理事長賞受賞．共著に『かたちの事典』（丸善）等．
執筆担当：5章（3節），6章（1節・2節），10章（2節）

山田あすか（やまだ・あすか）
東京電機大学未来科学部建築学科教授
1979年生まれ，東京都立大学工学部建築学科卒業，東京都立大学大学院博士課程修了．日本学術振興会特別研究員，立命館大学理工学部建築都市デザイン学科講師を経て現職．博士（工学），一級建築士．2018年日本建築学会賞（論文）受賞．著書に『ひとは，なぜ，そこにいるのか―「固有の居場所」の環境行動学』（青弓社）等．
執筆担当：1章(1節)，3章，4章(1節)，5章(1節)，10章(1節)

〈執筆者〉

伊藤俊介（いとう・しゅんすけ）
東京電機大学システムデザイン工学部デザイン工学科教授
1969年生まれ，東京大学工学部建築学科卒業，東京大学大学院工学系研究科建築学専攻博士課程修了．デンマーク国立建築研究所客員研究員を経て現職．博士（工学）．共著に『建築地理学――新しい建築計画の試み』（東京大学出版会）等，訳書に『エコロジーのかたち―持続可能なデザインへの北欧的哲学』（共訳，新評論）．
執筆担当：4章（2節）

岩田伸一郎（いわた・しんいちろう）
日本大学生産工学部建築工学科教授
1971年生まれ，京都大学工学部建築学科卒業，京都大学大学院工学研究科修了．鹿島建設建築設計部，京都大学大学院工学研究科助手を経て現職．博士（工学），一級建築士．
執筆担当：7章

遠藤新（えんどう・あらた）
工学院大学工学部建築学部まちづくり学科教授
1973年生まれ，東京大学工学部都市工学科卒業，東京大学大学院修了，東京大学大学院博士課程中退，東京大学工学部助手，金沢工業大学講師を経て現職．博士（工学）．2005年グッドデザイン賞受賞．2005年日本都市計画学会論文奨励賞受賞．著書に『米国の中心市街地再生』，共著書に『住民主体の都市計画』（以上，学芸出版社）等
執筆担当：9章

岡本和彦（おかもと・かずひこ）
東洋大学理工学部建築学科教授
1970年生まれ，東京大学工学部建築学科卒業，東京大学大学院工学系研究科建築学専攻博士課程修了．岡田新一設計事務所，テキサスA&M大学客員研究員，東京大学大学院工学系研究科建築学専攻助教を経て現職．博士（工学），一級建築士．共著に『建築地理学―新しい建築計画の試み』（東京大学出版会）等．
執筆担当：8章（1節）

倉斗綾子（くらかず・りょうこ）
千葉工業大学創造工学部デザイン科学科准教授
1973年生まれ，東京都立大学工学部建築学科卒業，東京都立大学大学院博士課程修了．コクヨ株式会社勤務，首都大学東京大学院COE研究員等を経て現在に至る．博士（工学）．共著に『人間環境学――よりよい環境デザインへ』（朝倉書店），『学校を変えなくちゃ!!――学校の再編成がはじまった』（ボイックス）等．
執筆担当：4章（2節），5章（2節）

小林健一（こばやし・けんいち）
国立保健医療科学院医療・福祉サービス研究部上席主任研究官
1969年生まれ，東京大学工学部建築学科卒業，東京大学大学院工学系研究科修士課程修了．国立医療・病院管理研究所研究員を経て現職．博士（工学）．
執筆担当：8章（2節）

佐藤将之（さとう・まさゆき）
早稲田大学人間科学学術院教授
1975年生まれ，新潟大学工学部建設学科卒業，東京大学大学院工学系研究科建築学専攻博士課程修了．江戸東京博物館こども居場所づくりコーディネーター，湘北短期大学・日本大学非常勤講師等を経て現職．博士（工学），共著に『卒業設計の進め方』（井上書院）等．
執筆担当：4章（1節）

平尾和洋（ひらお・かずひろ）
立命館大学理工学部建築都市デザイン学科教授
1966年生まれ，京都大学工学部建築学科卒業，京都大学大学院修了．京都大学工学研究科助手を経て現職．博士（工学），一級建築士．編著に『テキスト建築意匠』『建築デザイン発想法』『日本の建築意匠』（学芸出版社），共著に『日本の住宅戦後50年』（彰国社）など．
執筆担当：1章（2節），10章（3節）

蜂谷俊雄（はちや・としお）
金沢工業大学建築学部建築学科教授
1956年生まれ，早稲田大学理工学部建築学科卒業，東京大学大学院工学系研究科建築学専攻修士課程修了．槇総合計画事務所（1983～2003年）を経て，現職．一級建築士，日本建築家協会登録建築家．
執筆担当：6章（1・2節の一部，3節）

山本直彦（やまもと・なおひこ）
奈良女子大学生活環境学部住環境学科准教授
1969年生まれ，京都大学工学部建築第二学科卒業，京都大学大学院博士課程修了．デンマーク王立オーフス建築大学助手，立命館大学理工学部建築都市デザイン学科専任講師を経て，現職．博士（工学），2004年日本建築学会奨励賞受賞．共著に『テキスト建築意匠』（学芸出版社）等．
執筆担当：2章

〈作図協力者〉
金沢工業大学大学院建築学専攻
　　北井雅司，西垣光，吉田篤史

工学院大学大学院建築学専攻
　　今泉成裕，折笠朋美，折笠裕介，尋木良平，原裕一朗

奈良女子大学大学院人間文化研究科住環境学専攻
　　城戸杏里
奈良女子大学生活環境学部住環境学科
　　岩﨑綾香，冨田真梨子，中谷薫，福田千夏，杉山亜里紗，
　　橋本麻里奈，真木梨華子，渡邊まりこ

アキイト建築計画

| 2010年 2 月10日 | 第1版第1刷発行 |
| 2023年 8 月20日 | 第1版第8刷発行 |

編著者　川崎寧史・山田あすか
著　者　伊藤俊介・岩田伸一郎・遠藤新
　　　　岡本和彦・倉斗綾子・小林健一
　　　　佐藤将之・蜂谷俊雄・平尾和洋
　　　　山本直彦
発行者　井口夏実
発行所　株式会社学芸出版社
　　　　京都市下京区木津屋橋通西洞院東入
　　　　〒600-8216　電話075・343・0811
　　　　編集担当：知念靖廣
　　　　創栄図書印刷／山崎紙工
　　　　装丁：KOTO DESIGN Inc. 山本剛史

© Yasushi KAWASAKI, Asuka YAMADA 他 2010
ISBN978-4-7615-3183-6　Printed in Japan

JCOPY 〈(社)出版者著作権管理機構委託出版物〉
本書の無断複写（電子化を含む）は著作権法上での例外を除き禁じられています。複写される場合は、そのつど事前に、(社)出版者著作権管理機構（電話 03-5244-5088、FAX 03-5244-5089、e-mail: info@jcopy.or.jp）の許諾を得てください。
また本書を代行業者等の第三者に依頼してスキャンやデジタル化することは、たとえ個人や家庭内での利用でも著作権法違反です。

〈学芸出版社・建築計画／歴史系教科書〉

テキスト建築の20世紀

- ◉ 本田昌昭・末包伸吾 編著
- ◉ B5変判・240頁・定価 本体3400円＋税
- ◉ ISBN978-4-7615-3182-9

産業革命，近代的材料の発明・利用，建築家の誕生，革新的な建築運動，建築理論の発展など，近代の建築史は，大きくその意味を変えながら，現代に繋がってきている．現在を理解し，未来を考える上で，20世紀の建築を理解する重要性は増しているといえるだろう．モダニズムの歴史と理論を1冊にまとめた，大学生向けテキスト．

テキスト建築意匠

- ◉ 平尾和洋・末包伸吾 編著
- ◉ B5変判・224頁・定価 本体3200円＋税
- ◉ ISBN978-4-7615-3146-1

設計理論，かたちの操作，構造表現，空間，光，都市などのテーマで，設計を巡る思考の助けとなるような基礎的知識，あるいは最低限知っておくべき理論的フレームを，意匠（design）という言葉で広く捉えつつ，わかりやすく解説．巻末には，一問一答スタイルの問題集を掲載し，講義の進捗状況が把握できるように工夫した．

一目でわかる建築計画

設計に生かす計画のポイント
- ◉ 青木義次・浅野平八 他著
- ◉ B5判・200頁・定価 本体2700円＋税
- ◉ ISBN978-4-7615-2290-2

設計に必要な計画の基本が一目でわかるよう，悪い例とその解決策を並べて示した画期的テキスト．全編を通じ，建築全般および各種施設を設計する際，気をつけたいことや犯しやすいミスなどを明快なイラストで表現し，何が問題で，どうすればよくなるかが直感的に理解できるよう構成した．すぐに役立つ計画・設計のノウハウ集．

初めて学ぶ建築計画

- ◉ 〈建築のテキスト〉編集委員会 編著
- ◉ B5判・144頁・定価 本体2400円＋税
- ◉ ISBN978-4-7615-2454-8

初めて建築計画を学ぶ人の基本的教科書．まず，建築計画の果たす役割や進めかたを解説した．次に，背景として建築と風土・都市・文化，近代における建築デザイン・材料・構造の変化を学ぶ．さらに，環境工学，規模計画，デザイン要素，サステイナブル建築など，建築計画の基礎知識を，最後に住宅の計画の進め方を示した．